经济与网络领域
执法司法前沿
（2023年）

张晓津 / 主编

中国检察出版社

图书在版编目（CIP）数据

经济与网络领域执法司法前沿．2023年／张晓津主编．—北京：中国检察出版社，2024.1

ISBN 978-7-5102-3016-5

Ⅰ.①经…　Ⅱ.①张…　Ⅲ.①经济法—研究—中国②计算机网络—科学技术管理法规—研究—中国　Ⅳ.①D922.290.4②D922.174

中国国家版本馆CIP数据核字（2024）第046156号

经济与网络领域执法司法前沿（2023年）

张晓津　主编

责任编辑：葛晓湄
技术编辑：王英英
封面设计：徐嘉武

出版发行：中国检察出版社
社　　址：北京市石景山区香山南路109号（100144）
网　　址：中国检察出版社（www.zgjccbs.com）
编辑电话：（010）86423784
发行电话：（010）86423726　86423727　86423728
（010）86423730　86423732
经　　销：新华书店
印　　刷：河北宝昌佳彩印刷有限公司
开　　本：710 mm × 960 mm　16开
印　　张：28
字　　数：370千字
版　　次：2024年1月第一版　　2024年1月第一次印刷
书　　号：ISBN 978-7-5102-3016-5
定　　价：89.00元

《经济与网络领域执法司法前沿（2023年）》编委会

编写说明

进入新时代，在习近平新时代中国特色社会主义思想指引下，我国经济、政治、文化、社会、生态文明实现巨大发展，全面依法治国取得历史性成就，社会治安形势也发生了重大变化，严重犯罪下降明显，人民群众安全感极大增强。同时，违法犯罪形态和结构发生重大变化，出现了许多新情况、新特点，经济金融领域违法犯罪和网络领域违法犯罪案件增速快、数量多，手法不断翻新，类型更趋多样化，并且经济金融违法犯罪与网络违法犯罪交织趋势更加明显。经济金融违法犯罪与网络违法犯罪给国家、集体和人民群众造成经济损失，破坏社会、经济秩序，容易引发经济活动波动，产生不安定因素，严重的还会危及社会稳定和国家安全，成为新时代社会治理的重点和难点。

为了更好地贯彻落实习近平法治思想，落实统筹发展和安全要求，做好经济金融违法犯罪与网络违法犯罪治理工作，最高人民检察院第四检察厅，公安部经济犯罪侦查局、网络安全保卫局，农业农村部农产品质量安全监管司，中国人民银行金融市场司、货币金银局、反洗钱局，海关总署缉私局，国家税务总局稽查局，国家市场监督管理总局执法稽查局，国家金融监督管理总局打击非法金融活动局，中国证券监督管理委员会法律部、稽查局、行政处罚委，国家外汇管理局管理检查司，国家药品监督管理局政策法规司，全国工商联法律服务部等有关部门在各自依法依规履职的同时，加强部门间合作，不断强化行政执法与刑事司法衔接机制，同向发力，密切配合，形成执法司法合力，并共同开展理论研究，推动实践探索。在此基础上，上述部门共同编写了本书。

本书坚持问题导向，对经济犯罪、网络犯罪侦查、检察工作和经济行政执法、金融监管、网络管理工作的新型、热点难点问题，进行及时、深入、系统的梳理，分析其产生的背景原因、认识分歧和争议焦点，深入开展对策性、系统性、前瞻性实务研究，提出有针对性的解决问题的思想理念、法律适用、司法实务等方面的意见，以便广大经济犯罪、网络犯罪侦查、检察人员以及经济、网络行政执法和监管机构工作人员对此类问题有较为全面的了解，不断提升经济、网络刑事司法、行政执法办案理论素质和实践业务水平，也为相关领域社会科学研究人员提供研究素材，促进专业研究与实践司法执法相结合，共同推升经济领域和网络社会治理能力和治理水平。

目　录

【税收和海关业务】

【公司企业和市场秩序业务】

【金融证券业务】

【网络安全业务】

Zhongdian Guanzhu

重点关注

高质效办好每一个经济犯罪案件 做实人民群众可感受的检察为民

张晓津 *

新一届最高检党组提出，坚持高质效办好每一个案件，努力实现办案质量、效率与公平正义的有机统一，既要通过履职办案实现公平正义，也要让公平正义更好更快实现，还要让人民群众真正、切实“感受到”公平正义。这既是检察机关全面学习贯彻习近平法治思想，准确把握党的二十大精神的深刻认识，也是检察机关充分发挥法律监督职能作用，以检察工作现代化服务中国式现代化的必然要求。办案是检察机关的基本职责，司法理念的传导、司法原则的贯彻、司法效果的彰显无不是在办案中体现，而人民群众对检察机关的了解、对公平正义的期待也往往直接来自办案，因此办案的质效如何直接关乎检察机关的形象，影响司法公信力。经济犯罪检察必须坚持党的领导，以“努力让人民群众在每一个司法案件中感受到公平正义”为工作目标，以“牢牢把握高质量发展这个首要任务”为工作要义，践行新时代司法理念，用足用好刑事政策，完善体制机制，实现检察办案质量、效率、效果有机统一于公平正义。

一、坚持运用法治思维、法治方式，确保案件质量生命线

习近平总书记指出，“公正司法是维护社会公平正义的最后一道防

* 最高人民检察院第四检察厅厅长，一级高级检察官。

线”。司法是实现法律效果的最重要方式，办案质量是评判公平正义是否实现的最直接标准。

一是要坚持实体公正和程序公正并重。坚持实体公正，是传统朴素的正义观最重要的内容，实质正义的实现与否直接关乎人民群众关于公平正义的感受。经济犯罪检察办案工作必须坚守刑法的基本理念和原则，确保符合实体公正的基本标准。要坚守刑法的谦抑性，不能盲目扩张刑法适用的范围，不当介入民事纠纷。要坚持罪刑法定原则，反对类推解释，特别是反对仅从整体上考察行为的社会危害性进而判断是否成立犯罪，而不去具体分析某种行为是否符合刑法规定的犯罪构成，这一点在判断非法经营行为是否入罪时尤为重要。要坚持刑法面前人人平等原则，统一适用标准，做到同样的案件受到同样的处理，杜绝差异性办案、选择性司法，对民营经济主体一视同仁、平等保护，正是这一原则的体现。要坚持罪责刑相适应原则，把量刑与定罪置于同等地位，不要认为只要定罪正确即可，要认清刑罚裁量对于司法公正、权威以及对当事人的感受同样具有重要的意义。坚持程序公正，是坚持法治思维的直观体现。程序是法律制度的生命形式，程序公正对人民群众关于公平正义的理解所造成的影响更具持久性。检察机关要依法独立行使检察权，依法保障当事人及其他诉讼参与人的权利，落实证据裁判、疑罪从无等原则，准确适用非法证据排除规则，在诉讼各个环节严把事实关、证据关、法律关。

二是要遵守法秩序统一性原理。经济犯罪案件常常存在刑事与民事、行政交织情形，在办案中除了要坚持刑事检察应当遵守的基本原则外，还要特别注重遵守法秩序统一性原理。法秩序统一性原理被视为处理不同法域关系的公理，其要求排除规范矛盾，防止同样的行为既被禁止又被允许，从而向公民提供一致的行为指引。换言之，不能将前置法上的合法行为认定为犯罪，不能在法秩序内部造成价值评判的冲突。实践中，经济犯罪案件多是行政犯，具有违反行政法和刑法的双重属性，认定时要注意把握好两种违法性的关系：一方面，民法、行政法等前置法不认定违法的，刑法上不能入罪。如 2019 年修订的药品管理法对假药、劣药的内涵与外延进行了重大调整，将原先规定的“假药”“劣药”“按假药论”“按劣药论处”两类四种违法行为整合为“假药”“劣药”两种情形，并将假药限定在成分虚假、完全无法发挥功效的范围，药品管理法对假药的限定直接导致刑法中生产、销售假药罪的限缩。另一方面，要明确刑法与行政法等前置法具有各自不同的法规范目的，不能以行政违法作为刑事犯罪认定的前提。在办理非法集资、证券领域等犯罪案件中，要注意准确把握行政认定意见的地位和作用，明确行政认定不是刑事认定的必要前置条件，对于未作行政认定的案件，司法机关可以直接作出刑事违法性评价，同时要对行政认定进行司法审查，不能简单地认可、径行采信行政认定。

三是要坚持宽严相济刑事政策。该严则严，当宽则宽，不可偏废。一方面，要贯彻总体国家安全观，对于主观恶性深、社会危害大的经济犯罪要坚持“严”的主基调。要落实最高法、最高检《关于办理危害药品安全刑事案件适用法律若干问题的解释》，坚持依法从严打击假劣药、妨害药品管理犯罪。聚焦食品安全重点领域，依法严惩危害食品安全犯罪。遏制违法使用禁限用药物和常规农兽药残留超标问题，依法严惩制售伪劣农药、兽药、化肥犯罪，加大对危害种业安全犯罪的惩治力度。要维护税收秩序、国门安全，聚焦重点涉税商品和重点地区，依法严惩非设关地、海上跨境走私犯罪。聚焦重点领域，依法严惩虚开骗税空壳公司、职业化犯罪团伙等严重危害税收犯罪。要守住不发生系统性风险底线，保持对非法集资的高压严惩态势，防止风险反弹。要“零容忍”依法严惩证券犯罪，重点惩治财务造假、操纵市场、内幕交易、侵害上市公司利益以及涉私募基金犯罪，加大对上市公司控股股东、实控人、董监高、金融从业人员、“看门人”以及场外配资、“黑嘴”等黑灰产业犯罪的追责力度。要重点打击电信诈骗集团以及与之关联侵犯公民个人信息、洗钱等黑产团伙。另一方面，要坚持严中有宽，当宽则宽，防止犯罪圈不当扩张，给社会治理带来不稳定因素。对于主观恶性小、初犯偶犯以及在校大学生、老年人等特殊群体涉嫌犯罪的案件，依法从宽处理。对于涉案人数众多的养老诈骗、电信网络诈骗等案件，可依据“先分类后分层”的处理方法，对于处于不同环节、链条的以及虽在同一层级但起到不同作用的行为人，要区分对待，综合认定。

二、依法能动履职，创新工作机制，确保办案优质高效

习近平总书记指出，“人民对美好生活的向往，就是我们的奋斗目标”。新时代新征程中，检察机关办案要力求办好案、快办案，通过办好案，引领经济社会发展，通过快办案，追求公平正义更快实现。

一是依法能动履职，确保办案质优。践行人民至上，依法能动履行宪法、法律赋予的法律监督职责，是人民检察事业实现新的跨越发展的关键。办理经济犯罪案件，不能就案办案，要聚焦服务大局，以能动检察促推高质量发展。要强化诉源治理，持续协同落实“三号检察建议”，主动开展刑事法律适用、犯罪治理对策等专题研究，结合办案加强金融监管有关问题研判，通过报送专题报告、制发检察建议等方式积极参与社会治理。要注重系统观念，加强行政执法与刑事司法的衔接，促进金融违法犯罪系统化治理防范，尽力把风险消除在初始阶段，防止违法违规风险因未及时处置而“爆雷”。要关注中央及金融监管部门出台的企业发展扶持政策，正视民营企业“融资门槛高”“融资难”的现状，统筹考虑信贷风险防范与企业资金需求、惩治犯罪与维护企业的生产经营等所有因素，合理确定骗取贷款等犯罪刑事追诉的范围和处理政策，适应防范化解金融风险和维护市场主体良好发展的实际需要。要落实推进打击治理洗钱违法犯罪三年行动计划，持续加大追诉洗钱犯罪力度，维护国家反洗钱工作整体利益。要继续积极稳妥推进涉案企业合规改革，探索完善中国特色涉案企业合规司法制度，不断拓展适用主体，丰富案件类型，做实对国企民企、内资外资等各类企业依法平等保护，助力营造安商惠企法治化营商环境，把企业产权和企业家合法权益保护落到实处，留住市场主体，保障持续经营，守住民生底线。同时也要强化监管落实，建立健全第三方监督评估机制，坚决防止“纸面合规”。

二是创新工作机制，确保办案高效。公正建立在效率的基础上，如果在诉讼中反复奔波，无谓耗费时间和经济成本，人民群众对公平正义的感受就会大打折扣。要创新工作机制，在确保案件质量前提下努力提升办案效率。充分发挥侦查监督与协作配合办公室作用，完善重大疑难案件介入侦查、引导取证机制，对案件定性、证据收集、法律适用、追赃挽损等提出意见建议。实践中，可针对常见的经济犯罪罪名制定证据标准、明确共同犯罪分层处理原则等，通过制作“表格菜单”等方式提供明确的取证指引，避免取证遗漏或偏离方向。要规范补充侦查工作，着力解决补充侦查针对性不够、有效性不足、办案周期过长等问题，防止补充侦查为“借时”程序空转。要加强自行侦查工作，增强亲历性，对于退回补充侦查后仍然不到位的，应当对犯罪嫌疑人遗漏罪行的可能性、进一步侦查取证的主要方向和可行性等进行充分研判，具备条件的依法自行侦查。要坚持落实繁简分流机制，优化普通程序、简易程序、速裁程序案件分类处理，对简单案件可简化撰写审查报告和“三纲一书”。要依法用足用好认罪认罚从宽制度，鼓励被告人真诚认罪悔罪，避免因上诉、抗诉引起不必要的讼累，公正高效地惩治犯罪。要加强制度保障，全面学习掌握最高检新修订的案件质量评价指标体系，对于经济犯罪特别是涉众型经济犯罪案件的办案考核不能只盯着效率，正所谓“萝卜快了不洗泥”，只做“减法”不做“加法”不仅潜藏着重大质量风险，也违背办案人员的初心。要强化数字检察建设，积极推行“互联网+办案”的工作模式，促进远程视频系统、移动通信平台、智能量刑辅助软件等互联网信息化手段与办案深度融合，提升非法集资、电信网络诈骗等案件海量电子数据的筛查能力及诉讼监督线索发现能力，让办案更富有效率。

三、密切联系群众，加强自身建设，改善办案效果的体验度

习近平总书记指出，“使人民获得感、幸福感、安全感更加充实、更有保障、更可持续”。公平正义不仅要实现，而且要让人民群众真正、切实“感受到”，“封闭办案”会影响公平正义的客观效果，影响司法的权威；要让“人民群众”感受到，是为了避免司法人员的自我感受与社会公众的感受相悖离。

一是强化当事人对办案效果的认同。要保障犯罪嫌疑人、被告人获得有效的法律帮助，确保其了解认罪认罚的性质和后果，自愿认罪认罚。司法机关通过合法的程序、作出罪责刑相适应的刑事处罚，让犯罪人心服口服，同时使其不敢再犯，起到特殊预防的效果。要注重被害人的感受，积极促成犯罪人与被害人的和解，通过让被害人得到慰藉、获得赔偿等方式，弥合被害人因犯罪造成的创伤，修复被犯罪破坏的社会关系。依法开展司法救助工作，最大限度维护特定当事人的合法权益，体现司法人文关怀。

二是强化社会公众对办案效果的认同。要密切联系群众，主动作为，引领社会公众知法、懂法、守法。要充分发挥检察公开听证在释法说理、凝聚共识方面的优势，积极推进在不批捕、不起诉、申诉等案件中的适用，强化大众参与，助力查清事实、分清是非、化解心结。要加强宣传工作，构建与媒体的良性互动关系，对不客观的报道加强引导、澄清真相，对于社会关注度高的案件要及时通报，主动答疑解惑。通过召开新闻发布会，发布指导性案例、典型案例，组织参与旁听庭审等方式引领公众规范自身行为、提升法治意识，实现一般预防的效果。

三是在检察机关自身建设上下功夫。要树立检察人员理性、文明、平

和的工作作风，培养“如我在诉”的情怀，给予当事人充分表达意见的机会，耐心、细致倾听。畅通诉求反馈渠道，及时回应当事人的关切，有道理的要采纳，没道理的要讲清道理。要注重检察文书规范性、逻辑性、说理性，归纳事实清楚，列举证据确实、充分，论证说理透彻并兼顾法理情，引用法条准确，语言精练。要强化“三个规定”的填报，对司法过程干预办案情况全程留痕，不断提高对办案廉政风险的防控能力，以公信树公正。

Shipin Yaopin Anquan Yewu

食品药品安全业务

危害农资安全刑事案件办理实务

王　健　吴　楠　纪敬玲*

一、关于粮食安全和农资安全

仓廪实而民心安，农业强则百业兴。党的十八大以来，以习近平同志为核心的党中央高度重视粮食安全，提出“确保谷物基本自给、口粮绝对安全”新粮食安全观。党的二十大提出要“全方位夯实粮食安全根基”。习近平总书记从政治和战略的高度看待粮食安全，强调“粮食安全是‘国之大者’”，把保障粮食等重要农产品供给作为“三农”工作和乡村振兴的首要任务，牢牢把住粮食安全主动权。2023年中央农村工作会议上，习近平总书记再次强调，“保障粮食和重要农产品稳定安全供给始终是建设农业强国的头等大事”。

“农资”是农业生产资料的简称，是指用于农产品生产和保证农产品顺利进行的物质材料及其他物品，包括化肥、农药、种子、种禽兽、兽药、饲料、草种、热作种子和种苗、农机、农膜、渔业生产资料、农村能源（农村柴油、农电）等。[①] 农资是粮食的“粮食”，是发展现代农业的重要物资保障和基础，对保障粮食安全发挥至关重要的作用。以农药为例，从全球

---

* 王健，最高人民检察院第四检察厅二级高级检察官；吴楠，最高人民检察院第四检察厅二级高级检察官；纪敬玲，最高人民检察院第四检察厅四级高级检察官助理。

① 王红阳、杜丹:《和谐社会背景下农业生产资料服务体系建设与发展》，载《农业经济》2012 年第 9 期。

范围看，由于全球人口增加，各种人为和天然因素引发的灾害和战乱时有发生，粮食供应仍然是国际社会的头等大事。使用农药可以大幅度预防和减少因病虫草害引起的作物减产，如果不使用农药，将有更多的人因饥饿而死亡。

危害农资安全犯罪，不仅浪费社会资源、扰乱同类产品市场，还会导致药物残留、抗药性增加、农作物减产绝收、环境污染等一系列问题，严重影响农民利益、农村稳定和国家粮食安全、农产品质量安全、生态环境安全。维护农资安全是推动农业高质量发展，提高农产品质量、效益、竞争力，加快实现由农业大国向农业强国转变的重要支撑。近年来，农业农村部、最高人民法院、最高人民检察院、工业和信息化部、公安部、国家市场监督管理总局、中华全国供销合作总社持续部署全国农资打假和监管工作。检察机关自觉担当作为，能动履行检察职能，2020年至2022年，全国检察机关起诉危害农资安全犯罪900余件1900余人。随着农资打假工作深入推进，农资市场得到持续净化，但滋生假冒伪劣农资违法犯罪的土壤还未彻底铲除，有必要继续加强多部门合力，进一步提升打击危害农资安全违法犯罪的力度。

二、危害农资安全违法犯罪的法律规制

鉴于农资的重要地位，我国的法律法规已对农资作出了相对完备的规制体系，既有前端的行政法律法规明确标准和行政处罚标准，又有比较完善的刑事法律体系对相应的犯罪行为进行打击。

（一）行政方面

1. 相关文件梳理

农资领域行政法律法规较多，近年来结合新情况新问题纷纷进行了修订。同时，国家行政主管部门还制定发布了有关食品安全国家标准和公告。现将主要相关内容梳理如下：

《农产品质量安全法》(2022 年修订);

《种子法》(2021 年修正);

《食品安全法》(2021 年修正);

《产品质量法》(2018 年修正);

《食品安全法实施条例》(2019 年修订);

《农药管理条例》(2022 年修订);

《兽药管理条例》(2020 年修订);

《饲料和饲料添加剂管理条例》(2017 年修订);

《肥料登记管理办法》(2022 年修订);

《食品安全国家标准 食品中农药最大残留限量》(GB 2763–2021);

《食品安全国家标准 食品中 2，4– 滴丁酸钠盐等 112 种农药最大残留限量》(GB 2763.1–2022);

《食品安全国家标准 食品中兽药最大残留限量》(GB 31650–2019);

《禁限用农药名录》①;

农业农村部公告第 250 号《食品动物中禁止使用的药品及其他化合物清单》②;

农业农村部公告第 536 号(关于禁止生产、销售、使用甲拌磷等 4 种农药的规定)③。

2. 行政法律法规规定中的假劣农资

(1)根据《农药管理条例》第 44、45 条规定，假劣农药分为四种类型，即假农药、按照假农药处理的、劣质农药和按照劣质农药处理的，具体包

---

① 载农业农村部网站，http://www.zzys.moa.gov.cn/gzdt/201911/t20191129_6 332604.htm。

② 载农业农村部网站，http://www.moa.gov.cn/govpublic/xmsyj/202001/t2020 0106_6334375.htm。

③ 载农业农村部网站，http://www.moa.gov.cn/govpublic/ZZYGLS/202203/t2022 0317_6392667.htm。

含九种情形，如下表所示。

假劣农药类型	具体情形
假农药	①以非农药冒充农药 ②以此种农药冒充他种农药 ③农药所含有效成分种类与农药的标签、说明书标注的有效成分不符
按照假农药处理	①禁用的农药 ②未依法取得农药登记证而生产、进口的农药 ③未附具标签的农药
劣质农药	①不符合农药产品质量标准 ②混有导致药害等有害成分
按照劣质农药处理	超过农药质量保证期的农药

（2）根据《兽药管理条例》第 47、48 条规定，假劣兽药分为三种类型，即假兽药、按照假兽药处理的、劣兽药，具体包含十一种情形，如下表所示。

假劣兽药类型	具体情形
假兽药	①以非兽药冒充兽药或者以他种兽药冒充此种兽药的 ②兽药所含成分的种类、名称与兽药国家标准不符合的
按照假兽药处理	①国务院兽医行政管理部门规定禁止使用的 ②依照本条例规定应当经审查批准而未经审查批准即生产、进口的；或者依照本条例规定应当经抽查检验、审查核对而未经抽查检验、审查核对即销售、进口的 ③变质的 ④被污染的 ⑤所标明的适应症或者功能主治超出规定范围的
劣兽药	①成分含量不符合兽药国家标准或者不标明有效成分的 ②不标明或者更改有效期或者超过有效期的 ③不标明或者更改产品批号的 ④其他不符合兽药国家标准，但不属于假兽药的

（3）根据《种子法》第48条规定，假劣种子分为两种类型，即假种子和劣种子，具体包含五种情形，如下表所示。

假劣种子类型	具体情形
假种子	①以非种子冒充种子或者以此种品种种子冒充其他品种种子的 ②种子种类、品种与标签标注的内容不符或者没有标签的
劣种子	①质量低于国家规定标准的 ②质量低于标签标注指标的 ③带有国家规定的检疫性有害生物的

（二）刑事方面

危害农资安全领域的刑事规定，主要包括以下刑事法律、司法解释及规范性文件：

《刑法》（2020年修正）；

最高人民法院、最高人民检察院《关于办理危害食品安全刑事案件适用法律若干问题的解释》（法释〔2021〕24号）（以下简称《食品安全司法解释》）；

最高人民法院、最高人民检察院《关于办理生产、销售伪劣商品刑事案件具体应用法律若干问题的解释》（法释〔2001〕10号）（以下简称《伪劣商品司法解释》）；

最高人民法院、最高人民检察院《关于办理非法生产、销售、使用禁止在饲料和动物饮用水中使用的药品等刑事案件具体应用法律若干问题的解释》（法释〔2002〕26号）；

最高人民法院《关于进一步加强涉种子刑事审判工作的指导意见》（法〔2022〕66号）；

最高人民法院、最高人民检察院、公安部《关于办理侵犯知识产权刑事案件适用法律若干问题的意见》（法发〔2011〕3号）。

三、危害农资安全刑事案件的常见罪名

司法实践中发现，危害农资安全刑事案件中常见的犯罪对象有农药、兽药、化肥、种子、饲料和饲料添加剂等。此类案件主要涉及生产、销售伪劣农药、兽药、化肥、种子罪（《刑法》第147条），生产、销售伪劣产品罪（《刑法》第140条），非法经营罪（《刑法》第225条），假冒注册商标罪（《刑法》第213条）等。因关于假冒注册商标罪等商标类犯罪的法律适用一般没有争议，本文主要探讨生产、销售伪劣农药、兽药、化肥、种子罪，生产、销售伪劣产品罪和非法经营罪的适用。

（一）生产、销售伪劣农药、兽药、化肥、种子罪

最高人民检察院、公安部《关于公安机关管辖的刑事案件立案追诉标准的规定（一）》第23条规定，生产假农药、假兽药、假化肥，销售明知是假的或者失去使用效能的农药、兽药、化肥、种子，或者生产者、销售者以不合格的农药、兽药、化肥、种子冒充合格的农药、兽药、化肥、种子，涉嫌下列情形之一的，应予立案追诉：（1）使生产遭受损失2万元以上的；（2）其他使生产遭受较大损失的情形。相比《刑法》第147条条文，增加了“其他使生产遭受较大损失的情形”作为立案追诉标准之一。

根据《伪劣商品司法解释》第7条规定，生产、销售伪劣农药、兽药、化肥、种子罪中“使生产遭受较大损失”，一般以2万元为起点；“重大损失”，一般以10万元为起点；“特别重大损失”，一般以50万元为起点。

（二）生产、销售伪劣产品罪

根据《刑法》第147条规定，生产、销售伪劣农药、兽药、化肥、种子，只有使生产遭受较大损失的，才构成生产、销售伪劣农药、兽药、化肥、种子罪。没有证据或证据不足以证明生产、销售伪劣农药、兽药、化肥、种子的行为使生产遭受较大损失的，不能认定为该罪，但销售数额在5万元以上的，根据《刑法》第149条的规定，应按生产、销售伪劣产品

罪定罪处罚。对生产、销售伪劣农药、兽药、化肥、种子行为同时构成两罪的，应当按照处罚较重的规定定罪处罚。

（三）非法经营罪

根据最高人民检察院、公安部《关于公安机关管辖的刑事案件立案追诉标准的规定（二）》第 71 条第 10 项规定，实施下列危害食品安全行为，非法经营数额在 10 万元以上，或者违法所得数额在 5 万元以上的，应予立案追诉：（1）以提供给他人生产、销售食品为目的，违反国家规定，生产、销售国家禁止用于食品生产、销售的非食品原料的；（2）以提供给他人生产、销售食用农产品为目的，违反国家规定，生产、销售国家禁用农药、食品动物中禁止使用的药品及其他化合物等有毒、有害的非食品原料，或者生产、销售添加上述有毒、有害的非食品原料的农药、兽药、饲料、饲料添加剂、饲料原料的；（3）违反国家规定，私设生猪屠宰厂（场），从事生猪屠宰、销售等经营活动的。

《食品安全司法解释》第 18 条规定，实施本解释规定的非法经营行为，非法经营数额在 10 万元以上，或者违法所得数额在 5 万元以上的，应当认定为《刑法》第 225 条规定的“情节严重”；非法经营数额在 50 万元以上，或者违法所得数额在 25 万元以上的，应当认定为《刑法》第 225 条规定的“情节特别严重”。结合上述条文，以提供给他人生产、销售食用农产品为目的，违反国家规定，生产、销售国家禁用农药、食品动物中禁止使用的药品及其他化合物等有毒、有害的非食品原料，或者生产、销售添加上述有毒、有害的非食品原料的农药、兽药、饲料、饲料添加剂、饲料原料的，非法经营数额在 10 万元以上，或者违法所得数额在 5 万元以上的，处 5 年以下有期徒刑或者拘役，并处或者单处违法所得 1 倍以上 5 倍以下罚金；非法经营数额在 50 万元以上，或者违法所得数额在 25 万元以上的，处 5 年以上有期徒刑，并处违法所得 1 倍以上 5 倍以下罚金或者没收财产。

（四）犯罪竞合的处理

在危害农资安全犯罪中，常常还伴有假冒注册商标罪，销售假冒注册商标的商品罪，非法制造、销售非法制造的注册商标标识罪，侵犯商业秘密罪，为境外窃取、刺探、收买、非法提供商业秘密罪等罪名。根据《伪劣商品司法解释》第10条规定，实施生产、销售伪劣商品犯罪，同时构成侵犯知识产权、非法经营等其他犯罪的，依照处罚较重的规定定罪处罚。最高人民法院、最高人民检察院、公安部《关于办理侵犯知识产权刑事案件适用法律若干问题的意见》第16条、《食品安全司法解释》第18条也都规定了犯罪竞合情况下，依照处罚较重的规定定罪处罚。

四、办理农资刑事案件时需要注意的问题

（一）关于刑法上伪劣农资的认定

1. 刑法和行政法律法规关于伪劣农药、兽药、种子的表述并不一致，并非一一对应关系

《刑法》第147条专设了生产、销售伪劣农药、兽药、化肥、种子罪，该条文表述的伪劣农资包括三种情形：假的、失去使用效能的、以不合格冒充合格的。这种表述沿用了1993年农业法和1993年全国人大常委会《关于惩治生产、销售伪劣商品犯罪的决定》关于伪劣农资的表述。如前文所述，《农药管理条例》有“假农药”“按照假农药处理”“劣质农药”“按照劣质农药处理”的规定；《兽药管理条例》有“假兽药”“按照假兽药处理”“劣兽药”的规定，但没有规定“按照劣兽药处理”的情形。种子法有假种子和劣种子的规定。这些关于假劣农资的规定与刑法规定不同，不能简单直接套用。在行政执法中，行政执法机关可以直接依据上述行政法律法规判定假劣涉案产品，从而作出行政处罚决定，但在刑事案件中不能一概而论。

2. 司法判断时，对行政法规规定的“按照假农药处理”“按照假兽药处理”情形应实质判断

《农药管理条例》《兽药管理条例》分别规定了“按照假农药处理”“按照假兽药处理”的情形，对于此类拟制的假农药、假兽药，尤其是“未依法取得农药登记证而生产、进口的农药，以及未附具标签的农药”和“应当经审查批准而未经审查批准即生产、进口的，或者依照本条例规定应当经抽查检验、审查核对而未经抽查检验、审查核对即销售、进口的”兽药，要实质判断其是否符合《刑法》第147条生产、销售伪劣农药、兽药、化肥、种子罪所规定的“假的”“失去使用效能的”“以不合格冒充合格的”这三种情形，或者是否符合《刑法》第140条生产、销售伪劣产品罪所规定的“掺杂掺假”“以次充好”“以假充真”“以不合格产品冒充合格产品”这四种情形。其中一个重要的原因在于，规定人用药的药品管理法已经于2019年8月修订，2019年12月起实施。药品管理法修订的最大变化就是取消了“按假药论处”“按劣药论处”的法律拟制假药、劣药，对假药、劣药按照药品功效进行实质认定。《农药管理条例》《兽药管理条例》分别为2022年、2020年修订，均晚于药品管理法修订时间，但都未参考药品管理法的修订思路。即便如此，从刑事处罚角度，举重以明轻，对人体作用更为直接、危害更大的人用药取消了法律拟制假劣药，坚持按照药品功效实质判断方能认定假药、劣药从而入罪，对假农药、假兽药的认定方式也应该如此。

此处只讨论了拟制假农药和拟制假兽药的实质认定，这是因为种子法并没有规定按假劣种子处理的情形，《兽药管理条例》未规定按劣兽药处理的情形，而《农药管理条例》中“按劣质农药处理”对应的情形是“超过农药质量保证期的农药”，此处虽表述为“按劣质农药处理”，属于拟制表述，但对于“超过农药质量保证期的农药”，笔者认为应当认定其属于刑法意义上的“劣”农药。《药品管理法》第98条第3款规定，“超过有效期

的药品”为劣药。《食品安全司法解释》第 15 条规定“生产、销售用超过保质期的食品原料、超过保质期的食品、回收食品作为原料的食品，或者以更改生产日期、保质期、改换包装等方式销售超过保质期的食品、回收食品”，以生产、销售伪劣产品罪定罪处罚。《兽药管理条例》第 48 条规定，“超过有效期的”为劣兽药。可以看出，对于药品、食品、兽药，都是将过期产品作为“劣”产品予以规制。需要注意的是，由于检验指标、检验方法的局限性，这些过期产品并不一定能够检出理化指标不合格，行政部门、司法机关对销售这些过期产品的行为予以打击，体现了保护消费者权益、保障人身、财产安全、维护市场秩序的理念。笔者认为，按照同一认定思路，应将“超过农药质量保证期的农药”认定为刑法意义上的“劣农药”。此外，《兽药管理条例》将“不标明有效成分的”规定为劣兽药，办理刑事案件时，不宜仅凭涉案产品无标签或者未标注即认定为刑法意义上的不合格兽药，应结合进行涉案兽药真实成分、宣称成分、原料、生产方式、药效以及造成的生产损失等情况综合判断。

以张某某等人生产、销售伪劣农药案①为例，2015 年起，张某某、霍某某在未取得农药生产、经营许可的情况下，向王某某提供标签、图样，委托其生产伪劣农药，并通过互联网在全国范围内销售。王某某在未取得农药登记证及相关农药生产、经营许可的情况下，组织工人生产伪劣农药，销售给张某某、霍某某。经专业机构检测，加工窝点现场查扣的成品农药均不合格。截至 2019 年 5 月，张某某、霍某某生产、销售伪劣农药 771 万余元，王某某生产、销售伪劣农药 333 万余元。根据《农药管理条例》第 44 条规定，未依法取得农药登记证而生产的农药，按照假农药处理。本案中，检察机关并未单纯以无生产资质作为认定标准，而是引导公安机关

① 参见《检察机关依法惩治危害农资安全犯罪典型案例》，载最高人民检察院网站，https：//www.spp.gov.cn/xwfbh/wsfbt/202203/t20220321_549915.shtml#2。

围绕查获农药的实际效果以及是否符合农药标准进行取证。一方面，经多名购买农药的实际用户证实，从被告处购买的农药使用效果不好；另一方面，委托检验机构对现场查扣的农药进行检验，确定均为不合格农药，综合认定涉案农药为伪劣农药。本案法院以生产、销售伪劣产品罪对张某某等三人定罪处罚。

3. 办理种子刑事案件时，对于"没有标签的"假种子也应实质判断

种子法规定了假种子、劣种子的范围，其中将"没有标签的"列为假种子。对于此种情形，在刑事案件办理中，仍然要对种子是否为刑法意义的伪劣种子进行实质判断。《粮食作物种子 第1部分：禾谷类》（GB 4404.1–2008）、《粮食作物种子 第2部分：豆类》（GB 4404.2–2010）等国家标准对部分粮食作物种子规定了纯度、净度、发芽率、水分这四种质量指标并设定了质量标注值，如大豆种子发芽率要求不低于85%。上述指标是种子的最低指标，不符合相应的质量标注值，可以认定为刑法意义的"不合格种子"，但并非意味着只要符合这四项指标即为合格种子。《农作物种子标签通则》（GB 20464–2006）7.3.1规定了种子质量判定规则：（1）作物种类、品种名称、产地与种子标签不符的，判为假种子；（2）质量检测值任一项达不到相应标注值的，判为劣种子；（3）质量标注值任一项达不到技术规范强制性要求所明确的相应规定值的，判为劣种子；（4）质量标注值任一项达不到已声明符合推荐性国家标准（或行业标准或地方标准）、企业标准所明确的相应规定值的，判为劣种子；（5）带有国家规定检疫性有害生物的，判为劣种子。司法人员进行判断时，可以结合上述规则以及给生产造成损失等情况，进行综合判断。

4. 判断伪劣农药、兽药、化肥、种子不是必须逐案检验鉴定

一种观点认为，对于刑法意义的伪劣，均应以鉴定意见、检验报告或者检验结论为依据进行实质判断，以增强司法人员的内心确信；另一种观点认为，逐案检验鉴定耗费大量行政司法资源，且有的项目并不能通过

检验得出结论，如是否为过期产品。专门性问题难以确定的，司法机关可以依据鉴定意见、检验报告、相关行政主管部门组织出具的书面意见，结合其他证据作出认定。笔者赞同第二种观点。在理论上，此类案件并不是逢案必检验鉴定。《伪劣商品司法解释》第 1 条规定，对生产、销售伪劣产品行为难以确定的，应当委托法律、行政法规规定的产品质量检验机构进行鉴定。实践中，有的案件可以根据现场查获工具、加工原料，结合犯罪嫌疑人供述、证人证言和进货账本等证据直接作出判断。在司法人员难以确定时，应通过检验报告或者行政部门认定意见帮助进行司法判断，确保案件的准确性，即便在言词证据等发生改变的情况下，也足以证明犯罪事实。

此外，《刑法》第 147 条生产、销售伪劣农药、兽药、化肥、种子罪只将这四种农资产品列为犯罪对象，且没有兜底性条款，生产、销售其他伪劣农资产品，符合《刑法》第 140 条规定，销售金额 5 万元以上或者货值金额 15 万元以上的，可以适用生产、销售伪劣产品罪。然而，并非所有的农资产品都有前置行政法律法规规定对应的假劣产品范围。《肥料登记管理办法》《饲料和饲料添加剂管理条例》虽然对肥料和饲料监管作出规定，但并未规定何为假劣肥料、饲料或饲料添加剂。农机、农膜等其他农资产品领域也没有类似的规定。对于此类农资产品是否属于刑法意义的“伪劣产品”，需要结合检验报告、性能指标、原材料等，综合判断是否符合《刑法》第 140 条生产、销售伪劣产品罪所规定的“掺杂掺假”“以次充好”“以假充真”“以不合格产品冒充合格产品”情形。

（二）关于生产、销售伪劣农药、兽药、化肥、种子罪与生产、销售伪劣产品罪的转化与竞合

生产、销售伪劣农药、兽药、化肥、种子罪与生产、销售伪劣产品罪系特殊罪名与一般罪名的关系，在办理此类案件时涉及罪名的选择问题。根据《刑法》第 147 条，生产、销售伪劣农药、兽药、化肥、种子的行为，

只有使生产遭受较大损失才构成生产、销售伪劣农药、兽药、化肥、种子罪。使生产遭受较大损失意味着一方面需要证明有生产损失及损失数额，另一方面需要证明该损失与使用伪劣农药、兽药、化肥、种子行为之间具有因果关系，二者缺一不可。实践中，往往由于损失金额难以确定，以及因果关系因时效性较强、鉴定难度大、成本较高等原因也难以确定，从而导致难以适用该罪。根据《刑法》第 149 条规定，生产、销售第 141 条至第 148 条所列产品，不构成各该条规定的犯罪，但是销售金额在 5 万元以上的，依照生产、销售伪劣产品罪定罪处罚。同时，如果生产、销售伪劣农药、兽药、化肥、种子的行为同时构成两罪的，择一重罪处断。

如张某某等人生产、销售伪劣化肥、假冒注册商标案[①]，2019 年，被告人牟某某了解到被告人张某某经营各种肥料，遂欲在张某某处订购总养分含量为 40% 的化肥。为有利于销售，二人约定使用他人注册商标的包装袋，并将包装袋上化肥总养分含量标注为 51%。后张某某联系被告人王某某生产包装袋，被告人赵某甲、赵某乙生产、灌装化肥。王某某在知道张某某未经该注册商标所有人许可的情况下，仍生产印有该商标的化肥包装袋 1 万余条。赵某甲、赵某乙在知道其生产的化肥养分含量等与包装袋标注不符的情况下，以 92 万余元的价格将生产的 392 余吨灌装复合肥出售给张某某。张某某又以 112 万余元的价格出售给牟某某。2019 年 2 月至 4 月，牟某某陆续将部分化肥销售给吉林省磐石市、梅河口市等地 160 余户农民，销售金额达 106 万余元。经检验，涉案化肥不合格，经鉴定，受害农户耕种的玉米减产 400 余万公斤、水稻减产 1500 余公斤，经济损失共计 560 余万元。以本案中被告人张某某为例，首先，张某某组织他人生产养分含量低于标注值的化肥并销售，经检验为不合格化肥，受害用户使用化肥的损

① 参见《检察机关依法惩治制售伪劣农资犯罪典型案例》，载最高人民检察院网站，https://www.spp.gov.cn/xwfbh/dxal/202304/t20230420_611847.shtml。

失560万元，经过专家田间鉴定得出农作物死苗与使用涉案化肥具有因果关系，其行为已经构成生产、销售伪劣化肥罪，可判处7年以上有期徒刑或者无期徒刑，并处销售金额50%以上2倍以下罚金或者没收财产；其次，张某某生产、销售不合格化肥，销售金额已达112万元，亦构成生产、销售伪劣产品罪，可判处7年以上有期徒刑，并处销售金额50%以上2倍以下罚金；再次，张某某未经注册商标所有人许可使用商标，非法经营数额112万元，构成假冒注册商标罪，可判处3年以上10年以下有期徒刑，并处罚金。张某某的行为同时构成三个罪名，根据《伪劣商品司法解释》等相关司法解释的规定，按照择一重罪处断的原则，法院以生产、销售伪劣化肥罪判处被告人张某某有期徒刑9年10个月，并处罚金57万元。

又如柴某某生产、销售伪劣产品案[①]，被告人柴某某明知其经营的新某药业公司没有兽药生产资质，自行生产未标注生产厂家、生产日期和批号的青霉素钾小白包，假冒其他公司生产的氟苯尼考粉（囊杆双杀）等各种兽药对外销售。本案经由农业农村部门认定，被告人柴某某生产、销售的产品系假兽药或劣兽药，但无证据证明使生产遭受损失以及使用假兽药、劣兽药与损失之间的因果关系，因其销售金额49万余元，适用生产、销售伪劣产品罪定罪处罚。

（三）关于无证经营农药、兽药行为能否直接适用非法经营罪的问题

国家实行农药、兽药生产、经营许可制度。一种观点认为，无证生产、销售农药、兽药的行为可以适用非法经营罪。另一种观点认为，农药、兽药并不属于《刑法》第225条第1项所规定的专卖、专营或者限制买卖物品，不能直接适用非法经营罪。笔者认为，无证经营农药、兽药行为能否直接适用非法经营罪，不能一概而论。一方面，不宜将农药、兽药理解为

① 参见《检察机关依法惩治制售伪劣农资犯罪典型案例》，载最高人民检察院网站，https://www.spp.gov.cn/xwfbh/dxal/202304/t20230420_611847.shtml。

专卖、专营或者限制买卖物品，大多数情况下，无经营许可证经营农药、兽药并不能直接依据《刑法》第225条第1项适用非法经营罪。但另一方面，对于单纯无证生产、销售农药、兽药的行为是否可以适用《刑法》第225条第4项“其他严重扰乱市场秩序的非法经营行为”，按照最高人民法院《关于准确理解和适用刑法中“国家规定”的有关问题的通知》第3条规定，各级人民法院审理非法经营犯罪案件，要依法严格把握《刑法》第225条第4项的适用范围。对被告人的行为是否属于《刑法》第225条第4项规定的“其它严重扰乱市场秩序的非法经营行为”，有关司法解释未作明确规定的，应当作为法律适用问题，逐级向最高人民法院请示。因此，在无司法解释明文规定的情形下，亦不能直接适用《刑法》第225条第4项之规定，需逐级向最高人民法院请示。

关于生产、销售国家禁用农药、食品动物中禁止使用的药品及其他化合物的问题，根据《食品安全司法解释》第16条第2款规定，以提供给他人生产、销售食用农产品为目的，违反国家规定，生产、销售国家禁用农药、食品动物中禁止使用的药品及其他化合物等有毒、有害的非食品原料，或者生产、销售添加上述有毒、有害的非食品原料的农药、兽药、饲料、饲料添加剂、饲料原料，情节严重的，以非法经营罪定罪处罚。即符合此种情形的，有司法解释明确规定，可以适用非法经营罪。如谢某某等人生产销售伪劣产品、非法经营案[①]中，被告人毛某某等人利用网络平台销售百草枯原液，销售金额分别为120万余元至15万余元不等。毛某某销售的百草枯是2019年农业农村部发布《禁限用农药名录》中禁止使用的46种农药之一，毛某某明知百草枯在我国禁止销售和使用，法院根据上述司法解释以非法经营罪判处毛某某3年有期徒刑，并处罚金。

---

① 参见《检察机关依法惩治制售伪劣农资犯罪典型案例》，载最高人民检察院网站，https：//www.spp.gov.cn/xwfbh/dxal/202304/t20230420_611847.shtml。

对于无证生产、销售国家禁用农药、食品动物中禁止使用的药品及其他化合物以外的农药、兽药，因为没有司法解释相关规定，不能直接适用非法经营罪。但此类无证生产、销售行为，往往同时伴随制作工艺粗糙、违法添加、使用不合格原料等情形，可以结合在案具体证据，根据涉案产品检验结果、鉴定意见、行政部门认定意见等综合判断。如李某生产、销售伪劣产品案[①]，被告人李某在不具备农药生产、经营资质的情况下虚构青岛某生物科技有限公司营业执照，购置灌装机等设备，将购进的低浓度农药重新灌装冒充高浓度农药，并制作标签、说明书，生产30余种农药，销售金额500余万元。经检验，涉案农药所标明成分的质量分数不符合标明值要求，为不合格产品。本案根据检验结果认定涉案农药为不合格产品，结合销售金额，对被告人李某以生产、销售伪劣产品罪定罪处罚。

（四）关于“禁用农药”的理解

根据《刑法》第144条和《食品安全司法解释》第9条，国务院有关部门公告的禁用农药，应当认定为《刑法》第144条规定的“有毒、有害的非食品原料”，在生产、销售的食品中掺入有毒、有害的非食品原料，或者销售明知掺有有毒、有害的非食品原料的食品，以生产、销售有毒、有害食品罪定罪处罚。根据《食品安全司法解释》第16条，违反国家规定，生产、销售国家禁用农药，情节严重的，以非法经营罪定罪处罚。可见，生产、销售、使用国家禁用农药，可能适用不同罪名。

关于《食品安全司法解释》中的“禁用农药”如何理解，实践中存在不同认识。《农药管理条例》规定，已登记农药对农业、林业、人畜安全、农产品质量安全、生态环境等有严重危害或者较大风险的，国务院农业主管部门应当组织农药登记评审委员会进行评审，根据评审结果撤销、变更

① 参见《最高法院发布“农资打假”典型案例》，载中国法院网，https://www.chinacourt.org/article/detail/2023/03/id/7189694.shtml。

相应的农药登记证，必要时应当决定禁用或者限制使用并予以公告。2019年农业农村部网站公布《禁限用农药名录》，其中包括两部分，第一部分是禁止（停止）使用的农药（46种），第二部分是在部分范围禁止使用的农药（20种）。一种观点认为，《食品安全司法解释》上的"禁用农药"限于因危害人体健康原因被列入名录第一部分的农药；另一种观点认为，《禁限用农药名录》所列两个部分都属于"禁用农药"。名录第二部分是在部分范围禁止使用的农药，也是一种"禁用"，相应的农药适用"禁用农药"规则。

笔者同意第一种观点。理由在于，一方面，《禁限用农药名录》所列第二部分应理解为限制使用的农药，在允许范围内可以正常使用，但在部分范围禁止使用。这与第一部分所列在所有范围都禁止使用的农药明显不同。如，丁酰肼被列入"在部分范围禁止使用的农药"，其农药类别为植物生长调节剂，被禁止在花生上使用。经查询中国农药信息网①，目前该农药剂型有原药和可溶粉剂，毒性为低毒或微毒。将这种在部分范围禁止使用的低毒或者微毒农药等同于第一部分所列的在所有范围均禁止使用的农药，适用相同的刑事处罚规则，不符合罪责刑相适应原则。另一方面，《食品安全司法解释》第5条和第9条对超限量或者超范围滥用农药、使用禁用农药的行为分别作出规定。根据该司法解释，在食用农产品种植、养殖、销售、运输、贮存等过程中，违反食品安全标准，超限量或者超范围滥用农药、兽药等，足以造成严重食物中毒事故或者其他严重食源性疾病的，以生产、销售不符合安全标准的食品罪定罪处罚；同时，明确规定禁用农药属于《刑法》第144条规定的"有毒、有害的非食品原料"，在生产、销售的食品中掺入有毒、有害的非食品原料的，或者销售明知掺有有毒、有害的非食品原料的食品的，以生产、销售有毒、有害食品罪定罪处

① http://www.chinapesticide.org.cn。

罚。因此，丁酰肼如在花生上使用，并非不能予以刑事处罚，而是要准确适用罪名，在花生上使用丁酰肼属于超范围滥用农药。根据《食品安全国家标准 食品中农药最大残留限量》（GB 2763–2021），丁酰肼在花生仁最大残留限量为 0.05mg/kg，结合具体案件中的检验报告中的残留量、行政部门认定意见、专家意见等，能够认定足以造成严重食物中毒事故或者其他严重食源性疾病的，以生产、销售不符合安全标准的食品罪定罪处罚。

我国农药种类繁多，如《食品安全国家标准 食品中农药最大残留限量》（GB 2763–2021）中规定了 564 种农药 10092 项最大残留限量；《食品安全国家标准 食品中 2，4– 滴丁酸钠盐等 112 种农药最大残留限量》（GB 2763.1–2022）规定了 112 种农药 290 项最大残留限量，而《禁限用农药名录》规定了禁止（停止）使用的农药 46 种、在部分范围禁止使用的农药 20 种，总计 66 种。对于超范围、超限量滥用《禁限用农药名录》以外的农药，结合上述残留限量标准，能够认定足以造成严重食物中毒事故或者其他严重食源性疾病的，以生产、销售不符合安全标准的食品罪定罪处罚。

需要注意的是，办理刑事案件时，应合理理解行政主管部门有关公告。《禁限用农药名录》里在部分范围禁止使用的 20 种农药中包括甲拌磷等四种农药。农业农村部公告第 536 号已决定自 2022 年 9 月 1 日起，撤销甲拌磷、甲基异柳磷、水胺硫磷、灭线磷原药及制剂产品的农药登记，禁止生产。已合法生产的产品在质量保证期内可以销售和使用，自 2024 年 9 月 1 日起禁止销售和使用。该公告中，先设定一个期限禁止甲拌磷等四种农药生产，同时规定在全面禁止日期前，已经合法生产的产品在质量保证期内可以销售和使用。笔者认为，2024 年 9 月 1 日之后，甲拌磷等四种农药可认定为《食品安全司法解释》中的“禁用农药”，但在这之前，因其仍可销售和使用，应将其作为禁限用农药名录第二部分的“在部分范围禁止使用的农药”，属于限用农药。假如在该日期前就依据公告将甲拌磷等四种农药认定为“禁用农药”，根据《食品安全司法解释》，“禁用农药”

应认定为“有毒、有害的非食品原料”，就会出现国家当前允许销售和使用“有毒、有害的非食品原料”的悖论，显然不妥。刑罚作为最严厉的惩罚方式，需要保持其谦抑性，对禁用农药和在限用农药区分适用不同的罪名，设置不同的入罪门槛，给予不同程度的处罚，符合罪责刑相适应原则，也给行政处罚和刑事处罚留有一定空间。此处探讨的是办理刑事案件时，对于《食品安全司法解释》中“禁用农药”的理解，并不影响行政执法部门依据《农药管理条例》等相关规定进行行政认定和行政处罚。

稳农资才能稳农业。检察机关将深入贯彻落实党的二十大精神，以习近平法治思想、经济思想为指导，持续深入推进农资打假专项行动，充分发挥法律监督职能，规范农资市场秩序，维护农民合法权益，为粮食生产和重要农产品保供提供有力支撑。

超范围使用部分禁用农药行为的法律适用

田　凤　刘　威　刘崇文 *

一、问题的提出

农业投入品的使用直接关系到农产品质量安全，违法使用农业投入品对人民生命健康、生态环境都可能会造成重大危害。国家从立法、执法、司法各个环节都加大了对违法使用农业投入品行为的打击力度，违法违规使用农药尤其是使用禁限用农药的监管执法是农产品质量安全治理工作的重点。有关部门已通过公告的形式公布了46种禁止（停止）使用的农药和20种在部分范围禁止使用的农药（以下简称禁用农药和部分禁用农药）。然而，由于行政执法实践中对20种部分禁用农药的性质认识不一致，导致相关行政处罚案件的定性存在较大差异。这种分歧在《农药管理条例》和农产品质量安全法的适用中均存在。争议的焦点是对使用部分禁用农药到底是按照使用禁用农药进行认定，还是以常规农药超范围使用或者农药残留超标进行认定。这种对药物性质认定上的分歧直接导致对有关违法行为定性和处罚结果的不同。同案不同罚，违反了法律面前人人平等的基本原则，实质上伤害了法治建设的根基。因此，有必要对部分禁用农药超范围

* 田凤，农业农村部管理干部学院农业农村法治研究中心副主任、副研究员；刘威，农业农村部管理干部学院农业农村法治研究中心助理研究员；刘崇文，农业农村部管理干部学院农业农村法治研究中心干部。

使用的性质进行准确界定，进而明确其法律适用规则。

二、禁限用农药概念界定和法律制度沿革

（一）相关概念界定

在禁用和部分禁用农药概念成为主流认识之前，禁限用农药一直是理论研究和制度实践中对高毒、剧毒农药的称谓。关于禁用和限用农药的概念，目前我国行政法律规范中没有明确规定，但是根据《农药管理条例》第22条[①]和第43条[②]有关表述，我们可以间接获得禁用和限用农药的确定方式及范围，即禁用与限用农药均是对农业生产、人畜安全以及环境有较大风险的，且需经评审予以公告；剧毒、高毒农药属于限制使用农药的范围。有学者提出，禁限用农药是指因对人类健康和环境安全存在较大风险，而被禁止或严格限制使用的化学品。[③]结合我国制度实践来看，所谓禁用农药指的是禁止使用的农药。限用农药指的是限制使用范围的农药。易言之，其仅被允许在部分农产品上使用，而在另外一部分农产品上则被禁止使用。既然限用农药还有使用空间，也就意味着制度上允许生产经营该类农药产品，只是相较于常规农药而言要接受更为严格的管控。在我国，限用农药必须明确标识。

从世界范围内来看，也没有关于禁限用农药的统一定义。美国环保署（EPA）认为，农药禁用（banned）是指为了保护人类健康或环境而被

---

① 剧毒、高毒农药以及使用技术要求严格的其他农药等限制使用农药的标签还应当标注“限制使用”字样，并注明使用的特别限制和特殊要求。用于食用农产品的农药的标签还应当标注安全间隔期。

② 发现已登记农药对农业、林业、人畜安全、农产品质量安全、生态环境等有严重危害或者较大风险的，国务院农业主管部门应当组织农药登记评审委员会进行评审，根据评审结果撤销、变更相应的农药登记证，必要时应当决定禁用或者限制使用并予以公告。

③ 参见简秋、朱光艳、郑尊涛等：《国际禁限用农药残留限量标准制定原则简析》，载《农药科学与管理》2014年第6期。

EPA禁止其所有已获注册的用途的农药。它包括首次注册被拒绝批准的农药或已被企业撤销登记的农药。限制使用农药（restricted use pesticides, RUPs）的类型主要有两种。一是经认证的使用者才能使用的产品，即根据一定的标准将最终用途产品归为只能由经认证的使用者（或由其直接监督的人）使用的产品。这类农药产品如果不进行使用者限制，即使按照标签上的警告、注意事项和使用说明或按照普遍和公认的使用方法使用产品时，也可能对环境造成不合理的不利影响。二是“严格限用农药”（severely restricted pesticides），是指几乎所有登记的用途都被环保署禁止，但某个或某些特定的已注册的用途仍被授权。[①]综上，在美国，禁用农药指的是没有取得农药登记的农药或者撤销登记的农药，限用农药则指的是限制使用者或者限制使用范围的农药。

（二）法律规制的嬗变

农产品质量安全法、食品安全法、《农药管理条例》、有关司法解释与农业农村部公告，共同构成了我国农药管理制度框架。

从农药管理法律制度体系的发展进程来看，国家对部分禁用农药的危害性认识不断深入，管理日益严格。有研究指出，有机磷农药常用作杀虫剂，会对人体造成伤害，能够引起认知能力与神经行为异常，导致畸形与内分泌失调等，环境中残留的有机磷农药会通过饮用水、蔬菜、粮食进入人体内，会在人体内富集，尤其是亲脂性较强的有机磷农药如三唑磷、毒死蜱等。[②]部分禁用有机磷农药中，乙酰甲胺磷、毒死蜱、内吸磷和甲拌磷的潜在危害较其他有机磷农药更大。[③]可见，部分禁用农药不仅是一种高危

---

① 参见申继忠：《农药风险评估与禁限用》，载《世界农药》2022年第11期。

② 参见丁浩东、万红友、秦攀：《环境中有机磷农药污染状况、来源及风险评价》，载《环境化学》2019年第3期。

③ 参见包一翔、苏琛、陈君等：《禁限用有机磷农药持久性、生物累积性和毒性评估》，载《现代农药》2021年第3期。

农药，而且和禁用农药之间没有明显的毒理界限，随着人类社会认识的发展，部分禁用农药可以直接转化为禁用农药。因此制度实践中将禁用和部分禁用农药进行一体化管理的趋势日益强化。近年来，农业农村部也在不断更新禁限用农药目录，将一些部分禁用的农药直接调整为禁用农药，并且将限用农药更名为“在部分范围禁止使用的农药”[①]。与此同时，有关法律规定以及司法解释中都弱化了限用农药的表述，而以“禁止使用的农业投入品”“剧毒、高毒农药”或者“有毒、有害物质”等对禁限用农药进行统一表达。2021 年最高人民法院、最高人民检察院《关于办理危害食品安全刑事案件适用法律若干问题的解释》分别对使用禁用农药和超限量或者超范围滥用农药的罪行认定及“有毒、有害非食品原料”范围进行了明确。

除法律规范和司法解释外，20 世纪开始，国务院有关部门陆续发布公告或通知，对农药实施严格的管理，分阶段对有关高毒、剧毒农药实施停止生产、销售、使用的管理措施。1997 年，原农业部、原化工部、全国供销合作总社发布《关于停止生产、销售、使用除草醚农药的通知》，要求自 2000 年 12 月 31 日起停止生产除草醚、撤销除草醚农药登记证。2002 年，原农业部第 194 号公告宣布停止受理一批高毒、剧毒农药的登记申请，撤销一批高毒农药在一些作物上的登记。2002 年，原农业部第 199 号公告以清单形式公布了一批农药名单，并首次区分为“国家明令禁止使用的农药”和“在蔬菜、果树、茶叶、中草药材上不得使用和限制使用的农药”。此后，农业农村部（原农村部）单独或联合其他部委发布了第 274 号、第 322 号、第 1157 号、第 1586 号、第 1744 号、第 1745 号、第 2032 号、第 2289 号、第 2445 号等公告，更新管理措施，通报停止受理、撤销登记农药信息，形成了在我国范围内禁止生产销售和使用的农药名录。2019 年，

① 《禁限用农药名录》，载农业农村部网站，http：//www.moa.gov.cn/xw/bmdt/201911/t20191129_6332604.htm。

农业农村部官网发布《禁限用农药名录》，列明了46种禁止（停止）使用的农药和20种在部分范围禁止使用的农药。2022年农业农村部第536号公告[①]新增4种禁止使用的农药，这4种禁止使用农药是由部分禁用农药转化而来，其规定："自2022年9月1日起，撤销甲拌磷、甲基异柳磷、水胺硫磷、灭线磷原药及制剂产品的农药登记，禁止生产。已合法生产的产品在质量保证期内可以销售和使用，自2024年9月1日起禁止销售和使用。"至此形成了当前正在施行的包含46种禁止（停止）使用的农药和20种在部分范围禁止使用的农药名录。同时，自2024年9月1日起，禁止使用的农药将达到50种，部分禁用农药减少为16种。

因此，总体来看，随着对剧毒、高毒农药危害性认识的发展，行政管理部门一方面强化了对剧毒、高毒农药的监管力度，另一方面不再刻意区分禁用农药和部分禁用农药，而是对二者进行一体化从严管理。

三、部分禁用农药的认定逻辑

化学农药可有效防控各类病虫害，减少农林业损失，但其不合理使用也会带来生态环境污染、食品安全、人类健康等问题，甚至有可能引发安全风险，导致安全事故发生。随着生活水平的提高，健康、安全问题成为人们关注的重点，高毒、高残留和"三致"农药的使用风险不容忽视。[②]禁限用农药的认定主要是基于农药化合物本身的危害性，风险评估是对这种危害性进行判断的重要方式。目前，世界范围内采用的农药风险评估方法并不一致，但是其核心考量因素趋于统一，包括农药使用对人类健康风

① 《中华人民共和国农业农村部公告 第536号》，载农业农村部网站，http://www.moa.gov.cn/govpublic/ZZYGLS/202203/t20220317_6392667.htm。

② 参见李劲松、胡月、田立超：《浅谈农业上禁限用农药对园林用药的指导意义》，载《南方农业》2019年第31期。

险、生态环境风险和共同毒性效应风险[①]等方面。上述风险评估的结果将作为作出禁止、限制或者推荐使用农药的依据。[②]由于不同国家和地区农药风险评估方法的不同，导致禁限用农药认定标准也无法统一，然而对高危农药的禁限用已成为各国际组织和各国政府在农药风险管理中的最大公约数。FAO/WHO 在 2016 年发布的《高危农药指导》对高危农药给出的定义是：根据世界卫生组织或全球化学品统一分类和标签系统（GHS）等国际公认的分类系统或在相关具有约束力的国际协定或公约中所列明的对健康或环境具有特别高水平急性或慢性危害的农药。[③]此外，在一个国家的使用条件下可能会对健康或环境造成严重或不可逆转的损害的农药可被视为高危并作为高危农药处理。[④]在我国，有关部门发布的关于禁限用农药的公告多达 23 个（截至 2022 年），从公告明确规定的禁用或者部分禁用农药理由来看，主要包括保障农产品质量安全、人畜安全和生态环境安全等。《农药管理条例》第 43 条第 2 款亦明确规定，开展农药禁限用工作的基本出发点是避免对农业、林业、人畜安全、农产品质量安全、生态环境等产生严重危害或者较大风险。可见，我国对禁用或者部分禁用农药进行认定的核心逻辑还是对高危农药的禁止使用。

需要注意的是，高危农药并不仅仅指本身毒性很高的农药，还包括使用过程中与作物以及环境反应会产生次生危害的农药。结合有关研究可以将部分禁用农药的确定因素总结为如下几个方面：一是农药本身毒性较高，剧毒、高毒农药不得用于蔬菜、水果和中草药材，对水生生物高毒的农药不得用于水稻或有可能污染地下水的地域。二是部分农药与特定作物

① 这种风险主要通过累积风险评估进行考察，主要是评估人们同时接触一种以上具有确定的共同毒性机制的农药的可能性。

② 参见申继忠：《农药风险评估与禁限用》，载《世界农药》2022 年第 11 期。

③ FAO and WHO. *International code of conduct on pesticide management*：*guidelines on highly hazardous pesticides*，https：//www.fao.org/3/i5566e/i5566e.pdf.

④ 参见申继忠：《农药风险评估与禁限用》，载《世界农药》2022 年第 11 期。

结合后会影响农产品质量安全，比如某些农药品种，虽然毒性不高，但在某种作物上使用后，残留期较长，影响品质安全。三是部分农药在特定地域使用会产生次生安全隐患。比如一些除草剂残效期较长，对特定的后茬作物存在安全隐患，易造成药害，不适用于种植这些后茬作物的地区，限制其使用区域；或者某些农药品种，在特定土壤类型中残效期长，对作物造成药害，不适用于这些地域等。[①]

综上所述，禁用和部分禁用农药本质上都属于高危农药，二者在规范形式和认定逻辑上具有内在牵连性。但是，禁用农药和部分禁用农药在内涵上也并不完全一致。相较而言，禁用农药属于危害风险更高的农药，其高毒、剧毒性要求必须在生产、经营、使用等环节全面禁止。而现阶段认定的部分禁用农药虽然也具有相当危害性，但是还没有达到必须全面禁止使用的程度，其在一定范围内被允许使用。然而必须强调的是，部分禁用农药的使用范围是被严格控制的，一旦超过限制范围使用，其危害性将远远大于常规农药的超范围使用，甚至与使用禁用农药相当。因而在行政管理上，对使用禁用农药和部分禁用农药要采取更为严格的措施，而不能将使用部分禁用农药与使用常规农药同等对待。

四、行政执法中的分歧与反思

（一）行政执法中的分歧

在行政执法实践中，针对使用禁用和部分禁用农药违法行为的定性处罚的主要依据是《农药管理条例》和农产品质量安全法，然而这两部法律规范在对使用部分禁用农药的定性上都存在内部分歧。

① 参见刘亮、孙艳萍、周蔚：《我国农药禁限用政策实施情况及建议》，载《农药管理》2013年第7期。

1.《农药管理条例》适用中的分歧

原农产品质量安全法未对违法使用农业投入品行为进行法律责任规制，因此，违法使用国家禁止使用的农药一般是按照《农药管理条例》进行处罚。然而在适用《农药管理条例》过程中，对于使用部分禁用农药违法行为的认定存在三种不同认识：观点一认为，部分禁用农药的超范围使用性质上属于“不按照农药的标签标注的使用范围、使用方法和剂量、使用技术要求和注意事项使用农药”，违反了《农药管理条例》第 34 条[①]第 1 款。比如，在甘肃公布的 2022 年全省农产品质量安全监管执法典型案例“张掖市甘州区张某不按农药标签标注的使用范围使用农药案”中，对于在洋葱地内冲施毒死蜱农药的行为，认定当事人的行为违反《农药管理条例》第 34 条第 1 款的规定。观点二认为，部分禁用农药的超范围使用性质上属于“使用禁用的农药”，违反了《农药管理条例》第 34 条第 2 款。比如，在安徽省农业农村厅办公室通报的 2022 年农产品质量安全典型案件“怀远县农业农村局查处唐某某涉嫌在蔬菜种植中使用禁用农药案”中，对于在大葱上使用毒死蜱的行为被认定为使用禁用农药。观点三认为，部分禁用农药的超范围使用性质上属于“将剧毒、高毒农药用于防治卫生害虫，用于蔬菜、瓜果、茶叶、菌类、中草药材的生产，用于水生植物的病虫害防治”，违反了《农药管理条例》第 34 条第 4 款。在实践中，有的行政处罚案件在说理时明确指出，根据农业农村部《禁限用农药名录》，水胺硫磷属于在部分范围禁止使用的农药（20 种）之一，禁止在蔬菜、瓜果、茶叶、菌类、中草药材上使用，禁止用于防治卫生害虫，禁止用于水生植

---

① 《农药管理条例》第 34 条规定：“农药使用者应当严格按照农药的标签标注的使用范围、使用方法和剂量、使用技术要求和注意事项使用农药，不得扩大使用范围、加大用药剂量或者改变使用方法。农药使用者不得使用禁用的农药。标签标注安全间隔期的农药，在农产品收获前应当按照安全间隔期的要求停止使用。剧毒、高毒农药不得用于防治卫生害虫，不得用于蔬菜、瓜果、茶叶、菌类、中草药材的生产，不得用于水生植物的病虫害防治。”

物的病虫害防治 。然而，上述三种观点，只是对案件定性存在分歧，在处罚条款适用上，如没有自由裁量标准，均按照《农药管理条例》第 60 条进行处罚，也就是说，在行政处罚标准上并未作出相应区分。

2. 农产品质量安全法适用中的分歧

农产品质量安全法修订以后，对于使用部分禁用农药的法律适用也形成了两种不同观点：观点一认为，部分禁用农药属于“在农产品生产经营过程中使用国家禁止使用的农业投入品”，违法使用行为违反了《农产品质量安全法》第 29 条第 2 款，应该按照第 70 条第 1 款第 1 项或第 2 项处罚。比如，在山东省青岛市查处的一起“李某在生姜生产过程中使用禁用的农药案”中，对于当事人李某在生姜生产过程中使用毒死蜱的行为，被认定为违反了农产品质量安全法“禁止在农产品生产过程中使用国家明令禁止使用的农业投入品”之规定。观点二认为，使用部分禁用农药属于超范围用药行为，其行为如果造成农产品残留超标，则可以定性为“农药、兽药等化学物质残留或者含有的重金属等有毒有害物质不符合农产品质量安全标准”，违反了《农产品质量安全法》第 36 条第 1 款第 2 项，应该按照第 71 条第 1 项进行处罚。

（二）行政执法中的反思

1.《农药管理条例》的适用分析

从实践分歧看，使用部分禁用农药行为的定性主要涉及对《农药管理条例》第 34 条的第 1 款、第 2 款和第 4 款的理解。我们认为，《农药管理条例》第 34 条第 1 款是对农药使用者不按照农药的标签标注的使用范围、使用方法和剂量、使用技术要求和注意事项使用农药，随意扩大使用范围、加大用药剂量或者改变使用方法的违法行为的普遍性规定；第 2 款和第 4 款规定的内容从行为形式看，亦属于违反第 1 款的规定，但禁用农药和部分禁用农药与常规农药仍有本质上的差异，危害性更加严重，有必要进行特别规定以示强调。因此，可以将第 2 款和第 4 款理解为第 1 款的特别条款，在定性上，按照特别优于一般原则，直接适用该两款。

2. 农产品质量安全法的适用分析

《农产品质量安全法》第70条第1款第1、2项和第71条第1项之间的核心区别是行为性质认定不一致。适用前者意味着将使用部分禁用农药认定为“使用国家禁止使用的农业投入品”，适用后者则表明认定为“常规农药残留超标”。本文认为，根据过罚相当原则的要求，部分禁用农药的超范围使用应该按照《农产品质量安全法》第29条第2款进行认定，依据第70条进行处罚。《行政处罚法》第5条第2款规定：“设定和实施行政处罚必须以事实为依据，与违法行为的事实、性质、情节以及社会危害程度相当。”社会危害性是决定处罚轻重的重要标准。结合上文对禁用农药和部分禁用农药的概念、制度沿革以及认定逻辑的分析可知，部分禁用农药本身就属于高危农药，在部分禁止使用的范围使用后，其危害性上要远远大于常规农药的超标使用，此种情形下，应该和使用禁用农药一起作为“国家禁止使用的农业投入品”进行规制。如果按照常规农药残留超标进行处罚，则显失公平，无法实现对违反农药管理秩序行为进行惩戒的目的。

此外，在行政执法实践中，对于《农产品质量安全法》第70条第1款第1项和第2项的适用还存在一定疑惑：当执法人员无法通过调查取证查明生产经营者到底是否在生产经营中使用了国家禁止使用的农业投入品，但是通过抽检又确实发现其销售的农产品中存在禁限用农药，此时应该如何处置？是否可以按照“销售含有国家禁止使用的农药的农产品”进行认定处罚？在执法实践中有一种处理方式，那就是按照最高人民法院《关于适用〈中华人民共和国民事诉讼法〉的解释》第93条第1款第4项规定：“下列事实，当事人无须举证证明：……（四）根据已知事实和日常生活经验法则能推定出另一事实”，执法人员据此依照检测结果推定当事人存在使用禁用农药的行为。本文认为这种处理方式有待商榷，推定证明具有严格的适用条件，作为推定条件的事实必须具有足够的证明效力。农药在使用中会与环境发生复杂的反应，不能简单地依据检测结果推定是否使用。本文认为，为了落实食品安全“四个最严”要求，切实维护人民生命健康，对于发现的违法行为，特别是禁用或者部分禁用农药违法行为，应该积极处置，不能放任违法。实践中，如果执法人员穷尽所有执法手段仍然无法查明当事人是否使用禁用或者部分禁用农药，那么可以就其销售含有国家禁止使用的农药的农产品行为进行处罚。理由是，根据农产品质量安全法的相关规定，国家禁止使用的农业投入品在生产经营环节都被严格限制，也就是说无论是在生产经营中使用农药，还是销售含有国家禁止使用的农药的农产品，都被严格禁止。而实际上，在生产经营中使用国家禁止使用的农业投入品和销售含有国家禁止使用的农药的农产品这两种行为又具有竞合性，在生产经营活动中使用禁用的农药客观上包括了销售含有国家禁止使用的农药的农产品的行为。因此，当使用行为无法查明时，如果相关产品中检测含有某种禁用或部分禁用农药，自然可以以销售行为进行处罚。

3. 从《农药管理条例》到农产品质量安全法

2018年《农产品质量安全法》第46条规定：“使用农业投入品违反法律、行政法规和国务院农业行政主管部门的规定的，依照有关法律、行政法规的规定处罚。”该条实际上将违法使用农药行为的法律适用指向了《农药管理条例》[①]。修订后的农产品质量安全法修改了原第46条的指引性规

① 《农药管理条例》第60条规定：“农药使用者有下列行为之一的，由县级人民政府农业主管部门责令改正，农药使用者为农产品生产企业、食品和食用农产品仓储企业、专业化病虫害防治服务组织和从事农产品生产的农民专业合作社等单位的，处5万元以上10万元以下罚款，农药使用者为个人的，处1万元以下罚款；构成犯罪的，依法追究刑事责任：（一）不按照农药的标签标注的使用范围、使用方法和剂量、使用技术要求和注意事项、安全间隔期使用农药；（二）使用禁用的农药；（三）将剧毒、高毒农药用于防治卫生害虫，用于蔬菜、瓜果、茶叶、菌类、中草药材生产或者用于水生植物的病虫害防治；（四）在饮用水水源保护区内使用农药；（五）使用农药毒鱼、虾、鸟、兽等；（六）在饮用水水源保护区、河道内丢弃农药、农药包装物或者清洗施药器械。有前款第二项规定的行为的，县级人民政府农业主管部门还应当没收禁用的农药。”

定，将农产品生产经营者在农产品生产经营过程中使用国家禁止使用的农业投入品的行为纳入监管范围，这意味着，修订后的农产品质量安全法将《农药管理条例》和原法中对违法使用投入品和销售含有禁用物质的农产品两种违法行为进行了整合，并且，在法律责任条款中，对原法“含有国家禁止使用的农药、兽药或者其他化学物质的和农药、兽药等化学物质残留或者含有的重金属等有毒有害物质不符合农产品质量安全标准的”违法行为实施同一标准的行政处罚，调整为对该两种违法情形分别按照第 70、71 条实施不同标准的行政处罚，也就是说，对使用禁用物质的行为与使用常规可用投入品造成农产品残留超标实施不同标准的行政处罚。

总体来看，从《农药管理条例》到农产品质量安全法呈现出了两个重要变化：第一，《农药管理条例》第 34 条规定的三类违法行为[①]，即不按照标签标注内容使用农药的行为、使用禁用农药和超范围使用部分禁用农药的行为对应《农产品质量安全法》第 29 条规定的两类违法行为，即不按照标签标注内容使用农药的违法行为和在农产品生产经营过程中使用国家禁止使用的农业投入品以及其他有毒有害物质行为。第二，《农药管理条例》第 34 条规定的违法行为统一适用第 60 条规定的罚则，表明立法者认为从危害性上来看这三者是同等的[②]。而在农产品质量安全法中，立法者将三类违法行为归并为上述两类违法行为后，分别以第 71 条和第 70 条进行处罚，也就是说基于二者不同的危害性，应当予以区别处罚标准。

---

① 违反《农药管理条例》第 34 条第 1 款规定的“农药使用者应当严格按照农药的标签标注的使用范围、使用方法和剂量、使用技术要求和注意事项使用农药，不得扩大使用范围、加大用药剂量或者改变使用方法”和第三款规定的“标签标注安全间隔期的农药，在农产品收获前应当按照安全间隔期的要求停止使用”属于同一类违法行为。

② 执法实践中，执法人员或许会在裁量时对三种违法行为进行区别对待，但这是裁量权的行使问题，从立法上来看，这三种违法行为的处罚标准应该被看作是一致的。

五、结语

进入新农产品质量安全法的时代，应该恪守过罚相当原则，坚决贯彻食品安全“四个最严”要求，在行政处罚中，将“国家禁止使用的农业投入品”准确理解为全面禁止和部分禁止使用的农业投入品，并将其与常规农药在农产品生产经营中的违法使用区分开来，适用更为严格的处罚。需要注意的是，司法实践中一般认为，使用部分禁用农药一旦涉及刑事犯罪，应该适用最高人民法院、最高人民检察院《关于办理危害食品安全刑事案件适用法律若干问题的解释》第 5 条第 2 款的规定，即在食用农产品种植、养殖、销售、运输、贮存等过程中，违反食品安全标准，超限量或者超范围滥用添加剂、农药、兽药等，足以造成严重食物中毒事故或者其他严重食源性疾病的，适用生产、销售不符合安全标准的食品罪定罪处罚。行政处罚的严厉性和刑事处罚的谦抑性构成了刚柔互补的部分禁用农药管理制度体系，一方面通过增加违法成本强化了对行政管理秩序的维护，客观上起到了预防犯罪的效果，另一方面通过适当的刑事处罚进一步实现了震慑相关违法犯罪行为的目的。

涉麻醉药品、精神药品案件的定性
——列入管制目录的麻精药品法律性质的界定

刘晓光　曹　杰　金华捷*

近年来，各地非法使用列入管制目录的麻醉药品、精神药品（以下简称麻精药品）的情况呈增长态势，其中包含使用含有安非拉酮、芬特明、地西泮等列入管制目录的麻精药品成分的减肥药的情形，以及违反监管规定擅自将列入管制目录的麻精药品用于镇痛等治疗用途的情形。在这类案件中，含有列入管制目录的麻精药品成分是其客观特征，如何将这种特征与《刑法》第357条关于毒品定义的规定相协调，实践中存在争议，这涉及毒品犯罪与涉食品、药品犯罪罪名的界限。

在违规使用列入管制目录的麻精药品的案件中，涉案对象本身就是列入管制目录的麻精药品，这种情形与传统意义上的毒品犯罪既有共性，又有区别：共性在于涉案对象均属于列入管制目录的麻精药品；差异在于这类案件中行为人通常将列入管制目录的麻精药品用于保健、治疗、科研等其他用途，而在传统毒品犯罪案件中，行为人则用于成瘾用途。实践中这类案件的法律适用也经常会引发争议。

一种观点认为，应该以涉毒品犯罪的罪名进行认定。主要理由是，这

---

* 刘晓光，上海市人民检察院第三分院第二检察部副主任；曹杰，上海市人民检察院第三分院第一检察部副主任；金华捷，上海市人民检察院第三分院第二检察部检察官助理。

类物质通常具有刺激神经中枢和镇静、控制食欲、减少摄入的作用，从成分和药理来看，属于国家法律规定的毒品界定范畴，也符合《刑法》第 357 条之规定。

另一种观点认为，应该以销售有毒、有害食品罪或者危害药品安全犯罪认定。主要理由是，行为人在此类案件中仍将这类物质作为“药物”来使用，根据 2021 年最高人民法院、最高人民检察院《关于办理危害食品安全刑事案件适用法律若干问题的解释》第 11 条第 3 款规定，在保健食品或者其他食品中非法添加国家禁用药物等有毒、有害的非食品原料的，以生产、销售有毒、有害食品罪认定。而如果单纯将这类物质作为药品进行生产、销售，也可能会因为相关药品存在质量问题构成生产、销售假药罪，生产、销售劣药罪，妨害药品管理罪，生产、销售伪劣产品罪等危害药品安全犯罪。

如陈某贩卖麻醉药品案[①]，被告人陈某系某地医院的普外科医生，其于 2012 年因给殷某做外科手术而结识，后了解到殷某对舒芬太尼（系国家管制的麻醉药品）成瘾，平日需大量使用该药物。2015 年至 2017 年间，陈某向本院多名麻醉科医生谎称自己亲友患有癌症需要镇痛药物，多次从上述医生处违规获取 1000 余瓶舒芬太尼针剂（每瓶舒芬太尼 50 微克，共计 0.05 克，相当于 2 克海洛因）后提供给殷某使用，从中非法获利人民币 310 余万元。

该案在办理过程中产生过定性上的争议，有观点认为，涉案的舒芬太尼确实具有临床治疗作用，可以作为药物使用，故不能简单认为构成毒品犯罪。当然，该案最终判决陈某犯贩卖毒品罪，判处有期徒刑 4 年，并处罚金。但是案件中违规向陈某提供舒芬太尼的麻醉科医生并没有认定为构

---

① 2022 年 3 月，最高人民检察院发布的检察机关依法惩治危害药品安全犯罪典型案例之一。

成毒品犯罪。

涉列入管制目录的麻精药品案件之所以会产生毒品犯罪与涉食品犯罪、涉药品犯罪的争议，就在于涉案含有列入管制目录的麻精药品的法律评价如何界定和厘清。笔者结合列入管制目录的麻精药品的相关规定，对列入管制目录的麻精药品的法律评价进行分析，进而对毒品犯罪与涉食品、药品的界限进行分析。

一、列入管制目录的麻精药品的双重自然属性与监管、规制的规定

列入管制目录的麻精药品是麻醉药品和精神药品的统称。麻醉药品是指连续使用后容易产生身体依赖性，能成瘾癖的药品。根据国家 2013 年《麻醉药品和精神药品的品种目录》，麻醉药品有 121 种。其中包括海洛因、吗啡、鸦片、大麻、可卡因、美沙酮、杜冷丁等。精神药品是指直接作用于中枢神经系统，使之兴奋或抑制，连续使用能产生依赖性的药品。依据人体对精神药品产生的依赖性和危害人体健康的程度，将其分为一类和二类精神药品。我国 2013 年《精神药品品种目录》收录 149 种，第一类精神药品有 68 种，包括去氧麻黄碱、司可巴比妥、三唑仑等；第二类精神药品有 81 种，包括咖啡因、安钠咖等。2015 年将“含可待因复方口服液体制剂”也列入了第二类精神药品管理。

2015 年公安部等部门制定了《非药用类麻醉药品和精神药品列管办法》，其中第 3 条规定“麻醉药品和精神药品按照药用类和非药用类分类列管。除麻醉药品和精神药品管理品种目录已有列管品种外，新增非药用类麻醉药品和精神药品管制品种由本办法附表列示”，首次在法规中将麻醉药品和精神药品区分为药用类和非药用类。该办法第 2 条提出了“非药用类麻醉药品和精神药品”的定义，是指未作为药品生产和使用，具有成瘾性或者成瘾潜力且易被滥用的物质。

列入管制目录的麻精药品是我国依法依规实行特殊监管的药品，主要

源于这类药品自然属性上的双重性：一方面，列入管制目录的麻精药品具有镇痛、镇静催眠等作用，是临床诊疗必不可少的药品；另一方面，列入管制目录的麻精药品具有较高的成瘾性，不规范地连续使用易使人产生依赖性，如果列入管制目录的麻精药品流入非法渠道或者被滥用，将给人类健康和社会安定带来巨大危害。[①]

据此，我国已经颁布了各种法律法规以及临床应用指导原则，对这类药品的生产、供应、使用、运输和进出口管理等均作出明确规定。如2020年国家卫生健康委员会办公厅公布的《关于加强医疗机构麻醉药品和第一类精神药品管理的通知》，对相关政策执行落实不到位、存在重大安全隐患或由于疏于管理造成列入管制目录的麻精药品非法流弊的，依法严肃追究相关行政部门、医疗机构和相关人员的责任；构成犯罪的，依法追究刑事责任。禁毒法也对列入管制目录的麻精药品规定了禁止流通的管制制度，并对违反监管制度致使麻精药品流入非法渠道设定了相应的法律责任。

虽然国家对列入管制目录的麻精药品严加管制，但经合法程序，列入管制目录的麻精药品是可以合法使用，并用于科研、医疗等正当用途的。《禁毒法》第21条第1款规定，“国家对麻醉药品和精神药品实行管制，对麻醉药品和精神药品的实验研究、生产、经营、使用、储存、运输实行许可和查验制度”。《禁毒法》在第2条第2款规定“根据医疗、教学、科研的需要，依法可以生产、经营、使用、储存、运输麻醉药品和精神药品”。《非药用类麻醉药品和精神药品列管办法》第4条亦规定：“对列管的非药用类麻醉药品和精神药品，禁止任何单位和个人生产、买卖、运输、使用、储存和进出口。因科研、实验需要使用非药用类麻醉药品和精神药品，在

① 参见王肃之：《新型毒品犯罪认定的若干问题》，载《人民司法》2002年第17期。

药品、医疗器械生产、检测中需要使用非药用类麻醉药品和精神药品标准品、对照品，以及药品生产过程中非药用类麻醉药品和精神药品中间体的管理，按照有关规定执行。”

刑法分则的第七章第六节设定了与毒品相关的罪名。其中，第 357 条明确了刑法中的毒品，是指鸦片、海洛因、甲基苯丙胺、吗啡、大麻、可卡因以及国家规定管制的其他能够使人形成瘾癖的麻醉药品和精神药品。2012 年最高人民检察院、公安部《关于公安机关管辖的刑事案件立案追诉标准的规定（三）》第 13 条重申了刑法中毒品的定义，并指出：“具体品种以国家食品药品监督管理局、公安部、卫生部发布的《麻醉药品品种目录》《精神药品品种目录》为依据。”2018 年最高人民检察院《关于〈非药用类麻醉药品和精神药品管制品种增补目录〉能否作为认定毒品依据的批复》中指出，《非药用类麻醉药品和精神药品管制品种增补目录》可以作为认定毒品的依据。

二、列入管制目录的麻精药品法律评价的界定方法

实践中有观点认为，列入管制目录的麻精药品在法律评价上与毒品等同，其依据就是《禁毒法》第 2 条以及《刑法》第 357 条的规定。根据这两条规定，列入管制目录的麻精药品是和毒品划等号的概念。这也是主张将涉列入管制目录的麻精药品的案件一概认定为毒品犯罪的根源。实践中，即便主张对这类案件以生产、销售有毒、有害食品罪等其他罪名认定的意见，也很难从根源上去否定上述结论，而更多地是从罪刑相适应的角度去分析的。那么，《刑法》第 357 条的规定能否当然作出这种形式上的理解，或者说列入管制目录的麻精药品的法律评价是否应该采用这种一刀切的思路予以认定？

从自然属性上讲，列入管制目录的麻精药品兼有医疗和成瘾的作用，甚至其本来就是作为一种药品用于医疗活动的，只不过这类药品的药性较

为特殊，同时具有成瘾作用，所以国家才会在药品监管的基础上，另行设置专门的毒品监管制度。所以，列入管制目录的麻精药品的医疗效用是其本来的功能，而成瘾效应只是医疗效用所必然附带的作用。即便是非药用类列入管制目录的麻精药品，同样可以用于药品生产的原料。所以，在自然属性层面上，就不能当然地将列入管制目录的麻精药品认为是毒品、是与毒品等同的概念。同时，由于其成瘾性，也不能一概认为是药品。

从法律评价上讲，刑法中的药品和毒品都是监管秩序语境下的概念。药品犯罪和毒品犯罪属于法定犯，法定犯中的概念通常是与监管秩序联系在一起的，这是二次违法性的必然要求。因此，这类概念不能直接从日常社会观念的角度去理解，而是要和监管秩序联系在一起，并结合前置法的相关规定进行界定。

因此，在法律评价上将列入管制目录的麻精药品直接等同于毒品是不合适的。这种理解纯粹是从日常生活观念的角度去分析的。日常生活观念通常是一种感观支配下的认识，通常反映事物的外观特征、内在成分等自然属性。而这种直接等同的观点恰恰根植于生活观念，即单纯是从毒品的自然成分去理解毒品的概念。而刑法中的毒品、药品强调的是法律监管语境，这种语境下的概念虽然来源于生活观念，也不能脱离生活观念，但同时能吸收监管制度中的因素，将法律概念中理性、超出感觉经验的含义揭示出来。而毒品、药品概念中的这部分含义，显然是生活观念无法体现的。

从刑法中毒品的概念来讲，《刑法》第357条的规定是从自然成分的角度去定义概念的，应当理解为，毒品包括含有列入管制目录的麻精药品成分的物质。但是，这个结论不能倒推，即不能认为含有列入管制目录的麻精药品的物质都是毒品。这是因为，含有列入管制目录的麻精药品成分是毒品的固有属性，然而固有属性却不能等同于事物本身。毒品除了上述的自然成分属性之外，还有监管制度中的属性。自然成分属性和监管制度中的属性共同构成刑法中毒品的概念。而刑法法条甚至是禁毒法的法条只表述了毒品的自然成分属性，监管制度中的属性是缺失的。

刑法中药品的概念同样如此。无论是假药还是劣药，都是与合格药品相对应的概念。生活观念中的合格药品是从药效有无的角度去判断的。而刑法中的合格药品除了囊括药效的有效性的自然属性之外，还包括疗效和副作用的控制、药品的稳定规格等安全性、保障性的监管制度中的属性。[①] 虽然刑法并没有独立规定药品的概念，药品管理法对于药品概念的描述，也只体现了自然属性的一面，缺失了监管属性的内容。我们不能据此认为药品管理法中药品的概念仅包括药效有效性的自然属性，更不能对刑法中的药品也作出这种片面理解。

事实上，法条的表述只能体现概念的部分含义，是有内在根据的。法条的设立须考虑公众的理解能力和感知能力，通常是使用描述的方式确定相关事物的内容。因此，法条在内容上往往会反映的是事物的外观特征、自然属性，而和事物的本质会存在一些差异，以使立法简洁化以及易于公众对于法条内容能够达到基本理解的程度。这种现象在法定犯中尤其明显。这也是为什么在解释学上，除了文义解释这种常见的方式外，还有目的解释、历史解释、当然解释、体系解释等方式。[②] 因为文义解释体现的是人的经验和感知，在某些情况下只能揭示事物的部分特征，事物的其他超出感观经验的含义则须结合文义解释以外的方式予以补充。

综上，列入管制目录的麻精药品的法律评价不能从生活观念的视角去理解，尤其是从自然成分的角度去界定毒品、药品的概念。由此，将列入管制目录的麻精药品与毒品概念等同的结论显然是站不住脚的。我们要认识到，法定犯中的概念，尤其是毒品、药品的概念应当与监管秩序联系

---

① 参见曹杰、金华捷:《以双法益视角界定“假药”内涵》，载《检察日报》2022 年 2 月 18 日，第 3 版。

② 参见陈兴良主编:《案例刑法研究（总论）》（上卷），中国人民大学出版社 2020 年版，第 43—49 页。

在一起，在对概念的理解上既要揭示自然属性，也要认识到其中的监管属性。

三、列入管制目录的麻精药品的法律评价

正如前述，刑法中毒品的概念须包含监管属性的内容，那么其监管属性如何诠释，关系到法律评价的核心部分，无疑是需要重点研究的问题。

在刑法学的语境下，犯罪的存在根据是法益受到侵害。只有在特定法益受到侵害的情况下，使该法益受到侵害的相关行为才能在法律层面上被评价为犯罪行为。立法者在衡量哪些行为能纳入刑法规制的过程中，也是从该行为是否侵犯相关法益以及对法益侵害程度的角度去考虑的。因此，毒品犯罪的存在根据也必然是毒品监管秩序的法益受到相关行为的侵害。简言之，只有侵犯了立法者预设的毒品监管秩序这一法益，相关行为所涉及的列入管制目录的麻精药品才能被称为毒品。

试举一例予以说明。同样是持有列入管制目录的麻精药品，在不同场合下该列入管制目录的麻精药品的法律评价是不同的。医疗机构保存、储藏的列入管制目录的麻精药品在成分上完全符合毒品的自然属性，但我们不会将其评价为法律中的毒品。即使相关人员违反规定，未经许可擅自将其用于科研、医疗，司法机关也不会将这类行为评价为非法持有毒品的行为。然而，若行为人为满足其成瘾需求而吸食列入管制目录的麻精药品，该事例中的列入管制目录的麻精药品就属于毒品范畴，无疑其行为就符合了非法持有毒品罪的行为性质。究其原因，上述为满足成瘾需求而吸食毒品的行为侵犯了毒品监管秩序，进而犯罪行为所针对的对象可以界定为具有法律评价意义上的毒品。反之，在毒品监管秩序受到侵犯之前，即便行为人的行为违反法律、法规的规定，具有非法性特征，且相关物质在成分上具备毒品的自然属性，其法律评价仍未完成由列入管制目录的麻精药品向毒品的过渡与发展。

事实上，非法使用列入管制目录的麻精药品的行为并不必然侵犯毒品监管秩序，这也是列入管制目录的麻精药品不能一概在法律上被法律评价为毒品的原因。例如，《麻醉药品和精神药品管理条例》第 5 条即规定，国务院药品监督管理部门负责全国麻醉药品和精神药品的监管管理工作，国务院其他有关主管部门在各自的职责范围内负责与麻醉药品和精神药品有关的管理工作。该条同时规定，麻醉药品和精神药品的定点生产企业应当具备药品生产许可证。在列入管制目录的麻精药品用于医疗用途之时，国家是遵循药品监管的路径对其相关行为进行监管的。如果行为人以医疗为目的，非法使用列入管制目录的麻精药品，侵犯的是药品监管秩序，在法律责任上则是以相关药品管理的法律法规予以评价。以上述《麻醉药品和精神药品管理条例》第 5 条为例，行为人未经批准生产列入管制目录的麻精药品的，因该行为侵犯药品监管秩序，可能涉及的罪名是妨害药品管理罪，而不是制造毒品罪。

如何理解毒品监管秩序的内涵？厘清了这个概念，才能准确界定毒品的法律评价问题。列入管制目录的麻精药品本身就具有医疗和成瘾的双重自然属性。正因如此，国家在对列入管制目录的麻精药品原则上采用药品监管的基础上，另行设置了毒品的监管秩序，以规制将麻精药品用于成瘾用途的行为。换言之，麻精药品的不同用途会受到不同监管制度的约束。而只有列入管制目录的麻精药品被用于成瘾用途，才会触及毒品监管制度，进而适用毒品犯罪的相关法律法规予以评价。

因此，刑法中毒品的完整概念包含自然属性和监管属性两部分。其自然属性是以含有的成分为根据的，而其监管属性则是以实际用途为存在根据的。列入管制目录的麻精药品的法律评价要同时体现其成分和用途，才是完整无遗漏的。因此，列入管制目录的麻精药品能由法律评价为毒品的根据，就在于被用于成瘾的用途。

事实上，将列入管制目录的麻精药品与毒品概念等同的观点，是在毒品监管秩序受到侵犯之前，已经将列入管制目录的麻精药品认定为毒品。这种理解的根源就是从生活观念和自然属性去理解毒品，而没有认识到毒品是法律监管下的一个概念，只认识到毒品的自然属性，而忽略了其监管属性。

这一结论同时也可以得到相关刑事司法解释的佐证。最高人民法院2015年印发的《全国法院毒品犯罪审判工作座谈会纪要》及其理解与适用，对“非法贩卖麻醉药品、精神药品行为的定性问题”作出专门的规定，均与禁毒法对列入管制目录的麻精药品监管规定有着异曲同工之处，注意到了受管制的麻醉药品和精神药品存在作为“毒品”以外使用的情形。例如：“行为人向走私、贩卖毒品的犯罪分子或者吸食、注射毒品的人员贩卖国家规定管制的能够使人形成瘾癖的麻醉药品或者精神药品的，以贩卖毒品罪定罪处罚。行为人出于医疗目的，违反有关药品管理的国家规定，非法贩卖上述麻醉药品或者精神药品，扰乱市场秩序，情节严重的，以非法经营罪定罪处罚。”[①] 理解与适用中进一步做出说明：“列入管制目录的麻精药品通常具有双重属性，无论是通过合法渠道销售还是非法渠道流通，只要被患者正常使用发挥疗效作用的，就属于药品；只有脱离管制被吸毒人员滥用的，才属于毒品。因此，列入《麻醉药品品种目录》和《精神药品品种目录》的列入管制目录的麻精药品并不等同于毒品，也并非所有非法贩卖列入管制目录的麻精药品的行为都应当被认定为贩卖毒品罪，而应具体情况具体分析。”因此，列入管制目录的麻精药品的使用目的和用途都是法律评价的核心。

毒品的监管属性补足后，列入管制目录的麻精药品法律评价的内容也已明确。主要有以下几点：一是列入管制目录的麻精药品的法律评价是以

---

① 虽2022年最高人民法院、最高人民检察院《关于办理危害药品安全刑事案件适用法律若干问题的解释》出台后，非法经营药品难以径直认定非法经营罪，但适用逻辑是相通的。

实际用途为根据的；二是毒品是非法使用列入管制目录的麻精药品发展过程中的一个概念，是以毒品监管秩序受到侵犯为前提的；三是毒品监管秩序受到侵犯，是行为人非法使用列入管制目录的麻精药品用于成瘾用途的行为造成的，只有这类情形中的列入管制目录的麻精药品才属于毒品的范畴，可以相关毒品犯罪的罪名予以评价；四是如果非法使用列入管制目录的麻精药品未对毒品监管秩序造成侵犯，则涉案的列入管制目录的麻精药品仅属于药品的范畴，只能根据涉列入管制目录的麻精药品法律规范以及禁毒法等，以药品监管路径予以规制。

正如最高人民检察院第三十七批指导性案例中所指出的，麻醉药品、精神药品可以在医疗、教学、科研用途合法使用，也会被违法犯罪分子作为毒品使用。行为人向走私、贩卖毒品的犯罪分子或者吸毒人员贩卖国家管制的麻醉药品、精神药品，应当以贩卖毒品罪追究刑事责任。行为人出于其他非法用途，走私、贩卖国家管制的麻醉药品、精神药品，应当以走私、贩卖毒品罪追究刑事责任。[①]列入管制目录的麻精药品是否可以被认定为毒品，是与其实际的用途联系在一起的。只有被用于成瘾用途的情况下，才能认定是毒品。反之，确实被用于医疗用途的，可以认定为是药品。实践中，司法机关还需结合行为人对被列入管制目录的麻精药品用途的主观认知来判断其是否具有毒品犯罪的故意，来确定行为性质。实践中可能存在三种情形：行为人明知用于成瘾用途的，认定构成毒品犯罪自不待言；行为人主观上确实认为是用于医疗用途的，则不具有毒品犯罪故意，也不能构成相应的毒品犯罪；如果行为人未核实实际用途，对列入管制目录的麻精药品系用于非法用途具有概括故意或者放任故意的，可以相关毒品犯罪罪名追究刑事责任。

在前述的陈某贩卖列入管制目录的麻精药品案中，陈某明知殷某对舒

---

① 参见最高人民检察院第三十七批指导性案例之马某某走私、贩卖毒品案。

芬太尼成瘾，仍将其违规获取的舒芬太尼向陈某销售。在此情形下，涉案列入管制目录的麻精药品舒芬太尼的用途是满足殷某的成瘾性，因而陈某的涉案行为侵犯的是毒品监管秩序，该列入管制目录的麻精药品在该案中属于毒品范畴，司法机关以贩卖毒品罪追究陈某的刑事责任无疑是合乎法理的。同时，案件中违规向陈某提供的舒芬太尼的麻醉科医生误认为其提供的舒芬太尼用于医疗用途，不知被用于他人成瘾用途，并不具有毒品犯罪的故意。即便假定案件中的麻醉科医生对涉案的舒芬太尼有长期违规持有的客观行为，也无法以非法持有毒品罪予以评价，只能根据药品监管的相关规定追究其失职责任。

麻精药品的管制目录通常是变动的，但认定涉案的麻精药品是否属于毒品系事实认定层面的问题。而刑法溯及力系法律变更情形下需要考虑的问题。因此，这里并不涉及溯及力问题，在认定上应当以行为时的管制目录为依据。但是，从犯罪情节和社会危害性考量，尽管行为时涉案的麻精药品还在管制目录中，如果审判时已被移出管制目录，行为的社会危害性以及处罚的必要性已经有所降低。这种情形下应当结合案件其他情节，视情况作出轻缓化处理。

四、结语

列入管制目录的麻精药品的二元属性和两分法的情形同样也存在于涉兴奋剂的案件中。因为兴奋剂从成分角度来讲，也属于药品。这些药品成分既可以起到刺激肾上腺素的作用，也可以用于医疗领域。因此，在涉兴奋剂案件中，同样要以涉案物质的实际用途作为区分药品和兴奋剂的依据，并结合行为人对于实际用途的认知来界定主观故意的内容，进而准确界定药品犯罪和非法经营罪等罪名。

附：麻醉药品和精神药品管制目录

一、麻醉药品

1.《麻醉药品品种目录》（ 2013 年版 ）【 121 种 】

2. 将奥赛利定列入《麻醉药品品种目录》（ 2023 年 7 月 1 日施行 ）【 新增 1 种 】

3. 将泰吉利定列入麻醉药品目录（ 2023 年 10 月 1 日施行 ）【 新增 1 种 】

二、精神药品

1.《精神药品品种目录》（ 2013 年版 ）【 149 种 】

2. 含可待因复方口服液体制剂被列入二类精神药品（ 2015 年 5 月 1 日起施行 ）【 新增 1 种 】

3. 口服固体制剂每剂量单位含羟考酮碱大于 5 毫克，且不含其他麻醉药品、精神药品或药品类易制毒化学品的复方制剂列入第一类精神药品管理；

口服固体制剂每剂量单位含羟考酮碱不超过 5 毫克，且不含其他麻醉药品、精神药品或药品类易制毒化学品的复方制剂列入第二类精神药品管理；

丁丙诺啡与纳洛酮的复方口服固体制剂列入第二类精神药品管理。（ 2019 年 9 月 1 日起施行 ）【 新增 3 种 】

4. 瑞马唑仑（ 包括其可能存在的盐、单方制剂和异构体 ）列入第二类精神药品管理（ 2020 年 1 月 1 日起施行 ）【 新增 1 种 】

5. 将苏沃雷生、吡仑帕奈、依他佐辛、曲马多复方制剂列入第二类精神药品目录管理；

将每剂量单位含氢可酮碱大于 5 毫克，且不含其他麻醉药品、精神药品或药品类易制毒化学品的复方口服固体制剂列入第一类精神药品目录；

将每剂量单位含氢可酮碱不超过 5 毫克，且不含其他麻醉药品、精神药品或药品类易制毒化学品的复方口服固体制剂列入第二类精神药品目录。（2023 年 7 月 1 日起施行）【新增 6 种】

6. 将地达西尼、依托咪酯（在中国境内批准上市的含依托咪酯的药品制剂除外）列入第二类精神药品目录。（2023 年 10 月 1 日施行）【新增 1 种】

7. 将莫达非尼由第一类精神药品调整为第二类精神药品。（2023 年 10 月 1 日施行）

三、非药用类麻醉药品和精神药品

1.《非药用类麻醉药品和精神药品列管办法》（非药用类麻醉药品和精神药品管制品种增补目录）（2015 年 10 月 1 日起施行）【116 种】

2. 卡芬太尼等 4 种芬太尼类物质列入《非药用类麻醉药品和精神药品管制品种增补目录》（2017 年 3 月 1 日起施行）【新增 4 种】

3. 将 N- 甲基 -N-（2- 二甲氨基环己基）-3，4- 二氯苯甲酰胺（U-47700）、1- 环己基 -4-（1，2- 二苯基乙基）哌嗪（MT-45）、4- 甲氧基甲基苯丙胺（PMMA）和 2- 氨基 -4- 甲基 -5-（4- 甲基苯基）-4，5- 二氢恶唑（4，4′ -DMAR）四种物质列入《 非药用类麻醉药品和精神药品管制品种增补目录》（2017 年 7 月 1 日起施行）【新增 4 种】

4.4- 氯乙卡西酮等 32 种物质《非药用类麻醉药品和精神药品管制品种增补目录》（2018 年 9 月 1 日起施行）【新增 32 种】

5. 芬太尼类物质列入《非药用类麻醉药品和精神药品管制品种增补目录》（2019 年 5 月 1 日起施行）【新增 1 种】

6. 合成大麻素类物质和氟胺酮等 18 种物质列入《非药用类麻醉药品和精神药品管制品种增补目录》（2021 年 7 月 1 日起施行）【新增 18 种 + 合成大麻素类物质】

《药品行政执法与刑事司法衔接工作办法》的理解与适用

姜海雯 *

2023年1月16日，国家药品监督管理局、国家市场监督管理总局、公安部、最高人民法院、最高人民检察院联合印发了《药品行政执法与刑事司法衔接工作办法》(以下简称《办法》)，自2023年2月1日起施行。《办法》是五部门贯彻落实国务院《行政执法机关移送涉嫌犯罪案件的规定》(国务院令第310号，2020年8月7日国务院以第730号令修改，以下简称国务院令)，协同解决药品领域行刑衔接工作突出问题的合作范例。《办法》的施行对于充分发挥行刑衔接工作机制作用，加大对药品领域违法犯罪行为的打击力度，切实保障人民群众药品安全，将产生积极作用。

一、药品领域一贯高度重视行刑衔接工作

贯彻落实习近平总书记关于药品安全"四个最严"要求，对于药品领域违法犯罪行为实施"最严厉的处罚"，需要多部门科学高效联动。药品监管部门一贯高度重视行刑衔接工作。2015年，原国家食品药品监管总局等多部门出台《食品药品行政执法与刑事司法衔接工作办法》(以下简称2015年《办法》)，完善了食品药品行刑衔接工作机制，加大了对食品药品

---

* 国家药品监督管理局政策法规司《药品行政执法与刑事司法衔接工作办法》起草组成员。

领域违法犯罪行为打击力度，取得了积极成效。

在2015年《办法》的指导下，各地药品监管部门与公安部门强化协作，积累了许多工作经验，也遇到了一些新情况新问题。特别是，2018年国家药监局成立以后，大力推进药品领域法律法规制度建设，2015年《办法》所依据的上位法律法规已经发生较大调整。一方面，药品管理法、疫苗管理法、《医疗器械监督管理条例》、《化妆品监督管理条例》相继制修订，需要完善相应的工作机制与之衔接；同时，2020年新修订行政处罚法完善行政处罚原则和程序，增加处罚种类，严格行政执法责任，需要在《办法》中相应进行调整。另一方面，2021年3月1日起《刑法修正案（十一）》施行，与新修订药品管理法关于假药、劣药的范围调整相衔接，同时增设妨害药品管理罪；2022年，最高人民法院、最高人民检察院《关于办理危害药品安全刑事案件适用法律若干问题的解释》（2022年3月6日起施行，以下简称“两高”司法解释）对“妨害药品管理罪”的入罪条件“足以严重危害人体健康”的相关情形予以明确。

实践中，各地药品监管部门与公安部门都反映要抓紧修订2015年《办法》、制定新的行刑衔接办法。因此，国家药监局在2021年启动了新的行刑衔接办法的制定研究工作。

二、《办法》的起草制定过程

2022年初，为深入贯彻习近平总书记的重要批示精神和党中央、国务院关于保障药品安全的部署，各部门纷纷行动起来，严厉打击药品、医疗器械、化妆品领域违法犯罪行为。经与市场监管总局沟通，由国家药监局先行启动2015年《办法》药品部分的修订工作，起草制定单独的《办法》。

国家药监局作为主要牵头部门，在2021年研究工作的基础上，组织了专门工作组，加快推动工作进程。局领导高度重视多次批示、亲自组织协调，政策法规司牵头推进该项工作，密切与公安部、最高人民法院、最高人民检察院、市场监管总局有关司局的沟通联系。经过近一年的努力，各部门通力合作，反复研究论证，最终达成一致意见，顺利联合印发《办法》，圆满完成药品安全专项整治工作任务。

2015年《办法》共39条，其中有2条与药品无关。在这个基础上,《办法》增加了10条，合并了2条，对其中的31条进行了不同程度的修改；保留不改的只有4条。最终《办法》共六章46条，主要内容为：总则，案件移送与法律监督，涉案物品检验、认定与移送，协作配合与督办，信息共享与通报，附则。

三、《办法》制定坚持问题导向

国务院令对行政执法机关移送涉嫌犯罪行为的条件、程序、材料要求，公安机关立案审查的依据、条件、程序，人民检察院对行政执法机关的移送监督、对公安机关的立案监督，司法机关反向移送案件，行政机关、公安机关不履职的责任追究、相关人员的政务处分等作出全面规定。国务院令施行以来，为行刑衔接提供了法规层面的依据。各地区各部门建立健全行政执法与刑事司法衔接工作机制，行政执法机关移送涉嫌犯罪案件工作得到了加强，有力遏制了违法犯罪活动。

在《办法》的制定过程中，五部门坚持遵循国务院令的规定，坚持结合药品监管实际，坚持问题导向，着力解决行刑衔接过程中出现的新问题新变化。重点在明确部门职责边界、细化移送要求、规范涉案物品检验认定和保管处置、强化协调配合和加强信息共享五个方面对行刑衔接工作进行了完善，力求形成部门分工更清晰、移送要求更规范、衔接程序更顺畅、物品处置更妥善、督办配合更有力的良好格局。主要考虑是：

（一）关于各部门职责边界

实践中，各部门有时会出现分工不明、职责不清的情况，导致基层容易出现推诿扯皮现象，不能充分发挥行刑衔接工作效能。

针对这一问题，《办法》增加表述药品监管部门移送案件的具体职责，明确公安机关案件受理审查、执法联动的职责，强调检察院对药品监管部门移送涉嫌犯罪案件活动和公安机关有关立案侦查活动履行监督责任，增加表述人民法院对财产刑和从业限制的判罚，提高法律震慑力。

（二）关于案件移送的工作要求

实践中，因为没有明确的材料清单指引，监管部门容易出现遗漏重要证据材料的情况，公安机关容易出现多次、重复索要材料的情况。有基层反映有的地方公安机关对于药品监管部门移送的案件，认为达不到刑事立案标准，可能拒绝接受案件，或要求药品监管部门继续、反复补充调查。然而，药品监管部门的行政执法取证手段非常有限，有时难以获得十分充分的证据，案件处理有时有可能陷入僵局。

针对这些问题，《办法》一是细化了案件移送的材料要求。《办法》第9条对案件移送过程中的材料清单相关内容进行了详细列举，尽可能涵盖行刑衔接过程中可能涉及的全部材料，实现“一纸清”。二是明确公安机关接受移送案件的具体工作要求。《办法》第10条规定公安机关接受案件的具体程序和时限，避免不签收不立案情况出现。公安机关应当出具接受案件的回执或者在案件移送书的回执上签字，不得以材料不全为由不接受移送案件，避免推诿扯皮。

（三）关于公安机关执法联动

多年来，各级药品监管部门和公安机关在打击药品违法犯罪过程中得出的重要经验之一是：在药品监管部门由于行政职权的局限性、取证能力的有限性，难以及时取证的前提下，商请公安提前介入，调查取证、固定证据，是成功查办药品犯罪大案要案的关键所在。这一经验迫切需要以制度形式固定下来，指导全国应用。需要公安部门提前介入、执法联动的情形，主要有两种：

第一种是涉及线索通报的处置。对于监管部门通报的情况，《办法》

第 36 条第 2 款要求公安机关应当及时进行审查。必要时，经办案部门负责人批准，可以进行调查核实。调查核实过程中，公安机关可以依照有关法律和规定采取询问、查询、勘验、鉴定和调取证据材料等不限制被调查对象人身、财产权利的措施。对符合立案条件的，公安机关应当及时依法立案侦查。

第二种是针对一些紧急情况的处置。对于公安机关不介入将可能导致证据灭失、行为人逃匿等不良后果的，《办法》第 37 条明确规定，药品监管部门对明显涉嫌犯罪的案件，在查处、移送过程中，发现行为人可能存在逃匿或者转移、灭失、销毁证据等情形的，应当及时通报公安机关，由公安机关协助采取紧急措施，必要时双方协同加快移送进度，依法采取紧急措施予以处置。

（四）关于涉案物品检验和认定

药品涉嫌犯罪案件中，对涉案物品的检验和认定通常是药品监管部门发挥技术支撑作用，协助公安、司法机关对涉嫌危害药品安全犯罪案件依法查清事实、准确定性的重要环节。药品监管等部门出具的检验结论和认定意见是案件依法定罪量刑的重要参考。《办法》用多章节和条款从工作机制、检验认定规则、认定格式等方面进行了规范。

一是进一步完善检验认定工作机制。基于刑事程序优先的原则，更重要是为了协助公安司法机关及时有效收集、固定涉案证据，减轻办案负担，在 2015 年《办法》规定的及时提供检验结论、认定意见，依法抽样检验检测基础上，《办法》第 23、24 条进一步规定，药品监管部门应当在其设置或确定的检验检测机构协调设立检验检测绿色通道，对涉刑案件的检验检测实行优先受理、优先检验、优先出具检验结论；明确药品监管部门及时向公安、司法机关通报药品检验检测机构名单、检验检测资质及项目等信息。

二是明确涉案药品的检验、认定规则。关于假劣药的认定，《办法》第 26 条衔接新出台的“两高”司法解释，从事实认定假劣药、检验后认定假劣药、“足以严重危害人体健康”认定和民间传统配方认定四个方面，作出了明确规定。关于检验方法，《办法》第 27 条规定，对药品的检验按照药品管理法及其实施条例、《医疗器械监督管理条例》《化妆品监督管理条例》等有关规定执行。针对近年来遇到的无法检验、检验难等问题，特别是“黑窝点”非法制售药品，如对中药非法添加化学药成分有时无标准进行检验等困境，《办法》借鉴 2015 年《办法》中对尚未建立食品安全标准检验方法的，采用非食品安全标准等规定的检验项目和方法的做法，依据《药品质量抽查检验管理办法》规定，特别明确“必要时，检验机构可以使用经国务院药品监督管理部门批准的补充检验项目和检验方法进行检验，出具检验结论”，强化补充检验的法律地位，一定程度上解决了“黑窝点”犯罪案件中涉案物品无标准检验的执法难题。

三是进一步明确认定意见格式。《办法》第 28 条规定了药品监管部门出具认定意见，包括认定依据、理由和结论。对认定结论的格式，依据药品管理法和“两高”司法解释进行了规范，力求行政机关与公安、司法机关在药品涉嫌犯罪案件的入罪条件和证据效力上达到统一认识和理解。

（五）关于涉案物品的保管和处置

近年基层办案实践反映，涉案物品在移交、保管、处置方面存在一些问题。比如，一些地方药品监管部门对查获的涉案物品，没有及时检验，等到公安机关接手后再行检验，耽误了时间，影响了办案效率。又如，一些地方药品监管部门向公安机关移送涉嫌犯罪案件后，公安机关因客观条件限制等原因，仅接收移送的案件，而未予接收查封、扣押的涉案物品，导致涉案物品长期留滞在药品监管部门手中得不到及时有效的处理，存在较大的风险隐患。针对这些问题，《办法》提出了解决措施。

一是明确药品监管部门移送前的保管、处置和检验。《办法》第 30 条第 2 款规定，药品监管部门对查获的涉案物品，应当如实填写涉案物品清单，并按照国家有关规定予以处理。对需要进行检验检测的涉案物品，应当由法定检验检测机构进行检验检测，并出具检验结论。

二是明确公安机关立案后及时履行交接手续。《办法》第 31 条明确了移交时间，自接到公安机关立案通知书之日起 3 日内完成移交；明确办理交接手续，双方签字；明确了查封、扣押等行政强制措施由药品监管部门先解除，再由公安机关重新对涉案物品履行查封、扣押手续。

三是创新委托药品监管部门代为保管和处置。《办法》第 32 条专门增加了一款，明确了公安机关委托药品监管部门保管处置涉案物品的条件和程序。条件是公安机关办理的药品监管部门移送的案件和自侦的案件时，是因客观条件限制，或者涉案物品对保管条件、保管场所有特殊要求，或者需要无害化处理的，才能请药品监管部门协助；在委托保管以前，还应采取必要措施固定留存证据。药品监管部门受委托保管处置涉案物品，要与公安机关签订委托保管协议，附有公安机关查封、扣押涉案物品的清单；配合公安司法机关办案需要，调取使用涉案物品；不具备保管条件，应当书面说明并推荐有条件的第三方机构。

四是关于涉案物品检验检测、保管、处置费用。对涉案物品的保管和处置，公安机关可以委托药品监管部门进行，费用有困难的，由药品监管部门会同公安机关等部门报请本级人民政府解决。实践中，多由地方人民政府予以明确。

此外，《办法》还针对“行政处罚和刑事处罚的衔接”“反向移送要求”“行政拘留衔接”“移送案件和公安机关立案的监督”“协作配合与信息通报”等问题作出了规定。

四、结语

随着《办法》的正式施行，各有关部门对《办法》内容的理解和认识将更加全面，对强化药品领域行刑衔接工作的实践和探索将更加深入。当然，在实践的映照下，各有关部门将进一步关注落实《办法》的配套措施，推动行刑衔接工作机制持续得到完善。

扫描二维码

查看《办法》全文

依法惩治危害农资安全犯罪
服务保障国家农业生产和粮食安全
——检察机关依法惩治危害农资安全犯罪典型案例解读

王 健 吴 楠 杨 丽*

一、发布惩治危害农资安全犯罪典型案例的背景和意义

党的十八大以来，党中央高度重视粮食安全问题。2020年，习近平总书记对全国春季农业生产工作作出重要指示强调，越是面对风险挑战，越要稳住农业，越要确保粮食和重要副食品安全。① 中共中央、国务院《关于做好2022年全面推进乡村振兴重点工作的意见》也明确提出，要牢牢守住保障国家粮食安全底线，全力抓好粮食生产和重要农产品供给。

农资是农业生产的基础，是粮食的“粮食”，农资质量的好坏事关广大农民的收成，也直接关系到国家粮食安全和农产品质量安全。保障农资安全是一项系统工程，涉及生产、流通、供应等多个环节，需要各部门协同共治。为此，在中央和地方层面均建立了专门的农资打假专项斗争协调工作机制，确保工作协同高效，形成有效合力。检察机关作为农资打假部

* 王健，最高人民检察院第四检察厅二级高级检察官；吴楠，最高人民检察院第四检察厅二级高级检察官；杨丽，最高人民检察院第四检察厅三级高级检察官。

①《习近平对全国春季农业生产工作作出重要指示强调 把农业基础打得更牢 把“三农”领域短板补得更实 为打赢疫情防控阻击战实现全年经济社会发展目标任务提供有力支撑》，载人民网，http：//jhsjk.people.cn/article/31604448。

际协调工作机制成员单位，应当从确保国家粮食安全的高度认识农资打假工作的重要性，进一步提高政治站位，坚决扛起农资打假的政治责任，为保障农资安全提供强有力的司法保障。

近年来，检察机关深入贯彻落实习近平总书记关于保障粮食安全和农产品安全系列重要指示批示精神和党中央的决策部署，以高度的政治自觉、法治自觉、检察自觉担当作为，积极能动履职，持续深入开展农资打假工作，依法办理了一批危害农资安全犯罪案件。为了进一步彰显检察机关依法严惩制售伪劣农资犯罪的坚定决心，展示各地办理危害农资安全犯罪案件经验做法和参与农资安全社会共治的积极作为，2022 年 3 月，最高检围绕农药、兽药、化肥、种子四个专题各选取了一件典型案例予以发布。此外，也通过这批案例，对农资领域一些法律意识淡薄、试图以身试法的投机分子形成震慑效应，警示其切莫触犯法律底线。同时也提醒广大农民群众遇到类似情况要提高防范意识，谨防利益受损。

二、近年来检察机关开展农资打假工作总体情况

一是高度重视、积极部署安排农资打假工作。将农资打假工作列入经济犯罪检察工作要点，明确要求各级经济犯罪检察部门依法严厉打击生产、销售伪劣农药、兽药、化肥、种子犯罪，深入推进检察机关农资打假工作。2019 年 9 月至 2020 年 12 月最高检、国家市场监管总局、国家药监局联合开展的落实食品药品安全“四个最严”要求专项行动，以及 2021 年 6 月起最高检联合农业农村部等七部门开展的食用农产品“治违禁　控药残　促提升”专项行动，均将农资打假工作纳入其中整体推进。

二是制发规范性文件，为农资打假提供司法政策依据。2019 年最高检下发《关于进一步做好 2019 年农资打假工作的意见》，从提高政治站位、依法严惩犯罪、形成打击合力、积极参与治理、提升专业素质等方面提出明确要求，为一段时期内检察机关的农资打假工作提供了遵循和参考。

2022 年 1 月 28 日，联合农业农村部等七部门会签《关于保护种业知识产权打击假冒伪劣套牌侵权营造种业振兴良好环境的指导意见》（以下简称《打击假冒伪劣套牌侵权指导意见》），为依法惩处种业领域假冒伪劣、套牌侵权违法犯罪行为提供了指引。

三是依法惩治危害农资安全犯罪行为，充分发挥法律震慑作用。以农村和城乡接合部、农资经营集散地、种植养殖生产基地、菜篮子产品主产区为重点地区，围绕伪劣种子、农药、化肥、兽药、饲料和饲料添加剂、农机等重点领域，综合运用生产、销售伪劣产品罪，生产、销售伪劣农药、兽药、化肥、种子罪，假冒注册商标罪等罪名，充分发挥批捕、起诉职能，持续加大对危害农资安全犯罪的打击力度。2020 年至 2022 年 6 月，全国检察机关共批准逮捕涉农资犯罪 900 余人，提起公诉 1300 余人。

四是提升专业素质能力，发挥检察一体化优势。2018 年底，最高检在经济犯罪检察部门内部成立了专门负责办理、指导包括危害农资安全犯罪在内的生产、销售假冒伪劣商品犯罪办案团队，为农资打假工作专业化提供了队伍保障。检察机关内部经济犯罪和公益诉讼检察部门加强联动配合，积极开展农资领域公益诉讼，督促相关职能部门依法履行职责，助推农资市场依法依规经营。

五是开展以案释法，积极参与农资打假综合治理。先后召开“落实乡村振兴战略，彰显涉农检察力量”“落实食品药品安全‘四个最严’要求专项行动”等专题新闻发布会，利用“3·15”消费者权益保护日、“6·7”世界食品安全日、春耕备耕时节等重要节点，发布危害农资安全犯罪指导性案例或典型案例，组织各地检察机关通过在互联网平台发布短视频、发放宣传材料、开展现场咨询等方式进行法治宣传。积极制发检察建议，帮助有关部门和单位建章立制，堵塞管理机制漏洞。

三、典型案例涉及的法律政策适用问题

（一）办理农资打假案件应当体现从严政策

2015年5月29日，中共中央政治局就健全公共安全体系进行第二十三次集体学习，习近平总书记在主持学习时强调，要切实加强食品药品安全监管，用最严谨的标准、最严格的监管、最严厉的处罚、最严肃的问责，加快建立科学完善的食品药品安全治理体系，坚持产管并重，严把从农田到餐桌、从实验室到医院的每一道防线。[①] 农资安全直接关系到食品安全问题，理应坚持"最严厉的处罚"。在刑事诉讼中贯彻落实"最严厉的处罚"要求，就是要在办理危害农资安全犯罪案件时体现从严政策，坚决依法从严惩处。

1. 种子。种子是农业的"芯片"，是保障国家粮食安全和主要农产品有效供给的重要基础，也是一切农作物产业链的起点。中共中央办公厅、国务院办公厅于2021年7月联合下发《种业振兴行动方案》，部署实施种业市场净化行动，提出要"重拳出击、整治到底、震慑到位，依法严厉打击假冒伪劣、套牌侵权等违法犯罪行为，让侵权者付出沉重代价"。2022年1月底，农业农村部等七部门《打击假冒伪劣套牌侵权指导意见》规定，要"加快制定出台农产品质量安全领域行政执法与刑事司法衔接工作办法，依法严惩种业违法犯罪行为"。2022年3月，最高人民法院《关于进一步加强涉种子刑事审判工作的指导意见》提出，要"准确适用法律，依法严惩种子制假售假犯罪"，为从严办理涉种子犯罪案件提供了最直接的政策依据。

2. 农药、兽药。农药、兽药是重要的现代农业投入品。伪劣农药不但可能严重影响动植物疫病防治效果，给农民造成巨大经济损失，而且会大大增加食品安全风险，甚至可能威胁生态环境安全。最高检在食用农产品"治违禁　控药残　促提升"专项行动的具体贯彻落实意见中明确提出，打击危害食用农产品安全的犯罪要切实"体现从严政策"。制售伪劣农兽

---

① 《习近平：牢固树立切实落实安全发展理念　确保广大人民群众生命财产安全》，载人民网，http://jhsjk.people.cn/article/27081333。

药的犯罪行为严重危害食用农产品安全，是此次专项行动治理的重点任务之一，对制售伪劣农药、兽药的犯罪应当贯彻落实从严政策。

3. 化肥。化肥是重要的农业生产资料，是农业生产最基础和最重要的物质投入。据联合国粮农组织统计，化肥在农作物增产的总份额中约占40%—60%，可见化肥对保证粮食数量安全起到非常重要的作用。生产、销售伪劣化肥的行为，严重影响粮食产量，威胁粮食安全，同时给农民造成巨大的财产损失，社会危害性强，同样应当从严惩处。

（二）伪劣农药、兽药、化肥、种子的认定问题

当前司法解释对于如何认定“假农药”“假兽药”“假化肥”“假种子”并无明确规定，而在种子法、《农药管理条例》、《兽药管理条例》等行政法律法规中，除对“假化肥”尚无明确规定外，对“假种子”“假农药”“假兽药”的范围均作出了界定。在司法实践中，能否将行政法律法规界定的范围直接适用于刑事诉讼中存在争议。如行政法律法规中对未依法取得农药登记证而生产、进口的农药以及未附具标签的农药，认定为“假农药”；对应当经审查批准而未经审查批准即生产、进口的，或者应当经抽查检验、审查核对而未经抽查检验、审查核对即销售、进口的兽药认定为“假兽药”；对没有标签的种子认定为“假种子”。我们认为，上述行政法意义上的伪劣农资的社会危害性尚未达到需要刑事处罚的程度，不宜将行政认定的伪劣农资直接作为刑事认定的标准。在刑事诉讼中应当坚持相对独立、实质性的判断，即根据检验鉴定意见、行政主管部门出具的认定意见，并结合其他证据来综合判定涉案农资是否实质伪劣。对于行政法律法规未予界定的“假化肥”，司法判断标准也应参考上述方式。此次发布的4件典型案例中，认定伪劣农资均采用实质认定标准。

（三）生产、销售伪劣农药、兽药、化肥、种子犯罪的罪名适用问题

此次发布的案例中，除刘某某销售伪劣种子案适用销售伪劣种子罪外，其他3个案例均适用生产、销售伪劣产品罪。当前，实务中有观点认

为，制售伪劣农资难以认定构成生产、销售伪劣农药、兽药、化肥、种子罪的，也不宜转化认定为生产、销售伪劣产品罪，主要理由是：生产、销售伪劣产品罪销售金额 5 万元以上即可入罪，且达到一定金额后即可提升刑档，判处更重的刑罚；而生产、销售伪劣农药、兽药、化肥、种子罪中，因生产遭受损失数额难以确定，且损失数额与生产、销售伪劣农药、兽药、化肥、种子行为之间的因果关系易存在其他介入因素而导致难以认定。在生产、销售伪劣农药、兽药、化肥、种子罪难以认定的情况下，转而认定生产、销售伪劣产品罪，并可能判处更重的刑罚，存在量刑倒置的问题，有使生产、销售伪劣产品罪沦为口袋罪名之嫌。我们认为，《刑法》第 140—150 条是对生产、销售伪劣商品犯罪的体系化规定，虽然刑法历次修正案对个别罪名条款进行了修改，但对第 149 条罪名转化适用、择一重处规定及该条与其他条款之间的逻辑关系始终未作修改。结合刑法和相关司法解释规定来看，生产、销售伪劣农药、兽药、化肥、种子，使生产遭受 2 万元以上损失的，可以构成生产、销售伪劣农药、兽药、化肥、种子罪；生产、销售伪劣农药、兽药、化肥、种子，无法证明使生产遭受较大损失，销售金额 5 万元以上的，构成生产、销售伪劣产品罪；同时构成两罪的，依照处罚较重的规定定罪处罚。二罪名系对生产、销售伪劣农资行为的体系化规定，这种体系化规定本身体现了从严打击生产、销售农资等特殊类型伪劣产品犯罪的立法意图，而不能孤立地认为《刑法》第 147 条对农资等特殊类型伪劣产品犯罪设置了更高的入罪门槛。至于生产、销售伪劣产品罪与生产、销售伪劣农药、兽药、化肥、种子罪之间可能存在的定罪量刑不协调问题，在法律未修订的情况下，司法机关仍应当严格按照《刑法》第 149 条的规定执行。

四、典型案例对检察机关开展农资打假工作的启示

（一）积极引导侦查取证，确保案件办理质效

危害农资安全犯罪案件隐蔽性、专业性强，司法实践中办案难度较大。

检察机关在办理此类案件时，要充分发挥法律监督职能，加强与侦查机关的沟通，积极介入侦查引导取证，严把事实关、证据关和法律适用关，提高案件办理质效。如张某某等人生产、销售伪劣农药案，易某某等人生产、销售假兽药案中，检察机关均高度重视引导侦查取证工作，准确认定犯罪数额，合理提出量刑建议，确保实现司法办案政治效果、法律效果和社会效果的有机统一。

（二）加强行刑衔接，全链条打击犯罪行为

危害农资安全犯罪属于行政犯，即构成犯罪以违反行政法规为前提，构成要件要素必须依托行政法规具体规范内容予以评价，如危害农资安全犯罪案件线索部分来源于行政执法中，部分刑事案件证据系由行政执法证据转化而来，对“假农药”“假兽药”“假种子”等的认定一定程度上依托行政法律法规的规定、行政主管部门出具的认定意见及其指定检验机构出具的检验鉴定意见等。因此，行刑衔接问题在危害农资安全犯罪案件办理中尤为重要。如易某某等人生产、销售假兽药案中，检察机关与农业、公安机关在线索研判、假农药检验认定、引导侦查取证等方面积极协作，最终实现对犯罪的全链条打击，捣毁了制假售假的源头。

此外，检察机关既要重视行刑正向衔接，也要重视行刑反向衔接，即对需予以行政处罚的不起诉案件，及时提出检察意见并移送有关主管机关处理。

（三）注重追赃挽损，依法保护受害农民合法权益

制售伪劣农资犯罪行为，不仅严重影响农民的收成，而且可能引发社会不稳定因素。检察机关在依法从严打击此类犯罪的同时，应当注重追赃挽损，最大限度保障农民合法权益。如刘某某销售伪劣种子案中，检察机关逐户走访被害农户了解情况，敦促犯罪嫌疑人进行赔偿，最终犯罪嫌疑人得到农户谅解，不仅农户免受经济困顿之苦，也有效修复了被破坏的社会关系。于某某生产、销售伪劣化肥案中，检察机关积极听取农户意见，

引导公安机关查明农户损失数额，说服于某某及其家属向被害农户赔礼道歉、赔偿损失，最终帮助被害农户挽回了损失，取得较好的社会反响。

（四）延伸检察职能，积极参与农资打假综合治理

检察机关作为农资打假工作的重要职能部门，应当积极延伸检察职能，充分发挥以案释法优势，参与农资打假综合治理。对案件办理中反映出的食品监管部门或涉案单位制度机制漏洞，有针对性地提出检察建议。如易某某等人生产、销售假兽药案中，检察机关通过检察官说法、制作宣传手册、拍摄宣传片等方式开展普法宣传，向养殖户揭示假兽药的危害，普及分辨真假兽药的技巧。于某某生产、销售伪劣化肥案中，检察机关及时向当地农业主管部门通报案情，建议对农资生产开展执法检查，同时向市场监管部门发出检察建议书，建议针对农资领域无资质公司、个人挂靠生产、倒买倒卖农资产品等问题开展整治，达到了“办理一案、影响一片”的社会效果。

下一步，检察机关将继续认真贯彻落实习近平总书记的重要指示批示精神，紧盯重点对象、重点产品和薄弱环节，强化与其他执法司法机关的沟通协调，依法从严惩处危害农资安全犯罪行为，积极参与农资领域综合治理，多措并举引导有关单位和个人合法生产、诚信经营，切实维护广大农民合法权益，筑牢农资安全社会防线。

扫描二维码

查看典型案例

最高人民法院　最高人民检察院关于办理危害药品安全刑事案件适用法律若干问题的解释

（2022 年 2 月 28 日最高人民法院审判委员会第 1865 次会议、2022 年 2 月 25 日最高人民检察院第十三届检察委员会第九十二次会议通过，2022 年 3 月 3 日最高人民法院、最高人民检察院公告公布，自 2022 年 3 月 6 日起施行　高检发释字〔2022〕1 号）

为依法惩治危害药品安全犯罪，保障人民群众生命健康，维护药品管理秩序，根据《中华人民共和国刑法》《中华人民共和国刑事诉讼法》及《中华人民共和国药品管理法》等有关规定，现就办理此类刑事案件适用法律的若干问题解释如下：

第一条　生产、销售、提供假药，具有下列情形之一的，应当酌情从重处罚：

（一）涉案药品以孕产妇、儿童或者危重病人为主要使用对象的；

（二）涉案药品属于麻醉药品、精神药品、医疗用毒性药品、放射性药品、生物制品，或者以药品类易制毒化学品冒充其他药品的；

（三）涉案药品属于注射剂药品、急救药品的；

（四）涉案药品系用于应对自然灾害、事故灾难、公共卫生事件、社会安全事件等突发事件的；

（五）药品使用单位及其工作人员生产、销售假药的；

（六）其他应当酌情从重处罚的情形。

第二条 生产、销售、提供假药，具有下列情形之一的，应当认定为刑法第一百四十一条规定的“对人体健康造成严重危害”：

（一）造成轻伤或者重伤的；

（二）造成轻度残疾或者中度残疾的；

（三）造成器官组织损伤导致一般功能障碍或者严重功能障碍的；

（四）其他对人体健康造成严重危害的情形。

第三条 生产、销售、提供假药，具有下列情形之一的，应当认定为刑法第一百四十一条规定的“其他严重情节”：

（一）引发较大突发公共卫生事件的；

（二）生产、销售、提供假药的金额二十万元以上不满五十万元的；

（三）生产、销售、提供假药的金额十万元以上不满二十万元，并具有本解释第一条规定情形之一的；

（四）根据生产、销售、提供的时间、数量、假药种类、对人体健康危害程度等，应当认定为情节严重的。

第四条 生产、销售、提供假药，具有下列情形之一的，应当认定为刑法第一百四十一条规定的“其他特别严重情节”：

（一）致人重度残疾以上的；

（二）造成三人以上重伤、中度残疾或者器官组织损伤导致严重功能障碍的；

（三）造成五人以上轻度残疾或者器官组织损伤导致一般功能障碍的；

（四）造成十人以上轻伤的；

（五）引发重大、特别重大突发公共卫生事件的；

（六）生产、销售、提供假药的金额五十万元以上的；

（七）生产、销售、提供假药的金额二十万元以上不满五十万元，并具有本解释第一条规定情形之一的；

（八）根据生产、销售、提供的时间、数量、假药种类、对人体健康危害程度等，应当认定为情节特别严重的。

第五条 生产、销售、提供劣药，具有本解释第一条规定情形之一的，应当酌情从重处罚。

生产、销售、提供劣药，具有本解释第二条规定情形之一的，应当认定为刑法第一百四十二条规定的“对人体健康造成严重危害”。

生产、销售、提供劣药，致人死亡，或者具有本解释第四条第一项至第五项规定情形之一的，应当认定为刑法第一百四十二条规定的“后果特别严重”。

第六条 以生产、销售、提供假药、劣药为目的，合成、精制、提取、储存、加工炮制药品原料，或者在将药品原料、辅料、包装材料制成成品过程中，进行配料、混合、制剂、储存、包装的，应当认定为刑法第一百四十一条、第一百四十二条规定的“生产”。

药品使用单位及其工作人员明知是假药、劣药而有偿提供给他人使用的，应当认定为刑法第一百四十一条、第一百四十二条规定的“销售”；无偿提供给他人使用的，应当认定为刑法第一百四十一条、第一百四十二条规定的“提供”。

第七条 实施妨害药品管理的行为，具有下列情形之一的，应当认定为刑法第一百四十二条之一规定的“足以严重危害人体健康”：

（一）生产、销售国务院药品监督管理部门禁止使用的药品，综合生产、销售的时间、数量、禁止使用原因等情节，认为具有严重危害人体健康的现实危险的；

（二）未取得药品相关批准证明文件生产药品或者明知是上述药品而销售，涉案药品属于本解释第一条第一项至第三项规定情形的；

（三）未取得药品相关批准证明文件生产药品或者明知是上述药品而销售，涉案药品的适应症、功能主治或者成分不明的；

（四）未取得药品相关批准证明文件生产药品或者明知是上述药品而销售，涉案药品没有国家药品标准，且无核准的药品质量标准，但检出化学药成分的；

（五）未取得药品相关批准证明文件进口药品或者明知是上述药品而销售，涉案药品在境外也未合法上市的；

（六）在药物非临床研究或者药物临床试验过程中故意使用虚假试验用药品，或者瞒报与药物临床试验用药品相关的严重不良事件的；

（七）故意损毁原始药物非临床研究数据或者药物临床试验数据，或者编造受试动物信息、受试者信息、主要试验过程记录、研究数据、检测数据等药物非临床研究数据或者药物临床试验数据，影响药品的安全性、有效性和质量可控性的；

（八）编造生产、检验记录，影响药品的安全性、有效性和质量可控性的；

（九）其他足以严重危害人体健康的情形。

对于涉案药品是否在境外合法上市，应当根据境外药品监督管理部门或者权利人的证明等证据，结合犯罪嫌疑人、被告人及其辩护人提供的证据材料综合审查，依法作出认定。

对于“足以严重危害人体健康”难以确定的，根据地市级以上药品监督管理部门出具的认定意见，结合其他证据作出认定。

第八条 实施妨害药品管理的行为，具有本解释第二条规定情形之一的，应当认定为刑法第一百四十二条之一规定的“对人体健康造成严重危害”。

实施妨害药品管理的行为，足以严重危害人体健康，并具有下列情形之一的，应当认定为刑法第一百四十二条之一规定的“有其他严重情节”：

（一）生产、销售国务院药品监督管理部门禁止使用的药品，生产、销售的金额五十万元以上的；

（二）未取得药品相关批准证明文件生产、进口药品或者明知是上述药品而销售，生产、销售的金额五十万元以上的；

（三）药品申请注册中提供虚假的证明、数据、资料、样品或者采取其他欺骗手段，造成严重后果的；

（四）编造生产、检验记录，造成严重后果的；

（五）造成恶劣社会影响或者具有其他严重情节的情形。

实施刑法第一百四十二条之一规定的行为，同时又构成生产、销售、提供假药罪、生产、销售、提供劣药罪或者其他犯罪的，依照处罚较重的规定定罪处罚。

第九条 明知他人实施危害药品安全犯罪，而有下列情形之一的，以共同犯罪论处：

（一）提供资金、贷款、账号、发票、证明、许可证件的；

（二）提供生产、经营场所、设备或者运输、储存、保管、邮寄、销售渠道等便利条件的；

（三）提供生产技术或者原料、辅料、包装材料、标签、说明书的；

（四）提供虚假药物非临床研究报告、药物临床试验报告及相关材料的；

（五）提供广告宣传的；

（六）提供其他帮助的。

第十条 办理生产、销售、提供假药、生产、销售、提供劣药、妨害药品管理等刑事案件，应当结合行为人的从业经历、认知能力、药品质量、进货渠道和价格、销售渠道和价格以及生产、销售方式等事实综合判断认定行为人的主观故意。具有下列情形之一的，可以认定行为人有实施相关犯罪的主观故意，但有证据证明确实不具有故意的除外：

（一）药品价格明显异于市场价格的；

（二）向不具有资质的生产者、销售者购买药品，且不能提供合法有效的来历证明的；

（三）逃避、抗拒监督检查的；

（四）转移、隐匿、销毁涉案药品、进销货记录的；

（五）曾因实施危害药品安全违法犯罪行为受过处罚，又实施同类行为的；

（六）其他足以认定行为人主观故意的情形。

第十一条 以提供给他人生产、销售、提供药品为目的，违反国家规定，生产、销售不符合药用要求的原料、辅料，符合刑法第一百四十条规定的，以生产、销售伪劣产品罪从重处罚；同时构成其他犯罪的，依照处罚较重的规定定罪处罚。

第十二条 广告主、广告经营者、广告发布者违反国家规定，利用广告对药品作虚假宣传，情节严重的，依照刑法第二百二十二条的规定，以虚假广告罪定罪处罚。

第十三条 明知系利用医保骗保购买的药品而非法收购、销售，金额五万元以上的，应当依照刑法第三百一十二条的规定，以掩饰、隐瞒犯罪所得罪定罪处罚；指使、教唆、授意他人利用医保骗保购买药品，进而非法收购、销售，符合刑法第二百六十六条规定的，以诈骗罪定罪处罚。

对于利用医保骗保购买药品的行为人是否追究刑事责任，应当综合骗取医保基金的数额、手段、认罪悔罪态度等案件具体情节，依法妥当决定。利用医保骗保购买药品的行为人是否被追究刑事责任，不影响对非法收购、销售有关药品的行为人定罪处罚。

对于第一款规定的主观明知，应当根据药品标志、收购渠道、价格、规模及药品追溯信息等综合认定。

第十四条 负有药品安全监督管理职责的国家机关工作人员，滥用职权或者玩忽职守，构成药品监管渎职罪，同时构成商检徇私舞弊罪、商检失职罪等其他渎职犯罪的，依照处罚较重的规定定罪处罚。

负有药品安全监督管理职责的国家机关工作人员滥用职权或者玩忽职守，

不构成药品监管渎职罪，但构成前款规定的其他渎职犯罪的，依照该其他犯罪定罪处罚。

负有药品安全监督管理职责的国家机关工作人员与他人共谋，利用其职务便利帮助他人实施危害药品安全犯罪行为，同时构成渎职犯罪和危害药品安全犯罪共犯的，依照处罚较重的规定定罪从重处罚。

第十五条 对于犯生产、销售、提供假药罪、生产、销售、提供劣药罪、妨害药品管理罪的，应当结合被告人的犯罪数额、违法所得，综合考虑被告人缴纳罚金的能力，依法判处罚金。罚金一般应当在生产、销售、提供的药品金额二倍以上；共同犯罪的，对各共同犯罪人合计判处的罚金一般应当在生产、销售、提供的药品金额二倍以上。

第十六条 对于犯生产、销售、提供假药罪、生产、销售、提供劣药罪、妨害药品管理罪的，应当依照刑法规定的条件，严格缓刑、免予刑事处罚的适用。对于被判处刑罚的，可以根据犯罪情况和预防再犯罪的需要，依法宣告职业禁止或者禁止令。《中华人民共和国药品管理法》等法律、行政法规另有规定的，从其规定。

对于被不起诉或者免予刑事处罚的行为人，需要给予行政处罚、政务处分或者其他处分的，依法移送有关主管机关处理。

第十七条 单位犯生产、销售、提供假药罪、生产、销售、提供劣药罪、妨害药品管理罪的，对单位判处罚金，并对直接负责的主管人员和其他直接责任人员，依照本解释规定的自然人犯罪的定罪量刑标准处罚。

单位犯罪的，对被告单位及其直接负责的主管人员、其他直接责任人员合计判处的罚金一般应当在生产、销售、提供的药品金额二倍以上。

第十八条 根据民间传统配方私自加工药品或者销售上述药品，数量不大，且未造成他人伤害后果或者延误诊治的，或者不以营利为目的实施带有自救、互助性质的生产、进口、销售药品的行为，不应当认定为犯罪。

对于是否属于民间传统配方难以确定的，根据地市级以上药品监督管理部门或者有关部门出具的认定意见，结合其他证据作出认定。

第十九条 刑法第一百四十一条、第一百四十二条规定的“假药”“劣药”，依照《中华人民共和国药品管理法》的规定认定。

对于《中华人民共和国药品管理法》第九十八条第二款第二项、第四项及第三款第三项至第六项规定的假药、劣药，能够根据现场查获的原料、包装，结合犯罪嫌疑人、被告人供述等证据材料作出判断的，可以由地市级以上药品监督管理部门出具认定意见。对于依据《中华人民共和国药品管理法》第九十八条第二款、第三款的其他规定认定假药、劣药，或者是否属于第九十八条第二款第二项、第三款第六项规定的假药、劣药存在争议的，应当由省级以上药品监督管理部门设置或者确定的药品检验机构进行检验，出具质量检验结论。司法机关根据认定意见、检验结论，结合其他证据作出认定。

第二十条 对于生产、提供药品的金额，以药品的货值金额计算；销售药品的金额，以所得和可得的全部违法收入计算。

第二十一条 本解释自2022年3月6日起施行。本解释公布施行后，《最高人民法院、最高人民检察院关于办理危害药品安全刑事案件适用法律若干问题的解释》（法释〔2014〕14号）、《最高人民法院、最高人民检察院关于办理药品、医疗器械注册申请材料造假刑事案件适用法律若干问题的解释》（法释〔2017〕15号）同时废止。

Shuishou He Haiguan Yewu
税收和海关业务

增值税留抵退税法律政策研究

王文利　阎　丽[*]

近年来，我国不断深化经济领域体制机制改革，基本建立起现代增值税制度，并持续扩大实施增值税留抵退税政策。2018 年在部分行业试行一次性留抵退税政策，2019 年建立常态化留抵退税制度，同年加大先进制造业退税力度，2020 年推出阶段性抗疫退税政策，2021 年进一步扩大先进制造业退税范围。根据党中央、国务院决策部署，财政部、税务总局自 2022 年 4 月 1 日起在全国范围内实施大规模增值税留抵退税政策。据统计，2022 年，全国新增减税降费及退税缓税缓费超 4.2 万亿元，其中累计退到纳税人账户的增值税留抵退税款 2.46 万亿元，超过 2021 年全年办理留抵退税规模的 3.8 倍。[①] 大规模增值税留抵退税政策实施以来，直接为广大市场主体“输血”“活血”，在支持企业纾难解困、保市场主体保就业、助力稳住宏观经济大盘、促进高质量发展等方面发挥了关键性作用。但同时，也有不少不法分子通过虚增进项、隐瞒收入、虚假申报和其他欺骗手段骗取留抵退税行为。办案实践中，有的执法司法人员对于留抵退税政策不理解，对于骗取留抵退税行为定性存在不同认识，在罪与非罪、此罪与彼罪以及刑事政策的把握上尺度不一，有必要廓清政策内涵，明确法律适

* 王利文，最高人民检察院第四检察厅主办检察官，二级高级检察官；阎丽，最高人民检察院第四检察厅二级高级检察官。

① 参见《国家税务总局 2022 年度新闻发布会实录》，载国家税务总局网站，http：//www.chinatax.gov.cn/chinatax/n810219/n810724/c5183875/content.html。

用，统一执法标准和尺度。同时，考虑到我国增值税留抵退税制度初步建立，法律规定及制度设计不完备，也需要进一步加强研究，健全完善相关制度和工作机制。

一、我国增值税留抵退税政策及实施情况

（一）增值税留抵退税的概念及成因

1. 增值税、留抵税额、留抵退税的概念

增值税是对货物和服务的最终消费课征的一种间接税。增值税实行链条抵扣机制，以纳税人当期销项税额抵扣进项税额后的余额为应纳税额。其中，销项税额是指按照销售额和适用税率计算的增值税额；进项税额是指购进原材料等所负担的增值税额。当进项税额大于销项税额时，未抵扣完的进项税额会形成留抵税额。[①]

增值税留抵税额，是纳税人在购进货物、服务、不动产和无形资产时已向上一环节支付但未抵扣完的增值税进项税额。增值税通过在货物和服务的分工流转中“环环征收，道道抵扣”的方式加以实现，表现为对经营者在生产经营活动中实现的增值额课税。税款会随着销售收入在生产、流通和消费的各个环节不断实现而逐步积累、逐步由生产向消费环节推移，最终由消费者承担。基于上述原理，每一个经营环节需要缴纳的增值税，按照当期销售时向下一环节收取的销项税额，抵扣购买时向上一环节支付的进项税额来计算。当纳税人当期进项税额大于销项税额时，溢余的可留待下期抵扣的进项税额即是留抵税额。需要说明的是，留抵税额随着纳税人逐期计算申报纳税情况相应变化，反映的是留抵税额的时点数据。

增值税留抵退税，即增值税留抵税额退税优惠，是指对增值税纳税人当期销项税额不足抵扣当期进项税额产生差额时，允许依照有关规定将差

---

① 参见翟继光、倪卫杰：《增值税留抵退税政策解读与风险防控》，立信会计出版社2023年版，第2页。

额税款退还企业的税收优惠措施。简言之，就是把增值税期末未抵扣完的税额退还给纳税人。

2. 增值税留抵税额的成因

纳税人出现增值税留抵税额的原因较多，主要有以下几点：

一是多档税率造成的税率倒挂。现行增值税有 13%、9%、6%、0 四档税率，多档税率容易出现“低征高扣”等倒挂现象。“低征高扣”是指企业销售货物或服务适用较低税率，而购进货物或服务适用较高税率，因税率倒挂导致进项税额大于销项税额，从而形成留抵税额。

二是企业生产模式拉长增值税抵扣周期。如果企业生产经营周期较长，如大型机械、设备制造、房地产开发企业等，或者属于季节性生产（如制糖企业等），则会拉长增值税进项税额的抵扣周期，容易产生留抵税额。有的受投资行为的影响，如企业在某一时间段集中投资，进项税额集中增加，从而形成留抵税额，多发生于企业初创期、季节性采购期或设备更新期。有的受经营模式的影响，在生产投入和产出时间间隔长，且投入时间集中，而产出时间分散的情况下，容易形成留抵税额，在房地产业、建筑业等行业较为突出。

三是企业销项税额减少。有的因企业经营管理不善、生产效率不高、产品缺乏市场竞争力等原因造成商品积压，直接导致销项税额不足抵扣进项税额，产生留抵税额。有的受市场因素影响，由于市场环境变化影响企业供销两端，导致留抵税额变化。

此外，还有的是受制度性因素的影响。如对于一些涉及国计民生的行业，由于政府实行价格管制限定销售价格，导致销项税额过低，无法弥补进项税额而形成留抵税额。或者国家为应对自然灾害、战争等突发事件，出于战略安全考虑，对粮食、燃料等产品进行长期性储备，只进不出或少出，也会形成大量留抵税额。

（二）我国增值税留抵退税政策沿革

1. 政策实施前留抵税额情况

1994年我国建立增值税制度，对于进项税额大于销项税额的部分，采取了结转下期继续抵扣的办法，从而形成留抵税额。对于增值税留抵税额，国际通行采用两种不同的处理方法：第一是将留抵税额结转以后的纳税期进行抵扣，第二是有条件地实施退税。我国自1994年开始实施的《增值税暂行条例》第4条规定："当期销项税额小于当期进项税额不足抵扣时，其不足部分可以结转下期继续抵扣。"因此，我国长期以来对留抵税额采取的处理方式是上述第一种办法：结转抵扣，即对留抵税额只允许结转抵扣而不能作直接退税处理。

我国增值税一般纳税人期末留抵税额在国民经济各行业以及各省（区、市）均有分布。我国留抵税额逐年增加，且增幅有扩大趋势。一是自然增长。纳税人生产经营自然增长会带来留抵税额的自然增长。二是可抵扣范围扩大。2009年增值税转型改革，允许企业抵扣其购进设备所含的增值税额。2012年营改增试点逐步全面推开，建筑、不动产、服务等均纳入增值税进项抵扣范围，放大了部分企业的留抵税额。三是纳税人增加。全面推开营改增，原营业税纳税人全部改为缴纳增值税，放大了增值税的"盘子"，留抵税额因此相应增加。增值税留抵税额的大量存在，占用了企业资金，对许多企业形成了资金压力，特别是对"高进、低销"行业、初创企业等影响较大。

2. 2011年至2021年留抵退税政策情况

为鼓励企业扩大投资、更新技术装备，减轻纳税人资金占用压力，2011年开始，我国结合国家产业政策，逐步探索在集成电路、大型客机和新支线飞机以及石脑油、燃料油制乙烯芳烃类化工产品等少部分行业开展留抵退税试点工作。2018年至2021年，我国在四年时间里分五步走，逐步建立起留抵退税制度，从个别行业试行一次性留抵退税，到全行业按比例退还增量留抵，再到先进制造业按月全额退还增量留抵，退税制度持续改进、梯次深入，形成了“以普遍性退税为基础，向重点领域适当倾斜”的制度安排。

第一步：试行一次性留抵退税措施。2018 年，对装备制造等先进制造业、研发等现代服务业以及电网企业，实施一次性留抵退税。

第二步：正式建立常态化的增值税留抵退税制度。2019 年 3 月 20 日，财政部、税务总局、海关总署联合发布《关于深化增值税改革有关政策的公告》，规定自 2019 年 4 月 1 日起，对所有行业符合一定退税条件的纳税人，退还增量留抵税额的 60%（普遍性留抵退税）。

第三步：加大先进制造业退税力度。自 2019 年 6 月 1 日起，对“非金属矿物制品”“通用设备”“专用设备”“计算机、通信和其他电子设备”四个先进制造业纳税人放宽留抵退税条件，加大留抵退税力度，其增量留抵税额可按月予以全额退还。

第四步：推出阶段性抗疫退税政策。2020 年，为支持疫情防控物资生产，出台了专项支持疫情防控留抵退税政策，即对省级及以上发改、工信部门确定的疫情防控重点保障物资生产企业，全额退还其 2020 年以后新增留抵税额。

第五步：扩大先进制造业退税范围。在 2019 年已纳入先进制造业留抵退税政策范围的四个行业基础上，新增“医药”“化学纤维”“铁路、船舶、航空航天和其他运输设备”“电气机械和器材”“仪器仪表”五个行业，自 2021 年 4 月 1 日起，适用更宽松退税条件，更大退税力度的先进制造业留抵退税政策。

前期留抵退税政策可以归纳为三个特点：一是退增量，即与 2019 年 3 月底留抵税额相比增加的留抵税额，未涉及存量留抵税额；二是比例退，除先进制造业外，增量留抵只退还 60%；三是设门槛，除先进制造业企业可以按月申请退还增量留抵税额外，其他纳税人申请退税前需连续 6 个月增量留抵税额均大于零，且第 6 个月增量留抵税额不低于 50 万元。

（三）2022 年实施大规模留抵退税政策情况

从实施情况看，可以分为两个阶段。

第一阶段：2022 年 3 月 21 日，财政部、税务总局联合发布《关于进一步加大增值税期末留抵退税政策实施力度的公告》，规定自 2022 年 4 月 1 日起对小微企业和制造业等六个行业企业实施全额退还存量和增量留抵税额政策。一是优先支持小微企业。对所有符合条件的小微企业一次性退还存量留抵税额，并放宽增量留抵退税条件，将增量留抵税额退还比例由 60% 提高到 100%，全部退还，同时在退税进度上优先安排小微企业，对小微企业存量留抵税额在 6 月底前一次性全部退还。二是重点支持制造业等行业，全面解决制造业等行业留抵税额问题。加大制造业等行业增值税留抵退税政策力度，此前，对于先进制造业按月全额退还增量留抵税额，这次将范围扩大到全部制造业，以及“科学研究和技术服务业”“电力热力燃气及水生产和供应业”“软件和信息技术服务业”“生态保护和环境治理业”“交通运输仓储和邮政业”等行业，并在年底前一次性退还这些行业的存量留抵税额。

第二阶段：2022 年 6 月 7 日，财政部、税务总局发布《关于扩大全额退还增值税留抵税额政策行业范围的公告》。在已出台的制造业等六个行业企业存量留抵退税一次性全额退还、增量留抵退税按月全额退还的基础上，将“批发和零售业”“农、林、牧、渔业”“住宿和餐饮业”“居民服务、修理和其他服务业”“教育”“卫生和社会工作”和“文化、体育和娱乐业”七个行业纳入上述留抵退税政策范围。

与前期政策相比，大规模留抵退税政策覆盖了所有符合条件的小微企业以及制造业、批发零售业等十三个行业，体现出三个特点：一是扩大范围，进一步退还存量留抵税额，对小微企业和制造业、批发零售业等十三个行业，不仅允许其退还增量留抵税额，而且允许其退还存量留抵税额。

二是提高比例，将小微企业和制造业、批发零售业等十三个行业增量留抵税额退还比例由 60% 提高到 100%，和先进制造业保持一致。三是加快频次，对所有小微企业和制造业、批发零售业等十三个行业纳税人均按月退还增量留抵税额，比照先进制造业，取消“连续 6 个月增量留抵税额均大于零，且第 6 个月增量留抵税额不低于 50 万元”的限制条件。

2022 年实施的系列税费支持政策特别是留抵退税政策，直接减轻了企业税费负担和资金压力，增强了市场主体活力，营商环境进一步优化，助力了制造业平稳运行，促进了新动能加速成长，推动了经济高质量发展。税务总局发布数据显示，2022 年全国新增减税降费及退税缓税缓费超 4.2 万亿元，其中增值税留抵退税 2.46 万亿元。分行业看，制造业占比 35% 左右，是受益最明显的行业；分企业规模看，小微企业和个体工商户是受益主体，占总规模的比重约四成。2022 年全国新办涉税市场主体 1315 万户，截至 2022 年底全国涉税市场主体总量达到 8407 万户，较 2021 年末增长 6.9%。[①]

二、打击骗取留抵退税工作情况及发案态势

（一）打击骗取留抵退税违法犯罪工作情况

2022 年，税务总局、公安部、最高人民检察院、海关总署、中国人民银行、国家外汇管理局坚决贯彻党中央、国务院的部署要求，始终保持严查狠打的高压态势，充分发挥六部门常态化打击虚开骗税工作机制作用，将严厉打击骗取留抵退税违法犯罪行为作为重点任务，依法查处了一批典型案件并公开曝光，有力有效维护了经济税收秩序和国家税收安全。一是狠打骗取留抵退税护航政策落稳落好。自 2022 年 4 月 1 日大规模留抵退税政策实施以来，六部门加强合作，严查狠打骗取留抵退税违法犯罪行为。

① 参见《国家税务总局 2022 年度新闻发布会实录》，载国家税务总局网站，http://www.chinatax.gov.cn/chinatax/n810219/n810724/c5183875/content.html。

截至 2022 年底，全国税务稽查部门累计查实 7813 户涉嫌骗取或违规取得留抵退税企业，六部门联合打击虚开骗取留抵退税团伙 225 个，共计挽回留抵退税及各类税款损失 155 亿元。二是常态化打击虚开骗税取得新的成效。先后召开 5 次全国六部门推进会，推出 22 条具体措施，在数据共享、联合研判、联合办案和联合宣传等方面持续深化合作，聚焦“假企业”“假出口”“假申报”开展常态化、全链条、一体化联合打击。累计检查涉嫌虚开发票骗取出口退税企业 20 余万户，认定虚开发票 860 余万份，挽回出口退税损失 73 亿元。三是聚焦重点行业重点领域加大整治力度。聚焦重点行业和重点领域涉税违法风险，加强上下联动，强化内外协同，集中力量查处了一批偷逃税大要案件，对部分高风险行业开展了专项整治，特别是持续加强文娱领域综合治理，有力规范了行业税收秩序。四是持续曝光案件加强警示震慑。持续加大涉税违法案件曝光力度，通过分类分级、不间断曝光典型案件，释放了“偷骗税必严打”“违法者必严惩”的强烈信号。五是强化以查促管提升监管效能。认真分析涉税违法行为特征趋势，总结规律、提炼经验，提升案件查办质效。及时发现税收监管薄弱环节，提出完善政策、健全制度、加强管理、防范风险的意见建议，起到了“查处一案、治理一域”的良好效果。

（二）当前骗取留抵退税违法犯罪的发案态势

自 2022 年 4 月 1 日实施大规模增值税留抵退税政策以来，截至 2022 年底，税务机关累计发布 716 起骗取留抵退税案件、22 起虚开发票和骗取出口退税案件、10 起涉税中介及其从业人员违法违规案件。[①] 从发案情况看，主要呈现以下几个特点：一是从涉案主体看，绝大多数为小微企业，占比在 90% 左右。从企业行业归属上看，多分布在批发和零售行业，其次是道

---

① 参见《国家税务总局 2022 年度新闻发布会实录》，载国家税务总局网站，http：//www.chinatax.gov.cn/chinatax/n810219/n810724/c5183875/content.html。

路运输企业，还有零星企业分布在工程建筑业、租赁业、科技推广和应用服务业、房地产等行业。二是从涉案数额看，骗取留抵退税数额多集中在5万元以上50万元以下，占比近2/3。少数企业骗取留抵退税数额在50万元至250万元，个别企业骗取留抵退税数额在250万元以上。三是从作案手段看，企业骗取留抵退税的手段主要是增加进项税额和减少销项税额两类，部分企业既增加进项又减少销项。增加进项税额的方式主要有通过取得虚开增值税专用发票虚增进项税额以及未按规定转出进项税额。减少销项税额的方式主要是隐匿销售收入，绝大多数企业采取使用个人账户替代公司账户收取销售款隐匿营业收入的方式。实践中还存在部分企业通过骗取退税资质的手段骗取留抵退税的情形。四是从作案趋势看，上游虚开犯罪团伙触角向留抵退税领域延伸。通常是由犯罪团伙注册、购买、控制上下游多家空壳公司，主要表现为多个纳税人相互配合，在没有真实商业交易的前提下，上游企业虚开增值税销项发票，下游企业虚假抵扣，转嫁留抵退税额骗取增值税留抵退税，具有跨区域、规模大、假企业、意图骗取抵扣税款数额巨大等特点。五是从发案方式看，企业骗税案件绝大多数是税务机关通过税收大数据分析线索发现。税务人员违法违纪案件多是通过“一案双查”发现。六是从案件处理情况看，税务机关依法对多数涉案企业认定行政违法进行行政处罚，少数涉嫌犯罪的企业移送公安机关立案侦查。七是从关联效应看，部分企业骗取留抵退税不成，被税务机关查出存在其他偷税漏税的问题。企业因骗取留抵退税被罚的同时，税务部门会对其纳税情况进行检查，若发现偷漏税后会再开一张罚单，并延伸检查其上下游企业。

三、骗取留抵退税违法犯罪的法律规制

受制于我国留抵退税制度的初步建立，无论是在立法层面，还是在政策执行、执法实践中，都存在相关法律规定不明确、执法依据不完备、制

度机制不健全等问题，亟待研究解决。从目前行政法律法规、刑事法律和司法解释看，主要有以下相关规定：

（一）行政法律法规和政策规定

1.《增值税暂行条例》和《增值税法（草案）》

我国于1993年公布《增值税暂行条例》，2017年第二次修订。该条例第4条第2款规定："当期销项税额小于当期进项税额不足抵扣时，其不足部分可以结转下期继续抵扣。"只规定了对留抵税额采取结转抵扣方式，未规定可以直接退税。

增值税法目前正在制定中，从几次公开征求意见稿、草案和二次审议稿的内容看，增值税法明确提出了留抵退税权，相关表述也不断修改完善。2019年《增值税法（征求意见稿）》第21条第2款规定："当期进项税额大于当期销项税额的，差额部分可以结转下期继续抵扣；或者予以退还，具体办法由国务院财政、税务主管部门制定。"2022年《增值税法（草案）》第16条第1款规定："当期进项税额大于当期销项税额的部分，可以结转下期继续抵扣或者予以退还，具体办法由国务院财政、税务主管部门规定。"2023年《增值税法（草案二次审议稿）》第20条规定："当期进项税额大于当期销项税额的部分，纳税人可以选择结转下期继续抵扣或者申请退还。具体办法由国务院规定。"相比较，《增值税法（草案）》基本沿袭了《增值税法（征求意见稿）》的表述，但是将留抵退税内容与应纳税额的计算内容分别进行规定。《增值税法（草案二次审议稿）》将留抵退税单独一条规定，赋予纳税人选择权，同时提高了立法权限。

2. 财政部、税务总局、海关总署《关于深化增值税改革有关政策的公告》

财政部、税务总局、海关总署2019年发布《关于深化增值税改革有关政策的公告》规定："自2019年4月1日起，试行增值税期末留抵税额退税制度。"对纳税人申请退税的条件、程序、留抵税额的计算、分担机制等进行规定，同时明确："以虚增进项、虚假申报或其他欺骗手段，骗取留抵退税款的，由税务机关追缴其骗取的退税款，并按照《中华人民共和国税收征收管理法》等有关规定处理。"但该公告对留抵退税款的性质、具体违法情形、处罚方式等未予明确。

3. 税收征收管理法和《发票管理办法》

根据财政部、税务总局、海关总署《关于深化增值税改革有关政策的公告》规定，对骗取留抵退税款的行为，按照税收征收管理法等有关规定处理。目前，税收征收管理法、《发票管理办法》及两个实施细则均未明确规定骗取留抵退税款行为的认定和处罚。《税收征收管理法》第五章规定法律责任，《发票管理办法》第六章规定罚责，应结合骗取留抵退税款所采取的手段、行为方式、造成的偷逃税后果等准确适用相关规定。

（二）刑事法律和司法解释规定

如前所述，自增值税留抵退税制度建立以来，在《增值税暂行条例》中仅规定了增值税结转抵扣，未规定退税方式，增值税法目前仍在制定过程中，对于留抵退税款的性质未予明确，税收征收管理法、《发票管理办法》及实施细则等行政法规中也没有明确规定对骗取留抵退税款行为及处理处罚的相关表述。骗取留抵退税是行政犯，构成刑事犯罪的前提是认定行政违法，必须有明确的行政法规作为依据。在目前行政法依据不明确的情况下，对于骗取留抵退税违法犯罪行为，可以从行为人所采取的手段、行为方式、造成的后果来进行实质判断，相关刑法条文主要有：《刑法》分则第三章第六节"危害税收征管罪"第201条逃税罪、第205条虚开增值税专用发票罪等罪名，以及相关司法解释。

四、工作对策和建议

从办理案件情况看，绝大多数骗取留抵退税案件都属于税务行政违法案件，只有少数通过虚开增值税专用发票方式虚增进项的案件，以及受过两次行政处罚的逃税案件才进入刑事程序。为确保政策红利落快落准落稳，一方面要完善税收行政法规，及时防范和查处骗取留抵退税违法，另一方面对少数骗取留抵退税构成犯罪的，要严厉打击。

（一）关于行为定性和法律适用的意见

从办理案件情况看，涉及留抵退税的违法行为主要包括销项违法、进项违法、申报时编造虚假信息资料等。销项违法表现有：隐瞒收入少计销项税额；视同销售行为未依法计提销项税额；计税依据错误、混淆应税与免税货物及其他原因导致的少计销项税额。进项违法表现有：恶意取得、过失取得、善意取得被认定为虚开的增值税专用发票、异常抵扣凭证、虚开或违规开具农产品收购发票、虚假申报增值税加计抵减扣除及其他违法多计进项税额。申报违法表现有：编造小微企业资格条件；编造主营业务属于留抵退税行业的信息；篡改纳税信用等级；隐瞒既往严重税收违法所受处罚信息；隐瞒即征即退、先征后退等税收减免信息；以及将不能退税的项目伪装成可退税项目等。[①] 鉴于目前留抵退税款的性质不明确，涉及留抵退税行为方式多样，前置行政法规不完善，对于骗取留抵退税行为，应当综合考虑行为人的主观故意、违法手段、行为方式、造成后果等因素，对给国家税收造成的实质性危害进行判断和把握。总的来看，上述所列行为方式虽然多样，但主要是两种模式：一是虚增进项产生退税，二是隐匿收入少计销项。根据刑法和司法解释规定，可以按以下行为方式分别定性：

1. 以虚增进项方式虚假申报骗取留抵退税行为的认定

虚增进项的具体方式一般是取得虚开的增值税专用发票。行为人通过虚开增值税专用发票来增加留抵税额，然后向税务机关虚假申报骗取留抵

---

① 参见何小王：《骗取留抵退税案件的定性和处理》，载《湖南税务高等专科学校学报》2022 年第 6 期。

退税的，属于凭空骗取国家增值税款，涉嫌构成虚开增值税专用发票罪。行为人在没有真实交易的情况下，以骗取国家税款为目的，让他人为自己虚开增值税专用发票来骗取虚假的留抵税款，造成国家税款损失，达到刑事立案追诉标准的，应当根据《刑法》第205条规定以虚开增值税专用发票罪追究刑事责任。

2. 以隐瞒收入方式虚假申报骗取留抵退税行为的认定

行为人通过隐匿销售收入来减少销项税额，然后向税务机关虚假申报骗取留抵退税的，属于不缴或少缴本应向国家缴纳的税款的性质，符合《税收征收管理法》第63条第1款规定的行为方式，构成犯罪的，以《刑法》第201条逃税罪论处。在这种行为方式下，行为人的进项增值税专用发票是真实的，但其通过隐匿销售收入，不列、少列收入等方式不申报或虚假申报本应缴纳的销项税款，符合逃税罪的客观行为要件，达到追诉标准时，应当以逃税罪追究刑事责任。同时，根据该条第4款出罪条款规定，经税务机关依法下达追缴通知后，补缴应纳税款，缴纳滞纳金，已受行政处罚的，不予追究刑事责任；但是，5年内因逃避缴纳税款受过刑事处罚或者被税务机关给予2次以上行政处罚的除外。

3. 对于违规违法取得留抵退税行为的认定

对于骗取和违规取得留抵退税，不涉嫌犯罪的，建议可考虑按照以下原则进行行政处罚：对非主观故意、政策适用错误取得留抵退税的，依法追缴留抵退税款，不予处罚，做好约谈提醒，促其整改。对于通过隐匿收入、虚假申报、骗取退税资质的不法手段骗取留抵退税的，依据《税收征收管理法》第63条第1款规定，对骗取的留抵退税款按偷税处理，由税务机关追缴其骗取的税款，并依法处罚。对于通过接受虚开发票取得非法进项抵扣方式骗取留抵退税的，依照《税收征收管理法》第63条第1款、《发票管理办法》第35条第1款相关规定，按罚款数额高的原则进行处理。追缴和违规取得留抵退税款的，按照骗取和违规取得留抵退税款之日至留抵退税款缴回之日，依照《税收征收管理法》第32条规定计算缴纳滞纳金。特别需要明确的是，对于因税务机关强制要求不符合条件的企业申请退税后，又将该企业作为违法企业查处的，不宜进行行政处罚。

（二）关于完善制度机制，加强行政监管的建议

一是进一步完善行政法律法规。推动增值税法尽快出台，在国家法律层面对留抵退税款、留抵退税权的性质予以明确。推动国务院尽快制定相关行政法规，建立健全留抵退税制度和工作机制，严格把握退税的主体条件、对象范围，严格审查涉税风险，严格履行核准程序，明确行政违法的具体情形和罚则，为打击骗取留抵退税违法犯罪提供有力的法律保障。

二是进一步加强行政监管力度。加大留抵退税稽查力度，对涉嫌骗取留抵退税的纳税人，实施有效的税务精准监管，穿透核查上下游业务的真实性，对发生增值税申报比对异常、涉税风险疑点较多的加强全方位监控管理。充分用好税收大数据，健全完善数据共享机制。加强增值税专用发票的日常风险管理，利用大数据风险防控识别，及时跟踪企业的发票、资金、物流走向、虚开发票、隐匿收入等情况，准确识别留抵退税风险点，促进风险快速发现、有效应对。

三是进一步加强执法协作实效。继续发挥常态化打击虚开骗税工作机制作用，把打击骗取留抵退税作为当前常态化打击重点，形成各负其责、各司其职、齐抓管理的工作格局。加大联合打击力度，严查团伙式、跨区域、虚开发票骗取留抵退税行为。强化协同联动，加强联合研判和情报侦查，实现对骗取留抵退税违法犯罪的全链条、一体化打击。及时查找监管短板漏洞，提出完善政策、健全制度、加强监管的措施，实现“以打促防”。

四是进一步加大政策宣传力度。增值税留抵退税是一项利国利民的政

策，税务部门、涉税服务中介机构等单位应加大留抵退税政策宣传和业务辅导的力度，引导纳税人严格按规定操作，正确享受政策红利。持续开展分类分级的典型案件曝光，向全社会释放从严查处、违法必惩的强烈信号，不断强化对不法分子的警示震慑。

我国税务执法权限相关问题研究

张长飞 *

税收是国家按照法律规定取得财政收入的主要形式。税收的强制性，决定了其必须依靠国家权力采取必要手段进行征收管理，合法权威高效的税收检查就是其中的重要方面。改革开放以来，我国的税收法制建设取得了长足进步，但相对于税制改革，税收征管制度安排相对滞后，特别是在税务执法权限和手段上不能完全适应社会主义市场经济快速发展的需要。

为深入贯彻落实中共中央办公厅、国务院办公厅印发的《关于进一步深化税收征管改革的意见》，充分发挥税务检查在维护经济税收秩序、维护国家税收安全、维护社会公平正义、保障纳税人合法权益中的重要作用，科学合理、完备有效的税务执法权限十分必要。本文全面分析了当前税务执法权限方面存在的问题和缺失，借鉴国内外相关法律规定，对进一步优化完善我国税务执法权限提出了意见建议。

一、税务检查权的法理阐释

税务检查，是指税务机关依照税收法律、行政法规、规章等规定，对纳税人履行纳税义务、扣缴义务人履行扣缴义务等情况进行检查和处理工作的总称。税务检查是税收征收管理法（以下简称税收征管法）赋予税务

* 国家税务总局稽查局制度处处长，经济学博士。

机关的行政职权，行使主体是税务机关。

（一）税务检查权的性质与特征

检查权是行政执法的基础，税务机关开展税务检查所依托的便是税务检查权。明确税务检查权的性质和特征，是健全完善税务检查制度的基础。

1. 税务检查权的性质

税务检查权属于财政警察权。税收和治安警察作为最古老的权力类型，前者捍卫经济安全，后者捍卫公共安全，都属于警察权的范畴。税务检查权属于财政警察权，即为国家财政安全和稳定提供保障的权力。税务检查权之财政警察权的属性决定了其不同于一般行政检查权，具有与现行治安警察权相似的属性，应当得到应有的权限保障。

税务检查权属于信息获取权。税务检查的目的在于发现或确认违法行为的存在，而这一目的的实现依赖相关信息的获取。因而税务检查权属于信息获取权，即税务机关通过各种措施获取相对人有关信息的权力。税务检查权之信息获取权的本质决定了税务检查制度安排应当以赋予税务机关足够的信息获取能力为标准。

2. 税务检查权的特征

一是对象范围广。税务检查既可以对纳税人、扣缴义务人实施，又及于其他相关单位和个人，如被查对象的交易对手，了解交易信息的第三方银行、其他金融机构等。

二是涉及内容全。税务检查既可以是对纳税人、扣缴义务人遵从税收程序法情况的检查，如是否按规定办理税务登记、申报、备案，是否按发票管理办法的要求领用、开具、取得、保管、缴销发票；也可以是对纳税人、扣缴义务人遵从税收实体法情况的检查，如是否正确计算缴纳税款，是否符合政策规定享受税收优惠。

三是单方面行使。税务检查是税法赋予税务机关的一种行政职权，由税务机关根据检查对象的不同情况和检查工作的需要依法行使，对相对人具有强制性。

四是法律限制严。由于税务检查权的行使直接影响到纳税人的实际利益，税法对检查权的运用在适用条件、适用范围和执法程序等方面，都作了严格的限制性规定。

（二）税务检查权的功能

税务检查权的功能主要体现在规范纳税行为、促进税收征管、维护公平正义、维护税收安全等方面。

一是规范纳税行为。税务机关实施税务检查，发现并纠正税收违法行为，同时宣传税法、教育违法者，从而规范纳税行为，提高税收遵从度。

二是促进税收征管。税务机关根据税务检查情况进行综合分析，研究违法行为趋势，剖析违法行为成因，从而检验征管质量，发现管理漏洞，制定补救措施，促进税收征管不断完善。

三是维护公平正义。税务机关依法处理税收违法行为，追究不法分子的法律责任，充分体现了税法的刚性，也体现了对合法企业的肯定与保护。同时，通过公开曝光税收违法行为，充分发挥警示作用，营造公平公正的法治环境。

四是维护税收安全。税务机关通过税务检查，追缴纳税人少缴的税款，直接减少税收流失。同时，督促相关行业的纳税人通过自查、严格管理，防止漏缴、少缴税款，间接减少税收流失，维护国家税收安全。

（三）税务检查权与相邻权力的关系

1. 税务检查权与刑事侦查权

在我国的法律体系中，税务检查权与刑事侦查权共同服务于涉税违法犯罪行为的发现和查处，但由于二者是分属于不同领域的职权，因而在程序、认定标准等方面存在差异。税务检查主要针对行政违法行为，相较刑事侦查而言，证据标准较为宽松，处理措施也相对较轻。但行政违法达到一定标准，就构成了刑事犯罪。因此，税务检查权与刑事侦查权之间必然需要进行衔接。而二者之间的差异，又使得相互衔接存在一定障碍，需要明确相关制度安排。

2. 税务检查权与行政处罚权

税务检查权与行政处罚权之间关系非常密切，税务检查的结果往往是税务行政处罚的依据。但税务检查并不仅仅是行政处罚的前置程序，而有其独立的目的，比如教育警示、督促遵从等，行政处罚只是税务检查权行使的结果之一。

3. 税务检查权与行政强制权

一方面，税务机关进行税务检查时，行政强制权是有效实施检查的保障性权力。另一方面，税务机关在依法实施强制检查时，税务检查权中又包含了行政强制权。

（四）税务检查权配置原则

1. 职权法定原则

职权法定原则要求行政权的种类和内容应由法律规定。税务检查权作为负担性较强的权力，应当由法律明确规定，行政机关才能行使。因此，税务检查权的种类和内容均应当由法律规定或法律授权，即设定税务检查权时应通过法律直接设定或者法律授权设定，而且严重限制公民权利的检查权应由法律保留。

2. 行政效能原则

行政效能原则要求以较低的行政成本获得较大的行政收益。按照行政效能原则，税务检查权的配置应当有助于实现税务检查的目的，减少税务检查的成本，防止税务检查成本过高。这就要求法律应当赋予行政机关更为有效的税务检查权，以实现税收管理目的。

3. 比例原则

比例原则要求行政权的设定和行使应当符合适当性、必要性和最小侵害等要求。按照适当性要求，税务检查权的设定应当有助于实现税务检查目的；按照必要性要求，税务检查权的设定应当注重手段和目的相适应，防止采取过重的检查措施；按照最小侵害要求，如果有多种措施或手段均可实现相应目的，应当选择对相对人侵害最小的手段。

4. 平衡原则

平衡原则要求行政法的功能不仅在于控权，更应确保行政权与公民权之间的平衡、权力制约与权力保障之间的平衡。因而法律在配置税务检查权时，应当确保检查机关有足够的手段实现税务检查的使命和目的，在此基础上，再对税务检查权进行规范和制约。

按照上述原则，下文从强制检查权、资金查询权、通讯查询权、税收保全和强制措施、第三方机构协助义务等五个方面对税务执法权限进行分析，并提出进一步优化完善税务检查权的有关意见建议。

二、强制检查权

税务检查是通过法定的调查取证手段查明涉税事实，并依据法律法规作出行政决定的工作过程。税务机关调查取证的方式有多种，其中最有效的是从被查对象处直接取证。与通过外围的相关第三方间接取证相比，直接从被查对象取得的证据有更强的证明力，可以更高程度地还原案情、查明事实。实际工作中，被查对象对税务检查普遍存在抵触心理，妨碍、阻挠检查的情况屡见不鲜，赋予税务机关必要的强制检查权，保障税务检查工作顺利开展，是提高税务检查精准度、提升稽查质效的必要条件。

（一）现行法律法规规定

在对被查对象开展直接取证方面，税收征管法及其实施细则规定了税务机关具有查账权、询问权、实地检查权、责成提供资料权、检查存款账户权等权力。[①]

在被查对象妨碍、阻挠税务检查方面，税收征管法及其实施细则按照妨碍手段的严重程度规定了两档法律责任：一是抗税（以暴力、威胁为要件），法律责任为“并处拒缴税款一倍以上五倍以下的罚款”，情节严重的追究刑事责任[②]；二是“拒绝提供资料或提供虚假资料，转移、隐匿、销毁资料等”，法律责任为“处一万元以下的罚款；情节严重的，处一万元以上五万元以下的罚款”[③]。

---

① 《税收征收管理法》第 54 条规定：“税务机关有权进行下列税务检查：

（一）检查纳税人的账簿、记账凭证、报表和有关资料，检查扣缴义务人代扣代缴、代收代缴税款账簿、记账凭证和有关资料；

（二）到纳税人的生产、经营场所和货物存放地检查纳税人应纳税的商品、货物或者其他财产，检查扣缴义务人与代扣代缴、代收代缴税款有关的经营情况；

（三）责成纳税人、扣缴义务人提供与纳税或者代扣代缴、代收代缴税款有关的文件、证明材料和有关资料；

（四）询问纳税人、扣缴义务人与纳税或者代扣代缴、代收代缴税款有关的问题和情况；

（五）到车站、码头、机场、邮政企业及其分支机构检查纳税人托运、邮寄应纳税商品、货物或者其他财产的有关单据、凭证和有关资料；

（六）经县以上税务局（分局）局长批准，凭全国统一格式的检查存款账户许可证明，查询从事生产、经营的纳税人、扣缴义务人在银行或者其他金融机构的存款账户。税务机关在调查税收违法案件时，经设区的市、自治州以上税务局（分局）局长批准，可以查询案件涉嫌人员的储蓄存款。税务机关查询所获得的资料，不得用于税收以外的用途。”

② 《税收征收管理法》第 67 条规定：“以暴力、威胁方法拒不缴纳税款的，是抗税，除由税务机关追缴其拒缴的税款、滞纳金外，依法追究刑事责任。情节轻微，未构成犯罪的，由税务机关追缴其拒缴的税款、滞纳金，并处拒缴税款一倍以上五倍以下的罚款。”

③ 《税收征收管理法》第 70 条规定：“纳税人，扣缴义务人逃避、拒绝或者以其他方式阻挠税务机关检查的，由税务机关责令改正，可以处一万元以下的罚款；情节严重的，处一万元以上五万元以下的罚款。”

（二）实际工作中存在的困难

随着全社会法治意识不断提升，纳税人暴力抗税的现象已较少发生，而采取拖延、躲避、推诿等方式进行“软抵抗”的情况依然普遍存在。但现行法律没有赋予税务机关相应的强制检查权以有效对抗纳税人妨碍检查的行为，加之妨碍税务检查的法律责任相较其违法行为应受到的惩处又明显偏轻，没有做到“过罚相当”，导致实践中税务执法因缺乏必要的强制检查权而面临多重阻碍，有时甚至举步维艰。

一是税务机关缺乏强制检查权，无法有效应对被查对象的妨碍检查行为，导致案件查办受阻。实践中，有的纳税人将账簿资料、交易合同等关键材料锁在保险柜或储藏室，以“钥匙丢失”等为由拒绝打开存放资料的柜子或房间，或者以各种理由拒不打开存放资料的电脑等，如果税务机关没有权力强制打开，不仅无法及时取证，之后还极易产生纳税人转移、销毁资料导致无法取证的风险。另外，如果纳税人将资料存放在个人生活场所，税务机关无权进入，同样会导致证据无法取得。

二是《刑法修正案（七）》改变了税务机关对偷税案件的查办方式，但税务执法权限却没有相应配置。①2009年《刑法修正案（七）》实施前，税务案件一旦涉嫌偷税，公安机关将提前介入，与税务机关共同取证查办。《刑法修正案（七）》增加了“偷税”行为行政处理前置程序，原税警联合查办的案件变为税务机关先单独查办，取证与定性处理均由税务机关先行完成，只有当纳税人在限期内不缴纳税款、滞纳金及罚款时，才能依法移送公安机关处理。《刑法修正案（七）》改变了“偷税”行为的案件查办模式，税务机关缺少了公安机关的协同配合，但税务检查权限没有相应

① 《刑法修正案（七）》第3条规定：“将刑法第二百零一条修改为：‘……有第一款行为，经税务机关依法下达追缴通知后，补缴应纳税款，缴纳滞纳金，已受行政处罚的，不予追究刑事责任；但是，五年内因逃避追缴税款受过刑事处罚或者被税务机关给予二次以上行政处罚的除外。’”

增加，导致税务机关在相关案件查办上力不从心。

三是妨碍、阻挠税务检查的法律责任不足，难以起到约束和警戒作用。与纳税人妨碍、阻挠税务检查造成的不良后果相比，其法律责任明显较轻，即便按照法律规定给予最高额度罚款也只有 5 万元，约束警戒作用有限。

（三）国内外比较借鉴

国际方面，一是在强制搜查权上，德国税务机关经批准，可以搜查犯罪嫌疑人的生产经营场所、住宅和人身，拘留疑犯等。日本税务稽查人员经申请检察官签发许可令，可以对被查对象的住所、生产经营场所进行强制搜查，扣押查封证物。如被查对象拒绝开门、开锁的，可凭检察官签发的“破坏令”毁坏门锁强制取证。意大利设有专门的财政警察队伍，强化税收执法。二是在强制传唤权上，美国税务机关具有传唤权，如果被传唤的个人拒不接受传唤，或拒绝提供账簿凭证、相关资料，或拒绝作证时，税务局长可以向被传唤人所属地区的法院申请拘捕被传唤人，还可处以不超过 1000 美元的罚金或最多 1 年的监禁，或者两罚并施。俄罗斯税务机关有权传唤纳税人和其他义务人提供与纳税有关的材料。

国内方面，我国香港特别行政区税务机关也具有搜查权，当纳税人申报不实又不能作出合理解释，或未按规定提供资料时，为防止有关记录被转移、更改或销毁，税务人员可以入室搜查并带走有关文件。我国海关部门具有搜查权和扣留权。海关法规定，海关部门有权对有走私嫌疑的运输工具和有藏匿走私货物、物品嫌疑的场所及走私嫌疑人的身体进行检查，并有权扣留走私犯罪嫌疑人。

（四）有关意见建议

1. 修订税收征管法等法律法规，强化税务检查权限

一是赋予税务机关强制开门开锁开机和进入生活场所检查的权力。为防止权力滥用，可通过设定严格的适用情形和审批程序对强制检查权加以限制，如须提前向上级部门报批（临时采取强制检查的需在 24 小时内报

备），使用执法记录仪全程记录检查过程，检察机关等法律监督部门可对强制检查权的行使进行监督检查等。二是细化证据先行登记保存等法律规定。与行政处罚法关于证据先行登记保存的原则性规定相衔接，在税收征管法及其实施细则中对税务检查证据的先行登记保存进行细化，明确实施条件、审批程序等要求，确保相关税务检查权落实落地。三是加大对妨碍、阻挠税务检查的惩戒力度。提高对纳税人、扣缴义务人以及其他涉税当事人阻挠税务机关检查的处罚力度；同时完善社会诚信建设法律制度，把性质恶劣、情节严重的阻挠税务检查行为，纳入企业和个人信用记录，由相关部门共同实施联合惩戒；构成妨碍公务的，由公安机关给予治安处罚；构成犯罪的，依法追究刑事责任。

2. 完善税警协作机制，弥补税务检查权限缺失

在法律未赋予税务机关强制检查权的情况下，建议由国务院层面出台有关规定，进一步优化税务与公安协作机制、拓宽税务机关与公安机关的合作范围。明确对涉税犯罪案件在税务机关调查取证期间，经税务机关提请，公安机关应提前介入与税务机关共同查办；明确纳税人拒不配合税务检查的，经税务机关提请，公安部门应配合税务机关实施强制检查，或进入生活场所进行检查；明确进一步推进警税协作实体化运作，探索行之有效的联合办案模式。

3. 创新税务部门执法手段，尽量降低税务强制检查权缺失的影响

对于纳税人以“不在当地”等理由逃避接受询问的，创新询问形式，可采取线上询问约谈等方式；对拒不配合询问约谈的，严格落实相关罚则，加大惩戒力度，促其配合检查。

三、资金查询权

账户资金情况是纳税人交易往来的直观反映，是开展税务监管的重要基础信息，更是查证涉税违法行为必不可少的证据资料。只有充分掌握

纳税人的账户资金信息，才能切实提高税务监管发现问题和查处问题的能力。但是目前法律赋予税务机关查询当事人账户资金的权限不完整、不充分，影响了税务监管效能和案件查处质效。只有赋予税务机关更加充分的资金查询权，才能保障税务检查顺利有效开展。

（一）现行法律法规规定

税收征管法及其实施细则规定，从事生产、经营的纳税人应当将其全部存款账号向税务机关报告。① 税务机关可以查询从事生产、经营的纳税人、扣缴义务人在银行或者其他金融机构的存款账户，以及案件涉嫌人员的储蓄存款；查询内容包括存款账户余额和资金往来。开户银行或者其他金融机构拒绝税务机关检查存款账户，造成税款流失的，处 10 万元以上 50 万元以下的罚款，对直接负责的主管人员和其他直接责任人员处 1000 元以上 1 万元以下的罚款；② 纳税人未将其全部银行账号向税务机关报告的，处以最高 1 万元的罚款。③

（二）实际工作中存在的困难

一是税务机关对金融机构的资金信息查询权限过窄，导致信息掌握不全，影响案件查办。一方面，对隐藏的银行账户及资金信息难以掌握。有的纳税人只向税务机关报告部分存款账户，通过隐藏的账户实现资金往

① 《税收征收管理法》第 17 条第 1 款规定："从事生产、经营的纳税人应当按照国家有关规定，持税务登记证件，在银行或者其他金融机构开立基本存款账户和其他存款账户，并将其全部账号向税务机关报告。"

② 《税收征收管理法》第 73 条规定："纳税人、扣缴义务人的开户银行或者其他金融机构拒绝接受税务机关依法检查纳税人、扣缴义务人存款账户，或者拒绝执行税务机关作出的冻结存款或者扣缴税款的决定，或者在接到税务机关的书面通知后帮助纳税人、扣缴义务人转移存款，造成税款流失的，由税务机关处十万元以上五十万元以下的罚款，对直接负责的主管人员和其他直接责任人员处一千元以上一万元以下的罚款。"

③ 《税收征收管理法》第 60 条规定："纳税人有下列行为之一的，由税务机关责令限期改正，可以处二千元以下的罚款；情节严重的，处二千元以上一万元以下的罚款：……（四）未按照规定将其全部银行账号向税务机关报告的……"

来，导致税务机关无法掌握纳税人的全部资金情况，影响了税收大数据分析和案件查办的精准度。另一方面，对存款账户以外的其他资金信息没有查询权限。近年来，基金、理财、信托等金融产品逐渐成为市场主体实现财富增值的重要方式，但现行税收征管法没有规定税务机关对理财、基金、信托等金融账户的查询权限，税务机关不掌握该部分财产信息，直接影响对涉案人员收入的查找与核算，也会影响案件后续执行。

二是税务机关缺乏对新型资金收付方式的信息查询权，阻碍案件查办。近年来，数字经济快速发展推动资金收付方式不断创新，“支付宝”“微信”等新型资金收付方式已成为资金往来的常用手段。在虚开骗税、偷逃税款案件中，大量不法分子使用此类方式进行交易，躲避税收监管。由于此类第三方支付平台不属于法律明确规定的税务机关有权查询的金融机构范围，税务机关对通过此类方式收付的资金信息缺乏查询权限。

（三）国内外比较借鉴

美国税法要求相关机构主动向税务机关提供信息。如对于工资、利息、股息等收入或股票和不动产交易等业务，除了纳税人需要进行申报之外，所得的支付方也必须进行申报。美国税法对金融部门信息报告有更加严格的要求，对于美国国内金融部门，现金交易 1 万美元以上并存入银行或者从国外汇入 10 万美元的业务，银行都要向联邦税务局报告；对于国外的金融机构，《外国账户税务遵从法案》（FATCA）规定外国金融机构必须向美国联邦税务局报告其美国客户的账户信息。不动产交易机构也要定期将交易情况报告给美国税务局。法国税法规定与税收有关的所有信息、数据，税务机关均有权查阅和复制，可以要求纳税人和所有行政机关提供相关信息。

（四）有关意见建议

一是修订税收征管法等法律法规，保障税务机关充分的资金查询权。扩充资金账户查询权限，将查询范围扩充为银行及各类金融机构的资金账户、理财账户、保证金账户、基金账户等各类金融资产。增加对第三方支付和电商平台信息的查询权限，明确税务机关可依法查询涉案主体及其关联方在第三方支付和电商平台的交易、资金信息。

二是完善税银协作机制，与人民银行建立资金信息交换或共享机制。可采取“总对总”的方式，由人民银行定期提供纳税人全部账户信息和资金流水，满足税收大数据分析和个案查办的需要，提高税收监管的精准性和及时性。

三是充分利用信息化手段，聚焦资金账户进行精准监控。强化税收大数据分析能力，提高税务部门数据分析的精准性和时效性，开展靶向检查，对不依法提供其全部资金账户的，列入重点监管对象，采取相应的征管或服务限制措施，并严格落实相关罚则，促进纳税遵从。

四、通讯查询权

随着现代信息技术的发展，涉税违法犯罪活动跨区域、智能化、网络化特征日趋明显，违法犯罪手法不断演变，方式更加隐蔽，税务机关运用传统的查账簿、查资金、查物流等手段往往难以查清事实真相。但无论不法分子的手段多么隐蔽，其违法过程一般都会在电子邮件、通话记录、短信微信等通讯中留下蛛丝马迹，这些信息是识别交易合同、发票凭证、资金记录等真假的关键。因此，赋予税务机关相应的通讯查询权是有效开展税务检查的重要保障。

（一）实际工作中存在的困难

现行法律尚未赋予税务机关通讯信息查询权。税务机关没有查询当事人通讯信息的权力，导致一些案件缺乏证据支撑，特别是在“假企业、假申报、假出口”案件查办中，不法分子往往通过假项目、假账簿、假合同、假货物、假资金相配套的方式，混淆是非、掩人耳目，税务机关如果证据不足而缺乏“证伪”能力，往往难以还原案件事实，难以保障税法权威与公平公正。

（二）国内外比较借鉴

国外方面，德国税务机关经批准，可以跟踪、电话监听、监视居住涉嫌犯罪人等。日本税务稽查人员经申请检察官签发许可令，可以对被查对象的邮件、通讯实施监听和检阅。美国国内收入局犯罪调查局同时拥有行政检查权和刑事调查权，在涉税犯罪等调查中，可以使用跟踪、监听、监控等秘密调查技术。

国内方面，证券法规定证券监管部门有权查阅、复制与被调查事件有关的通讯记录等资料。

（三）有关意见建议

一是修订税收征管法等法律法规，赋予税务机关必要的通讯查询权。明确税务机关经批准，有权查询被查对象的手机短信、电子邮件、即时通信等网络应用服务的通讯信息，相关运营主体应当依法配合并提供。

二是在尚不具备通讯查询权之前，可采取部门协助的方式予以补充。在现有法律未赋予税务机关通讯查询权的情况下，经国务院出台行政法规或授权，税务机关可根据案件查办需要，在符合一定条件并履行严格审批程序的前提下，由公安机关及其他机关协助获取当事人的涉税通讯信息。

五、税收保全和强制措施

涉税案件查办过程中，税收保全、强制执行和阻止纳税人出境等措施是保障案件查办和执行的必要手段，其实质是将涉案的人、财、物通过强制手段予以控制，防止当事人转移财产、逃避检查和税款执行，是税务机关阻断违法行为、保护国家税收权益的重要保障措施。现行税收征管法在这方面对税务机关有一定的授权，但落后于实践需要，有待进一步完善。

（一）现行法律法规规定

税收征管法及其实施细则规定：从事生产、经营的纳税人有逃避纳税义务行为的，税务机关可以在规定的纳税期之前，责令限期缴纳应纳税款；在限期内发现纳税人有明显的转移、隐匿其应纳税的商品、货物以及其他财产或者应纳税的收入的迹象的，税务机关可以责成纳税人提供纳税担保。如果纳税人不能提供纳税担保，经县以上税务局（分局）局长批准，税务机关可以采取税收保全措施。[①] 从事生产、经营的纳税人、扣缴义务人未按照规定的期限缴纳或者解缴税款，纳税担保人未按照规定的期限缴纳所担保的税款，由税务机关责令限期缴纳，逾期仍未缴纳的，经县以上税务局（分局）局长批准，税务机关可以采取强制执行措施。[②]

同时规定，税务机关对从事生产、经营的纳税人以前纳税期的纳税情况依法进行税务检查时，发现纳税人有逃避纳税义务行为，并有明显的转移、隐匿其应纳税的商品、货物以及其他财产或者应纳税的收入的迹象的，可以按照规定的批准权限采取税收保全措施或者强制执行措施。

其中，税收保全措施包括：冻结纳税人开户银行或者其他金融机构的金额相当于应纳税款的存款，扣押、查封纳税人的价值相当于应纳税款的

---

① 《税收征收管理法》第 38 条第 1 款规定："税务机关有根据认为从事生产、经营的纳税人有逃避纳税义务行为的，可以在规定的纳税期之前，责令限期缴纳应纳税款；在限期内发现纳税人有明显的转移、隐匿其应纳税的商品、货物以及其他财产或者应纳税的收入的迹象的，税务机关可以责成纳税人提供纳税担保。如果纳税人不能提供纳税担保，经县以上税务局（分局）局长批准，税务机关可以采取下列税收保全措施：

（一）书面通知纳税人开户银行或者其他金融机构冻结纳税人的金额相当于应纳税款的存款；

（二）扣押、查封纳税人的价值相当于应纳税款的商品、货物或者其他财产。"

② 《税收征收管理法》第 40 条第 1 款规定："从事生产、经营的纳税人、扣缴义务人未按照规定的期限缴纳或者解缴税款，纳税担保人未按照规定的期限缴纳所担保的税款，由税务机关责令限期缴纳，逾期仍未缴纳的，经县以上税务局（分局）局长批准，税务机关可以采取下列强制执行措施：

（一）书面通知其开户银行或者其他金融机构从其存款中扣缴税款；

（二）扣押、查封、依法拍卖或者变卖其价值相当于应纳税款的商品、货物或者其他财产，以拍卖或者变卖所得抵缴税款。"

商品、货物或者其他财产。强制执行措施包括：从纳税人开户银行或者其他金融机构冻结的存款中扣缴税款；依法拍卖或者变卖所扣押、查封的商品、货物或者其他财产，以拍卖或者变卖所得抵缴税款。

阻止出境方面，税收征管法及其实施细则规定：欠缴税款的纳税人或者他的法定代表人未结清税款、滞纳金，又不提供担保的，税务机关可以通知出入境管理机关阻止其出境。[①]

（二）实际工作中存在的困难

一是税收保全实施对象和范围过窄，难以满足办案需要。实施对象方面，税务机关仅能对从事生产经营的纳税人采取保全措施，对非生产经营纳税人（如自然人）和纳税人的财产关联人无权实施。近年来，随着税制改革不断深化，以所得和财产为课征对象的直接税比重上升，自然人纳税人数量越来越多，对自然人及其财产关联人相关财产实施税收保全措施的缺失，直接影响此类案件查办。实施范围方面，税收保全的范围仅限于纳税人开户银行或者其他金融机构的存款，不包括理财、基金等其他金融产品或第三方支付平台中的款项。

二是强制执行实施对象过窄且有关法律衔接不畅，影响执行效果。税务机关仅能对从事生产经营的纳税人、扣缴义务人、纳税担保人采取强制执行，对自然人和纳税人的财产关联人无强制执行权，影响了案件执行效率。同时，税法与相关法律衔接不畅，部分强制执行措施难以落实。比如，税收征管法规定，税务机关有权拍卖、变卖不动产，并以拍卖或者变卖所得抵缴税款。有关法律法规规定，办理房屋产权变更登记时，除因人民法院、仲裁委员会的生效法律文书取得房屋权利的可单方变更登记外，

① 《税收征收管理法》第 44 条规定："欠缴税款的纳税人或者他的法定代表人需要出境的，应当在出境前向税务机关结清应纳税款、滞纳金或者提供担保。未结清税款、滞纳金，又不提供担保的，税务机关可以通知出境管理机关阻止其出境。"

其他情况需原产权人和现产权人同时到场办理。[①] 据此，税务机关拍卖、变卖不动产办理过户登记时，需原产权人配合才能办理。但实践中，原产权人（被执行人）往往不配合办理过户，导致强制执行无法实施。

三是阻止出境的适用对象和情形规定过窄，难以制止涉案人员出境。案件查办中，法定代表人、财务负责人是核心涉案人员，一旦出境可能导致案件查办工作停滞。但按照现行法律规定，税务机关仅能在纳税人已经形成欠税且不提供担保的情况下，阻止其法定代表人出境，不能对正在接受检查的被查对象及其关联人阻止出境。

（三）有关意见建议

通过修改税收征管法及其实施细则，进一步完善相关规定。

1. 进一步完善税收保全措施

一是扩大适用对象。赋予税务机关对自然人和对有证据证明被查对象将涉案收入转移至其名下的关联人员，可采取税收保全措施。二是扩大适用范围，明确税务机关对需要采取税收保全措施的纳税人，有权书面通知相关部门冻结其金额相当于应纳税额的存款、汇款、股权、股票、债券、基金、理财等金融性财产。

2. 进一步完善强制执行措施

一是增加对自然人的强制执行权，明确税务机关可对自然人的财产强制执行。二是完善税收法律与相关法律的衔接，明确税务机关拍卖、变卖的房产，相关管理部门可依据税务强制执行文书办理过户手续。

3. 扩大阻止出境的适用情形和对象

一是增加阻止出境措施适用情形，税务机关在案件检查过程中，发现

① 《不动产登记暂行条例》第 14 条规定："因买卖、设定抵押权等申请不动产登记的，应当由当事人双方共同申请。属于下列情形之一的，可以由当事人单方申请：……（三）人民法院、仲裁委员会生效的法律文书或者人民政府生效的决定等设立、变更、转让、消灭不动产权利的……"

被查对象出境可能对税务检查产生较大影响的，经履行严格的审批程序，可以涉嫌逃税、虚开、骗税等名义采取阻止出境措施。二是拓展阻止出境适用对象，除被查对象及其法定代表人外，把企业的主要负责人、实际控制人、财务人员以及其他不宜出境的关联人员纳入阻止出境对象范围。

六、第三方机构协助义务

纳税人参与经济社会活动，是不同行政主管部门服务、管理和监督的对象。各个行政管理部门在服务和监管过程中都掌握一些管理对象的信息，这些信息都可能是税务检查的重要证据资料。同时，随着经济社会的发展，市场中介组织、电商等第三方平台机构也承担着对市场主体的服务和管理职能，掌握着大量的纳税人信息，这也是税务检查的重要证据来源。因此，有效开展税务检查离不开相关行政管理部门和有关机构的配合协助。但目前，在有关部门和第三方机构配合税务检查方面，存在法律规定不明确、配合效率较低等问题，影响税务检查有效开展。

（一）现行法律规范规定

《税收征管法》第57条规定，税务机关依法进行税务检查时，有权向有关单位和个人调查纳税人、扣缴义务人和其他当事人与纳税或者代扣代缴、代收代缴税款有关的情况，有关单位和个人有义务向税务机关如实提供有关资料及证明材料。税务机关到车站、码头、机场、邮政企业及其分支机构检查纳税人有关情况时，有关单位拒绝的，税务机关可以处最高5万元的罚款。①

---

①《税收征收管理法实施细则》第95条规定："税务机关依照税收征管法第五十四条第（五）项的规定，到车站、码头、机场、邮政企业及其分支机构检查纳税人有关情况时，有关单位拒绝的，由税务机关责令改正，可以处1万元以下的罚款；情节严重的，处1万元以上5万元以下的罚款。"

(二)实际工作中存在的困难

一是部门协助缺乏明确规定，影响案件查办质效。税务执法往往需要查询被查对象的有价证券、股权、不动产、车辆等涉税财产，因无明确的法律规定，执法中一般通过个案沟通的方式与有关行政管理部门进行协调，影响整体办案质效。

二是法律义务及法律责任规定不明确，导致第三方市场主体配合度较低。现行法律仅原则性规定税务机关进行检查时，有关单位和个人有义务如实提供有关资料及证明材料，但“有关单位和个人”的概念和范围不明确，实践中存在不同理解。同时，现行法律规定有关单位和个人有义务向税务机关如实提供材料，但没有规定具体操作程序。同时，第三方市场主体法律责任不明确。税收征管法仅对银行、车站、码头、机场、邮政企业等单位拒绝履行税务执法配合义务规定了罚则，对涉税交易第三方平台等机构不配合的情形缺乏相应罚则，导致实践中其配合度普遍不高。

三是获取互联网平台涉税信息的机制不通畅，阻碍案件查办进度。税收征管法及其实施细则中尚未明确电子商务平台向税务部门报送平台内经营者涉税信息的相关规定和要求，导致信息报送和共享机制尚未建立健全。

(三)国内外比较借鉴

国外方面，俄罗斯税务机关有权传唤熟悉涉税情况的任何个人提供证言。韩国税务机关有权要求行政机关或团体提供课税资料，并且对课税资料范围及提交时间、流程等均有明确规定。

国内方面，多地以省、市政府名义制发了“税收保障办法”，从地方性法规层面对第三方的协助义务进行了明确规定，规定包括公安、工商、人行、国土、城建、房管、民政等政府相关部门在内的涉税信息享有者，需向税务机关及时准确提供涉税信息，对于推动涉税案件的顺利查办有一定帮助。

（四）有关意见建议

一是制定专门法律法规，强化税务执法行政协助。出台关于税务行政协助的行政法规，或授权税务总局会同相关部门制定部门联合规章，明确相关部门的税收协助义务，规范税收协助的适用范围和标准等。

二是明确相关法律规定，强化第三方市场主体的配合义务。在税收征管法中进一步明确“有关单位和个人”的具体概念和范围；明确第三方市场主体不配合提供相关资料的法律责任，比如处以罚款、纳入企业和个人信用记录、调整纳税信用级别、实施联合惩戒等。

三是畅通电子商务平台的信息提供机制。在税收征管法及其实施细则中明确电子商务平台向税务机关提供平台内经营者信息资料的方式、周期、内容、格式等具体规定，并明确拒不提供的法律责任。

海南离岛免税“套代购”走私犯罪案件的几个法律适用问题

蔺 剑 周国良 冯向海 闵家鹏*

一、海南自由贸易港建设背景下离岛旅客免税购物政策实施的基本情况

在海南建设自由贸易港（以下简称自贸港），是党中央着眼于国内国际两个大局，为推动中国特色社会主义创新发展作出的一个重要战略决策，是我国新时代改革开放进程中的一件大事。而海南离岛旅客免税购物政策，则是中央支持海南自贸港建设的一项特殊优惠政策，旨在推动海南成为国际旅游消费中心，促进海南自贸港的高质量发展。2011 年 3 月，财政部发布《关于开展海南离岛旅客免税购物政策试点的公告》，自 2011 年 4 月 20 日起执行。海南成为继日本冲绳岛、韩国济州岛和我国的马祖、金门之后，世界上第四个实施离岛旅客免税购物政策的区域。2020 年 6 月 1 日，《海南自由贸易港建设总体方案》印发，有关的制度设计可以概括为“五自由一有序流动”：贸易自由便利、投资自由便利、跨境资金流动自由便利、人员进出自由便利、运输来往自由便利、数据安全有序流动。其中，“对货物贸易，实行以‘零关税’为基本特征的自由化便利化制度安排”是其核心制度安排，“一线放开、二线管住、岛内自由”的政策制度设计是

---

* 蔺剑，海关总署缉私局法制一处处长；周国良，海关总署缉私局法制一处副处长；冯向海，福州海关缉私局警官；闵家鹏，深圳海关缉私局警官。

“在实现有效监管的前提下，建设全岛封关运作的海关监管特殊区域”的核心内容。目前，离岛免税新政、“零关税”三张清单以及“一线”放开、“二线”管住的进出口管理制度等已陆续落地。

根据财政部、海关总署、税务总局等国家主管部门发布的有关公告的规定，海南离岛旅客免税购物政策（以下简称离岛免税政策）是指对乘飞机、火车、轮船离岛（不包括离境）旅客实行限值、限量、限品种免进口税购物，在实施离岛免税政策的免税商店（以下简称离岛免税店）内或经批准的网上销售窗口付款，在机场、火车站、港口码头指定区域提货离岛的税收优惠政策。离岛免税政策是中央支持海南自贸港建设的一项特殊优惠政策，离岛免税政策的实质是通过对首饰、工艺品、手表、手机、香水、化妆品、笔、眼镜等45个紧俏商品品种的个人消费品予以税款免除，直接让利消费者，以实现鼓励公民赴岛旅游、通过税收优惠来促进带动海南当地旅游业和整体经济发展的目的。

近年来，离岛免税政策经过数次调整，离岛商品范围不断扩大，离岛免税店逐步增多，免税额度目前已增至每年每人10万元人民币，且不限次数。在免税商品提货方面，也增加了邮寄送达、返岛提离等更加便捷的方式。随着政策效应不断放大，离岛免税已成为海南自贸港建设的一块“金色招牌”，为海南国际旅游消费中心建设奠定了良好基础。特别是自2020年7月1日财政部、海关总署、税务总局《关于海南离岛旅客免税购物政策的公告》实施以来，国内离岛免税消费不断被激发，政策红利持续释放，离岛免税销售额累计突破1100亿元，既有力助推了海南经济发展，也为国家的改革探索提供了新的生动实践。

同时，正是因为有了离岛免税政策对诸多商品的免税让利，客观上也导致岛内和内陆同类商品产生了较大幅度的差价，部分不法分子受利益驱动，为赚取差价铤而走险，组织“水客”专门从事针对离岛免税商品的走私活动。2020年初至2022年底新冠疫情管控期间，因传统的港澳水客通道一度阻塞，海南离岛免税品走私一定程度上成为港澳走私渠道的替代通路，走私规模明显扩大。2022年后，因利润空间仍然存在，且伴随自贸港建设的逐步推进，离岛免税品走私的通关成本进一步下降，走私方式更加多样，相关走私仍可能保持强劲势头，不仅严重冲击自贸港的经济管理秩序，也必然会对国家海南自贸港宏观政策的顺利落地实施产生不利影响。

二、打击海南离岛免税“套代购”走私犯罪简况和当前走私态势

离岛免税政策作为分步骤分阶段推进海南自贸港建设的早期收获，具有重要的探索和实践意义。海南离岛免税购物政策施行后，基于多方面原因，利用离岛免税政策通过“套代购”（利用离岛旅客年度购买免税商品配额违法套购或者代购免税商品后进行二次销售）走私免税商品活动一度呈现多发频发态势，严重影响“一线放开、二线管住”贸易自由便利制度的稳步推进，也直接损害海南自贸港的健康发展。针对这种情况，海关缉私部门坚决执行党中央战略决策，统筹发展与安全，始终坚持“管得住，才能放得开”，将抓早抓小抓苗头与“破大案、打团伙、摧网络”相结合，着力防范系统性风险，组织开展了多轮次打击专项行动，确保党中央、国务院赋予海南的重大开放政策落实到位，全力支持海南自贸港高质量发展。

（一）打击海南离岛免税“套代购”走私犯罪简况

近几年来，全国海关缉私部门开展多轮次打击离岛免税“套代购”走私专项行动，其中2021年立案侦办海南离岛免税“套代购”走私犯罪案件133起，案值5.04亿元、涉税7999.9万元；2022年刑事立案285起，案值8.7亿元，涉嫌偷逃税款1.4亿元。尽管离岛免税“套代购”走私犯罪案件体量总体不算特别巨大，但数量增长较快，且“套代购”走私已呈现出明显的扩散趋势，逐渐从海南、广东两省蔓延到诸多内陆地区。据统计，截至2022年底，全国已有28个直属海关缉私局立案侦办过此类案件。

（二）当前海南离岛免税“套代购”走私态势

随着离岛免税政策的逐步扩展，打击“套代购”走私工作的不断深入，当前利用离岛免税政策进行走私的态势呈现出以下特点：一是离岛免税“套代购”走私将持续存在，且有规模扩大的可能。从2022年的情况看，尽管离岛免税消费因新冠疫情受到较大影响，但全年提离免税品仍达4944万件，购物金额349亿元，购物人数422万人次。疫情防控政策调整后，前往海南旅游人数迅速回升，整体来看，潜在从事离岛免税走私的人员群体范围将不断扩大，走私成本则进一步下降。在此情况下，受利益驱动，离岛免税“套代购”走私活动必然会持续存在，且不能排除规模进一步扩大的可能。二是离岛免税“套代购”走私的手法不断演化升级。“套代购”走私模式主要分为两种：一种是组织利用他人离岛免税购物资格和额度分散购买免税商品后再次销售牟利的，即“套购”；另一种是走私人以转售牟利为目的，利用自身免税额度购买免税商品后销售的，即“代购”。基于反侦查等因素，目前上述走私模式在手法上逐渐发展，演化升级，在资金支付等方面呈现出一些新的特点，增大了缉私部门查证走私犯罪事实的难度。三是受免税政策调整的影响，走私渠道方面也在发生一定的变化。当前，传统的海港渠道因其走私成本较低，具有突出的便利性，依旧是走私分子首选的主要渠道。而根据政策调整新增的邮寄送达、“担保即提”和“即购即提”等提货方式，又增加了多渠道走私的风险。可以预测，2025年海南自贸港全面封关和“零关税”配套政策完全落地运行后，反走私工作将面临更大挑战，遏制重大走私将成为事关海南自贸港建设成败的关键因素之一。

三、离岛免税“套代购”走私犯罪案件中的主要法律适用问题

经梳理近年来海关缉私部门办理离岛免税“套代购”案件情况，我们认为，为准确适用法律，统一执法标准，司法机关在此类案件的处理中需

要重点关注“套代购”走私犯罪行为定性、走私货物成交价格认定以及宽严相济刑事政策把握等几个方面的问题。

（一）离岛免税“套代购”走私犯罪行为定性问题

经全面调研总结离岛免税“套代购”走私实际情况，最高人民法院、最高人民检察院、海关总署于2022年联合制发了《关于办理利用海南离岛旅客免税购物政策走私刑事案件有关问题的指导意见》（法〔2022〕192号，以下简称192号文），其中关于“利用离岛免税政策走私行为”的定性问题规定，违反海关监管规定，组织利用他人离岛免税购物资格和额度分散购买离岛免税商品后再次销售牟利的，或转售为目的，利用自身免税额度购买免税商品后销售的，或明知他人利用离岛免税政策走私免税商品仍直接向其收购，数额较大的，均可以以走私普通货物罪定罪处罚。

另根据2020年7月1日实施的财政部、海关总署、税务总局《关于海南离岛旅客免税购物政策的公告》第6条之规定，已经购买的离岛免税商品属于消费者个人使用的最终商品，不得进入国内市场再次销售。因此，对于旅客利用自身免税额度购买免税品，未经海关许可并且未缴纳应纳税款，离岛后擅自销售离岛免税品的，也可以构成走私。

以上规定在对“套代购”走私犯罪行为的认定上，主要明确了“组织他人利用配额套购”“以牟利转售为目的进行代购”和“明知走私而直接收购”等几种行为模式。从近几年办案实践情况看，对于符合上述几种模式的行为定性为走私基本没有争议，这几类走私行为也是海关缉私部门实际执法中重点打击的对象。

需要注意的是，除上述几种行为模式外，实践中也确实存在着“套购”货主不销售牟利，“代购”旅客不向实际货主收取代购费等报酬的少数特殊情况。与此有关，192号文中也有“对于普通消费者利用离岛免税政策委托他人代购商品自用的，不作为犯罪处理”的规定。例如，海口海关缉私局查发的杨某远涉嫌“套购”离岛免税品线索中，杨某远为采购公司年会员工奖品，委托前往海南旅游的朋友张某及张某同学等七人，共采购苹果手机32部，过程中张某及其同学仅系帮忙，均未收取任何报酬。又如，在王某康涉嫌“套购”离岛免税品案中，王某康得知其同学的妻弟前往海口旅游，委托该夫妻二人购买苹果手机8部，其中1部手机为妻子自用，其余7部原价交由王某康，并未收取任何报酬和差价，王某康表示该7部手机为其自用和亲属使用。对于此类行为是否应以“套代购”走私追究其法律责任？我们认为，鉴于行为人并无牟利目的，主观恶性小，为亲友少量带货“情有可原”，涉及货值和税款金额往往也不大，对海南离岛免税政策整体上不会造成大的冲击，根据刑法谦抑性的原则，依照192号文的前述例外出罪的有关规定，以不作为走私犯罪处理更为妥当。

（二）海南离岛免税“套代购”走私成交价格认定问题

1. 成交价格应为免税商店进货价格还是免税商店的零售价格？

在侦办海南离岛免税“套代购”走私案件中，在确定走私货物的成交价格方面，是以免税商品进货价格即免税店向海关申报进口价格，还是以免税商店的零售价格作为货物的成交价格，实践中有两种观点：

第一种观点主张以免税商品进口时向海关申报的进口价格作为成交价格。理由主要是，免税商店零售价格包含了免税店的利润、仓储、人工等成本，上述费用不应计入进口商品的价格之中。

第二种观点主张以免税商店的零售价格作为货物的成交价格。其理由：一是“套代购”走私是非法行为，其本质在于将本应以一般贸易进口的货物利用海南离岛免税购物政策走私入境，因此，走私人向离岛免税商店购买的价格（免税商店的零售价格）即为涉嫌走私货物的成交价格。二是进口货物的完税价格以该货物发生实际进口时的成交价格为基础审查确定。离岛免税商品在出售给走私人之前，仍处在海关的保税监管状态之下，并未完成实际的货物进口，“套代购”走私分子向免税商店购买并提货离岛，才是真正实现免税商品的进口，因此，应当以免税商店的零售价格作为有关商品的成交价格。三是海关总署 2020 年 7 月发布的《中华人民共和国海关对海南离岛旅客免税购物监管办法》第 8 条规定："旅客购物时不使用年度免税购物额度或者超出限量购买的，海关以离岛免税商店商品零售价格作为完税价格计征税款。"参照这一规定，在侦办离岛免税"套代购"走私案件中，以免税商店零售价格作为基础确定完税价格较为妥当。

在此问题上，我们同意第二种观点。主要理由是，行为人利用海南离岛免税购物政策进行"套代购"的过程，才是涉案商品实际发生和完成进口的过程，在此之前离岛免税店所代售的免税商品仍处于海关保税监管的状态之下，因此，离岛免税商品的实际进口成交价格就应是免税商店的零售价格。在此方面，2022 年 7 月海关总署缉私局在对某直属海关缉私局关于"套代购"案件完税价格确定问题的批复中，明确答复可参照《中华人民共和国海关对海南离岛旅客免税购物监管办法》第 8 条的有关规定，以离岛免税商店零售价格为基础确定完税价格，计核偷逃税款。据了解，近几年的执法实践中，海关缉私部门统一坚持这种完税价格认定做法，也得到了各地检法机关的广泛认可。

2. 折扣、积分及优惠券等优惠金额是否应计入成交价格？

"套代购"走私行为人购买免税品过程中，时常发生免税店对离岛商品打折销售，也有使用消费积分或优惠券冲抵支付金额的情况。如南京海关缉私局侦办的一起"套代购"走私犯罪案件中，犯罪嫌疑人购买免税商品过程中，原本总价为 395 元，离岛免税店折扣优惠 118.5 元，积分抵扣 215 元，使用优惠券 50 元，犯罪嫌疑人实际仅支付 11.5 元。其中折扣优惠系免税店优惠政策，基本每单都有；积分抵扣中的积分则来自旅客购物返点（如每购物 1 万元返点 333 积分，1 积分可抵用人民币 1 元），犯罪嫌疑人自主决定是否使用积分抵扣。此外，离岛免税商店也会根据促销活动不定期发放消费抵用券，金额为 50 元至 200 元不等，消费券可在实际支付时抵用。对于折扣优惠和积分、消费券等优惠金额是否应计入完税价格，存在不同观点。

一种观点认为，走私人向免税商品购买免税品时享受折扣、使用积分及消费券抵用支付后的支付价格为购买商品的实际成交价，折扣金额以及积分、消费券抵扣金额均应当进行扣除。

另一种观点则认为，商品直接打折的折扣金额应予以扣除，但积分抵扣、优惠券支付金额不予抵扣。主要理由：一是离岛免税商店给予销售商品一次性直接折扣系针对所有消费者的自主调价行为，应当予以扣除，以折扣后的零售价格作为计税价格；而积分抵扣、优惠券支付不同于折扣，不是对商品销售价格的调整，只是用积分和优惠券对一部分价款进行冲抵，商品的实际销售价格并未发生变化。二是根据《中华人民共和国海关审定进出口货物完税价格办法》第 7 条之规定，进口货物的成交价格，是指卖方向中华人民共和国境内销售该货物时买方为进口该货物向卖方实付、应付的，并且按照该办法第二章第三节的规定调整后的价款总额，包括直接支付的价款和间接支付的价款。在非折扣而是使用积分、优惠券等冲抵部分价款的情况下，积分和消费券的作用就相当于现金，行为人实付、应付的金额并未减少。因此，对于使用积分、优惠券等形式抵用的优惠金额，应当计入成交价格。

我们同意第二种观点。“套代购”走私行为人购买免税品过程中，对于免税店商家普遍性的打折金额，与其他正常合法购买人享受同样的优惠，折扣后的销售价格即为相关商品的实际销售价格，应以折扣后的价格为基础确定完税价格。对于积分、优惠券形式抵用的优惠金额，并不属于商品价格上的普遍性优惠，并非商品的降价，积分、优惠券本质上就是行为人自己所有的资金，相当于现金。因此，对于使用积分、优惠券等形式抵用的优惠金额，不应在计税价格中予以扣除。

从执法实践情况看，针对免税店商品折扣和积分、优惠券抵用金额是否从成交价格中予以扣除的问题，海关总署缉私局曾在给基层缉私办案单位的批复中按照上述第二种意见作出明确答复，相关观点在案件后续诉讼中也得到了检法机关的认可。据掌握，近几年来各地“套代购”走私犯罪案件在成交价格的认定上也较为一致地采取了这种意见。从客观效果看，按此来认定成交价格，也能够更为有力地对“套代购”走私犯罪行为予以打击。

（三）“套代购”走私犯罪案件中宽严相济刑事政策应用问题

离岛免税“套代购”走私系伴随国家离岛免税政策的实施而产生的一种新的走私犯罪类型，有着较为特殊的政策背景，且相关政策随着海南自贸港建设的整体推进还在不断调整变化之中。基于这种情况，我们认为，一方面，为保障海南自贸港高质量发展，确有必要对主观恶性大、走私规模大的“套代购”走私团伙予以严厉打击，突出重点“打团伙、破大案、抓幕后”，坚决遏制走私高发态势；另一方面，也要注意结合相关案件的具体情况，针对不同情节的犯罪嫌疑人，合理适用宽严相济刑事政策，对犯罪情节较为轻微，认罪认罚、积极退赃退缴以及偶犯、初犯的犯罪嫌疑人，综合考量其犯罪事实，合理慎用强制措施和侦查措施，并在起诉、量刑等方面予以从宽处理。

具体而言，对利用离岛免税政策实施的走私行为，应当在查明偷逃税额的基础上，综合考虑行为人在走私活动中的实际地位、所起作用、参与次数、涉案金额、获利情况等，确定主从犯和决定是否实际追究刑事责任。对走私的组织、策划、指挥者、为主出资者、主要获利者，一般应认定为主犯。对为获取少量报酬或者仅领取工资，听从雇主指挥、安排实施特定环节行为的参与者，一般可以认定为从犯，依法从轻、减轻或者免除处罚。减轻、免除处罚的，可根据情节适当减轻或者免除罚金刑。另外，实施走私离岛免税商品犯罪，认罪认罚，主动退赃退缴违法所得、预缴罚金的，一般应当从宽处理。

以海口海关缉私局侦办的周某等人走私普通货物案为例。周某、曾某旺、姜某水、姜某娟等四人合谋利用他人免税资格和额度套购特定免税进口的货物，刘某育专门为上述四人招募海南离岛人员实施套购。在主从犯的认定上，周某为主要的犯意发起者、组织者和指挥者，且其负责直接对接联系国内货主，其他人分工配合，故周某被认定为主犯，其他人认定为从犯。最终其他四人判处缓刑，周某则判处实刑。

又如海口海关缉私局侦办的另一起李某立、李某玲走私普通货物案中，李某立和李某玲夫妻二人为谋取非法利益，套购海南离岛免税品贩卖牟利，其中李某立负责组织在海南购买免税品，李某玲负责在深圳明通市场进行销售。在校大学生陈某阳、刘某国明知二李从事套代购走私活动，为谋取不法利益，仍然提供自己的免税额度并为二李联系离岛旅客利用其额度帮助走私。检察机关基于刘某国、陈某阳犯罪数额只在20万元左右，且具有自首、从犯情节以及认罪悔罪和主动上缴违法所得等情节，并考虑两人均系在校大学生，涉世不深走上犯罪道路，应予教育挽救，经向两人所在学校了解其在校期间的表现情况，依法对两人作出相对不起诉处理决定。本案中，在李某立取保候审期间，二李仍在组织水客套购免税商品，情节恶劣，法院最终判处主犯李某立有期徒刑4年。同时，因二李系夫妻关系，共同抚养着1名幼儿，结合李某玲的地位角色、认罪态度和悔罪表现，最终仅对李某玲判处有期徒刑3年，缓刑4年，未判处实刑。

四、结语

建设海南自贸港是中央擘画的一个具有战略性意义的重大事项，离岛免税政策是对自贸港建设的一个有力支撑措施。随着自贸港建设的加速推进和相关政策的不断调整，可以预见，利用离岛免税政策“搭便车”实施的走私活动还将在一段时间内存在甚至活跃，走私的形式和具体手法会变换翻新，打击走私过程中也会不断遇到新的问题。为有力保障海南自贸港建设规划的顺利实施，缉私执法部门和检法机关有必要紧密关注离岛免税“套代购”等走私犯罪活动，加强调研，对办案中遇到的法律适用问题及时研究会商，在对“套代购”走私犯罪活动始终保持高压打击态势的同时，保证一线执法中准确适用法律，合理把握刑事司法政策，以更好地实现执法司法政治效果、法律效果和社会效果的统一，有力保障海南自贸港建设的平稳推进。

附：相关规定

1. 最高人民法院、最高人民检察院、海关总署《关于办理利用海南离岛旅客免税购物政策走私刑事案件有关问题的指导意见》（法〔2022〕192 号）

2. 海关总署《关于依法严厉打击海南离岛免税“套代购”走私违规行为的指导意见》（署法发〔2021〕56 号）

3.《海南自由贸易港建设总体方案》（2021 年 6 月 1 日中共中央、国务院印发）

4. 财政部、海关总署、税务总局《关于海南离岛旅客免税购物政策的公告》（财政部、海关总署、税务总局公告 2020 年第 33 号）

5.《中华人民共和国海关对海南离岛旅客免税购物监管办法》（海关总署公告 2020 年第 79 号）

Gongsi Qiye He Shichang Zhixu Yewu

公司企业和市场秩序业务

民营企业涉经济犯罪司法大数据分析报告（2022.1—2022.11）

全国工商联法律服务部　中国司法大数据研究院

一、研究思路

（一）研究背景

近年来，对于民营企业面临的困难，监管部门多措并举，打出一套助企纾困组合拳，金融服务取得明显改善，融资覆盖面稳步扩大、融资可得性持续提高、产品服务积极创新、融资成本也在稳步下降。2022年前三季度，新发放民营企业贷款年化利率同比下降0.64个百分点。

党的二十大报告强调，构建高水平社会主义市场经济体制，坚持和完善社会主义基本经济制度，毫不动摇巩固和发展公有制经济，毫不动摇鼓励、支持、引导非公有制经济发展，充分发挥市场在资源配置中的决定性作用，更好发挥政府作用；优化民营企业发展环境，依法保护民营企业产权和企业家权益。同时，报告中首次明确提出“促进民营经济发展壮大”，重申“两个毫不动摇”，再次体现以习近平同志为核心的党中央对民营经济的高度重视和亲切关怀，让广大民营企业家备受鼓舞、信心满怀。民营经济在稳增长、改善民生、促进创新，特别是扎实推进共同富裕方面发挥了重大作用，已成为社会主义市场经济当中不可或缺的重要组成部分，完善中国特色现代企业制度，推进经济高质量发展，都离不开民营企业的发展。

为全面梳理和掌握民营企业经济犯罪涉诉案件情况，根据全国工商联的委托，中国司法大数据研究院依托人民法院大数据管理和服务平台，对 2022 年 1 月 1 日至 2022 年 11 月 30 日期间，全国各级人民法院一审新收及已结的民营企业涉经济犯罪案件情况进行了研究。本报告中主要对涉民营企业以及民营企业家①涉诉的情况进行了分析，排除了非企业家自然人案件和仅有非民营企业参与②的案件。

（二）统计口径

本报告统计全国各级人民法院一审新收和审结的涉民营企业经济犯罪相关案件（罪名见附表）。

二、涉民营企业经济犯罪案件情况

（一）涉民营企业经济犯罪案件总览

1. 涉民营企业经济犯罪案件共计 1945 件，占同期全国涉单位刑事案件的 5.47%

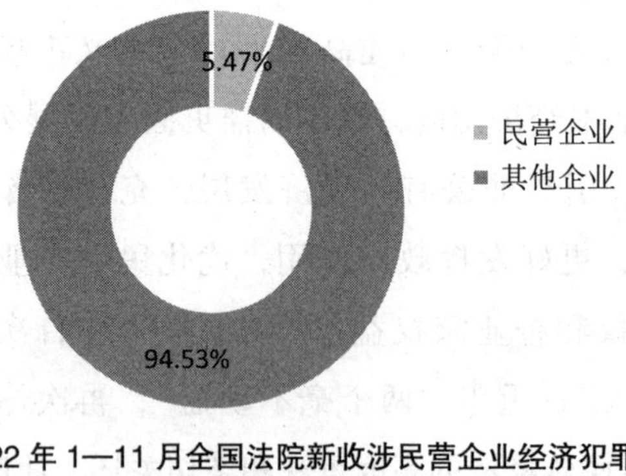

图 1　2022 年 1—11 月全国法院新收涉民营企业经济犯罪案件占比

---

① 本专题研究的企业家界定为：企业的（副）董事长、（副）总经理、实际控制人或实际经营人等高级管理层人员。

② 此处分别针对涉民营企业诉（排除涉诉双方都不是民营企业的案件）和民营企业家涉刑事（排除涉诉双方均不是民营企业高管的情形）。

2022 年 1—11 月全国法院新收涉民营企业经济犯罪案件共计 1945 件，占同期全国新收涉单位经济犯罪案件（3.56 万件）的 5.47%，占同期全国法院新收涉民营企业刑事案件（4256 件）的 45.70%。

2. 虚开增值税专用发票、用于骗取出口退税、抵扣税款发票罪案件占比最高，为 37.74%

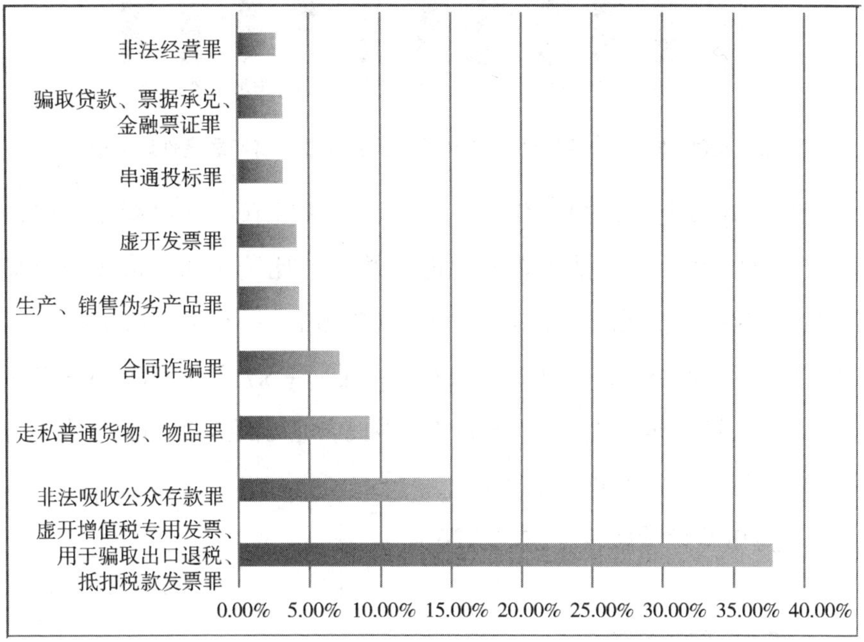

图 2　2022 年 1—11 月全国法院新收涉民营企业经济犯罪案件罪名前九

从罪名分布上看，2022 年 1—11 月全国法院新收涉民营企业经济犯罪案件（1945 件）中，虚开增值税专用发票、用于骗取出口退税、抵扣税款发票罪案件占比最高，为 37.74%。其他排名靠前的罪名及其占比分别为：非法吸收公众存款罪（14.86%），走私普通货物、物品罪（9.15%），合同诈骗罪（7.04%），生产、销售伪劣产品罪（4.16%），虚开发票罪（4.11%），串通投标罪（3.19%），骗取贷款、票据承兑、金融票证罪（3.03%），非法经营罪（2.67%）。

3. 江苏案件量占比最高

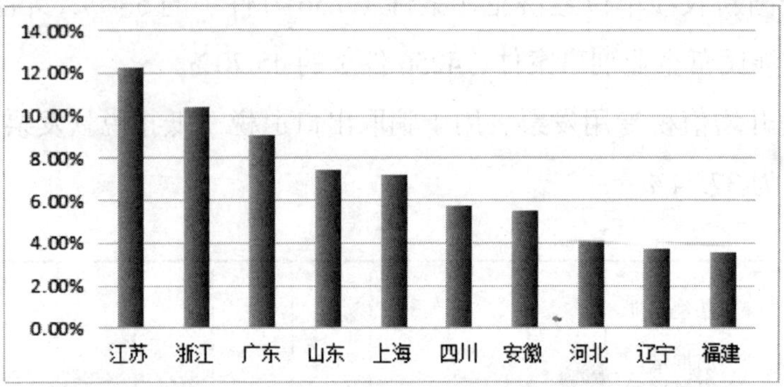

图 3　2022 年 1—11 月全国法院新收涉民营企业经济犯罪案件地区前十

从地区分布上看，2022 年 1—11 月全国法院新收涉民营企业经济犯罪案件（1945 件）中，排名靠前的地区及其占比分别为江苏（12.29%）、浙江（10.44%）、广东（9.05%）、山东（7.46%）、上海（7.20%）、四川（5.71%）、安徽（5.50%）、河北（4.11%）、辽宁（3.75%）、福建（3.55%）。粤、苏、沪、浙四地占比合计 38.98%，涉民营企业经济犯罪案件集中分布于东南部经济发展程度较高地区。

4. 上海市案件量居首，占比 7.20%

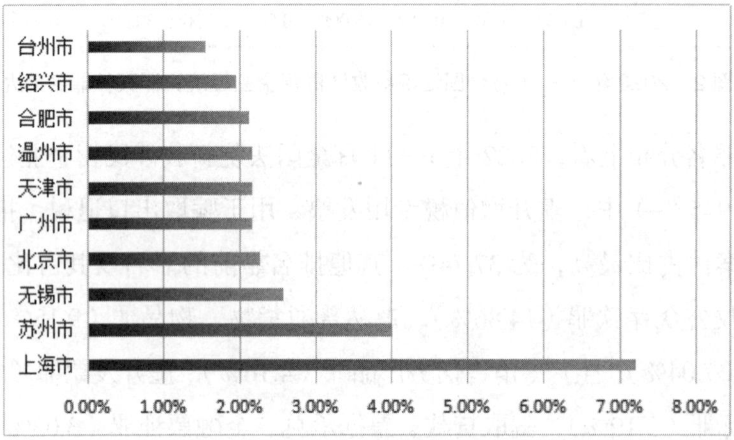

图 4　2022 年 1—11 月全国法院新收涉民营企业经济犯罪案件城市前十

从城市分布上看，2022 年 1—11 月全国法院新收涉民营企业经济犯罪案件（1945 件）中，除上海市占比居首（7.20%）以外，排名靠前的城市及其占比分别为苏州市（4.01%）、无锡市（2.57%）、北京市（2.26%）、广州市（2.16%）、天津市（2.16%）、温州市（2.16%）、合肥市（2.11%）、绍兴市（1.95%）、台州市（1.54%）。

5. 制造业占比 37.49%，位居首位

从行业分布上看，2022 年 1—11 月全国法院新收涉民营企业经济犯罪案件（1945 件）中，制造业涉案量居首，占比 37.49%；其余排名靠前的行业分别为：批发和零售业（11.61%），信息传输、计算机服务和软件业（9.80%），建筑业（9.20%），交通运输业（6.62%），采矿业（6.02%），房地产业（4.39%），农林牧渔业（3.87%），金融业（3.35%），电力、燃气及水的生产和供应业（2.49%），其他行业合计占比 5.16%。

6. 被告公司被判处罚金的占比 98.71%，平均罚金数额为 203.64 万元

从刑罚分布上看，2022 年 1—11 月全国法院新收涉民营企业经济犯罪案件的法人被告人中，被告公司被判处罚金的比例最高，占比 98.71%（平均罚金数额为 203.64 万元）；宣告无罪的占比 1.06%；免予刑事处罚的占比 0.15%；终止审理的占比 0.08%。

（二）虚开增值税专用发票、用于骗取出口退税、抵扣税款发票罪案件分析

1. 全国新收涉民营企业虚开增值税专用发票、用于骗取出口退税、抵扣税款发票罪案件共计 734 件，占同期全国此类案件的 26.80%

2022 年 1—11 月全国法院新收涉民营企业虚开增值税专用发票、用于骗取出口退税、抵扣税款发票罪案件共计 734 件，占同期全国此类案件（2739 件）的 26.80%。

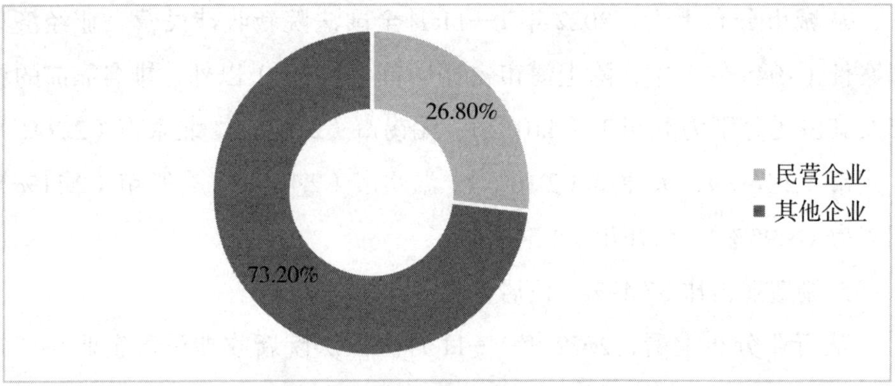

图5　2022年1—11月全国法院新收涉民营企业虚开增值税专用发票、用于骗取出口退税、抵扣税款发票罪案件占比

2. 案件多分布于江苏、浙江地区

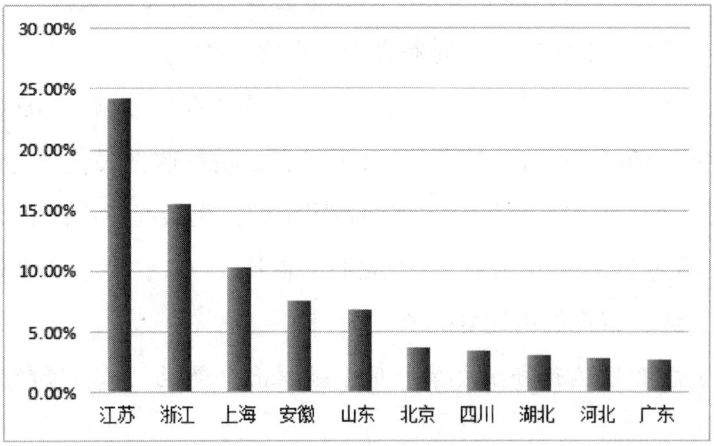

图6　2022年1—11月全国法院新收涉民营企业虚开增值税专用发票、用于骗取出口退税、抵扣税款发票罪案件地区前十

从地区分布上看，2022年1—11月全国法院新收涉民营企业虚开增值税专用发票、用于骗取出口退税、抵扣税款发票罪案件（734件）中，排名靠前的地区及其占比分别为江苏（24.25%）、浙江（15.53%）、上海（10.35%）、安徽（7.63%）、山东（6.81%）、北京（3.68%）、四川（3.41%）、湖北（3.13%）、河北（2.86%）、广东（2.72%）。

3. 上海市排名居首，占比 10.35%

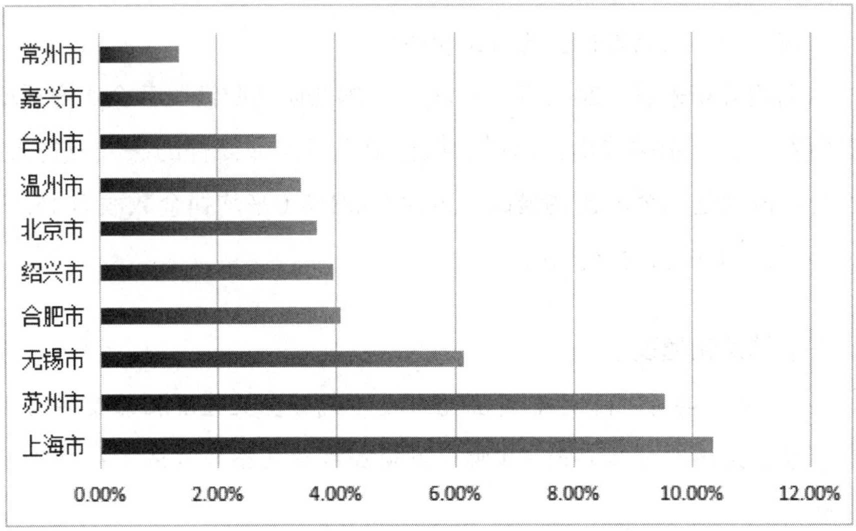

图 7　2022 年 1—11 月全国法院新收涉民营企业虚开增值税专用发票、用于骗取出口退税、抵扣税款发票罪案件城市前十

从城市分布上看，2022 年 1—11 月全国法院新收涉民营企业虚开增值税专用发票、用于骗取出口退税、抵扣税款发票罪案件（734 件）中，除上海市占比居首（10.35%）以外，其他排名靠前的城市及占比分别为苏州市（9.54%）、无锡市（6.13%）、合肥市（4.09%）、绍兴市（3.95%）、北京市（3.68%）、温州市（3.41%）、台州市（3.00%）、嘉兴市（1.91%）、常州市（1.36%）。

4. 主要涉制造业，占比 43.58%

从行业分布上看，2022 年 1—11 月全国法院新收涉民营企业虚开增值税专用发票、用于骗取出口退税、抵扣税款发票罪案件（734 件）中，制造业涉案量居首，占比 43.58%。其余排名靠前的行业分别为：批发和零售业（11.58%），信息传输、计算机服务和软件业（11.58%），采矿业（9.47%），交通运输业（8.42%），建筑业（5.68%），电力、燃气及水的生产和供应业（4.63%），农林牧渔业（1.68%），文化、体育和娱乐业（1.05%），金融业（0.84%）。其他行业涉案量合计占比1.47%。

5. 被告公司被判处罚金的占比99.81%

从刑罚分布来看，2022年1—11月全国法院新收涉民营企业虚开增值税专用发票、用于骗取出口退税、抵扣税款发票罪案件的法人被告人中，被告公司被判处罚金的比例最高，占比99.81%（平均罚金数额为15.73万元）；宣告无罪的占比0.19%。

三、结论和建议

（一）2022年1—11月全国法院新收涉民营企业经济犯罪案件占同期全国涉单位经济犯罪案件的5.47%，亟须加强民营企业经济诉讼风险预警与防控

民营经济在我国国民经济发展中占据着重要位置，随着市场经济的不断深入，我国民营企业的规模与数量都得到了大跨步发展。但随着时间的推移，很多民营企业的发展过程中却出现了一些经济问题，这些问题大多为经营运行风险与隐患，导致了很多民营企业的经济运行直接陷入经济犯罪。

要防范民营企业经济风险，就应建立民营企业经济风险防范机制。首先，政府要在工商、税务、银监等方面进行民营企业信息互联网互通发展，方法是由国家发改委、银保监会等方面牵头建立出有效的风险提示与预警监控体制，让民营企业的发展可以得到有效体制的监控，并及时对民营企业发展过程中可能会遇见的风险问题进行预警。

其次，引导大中型民营企业增强在风险防控方面的意识，让经营水平得到提升，同时在企业的内部建立全面的风险防范机制与危机处理预案。我国相关管理单位为了让民营经济建立的风险防范机制得到完善，促进非公有机制的整体发展，下发了一些指导性意见，让民营经济发展直接被纳

入国民经济发展与社会发展规划方案；加强非公有制方面的经济发展动态性监督，并采取及时向社会公示产业发展政策、发展规划、投资重点等方面的数据信息，让非公有制经济发展工作得到协调，并促进部分联席会议制度；让部门之间的合作得到有效规范，加强配合，促进非公有制经济发展的重要合力。统计部门之间要积极加强配合，逐渐形成促进民营经济可持续发展的合力。在指导意见中要抓紧出台具体措施，以及对应的配套办法，让民营经济发展过程中可能面临的风险得到提前布控。

最后，银保监会在民营经济发展中也占据着重要的位置，可以有效对民营企业的发展保驾护航，对民营企业发展中提供的服务进行规范，并在不断地实践经验中对中小民营企业的金融服务进行改善，让信贷资产结构得到优化。同时，银保监会还要提升金融方面监管工作的服务水平，有关部门也应与地方政府进行积极配合，营造中小民营企业贷款业务良好发展的环境。

（二）民营企业经济风险防控呈现地区差异，建议推进跨区域协作治理

从全国法院新收涉民营企业经济犯罪案件地区分布和城市分布可以看出，粤、苏、沪、浙四地占比合计 38.98%，涉民营企业经济犯罪案件集中分布于东南部经济发展程度较高地区，在民营企业经济风险防控方面具有较大的政策诉求。建议推进跨区域协作治理，在民营企业经济风险防控方面成绩较好的区域可以协助其他区域治理。

（三）建议聚焦制造业、批发和零售业、信息传输、计算机服务等重点领域，加强相关企业法律风险管理，助力民营制造业依法治企

制造业是传统优势产业的主力军，民营企业制造业具有抗波动、稳增长的重要战略价值。通过加强民营企业制造业法律风险管理，防范可能产生的各类法律风险，可以减少不必要的经营性损失与商誉损失。各方应树立全面的法律风险防控理念，充分认识民营企业法律风险的多样性和复

杂性。

民营企业相关企业应加强研究业务领域的有关法律规范和政策研究，从合同管理、金融政策、产品质量把控、知识产权保护以及内部管理等各方面强化潜在法律风险梳理，坚持依法合规经营。

各地应加快开展法治民企培育工程。一是指导民营企业构建与企业战略目标相匹配的法律风险防控体系，进而引导民营企业逐步建立现代管理制度。二是加强法治宣传，使民营企业的经营管理者提高法律认知程度，尊崇法律、敬畏法律，守法经营、依法维权，养成诚实守信、履约守信的习惯，遵循现代企业管理要求，依法设立、健全组织机构和人员，依法获取自身利润。三是加强民营企业岗位建设，提高企业员工的法律意识和法律水平，结合岗位进行法律培训，比如针对业务人员强调签订书面合同的重要性，针对技术人员强调自主知识产权的重要性等。四是开展优秀民营企业法律顾问评选活动，激励企业法律顾问更好地依法维护企业的合法权益。

（四）全国涉民营企业经济犯罪案件中，虚开增值税专用发票、用于骗取出口退税、抵扣税款发票罪案件占全国涉单位同类案件的比例显著较高，且多涉制造业

通过梳理相关裁判法律文书发现，民营企业涉税犯罪主要有三种行为。第一种是逃税型犯罪行为。民营企业的账簿是企业纳税的依据，账簿作假、虚构交易是民营企业逃税的手段之一，也是常见的犯罪手段。常见的逃税型犯罪行为包括修改账簿甚至伪造虚假账簿掩盖真实的交易往来、设立多个户头相互转移资金、在发票上弄虚作假以及虚报瞒骗等。第二种是骗取出口退税型犯罪行为。常见的骗取出口退税型犯罪行为包括虚构交易、虚开发票、虚报出口商品的数量与价格、相同商品多次出口、虚报退税企业资格等。第三种是虚开型犯罪行为。常见的虚开型犯罪行为包括为他人虚开发票、为自己虚开发票、让他人为自己虚开发票等。

税务问题是民营企业运行和发展的重要问题，关系到企业的生死存亡。2018 年 11 月 1 日，习近平总书记在民营企业座谈会上指出，要减轻企业税费负担。要抓好供给侧结构性改革降成本行动各项工作，实质性降低企业负担。要加大减税力度。推进增值税等实质性减税，而且要简明易行好操作，增强企业获得感。对小微企业、科技型初创企业可以实施普惠性税收免除。要根据实际情况，降低社保缴费名义费率，稳定缴费方式，确保企业社保缴费实际负担有实质性下降。既要以最严格的标准防范逃避税，又要避免因为不当征税导致正常运行的企业停摆。要进一步清理、精简涉及民间投资管理的行政审批事项和涉企收费，规范中间环节、中介组织行为，减轻企业负担，加快推进涉企行政事业性收费零收费，降低企业成本。一些地方的好做法要加快在全国推广。

（五）虚开增值税专用发票、用于骗取出口退税、抵扣税款发票罪案件对被告公司的处罚力度低于全国平均水平

民营企业虚开增值税专用发票、用于骗取出口退税、抵扣税款发票罪案件的被告公司中，被判处的平均罚金数额低于全国平均水平。从刑罚分布来看，2022 年 1—11 月全国法院新收涉民营企业虚开增值税专用发票、用于骗取出口退税、抵扣税款发票罪案件的法人被告人中，被告公司被判处罚金的比例最高，占比 99.81%（平均罚金数额为 15.73 万元）；宣告无罪的占比 0.19%。对比全国平均水平，全国被告公司的平均罚金数额为 203.64 万元，可以得出，虚开增值税专用发票、用于骗取出口退税、抵扣税款发票罪案件对被告公司的平均罚金数额较全国平均水平低 187.91 万元。

对此，优化民营企业经济发展环境，加大民企经济犯罪处罚力度，法治建设至关重要。要持续发挥司法机关在加强民营经济司法保护方面的作用，形成惩治民营企业经济犯罪的多元化格局。首先，要充分发挥检察机关公益诉讼职能作用，运用诉前程序，对侵害民营企业合法权益，且损害

国家利益和社会公共利益的案件，依法提起民事或行政公益诉讼。其次，推进检察机关与司法部门的协作配合，针对司法办案中关于涉及民营企业的案件定性、追诉标准等问题，要统一执法标准，规范执法行为。再次，加强司法机关与政府职能部门的沟通，针对涉及民营企业的政策在制定和贯彻落实过程中出现的一些问题，要建议及时调整，以消除隐患。最后，加强与社会各界的密切联系，及时回应社会关切，营造全社会关注民营企业经济健康发展的浓厚氛围。

附：

涉民营企业经济犯罪案件相关罪名列表

刑法分则第三章	罪名
第一节　破坏社会主义市场经济秩序罪	生产、销售伪劣商品罪
	生产、销售伪劣产品罪
	生产、销售假药罪
	生产、销售劣药罪
	生产、销售不符合安全标准的食品罪
	生产、销售有毒、有害食品罪
	生产、销售不符合标准的医用器材罪
	生产、销售不符合安全标准的产品罪
	生产、销售伪劣农药、兽药、化肥、种子罪
	生产、销售不符合卫生标准的化妆品罪
第二节　走私罪	走私武器、弹药罪
	走私核材料罪
	走私假币罪
	走私文物罪
	走私贵重金属罪
	走私珍贵动物、珍贵动物制品罪
	走私国家禁止进出口的货物、物品罪

续表

刑法分则第三章	罪名
第二节　走私罪	走私淫秽物品罪
	走私普通货物、物品罪
	走私废物罪
第三节　妨害对公司、企业的管理秩序罪	虚报注册资本罪
	虚假出资、抽逃出资罪
	欺诈发行股票、债券罪
	违规披露、不披露重要信息罪
	妨害清算罪
	虚假破产罪
	隐匿、故意销毁会计凭证、会计帐簿、财务会计报告罪
	非国家工作人员受贿罪
	对非国家工作人员行贿罪
	对外国公职人员、国际公共组织官员行贿罪
	非法经营同类营业罪
	为亲友非法牟利罪
	签订、履行合同失职被骗罪
	国有公司、企业、事业单位人员失职罪
	国有公司、企业、事业单位人员滥用职权罪
	徇私舞弊低价折股、出售国有资产罪
	背信损害上市公司利益罪
第四节　破坏金融管理秩序罪	伪造货币罪
	出售、购买、运输假币罪
	金融工作人员购买假币、以假币换取货币罪
	持有、使用假币罪
	变造货币罪
	擅自设立金融机构罪
	伪造、变造、转让金融机构经营许可证、批准文件罪
	高利转贷罪
	骗取贷款、票据承兑、金融票证罪
	非法吸收公众存款罪

续表

刑法分则第三章	罪名
第四节　破坏金融管理秩序罪	伪造、变造金融票证罪
	妨害信用卡管理罪
	窃取、收买、非法提供信用卡信息罪
	伪造、变造国家有价证券罪
	伪造、变造股票、公司、企业债券罪
	擅自发行股票、公司、企业债券罪
	内幕交易、泄露内幕信息罪
	利用未公开信息交易罪
	编造并传播证券、期货交易虚假信息罪
	诱骗投资者买卖证券、期货合约罪
	操纵证券、期货市场罪
	背信运用受托财产罪
	违法运用资金罪
	违法发放贷款罪
	吸收客户资金不入账罪
	违规出具金融票证罪
	对违法票据承兑、付款、保证罪
	骗购外汇罪
	逃汇罪
	洗钱罪
第五节　金融诈骗罪	集资诈骗罪
	贷款诈骗罪
	票据诈骗罪
	金融凭证诈骗罪
	信用证诈骗罪
	信用卡诈骗罪
	有价证券诈骗罪
	保险诈骗罪

续表

刑法分则第三章	罪名
第六节　危害税收征管罪	逃税罪
	抗税罪
	逃避追缴欠税罪
	骗取出口退税罪
	虚开增值税专用发票、用于骗取出口退税、抵扣税款发票罪
	虚开发票罪
	伪造、出售伪造的增值税专用发票罪
	非法出售增值税专用发票罪
	非法购买增值税专用发票、购买伪造的增值税专用发票罪
	非法制造、出售非法制造的用于骗取出口退税、抵扣税款发票罪
	非法制造、出售非法制造的发票罪
	非法出售用于骗取出口退税、抵扣税款发票罪
	非法出售发票罪
	持有伪造的发票罪
第八节　扰乱市场秩序罪	损害商业信誉、商品声誉罪
	虚假广告罪
	串通投标罪
	合同诈骗罪
	组织、领导传销活动罪
	非法经营罪
	强迫交易罪
	伪造、倒卖伪造的有价票证罪
	倒卖车票、船票罪
	非法转让、倒卖土地使用权罪
	提供虚假证明文件罪
	出具证明文件重大失实罪
	逃避商检罪

民营企业骗取专项补贴案件的办理实务

俞启泳　徐　嘉*

近年来，为应对经济下行压力、纾解市场主体困难、稳住宏观经济大盘，国家不断出台支持和调动民营企业积极健康发展的政策措施，为企业提供现金流，有效保障稳增长、稳市场主体和保就业。其中，各级政府通过财政拨款、财政贴息、税收返还和无偿划拨非货币性资产等形式提供的专项补助，是其中重要的政策保障措施。但在补助发放和使用过程中，部分企业受利益驱动，违法违规骗取、谋取政府补助的问题突出，涉及农业农村、扶贫、高新技术、医保基金、环境保护、助学就业、新能源等多个领域，亟待引起重视。骗补问题不仅侵害国家财政补助资金，严重扰乱市场管理秩序，也对其他本可获得政府补助的企业相关权益造成损害。同时，相关案件反映出监管不到位、法律适用不统一、信息不公开、管理不规范等现实问题，折射出现阶段政府补助制度的不健全以及执行上的偏差，有必要有针对性地研究解决。

* 俞启泳，最高人民检察院第四检察厅第三办案组主办检察官，二级高级检察官；徐嘉，北京市东城区人民检察院第二检察部检察官。

一、民营企业骗补案件的情况

（一）民营企业骗补案件的基本概况

据初步统计，2019 年 1 月至 2022 年 7 月，全国检察机关办理民营企业骗补案件共计 498 件 1029 人。其中，案件数排名前五位的省份为山东（52 件）、广东（50 件）、安徽（46 件）、吉林（43 件）、浙江（42 件）；审查起诉人数排名前五位的省份为四川（114 人）、浙江（110 人）、山东（87 人）、内蒙古（82 人）、广东（77 人）。截至 2022 年 7 月，全国检察机关对办理的民营企业骗补案件开展企业合规共计 21 件，涉及的骗补领域主要有循环经济项目专项补助、汽车消费补贴、交通物流发展竞争性分配资金、扶贫项目贷款贴息等。

（二）民营企业骗补案件的主要特点

1. 各地涉及的骗补领域不尽相同，主要涉及农业农村、高新技术、医保基金、环境保护等

一是骗补领域多为政府大力支持的经济领域，包括高新技术、文旅、环境保护等。北京、广东、浙江、山东等地骗补领域多以高新技术补贴为主。二是骗取农业领域专项补贴在一些省份比较突出。吉林存在众多农业领域民营企业，针对政府诸多惠农补贴项目，部分企业便利用虚构经营项目、伪造经营资质等手段骗取各项助农补贴。福建政府征地项目中骗取国家资金案件多发，如在杨某某涉嫌诈骗案中，杨某某通过在已被政府项目征用的土地上种植以次充好的楠木骗取国家青苗补助。湖北梁某某等五人骗取国家农机补贴案系多人共同犯罪，由牧业公司与农机销售公司人员共同伪造购买事实骗取国家农机补贴。三是医疗机构骗补案件在山东、陕西、山西、北京、江苏等地呈多发态势。此类案件主要表现为以虚假上报住院人员及相关治疗费用，至定点医院刷取药物并售卖变现，开具“折角”处方不拿药返还患者部分药款，串换药品和检验项目，虚增药品支出，虚假

报销医保以退还住院患者个人自付费用和慢病鉴定费等方式套取医保基金。如江苏办理的汪某某、王某某等人诈骗案中，犯罪嫌疑人以非法占有为目的，通过虚假住院、伪造医疗文书等方式，诈骗国家医疗保险基金 60 余万元。

2. 犯罪主体多为自然人，绝大多数认定构成诈骗罪

尽管在骗取国家补贴的手段上，嫌疑人往往会利用民营企业的资质和名义，但从诈骗所得的实际获利人看，案件多为由自然人实施并获取实际利益的犯罪，甚至多起案件中的民营企业并无实际经营行为，仅作为其经营者骗取国家补贴的工具。

3. 多头申报、重复申报、报大建小、虚报套取问题突出

主要表现为：一是目前民营企业项目补助资金种类较多，针对项目主管部门多，信息互通、资源共享不畅，一些民营企业抓住信息不公开的漏洞，向不同部门分别报送材料骗取国家项目资金。二是部分民营企业针对同一设备或同一项目，冠以不同名称，“换汤不换药”，伪造虚假项目申报资料，重复获取财政补助资金。三是一些民营企业为了自己不投入或者少投入，在申报材料时报得很大，而实际建设规模远远低于项目申报规划或者根本不符合要求。四是以编造虚假事实等手段为掩护骗取国家补助。如广东李某某、左某诈骗案中，李某某、左某通过串通服务机构与中小型科技企业签定虚假服务合同，并向华转网提供该虚假的合同及银行转账流水、发票等，虚构已按合同提供科研服务的事实，多次骗取广东省科技厅科技创新补贴资金。

4. 往往有中间人（掮客）帮助实施犯罪

一是行为人利用熟悉相关政策的便利，除了自己实施犯罪外，还作为掮客勾连其他民营企业，帮助提供材料造假骗取国家补贴，从而获得相应好处。如浙江 N 饭店骗补案中，被告人周某某除了帮助 N 饭店骗补之外，还提供虚假材料给多家旅行社帮助骗补，进而谋取利益。二是不仅诈骗企

业直接参与，更有专业中介机构会同会计师事务所、税务师事务所直接为诈骗企业提供虚假财务审计、专项审计、虚假财务数据等资料，骗取国家补助资金。如广东检察机关先后办理的 H 公司、J 公司、S 公司合同诈骗案，骗取政府扶持资金、政府补助分别高达人民币 10 亿元、5199 万元、2554 万元。

5. 内外勾结现象普遍，常伴有职务犯罪，行业从业人员实施犯罪问题凸显

一方面，骗取国家补贴案件的嫌疑人能够通过欺骗手段获得补贴，往往与负责补贴发放的工作人员审核不严有关，有关工作人员对于申报材料的真实性审查不力，存在玩忽职守现象。如在浙江杜某、龚某某等人骗取人才补贴案和王某某、黄某某等人单位行贿案中，都有补贴材料审批岗位的国家工作人员涉案，致使审批环节形同虚设，造成国家财产大额损失。另一方面，行业从业人员或有行业从业经历的人员是骗补犯罪的重要参与人。如在山东侦办的骗取医保补贴、能源补贴、无害化补贴案件中，19 名涉案人员有 13 人从事或曾经从事相关行业工作，深谙内部规则，作案过程中熟练规避行业监管。

（三）民营企业骗补案件的发案原因

1. 地方政府存在重发展轻监督的现象

从骗补案件来看，各地在政府补贴发放过程中，监督职责履行表面化，让犯罪分子有机可乘，导致国家扶持资金被侵吞。尤其是招商引资领域，政府有关部门为尽快完成招商引资任务匆忙签订合作协议，未对投资人的身份、投资能力、诚信、刑事案底等情况进行实质核查。在合同履约过程中，犯罪分子通过多方游说，甚至通过行贿等方式，想方设法更改合同履约条件，弄虚作假，向政府申请各种补贴款。政府相关部门日常监督流于形式，既未在前期对补贴申请材料进行实质性审查，又未在拨款后采取措施对补贴款使用进行有效监督，使犯罪分子能够快速转移资金，导致

补贴款难以追回。

2. 监督处罚机制协调不足

对行政机关而言，在查处骗取财政补助涉嫌犯罪案件的过程中，对于涉嫌犯罪案件是否需要移送，自由裁量权过大，难免出现为了内部利益而滥用权力，将涉罪案件作行政化处理的现象。对检察机关而言，如果行政机关不主动移送，检察机关很难及时掌握相关信息并开展相关监督工作。

3. 部分民营企业依法合规经营的意识淡薄

在当前经济下行压力下，民营企业面临的困难越发严重。部分民营企业法治意识不强、合规经营理念不足，试图采取违法犯罪手段来降低成本攫取利益。如北京房山区检察院办理的两起案件，涉案公司北京Y公司确从事汉白玉相关旅游产品的研发和推广，但没有依据公告要求严格按照实际业务进行申报，而是购买虚假发票并通过他人制作虚假合同证明企业相关业务，弄虚作假，骗取扶持资金；北京Z公司负责人明知他人名下无公司且借用公司资质用于申请政府项目，仍将公司资质等材料借予他人，帮助实施骗补犯罪。

二、检察机关办理民营企业骗补案件反映出的问题

（一）宏观政策问题

1. 法律依据混乱

国家层面立法的缺失和地方政府政策文件的庞杂导致政府补助法律依据较为混乱。各法律文件之间一旦发生冲突，难以通过统一的上位法进行效力判定。此外，政府补助的设定权限不仅涉及中央和地方权力的纵向分配，也涉及政府和人大之间权力的横向分配，还涉及财政预算的编制。不论是纵向还是横向，地方政府都掌握较大的支配权，因此存在权力滥用的风险。目前，我国尚未形成与政府补助相关的法律与行政法规。

2. 补助标准不一

一般来说，政府补助标准应当包含补助范围、补助方式、补助额度等，当前相关法律制度的缺失进一步带来政府补助标准不一。补助标准不一容易形成地域差异和个体差异，影响统一市场下企业间的公平竞争。地方政府对补助的领域和标准具有较大的选择权，致使补助可能成为权力滥用的工具，发生政企串通操控财政的情形，因此需要对此进行法律规制，明确政府补助范围、交叉补助形式、补助额度自由裁量空间等问题。

3. 信息公开不足

许多领域的骗补违法犯罪的发生，信息不对称是重要原因。如，因地方政府不了解新能源汽车的相关参数、社会公众不了解补贴的具体流程和审核标准等，而使相关领域成为骗补违法犯罪的洼地。

（二）法律适用问题

1. 与骗税犯罪之间存在严重的罪责刑不均衡问题

骗税类犯罪与骗补犯罪性质相同，但根据刑法现有规定作出刑事处置时法律后果差别巨大，比如根据《刑法》第 204 条规定的骗取出口退税罪的定罪量刑标准，数额特别巨大或者有其他严重情节才处以 10 年以上有期徒刑或者无期徒刑，相对比来看，骗补类案件一般均按照普通诈骗罪处理，涉案金额 50 万元以上则应判处 10 年以上的重刑。骗税与骗补二者侵犯的法益基本相似，骗取国家各类补贴的行为从实施过程以及被害单位的合理注意义务等角度来看，均与普通诈骗罪存在本质差别，与骗税类犯罪更为相似。现行刑法没有考虑到骗补行为的特殊性而从未设置专属罪名，导致罪责刑产生严重偏离。

2. “被骗”单位过失甚至故意配合导致案件认定犯罪存在较大争议

司法实践中，部分案件中地方政府或其职能部门为争取中央或上级政府部门的补贴，默许甚至鼓励相关企业通过虚假或者瑕疵材料申报补贴，补贴下发后疏于监管，最终导致骗补犯罪的发生。对于此类案件单纯从刑法构成要件上看定罪量刑没有问题，但忽视了犯罪发生的真正原因和关键环节，社会效果、政治效果都很不理想。从诈骗罪整体适用角度来看，“被骗”单位伙同犯罪人实施诈骗的或者明知申报材料虚假予以审批的，能否构成诈骗罪值得认真研究。

3. 骗补行为刑行界分问题

骗补行为在社会生活中时有发生，轻则违反行政法规，重则构成犯罪。司法实践中，民营企业骗补案件以违反相关行政法规为前提，因此，应首先考虑刑行界分问题。然而相关部门在处理骗补行为时，存在对刑事违法、行政违法性质判断不准，责任混淆不清的情况，导致处罚与行为不相适应。基于我国立法现状，刑行界分应当主要依据行为社会危害性的大小。

4. 自然人犯罪与单位犯罪的认定问题

很多案件对自然人犯罪与单位犯罪的界定存在争议，特别是认定自然人构成诈骗罪时难以处置单位。诈骗罪犯罪的主体是自然人，排除单位，但很多情况下如果主体不是企业或公司，是无法获得国家项目扶持资金的。项目申报、实施、验收决策是一个公司或单位的集体意志体现，只追究主要责任人或具体责任人显失公平，对单位和决策参与人一并打击处理才具有操作性和威慑力。此外，一些案件认定为合同诈骗罪时，究竟是民营企业负责人个人犯罪还是民营企业单位犯罪存在争议。

5. 骗补行为构成诈骗罪的认定问题

一是骗补行为构成诈骗罪存在的争议问题。第一，不同地区对同一类以欺诈方式获取补助行为的定性差异较大。实践中，大多数司法机关倾向定性为诈骗罪，但存在只关注行为人违规申报和违规使用补助的行为过程，忽视政策自身的缺陷，忽视行为人主观目的的倾向。第二，政策目的的性质和适用存在争议。有部分地区未评价当事人提出的政策目的已经得到实现的情节，大部分地区将政策目的实现作为酌定量刑情节。第三，非法占有目的的认定缺乏标准。如小额骗补案，主要是犯罪嫌疑人利用政府发布的各项补贴政策实施诈骗，不涉及合同履行问题，在定性上均认为应当认定为诈骗罪，办案机关的分歧主要在于围绕认定非法占有目的而采取的证据收集和运用方面。实践中，因各方意见不一致，导致部分案件被存疑不起诉或不批捕。

二是认定构成诈骗罪出现的罪责刑相适应问题。一方面，诈骗犯罪量刑较重，多数在 10 年以上判处刑罚，有必要适当提高量刑标准。另一方面，从单位负责人涉罪情况看，影响企业正常发展。一些地方出现人大代表、当地政府要求对相关企业负责人判处缓刑的情况，如果仅考虑犯罪数额，只能判处实刑，建议考虑自首、立功、认罪认罚、积极退赔等刑事政策，适用非监禁刑。

6. 骗补行为构成诈骗罪还是合同诈骗罪的认定问题

实践中，不同的司法机关对类似的民营企业骗补行为，会分别认定为诈骗罪、合同诈骗罪，如何准确区分认定有待明确。如在招商引资领域骗补案中，是合同诈骗还是诈骗，存在一定分歧。贵州检察机关办理的王某某诈骗案中，王某某利用自己控制公司与政府签订投资合作协议后，通过虚假交易进行循环、虚假注资等方式，制造履约假象，骗取政府各项补贴款 5000 余万元。该案具体作案手法与其他 6 件招商引资领域骗补案雷同，但在一审期间，司法机关认为政府与王某某签订的合同属于行政合同，不符合合同诈骗罪的构成要件，故认定为诈骗罪。

7. 骗补行为中的诈骗罪与贪污罪、职务侵占罪的认定问题

实践中，有的司法机关认为资金申请下来后即归单位所有，如果单位负责人将资金用于个人使用，则根据单位的性质、职权范围，区别对待，应追究行为人贪污或职务侵占的刑事责任。另有司法机关认为，此类行为遭受损失的主体是国家，客观行为的核心是以虚假材料骗取国家资金，并不是资金的使用，因此，“骗取”是行为的主干，应当追究单位负责人骗取

国家资金的刑事责任，从而确定单位负责人构成诈骗罪。如此不同处理，在实践中都有判例，较为混乱。究其根源，还在于法律对此类行为没有明确的规定，司法机关在处理类似案例时，很大程度依赖主观分析，实践中难以统一。

（三）监督不力问题

1. 第三方评审机构审核把关不严格

如北京办理的5起骗补案件均是北京市审计局在审计过程中发现的案件线索，涉及旅游商品扶持资金申报。北京市文旅局依据有关管理办法委托投资北京G公司等第三方评审机构对申报项目进行评审，第三方评审机构未对申报材料进行实质审查。后经北京市审计局审计发现，涉案企业申报材料中的合同为虚假合同，所附增值税普通发票为虚假发票，第三方评审机制未尽到严格审核的责任，文旅局未起到相应的监督作用。

2. 职能部门工作人员审核责任不落实

负责资料审核的工作人员履行职责不充分，对企业提交的资料仅作形式审查，未严格核实资料的完整性和真实性。如黑龙江张某等十五人寻衅滋事、强迫交易诈骗“恶势力”案，工作人员仅根据涉案牛场解释，未经核实就按照入栏率达到60%通过验收，导致国家专项补贴被骗。

3. 行政机关后续监控不充分

政府对相关补助的审查以事前审查为主，对资金后续利用情况缺乏持续监督和评估，存在反馈程序缺失的管理漏洞。不少企业利用这一漏洞在申请补助时骗取大量补助资金。如不少地方政府为招商引资许诺企业缴够一定数额的税款后给企业补助，但企业在政府兑现承诺时并未缴足税款，给政府造成损失。

（四）当前对骗补案件适用涉案企业合规存在的制度障碍

1. 从宽幅度不够，不起诉适用对象受限

如江西祝某某诈骗犯罪企业合规案中，单纯从数额标准论应对相关责任人员判处10年以上有期徒刑，但涉案企业人员主观恶性较小，并有法定减轻处罚量刑情节，涉案企业合规建设效果好。囿于现行法律规定，从宽幅度有限，导致最终办案效果不理想。

2. 刑事激励与行政激励尚未一体落地，合规互认机制有待建立

如民营企业负责人主动归案，退缴全部违法所得，自愿认罪认罚，主动申请合规整改，在开展有效合规整改后可能会被不起诉。但企业在不起诉后，仍可能因骗取政府补助而被行政机关处以较重的行政处罚，导致企业不堪重负影响发展。企业合规成果在刑事和行政领域得到互认和同步，亟待立法予以明确和保障。

三、关于依法办理民营企业骗补案件的几点建议

（一）坚持保护民营经济、宽严相济的政策导向

骗取政府补助案件的办理具有很强的政策性，只有准确理解把握相关政府补助政策、刑事司法政策精神，才能正确区分合法行为、一般违法违规行为和诈骗犯罪的界限，对案件作出公正合理的处理。

1. 坚持惩治和保护并重

检察机关办理民营企业骗补案件，要深入贯彻落实依法平等保护，充分发挥刑事检察惩治与保护的职能作用。一方面，加大办案力度，从严惩治犯罪情节恶劣、危害后果严重的民营企业骗取政府补助款犯罪，维护国家专项资金管理使用秩序，营造公平、安全的营商环境；另一方面，更新司法理念，对犯罪情节轻微、危害不大的犯罪，落实宽严相济刑事政策，依法保护涉案企业和企业家人身与财产合法权益，降低办案对企业正常生产经营的影响。

2. 坚持依法区别对待

一方面，应当将企业生产经营过程中实施的诈骗犯罪与行为人基于个人非法目的实施的诈骗犯罪区别开来，对前者可以从宽处理，对后者应当

从严处理。另一方面，对于多人参与的骗取财政补助诈骗犯罪，应当合理限定处罚范围。此外，应当根据犯罪行为人的认罪悔罪表现区别对待。对于无认罪悔罪表现，拒不退赃或者将赃款挥霍而无力退赃的，应当从严惩处；对于有自首、坦白、立功情节，积极退赃的，应当从宽，依法从轻、减轻处罚或缓、免刑、不起诉处理。

3. 坚持社会公正与个案公正的统一

少数不法民营企业骗补行为不仅破坏了国家专项资金管理使用秩序，也侵犯了其他民营企业获得国家专项资金的机会和权益。平等适用刑法，要求全面追究所有涉嫌骗取国家专项资金的民营企业负责人，以实现社会公正。个案公正要求执法、司法机关针对个案的不同情形采取针对性措施，区别对待，妥善处理，做到合法、合理，切实维护当事人的合法权益，并最大限度地减少办案对企业和个人的负面影响。因此，办案中要兼顾社会利益和企业利益，努力实现社会公正和个案公正的辩证统一。

（二）完善政府补助领域法律规章制度

1. 完善相关立法，明确补助标准

有法可依是治理骗补的前提。立法部门应当提高对政府补助领域乱象的重视，及时制定相关法律加以规制。同时，加强对已有政策性法规的审查，避免不同位阶的法律、不同的行政法律之间的相互冲突与矛盾。政府相关部门要明确补助标准，细化完善补助项目申报、复查核验、资金下发等具体工作流程，出台标准统一、内容详细、可操作性强的实施细则，切实加大政府补助政策执行力度。

2. 推动信息公开，加强部门监管

政府补助信息公开是规范政府补助行为、促进补助资金科学利用的重要抓手，是提升补助透明度的首要前提。要进一步加强补助资金的信息公开，更好地保障公民的知情权，加强公众监督，避免补助过程中寻租腐败现象的发生，提升政府公信力。

3. 拓宽司法救济途径，健全利益相关企业诉讼机制

对于因不法企业骗补导致其他符合申请条件的企业权益受损的情况，利益相关企业可以通过与政府沟通协商解决纠纷，并建立利益相关企业诉讼机制作为救济途径。如规定利益相关企业可以向法院提起诉讼，也可以向公益组织寻求帮助，以维护自己的合法权益。

（三）理清认定思路，统一法律适用

1. 明确骗补行为中的法律关系

政府提供补助行为作为国家或者其他行政主体为了实现特定的公共利益而给经营者或者企业发放财政性资助的行为，其实质是行政主体对行政相对人作出的具体行政行为（行政给付）。其中，行政主体依照相关行政法规行使行政管理权，是管理者，行政相对人是被管理者，双方依法享有行政管理活动中的权利和义务。因政府补助的发放者是行政机关或是政府部门，骗补型案件的受害人即是政府部门，骗取的是财政补助款。同时，根据国务院《财政违法行为处罚处分条例》相关规定，可以将骗补行为分为一般违规、违法和犯罪三个不同的档次。

2. 骗补行为的刑行界分

一般骗补违法行为与诈骗犯罪存在本质区别。前者类似于民事欺诈，属于法律行为制度中的欺诈，即行为人采用欺诈手段与行政机关设立行政、变更、终止行政法律关系，从而获取行政机关给付的财政资金；而后者属于侵权法中的欺诈，即行为人在没有合法根据的情况下，以申领政府补助为欺骗手段占有国家财政资金。不能简单以骗取补助数额的大小区分一般骗补违法行为与诈骗犯罪。前者即使骗取补助数额再大，也不构成诈骗罪，只能依照《财政违法行为处罚处分条例》第 14 条规定给予相应行政处罚，不能判处刑罚或给予治安拘留处罚。

3. 准确区分自然人犯罪与单位犯罪

一是准确认定自然人犯罪。司法实践存在很多貌似单位实施的犯罪，

实际为自然人犯罪的情形。根据相关司法解释，个人为进行违法犯罪活动或达到违法犯罪目的而设立公司、企业、事业单位并着手实施违法犯罪活动；公司、企业、事业单位设立后以实施犯罪为其主要的活动的；盗用单位的名义实施犯罪，且取得的违法收入占为个人所有的，此三种情形不以单位犯罪论处，而必须追究相关自然人责任。

二是准确认定单位犯罪。鉴于单位犯罪特殊主体性质，对单位的界定要更加严格，即只能是独立的法人主体，或者该法人主体独立从事犯罪行为的，才能确定为单位犯罪。如果单位负责人以职务身份与其他主体签订合同，进而引发犯罪的行为，是否确定为单位犯罪行为，可以从单位行为性、单位意识性、单位利益性、单位所得性四个方面加以考量。

4. 骗补行为构成诈骗罪的认定思路

认定骗补行为人构成诈骗罪，要综合考虑多种因素，主要把握以下几个方面：一是考虑行为人是否具备政策要求的基本条件。如果补助获得者不满足政策规定的基本、重要条件，骗取并获得了补助款，可以认为其存在非法占有目的。二是考虑行为人申报的项目是否真实。如果行为人完成的补助政策要求的项目并未投入生产，未对政策目的发挥实际作用，且不存在其他客观原因，则可以认为行为人申报的项目是虚假的，行为人具备非法占有目的。三是考虑行为人获得补助后的行为。政策施行过程中要分析行为人的实际行为是否真实履行了政策要求的内容。四是考虑补助资金的实际用途。对于申报虚假项目，将获得的补助资金投入其他不应享受国家补助项目的行为，司法实践中倾向于认定此类行为成立诈骗罪。五是考虑补助发放后是否导致社会目的落空。办案机关要从整体、全局考虑，参考借鉴行政主管部门意见，综合评估补助政策是否真正落实到位，其政策目的是否实现。如果不存在社会目的落空，就不成立诈骗罪，如张文中案。六是考虑受害方的主观态度。若相关部门明知申报材料有瑕疵，但为了完成特定指标或者保留相关项目等特殊原因，而放任行为人的行为，此时不能将责任完全归咎于涉案企业或者个人。

5. 实践中对诈骗罪与合同诈骗罪的把握

单位之间在签订履行合同过程中存在欺骗时，如果不能定个人犯罪，即无法认定为诈骗罪时，一般将其认定为合同诈骗，因为此罪的犯罪主体既可以是个人也可以是单位。在一些骗补的案件中，没有签订合同这一环节，所以无法认定为合同诈骗。所以，这种制度缺陷有待立法填补。同时，企业在承办政府的扶持项目中，有时会与政府部门签订合同，此合同性质如何认定，影响案件的定性。有些办案部门因有合同而认定为合同诈骗罪，但也有观点认为，与政府签订的项目合同不属于平等主体之间的民事合同，而是为实现行政管理职能的行政合同，法律地位不完全平等，因此不能定性为合同诈骗。

6. 准确认定职务犯罪行为

在骗补案件中，追究负有审核验收职责的国家工作人员刑事责任，可以按其是否明知行为人骗补区别认定。若相关工作人员明知行为人存在骗补行为，仍然审核通过并发放补贴款，以权谋私，其可能涉嫌诈骗罪的帮助犯以及贪污、滥用职权等罪名；若工作人员对行为人的骗补行为并不明知，而是由于审核不严，疏忽大意导致被骗补，可能涉嫌玩忽职守罪；收受贿赂构成受贿罪的，数罪并罚。

（四）建立健全补助申报审核、监管机制，落实补助政策

行政机关要严格控制政府补助的申领条件，完善各项政府补助的申报、审核、验收制度，加强事前、事中、事后监督，确保每笔政府补助都符合政策和法律法规的要求，给真正需要帮扶的企业予以支持，提升政策扶持的示范效应。

1. 加强实质审查，加大惩罚力度

建议行政主管部门完善项目申报资料审核的相关制度，加大对民营企业申报国家投资补助和贴息项目的审查力度，发现疑点或问题时，应立即

采取多种方式进行核查。同时，将违规申请国家补助的企业列入企业失信黑、灰名单，进一步加大惩戒力度。

2. 严格第三方评审，确保公正有效

完善第三方评审的程序和方式，加强评审过程监督，委托方对重点项目可以进行实质审查或抽样核实，并应当定期更换第三方评审机构或评审人员。特别要加强对高新技术企业的跟踪监管，及时掌握获得专项补助的企业运营情况、研发情况、相关资金使用情况。

3. 强化审核人员责任，落实责任追究

加强一线审核人员的法律政策意识，落实把关责任，确保项目申报资料的真实性，严防民营企业套取政府补助资金的行为。

4. 健全全流程监管机制

在具体实施补助政策过程中，行政主管部门应当对企业使用补助情况进行定期检查、不定期抽查、要求企业定期汇报成果等，以确保补助的使用到位，杜绝欺骗、不合理使用行为，实现补助的预期效果。如在骗取地方招商引资的政策留成方面，应提早发现问题，建立规范机制，避免出现政策漏洞。政府应当与税务机关建立信息共享机制，根据企业缴税实际情况再给予补贴。

（五）部门协同联合，形成监督合力

1. 坚持证据思维，审计先行

坚持以审判为中心、以证据为核心的侦查思路，针对骗补案件涉及资金流、业务流、信息流等环节，通过专业审计进行核查。鉴于审计报告是此类案件诉讼的关键法庭证据之一，应更加注重审计工作与司法工作同谋划、同研究、同部署，提高办案质效。

2. 坚持协同配合，以专治专

骗补类案件涉及术语多、规范多、证据类目多，专业性、针对性较强，需要加强办案机关同行业主管部门的协同配合。一方面，行业主管部门派驻人员全程协助开展工作，同时检察机关可以借助选聘的特邀检察官助理，及时研究解决专业领域问题，出具相关证明材料；另一方面，检察机关提前介入侦查，深入了解案情，统一执法思想，提出具体工作意见和证据标准要求，确保逮捕、移诉、审判等后续工作环节顺利推进。

3. 坚持行刑衔接，形成合力

加强行政机关与司法机关之间的沟通联系，畅通涉嫌违法犯罪案件双向移送通道。如补贴发放单位等行政机关发现相关企业涉嫌犯罪时应及时向公安、检察院等司法机关移送线索，检察院对于决定不起诉的案件，要对被不起诉人的实际涉案情况、危害后果等进行全面审查，对确实需要对被不起诉人给予行政处罚的，应当及时向同级有关主管机关提出检察意见。

（六）加强普法宣传，助力民营企业树立合规经营理念

有针对性地开展普法宣传活动，深刻阐明国家补助款的重要意义，提高民营企业经营者的法律素养和合规意识。一方面，应当以涉案企业情况为警示，以案释法，通过风险提示、普法教育等方式，全面梳理企业在经营过程中存在的风险点，助力企业树立合规经营理念，提高企业管理人员运用法律手段解决企业发展问题的能力，在企业形成办事依法、遇事询法、遇难靠法的企业环境。另一方面，检察机关在办案中可推进企业合规，建议企业在财税制度、管理制度等方面做到合规化和专业化，健全管理体系，制定发票管理、税收申报等税务合规制度，同时强化内部监督，明确责任分工，发挥财税岗位对经营者的监督制约作用，充分发挥企业合规制度规范民营企业经营管理、防控刑事风险的积极作用。

（七）稳实推动涉案企业开展合规整改

深化规范企业合规适用，稳实推进涉案企业合规工作。对于骗补案件，可以积极挖掘有条件适用企业合规整改的涉案企业，开展企业合规工作。在开展骗补案件的企业合规工作时，应当充分考虑犯罪背景、企业当

时及目前的经营状况、犯罪嫌疑人认罪悔罪态度、退赔情况等，积极引导企业开展合规建设，并将企业的合规建设、个人的合规表现纳入起诉必要性审查范围。同时，应当主动联合社保局、市场监管局等相应补贴发放的主管机关或者监督机关，听取属地政府意见，全面了解企业经营和发展状况，综合评估企业合规建设必要性和计划。

涉案企业合规第三方监管机制实践及问题研究

北京市朝阳区人民检察院课题组*

涉案企业合规是检察机关能动参与社会综合治理的新机制，是国家治理体系治理能力现代化在检察机关的具体体现。探索发展涉案企业合规体系建设，是检察机关新时代服务大局的创新之举，是检察机关致力于民营企业健康发展的切实之举，对于防范犯罪的发生、推动社会治理现代化具有深远影响。

2021 年 6 月 3 日，最高人民检察院（以下简称最高检）、司法部、财政部等九部门联合印发了《关于建立涉案企业合规第三方监督评估机制的指导意见（试行）》（以下简称《指导意见》），对于第三方监管机制的原则、第三方管委会的组成和职责、第三方监管机制的启动和运行等作出了规定。目前，第三方监管机制尚处于初步探索之中，不仅需要借鉴域外合规的积极经验、标准以及制度规范，更需要立足我国国情及企业发展现状，设立行之有效的企业合规制度及其第三方监管评估机制，力争形成一批可复制、可借鉴、可推广的范例，以有效且有力的措施对参与市场运营的主

* 课题主持人：刘荣，北京市朝阳区人民检察院第二检察部主任。课题参与人：宋维彬，中国人民公安大学副教授；李晓琤，金杜律师事务所合伙人；张龙，北京市朝阳区人民检察院第二检察部副主任；王琳，北京市朝阳区人民检察院第二检察部检察官助理；鞠少红，北京市朝阳区人民检察院第二检察部检察官助理。

体做到深刻的严管、切实的保护厚爱以及准确的保障，促进市场主体与经济社会协同高质量发展。

一、我国第三方监管机制的实践探索

2020年3月，最高检启动涉案企业合规改革试点工作，并确定6家检察院为试点单位[①]。试点检察院对涉经营类犯罪的民营企业负责人，严格落实宽严相济刑事政策，对于符合适用缓刑量刑建议的不提出实刑的量刑建议。

2020年12月开始，最高检多次召开企业合规试点工作座谈会，明确加强企业合规的理论研究、深化实践探索、扩大试点范围，构建中国特色企业合规制度。2021年4月，最高检启动第二期改革试点[②]。随着改革试点工作的铺展开来，各地试点过程中加入了本地特色，第三方监管模式也渐趋多样化，检察机关在其中无论是参与程度，还是角色作用都不尽相同。

（一）独立监管人（合规监督员）模式

1. 典型代表——深圳市宝安区人民检察院

在各地实践中，对于独立监管人的称呼不尽相同，目前能检索到的称谓有“独立监控人”“合规监督员”等，但其本质上的职能是基本一致的。独立监管人模式即启动合规程序后要求企业聘请独立的监管人员对企业的合规情况进行监管。此种模式以深圳市宝安区人民检察院为代表。2020年8月，深圳市宝安区人民检察院推动宝安区司法局出台文件[③]，明确采取

① 包括上海市浦东新区人民检察院、金山区人民检察院，广东省深圳市南山区人民检察院、宝安区人民检察院，江苏省张家港市人民检察院，山东省郯城县人民检察院。

② 第二期改革试点范围扩大至北京、福建、湖北、湖南等10个省（直辖市）。上述省级检察院可根据本地情况，自行确定1—2个设区的市级检察院及其所辖基层院作为试点单位。

③ 2020年8月，深圳市宝安区人民检察院联同宝安区司法局出台《深圳市宝安区人民检察院涉企刑事案件附条件不起诉使用办法（试行）》。

“独立监控人模式”，该模式下，独立监控人被定义为：由涉案企业委托，对合规计划进行监管的律师事务所。

具体而言，深圳市宝安区人民检察院倡导的模式有三个方面的内容。第一，在选任资格上。通过对律师事务所的资质、形象、经验、违规违纪记录等方面进行考察，确定独立监控人，并向检察机关出具保证书。第二，在独立监控人职责上。独立监控人主要承担调查、计划制定、监督执行等方面的职责，并将上述职责的情况形成书面材料向检察机关分阶段性报告。第三，在独立监控人管理上。独立监控人由区司法局与区检察院共同负责考评，两机关共同调查核实其违法情况的真实性。

深圳市南山区人民检察院也曾出台《刑事合规独立监管人工作办法（试行）》，建立独立监管人专家库，将独立监管人制度纳入探索范围。但是由检察机关支付费用，防止监管人受资本影响导致最终结果偏颇。福建省泉州市洛江区人民检察院、浙江省宁波市岱山县人民检察院等地区将独立监管人称为“合规监督员”，在具体选任方式及管理上与上述独立监管人模式有所区别。洛江区院自行向社会公开聘任了包括律师、会计师、税务师等在内的“涉企案件合规监督员”并公示。[①] 岱山县院将“合规监督员”区分为专业合规监督员和普通合规监督员，并规定了上述两种人员的选任上的区别。[②]

2. 优劣分析

独立监管人模式在域外企业合规实践中较为常见，且已经较为成熟，美国、英国、法国、瑞士、澳大利亚等许多国家及多边开发银行等国际组

---

① 参见张琳：《关于拟聘任首批涉企案件合规监督员的公示》，载澎湃新闻网，https：//www.thepaper.cn/newsDetail_ forward_11436033。

② 专业合规监督员应从律师事务所、会计师事务所、税务师事务所等中选任，涉案企业有权推荐专业合规监督员；普通合规监督员则由岱山县院与县工商联（商会）、司法局、各乡镇等协商在从事公务人员中确定。参见《解读〈涉企案件刑事合规办理规程（试行）〉》，载舟山市岱山县人民检察院网站，http：//www.zjdaishan.jcy.gov.cn/ llyt/202012/t20201207_3068086.shtml。

织均已建立相应的独立监管人制度。此种模式在我国涉案企业合规探索初期运用较多，本质上属于企业进行主导的监督评估模式，是受涉案企业委托，由涉案企业出资的。这种模式的优势在于，由于结合案情进行委托，独立监管人专业对口，责任明确且收取相应费用，专业能力没有问题，能够保质保量履行相关责任，按期推进企业合规进程。但这种模式的劣势在于企业既是委托方、出资方，又是被评估对象，独立监管人的中立立场难以保障。且涉案企业中，中小企业居多，独立监管人作为专业人员在整个过程中所收取的费用相对较高，很多中小企业难以负担。

（二）检察机关监管模式

1. 典型代表——上海市宝山区人民检察院等

检察机关监管模式指的是合规计划的考察由检察院独立完成，比如最高检总结第一批改革试点工作经验，整理发布的第一批企业合规改革试点典型案例中，上海市宝山区人民检察院、深圳市南山区人民检察院等都在充分调查、了解的基础上，通过制发检察建议、检察意见等形式，指导涉案企业开展合规改革，依法合规经营。检察机关在制发建议、意见后，后续也将对涉案企业执行情况进行跟踪式督导。涉案企业应当根据检察建议、检察意见，提高对合规建设重要性的认识，因地制宜、因企制宜地进行改革，完善内外部机制建设，规范做好企业业务。

2. 优劣分析

检察机关监管模式在企业合规探索的初期较为常见，也是试点机构较多尝试运用的方式，如张家港市人民检察院办理的某化纤公司维保中心主任李某涉嫌重大责任事故案。采用此模式，检察机关的中立性不会受到质疑，检察机关居中统筹负责监督验收，各方责任明确，确保了监督评估的高效，费用支出也有章可循，可较为顺利、流畅地推动企业合规的进行。但此模式的弊端也是较为明显的，面对不同企业存在的不同问题，检察人员在专业知识上可能存在短板，导致企业合规不能落到实处。同时，检察机关作为企业合规的启动者，在合规监管中又承担着监督评估的职责，极易导致企业合规与检察建议等方式产生混同，企业合规制度名存实亡。

（三）联合行政部门监管模式

1. 典型代表——浙江省宁波市人民检察院、辽宁省人民检察院等

检察院委托行政机关监管模式，是指涉案企业合规情况考察工作委托给相关行政主管部门负责。2020 年 9 月，浙江省宁波市人民检察院出台的指导文件[①]规定了此种模式。具体而言，该模式适用范围为涉企轻微刑事犯罪案件，即直接责任人员应当判处 3 年有期徒刑以下刑罚的，企业合规实行的监管权限由行政主管部门负责，涉案企业的考察期限为 6—12 月，期限届满时，检察机关依据合规建设的成效性，衡量最终是否对其作出起诉。一般而言，合规计划完善可行，管理制度健全合理，生产经营依法合规的，均会作出不起诉的处理意见。

在上述两种模式的基础上，检察机关与行政机关共同承担合规监管的模式也开展起来。这种模式下，涉案企业合规建设的评估监管工作由检察机关与行政机关共同完成。比如 2020 年 12 月，辽宁省人民检察院会同九家单位出台意见[②]，更加详细地规定了行政监管的职责和权限范围，要求在考察期限内，检察机关和行政机构一起对涉案企业的合规建设进行监督管理，适时评估，加强对涉案企业内部建设的引导和督促，对于达到要求的，最终再由检察机关作出不起诉的处理。[③]

2. 优劣分析

联合行政部门监管模式承继了检察机关中立性的特征，在此基础上将

---

① 2020 年 9 月，浙江省宁波市人民检察院出台《宁波市检察机关关于建立涉案企业合规考察制度的意见（试行）》。

② 2020 年 12 月，辽宁省人民检察院与省市场监管局、省自然资源厅、省税务局、大连海关等九家单位联合出台了《关于建立涉罪企业合规考察制度的意见》。

③ 参见刘乐：《辽宁建立涉罪企业合规考察制度 护航民企健康发展》，载人民网，http://ln.people.com.cn/n2/2021/0330/c378317-34647623.html。

监督评估责任移转到行政机关、政法委等，由行政机关、政法委负责根据具体涉案企业性质委托第三方机构进行监督考察，提升了监管评估的专业性，同时，委托行政监管部门参与合规监察，能够有效完成刑行衔接。但是，此种模式的弊端也是不可避免的，由于委托行政机关监管企业合规工作，行政机关需要耗费一定时间对涉案公司情况进行了解，且行政机关大多需走行政审批流转，不可避免地要花费相对更多的时间，企业合规周期被延长。

另外，值得注意的是，合规监管评估由政府行政机关部门担任的，在监管专业性上存在不足。并且行政机关缺乏相应的规范，在执行层面存在困难，可能导致企业合规缺乏规范支撑，达不到预期的社会效果。概言之，在该模式下，行政机关作为第三方监管机构在企业合规建设中充当监督员的角色，在一定程度上解决了检察机关既是监督者又是终局决定者的困扰。但是，行政机关本身也是执法机关，由其充当监督者，在与企业的工作衔接上也会产生身份交叉、混同的问题。

（四）第三方监管模式

1. 产生背景

最高检在上海浦东等6个基层检察院试点开展企业合规改革工作以来，督促涉案企业及其负责人承诺并且落实可监管、可检查的合规整改措施，堵塞管理漏洞，防止企业重蹈覆辙。但在试点过程中发现，企业合规监察程序尚需更细致详细的规范，其中第三方监管的建立必须更加详尽可行。针对上述问题，2021年6月3日，最高检会同其他部委联合印发《指导意见》，通过强化各方面具体制度设计，促进“严管”的制度化。

2. 基本内容

《指导意见》明确了涉案企业合规第三方监督评估机制启动、适用条件，案件范围，启动和运行等程序性内容。在总结前期试点工作经验基础之上，探索建立“检察主导、各方参与、客观中立、强化监督”的第三方监督评估机制，对检察机关职责、巡回检查机制、回避制度等均作出专门规定，要求试点地方均要组建本地区第三方监督评估机制管委会，并对一些需要继续深化探索的问题留出空间。

3. 模式分析

结合目前开展的企业合规试点工作，第三方监督评估机制下的第三方监管组织中的人员职责定位可以概括为调查、督促、报告三个方面。首先，第三方监管人应当履行尽职依规调查职责。第三方监管人需要对涉案企业是否依规建立合规体系等进行调查，在调查过程中如发现涉案企业并未实际履行企业合规的相关要求，应当及时反馈给检察机关，并加以提示，完善合规的执行。其次，第三方监管人应当履行监管督促职责。在确定涉案企业合规计划切实可行的前提下，第三方监管人要定期监管、督促涉案企业全面深入细致地执行好合规计划。第三方监管人应当深入公司内部全面了解企业实际情况，在此基础上，对企业制定的合规计划进行逐项梳理，对照检查，对执行有缺失的部分，督促涉案企业进行落实，对执行过程中发现的不符合实际情况的条款，及时敦促涉案企业进行查改、调整，并将监管事项报送检察机关。最后，第三方监管人应当履行如实按期报告的职责。企业合规计划周期较长，事项较为繁复，第三方监管人应当根据具体的涉案企业合规计划制定周期性、阶段式的报告机制，对各阶段涉案企业合规计划执行情况、存在的问题、可能产生的后果向检察机关报告，并且在最终验收时，第三方监管人应当从中协助，对于涉案企业合规计划执行效果提供监管意见作为检察机关对企业合规情况判断的重要依据。

从《指导意见》来看，第三方监督评估机制是合规制度性构建的重要一环，这一机制能够极大地提高企业合规运行的效率和效果，真正实现让专业的人做专业的事。从目前发布的典型案例中不难看出，涉案企业不一而足，不同行业有不同专业性的合规内容，通过引入第三方监管组织，可以极大地丰富第三方监管的专业背景，针对企业不同的合规风险要点，考虑企业的实际需求，因企制宜地建立合规体系，能够在监管过程中更好地针对涉案企业进行调查、督促，更好地完成“把关者”的职责。

（五）北京地区关于三方机制的实践探索

北京市作为第二期改革试点城市，结合北京检察工作实际，研究起草了相关规定及其配套规定[①]，目前正在征求各方意见，课题组成员作为上述文件的起草专班成员有幸全程参与。

关于企业合规的适用范围，北京市也在积极探索之中，拟将其他罪名，比如危害信息网络安全类，即侵犯公民个人信息罪等犯罪特别列举出来，以更好地适应目前的司法实践。从《指导意见》来看，在涉案企业合规制度中承担第三方监督评估机制职责的主体为第三方管委会和第三方组织及其组成人员。根据北京市的《第三方监督评估机制的实施办法（征求意见稿）》，北京市第三方机制管委会拟由12家成员单位[②]组建，各部门各司其职，互相配合，共同完成第三方监管工作。

关于第三方机制专业人员和名录库，北京市在相关起草文件中认为，第三方机制专业人员是涉案企业合规第三方机制管委会选任确定，参与涉案企业合规第三方监督评估工作的相关领域专业人员，主要包括审计师、企业合规师等人员，企业合规领域的专家学者以及北京市工商联所属行业协会商会、企业联合会等单位专业人员。生态环境、税务、市场监督管理、金融管理、知识产权等政府部门具有专业知识的人员可以作为第三方机制

---

① 北京检察根据工作实际，先后研究起草了《关于建立北京市涉案企业合规第三方监督评估机制的实施办法（试行）》《北京市第三方监督评估机制管理委员会工作规则（试行）》《北京市第三方监督评估机制专业人员选任管理办法（试行）》《北京市第三方监督评估组织运行规则（试行）》等。

② 具体部门拟包括北京市人民检察院、北京市人民政府国有资产监督管理委员会、北京市财政局、北京市工商业联合会、北京市司法局、北京市生态环境局、北京市税务局、北京市知识产权局、北京市市场监督管理局、中国国际贸易促进委员会北京市分会、中国互联网金融协会、北京市地方金融监督管理局。

专业人员，也可以受第三方机制管委会邀请和所在单位委派参加第三方监督评估组织或者相关工作，其选任管理由北京市第三方机制管委会与有关单位协商确定。有关政府部门所属事业单位专业技术人员可以作为第三方机制专业人员，参加第三方组织或者相关工作。管委会应当建立专业人员名录库，名录库不少于50人，应当分类组建，结构均衡，专业人员领域主要包括法律、财务、生态环境、税务、金融、知识产权、信息网络、工商管理、人力资源等，第三方机制管委会可以根据情况对组成结构和各专业领域名额分配进行调整。

二、第三方监管机制的现实问题剖析

虽然目前已经颁布实施了第三方监管机制的相关制度性文件，但由于涉案企业合规制度、第三方监管机制至今仍然处于试点探索阶段，涉案企业、第三方监管人以及检察院、行政机关等主体的权利义务、职责定位尚未予以确定。因此在实践过程中，仍然存在诸多亟须解决的现实障碍，有待于探索解决。课题组按照涉案企业合规案件的运转程序流程，结合试点单位司法办案实践，对第三方监管机制的现实问题进行梳理剖析。

（一）案件适用环节的实践障碍

1. 从动力来看，中小微企业参与合规积极性不高

我国更加关注自然人的处罚，而不是企业本身的罪与非罪。域外参与涉案企业合规的以大型企业为主，企业涉案很多经营活动的资质受限，企业决策管理者多为职业经理人，可替换性强，故更为关注企业本身的罪责问题，即使合规成本高昂，须缴纳巨额罚款，但出于企业继续生存发展，涉案企业还是愿意接受合规改革。但我国涉案企业多见于中小企业，设立成本较低、从业禁止力度有限，涉案人员对于参与程序较为复杂、周期较长的合规制度及第三方监管机制热情不高，即使企业涉罪或者被吊销资质，也可以通过注销企业另行注册的方式重新经营，而不是花费大量成本

精力参与合规，合规动力不足。

2. 从范围来看，单位犯罪难以认定导致范围狭窄

目前我国单位犯罪在犯罪具体构成上参照了自然人犯罪，虽然刑法中单位犯罪涉及的罪名高达160多个，但实践中，法院判处的单位犯罪不及同期刑事判决的千分之一。[①]行政机关、公安机关在对涉案企业违法犯罪行为进行调查、取证的过程中，多按照自然人犯罪的模式、罪状去调查取证，忽略了对涉案单位决策机制、运营情况、经营范围、业务规模等证据予以核查，最终将案件移送过程中，往往忽略单位主体的移送，仅对单位主管人员、直接责任人员予以刑事打击。取证的片面性和局限性导致不能为是否启动企业合规审查或合规审查方式等决策提供强有力证据支撑和依据，导致适用范围过于狭窄。

3. 从类型来看，部分案件能否合规整改存在疑问

2020年，企业家触犯频次最高的罪名是非法吸收公众存款罪，占比27.72%。[②]从北京市某区院司法实践来看，涉及众多非法集资类案件，三年来受理非法吸收公众存款案件审查逮捕1711件3061人，审查起诉1360件3815人；集资诈骗案件审查逮捕101件134人，审查起诉117件310人，在营网贷机构业务存量高达1000余亿元，全国实际运营的P2P网贷机构已经全部"清零"，但其剩余存量、兑付等退出之后的问题依然需要关注。涉案人员被羁押，企业经营后继乏力，导致资产贬损、灭失。部分债务真实存在，在刑事立案后涉及大量逃废债问题。涉众型金融犯罪案件相关工作处理不当，极易引发群体性事件、上访或者其他次生危机，进而引发系统性风险甚至危害区域金融安全。

但司法实践中，非法集资类案件多数被认定为个人犯罪，根据《指导

① 参见黎宏：《组织体刑事责任论及其应用》，载《法学研究》2020年第2期。
② 数据来源于《2019—2020企业家刑事风险分析报告》。

意见》第5条的规定[①]，排除了两类案件不适用企业合规机制，那么前述犯罪能否参照适用企业合规制度来敦促已立案企业的实际控制人、技术人员、催收人员等配合追讨债务，或整肃不合规但尚未被刑事立案的企业规范运营、合规整改存在疑问，需要进一步的探索。

（二）考察评估环节的实践困境

1. 从期限来看，监管审查评估复杂时限短难度大

根据《指导意见》，在开展企业合规工作中应建立第三方机制，检察机关对其启动和运行负有主导职责。负责办理案件的检察机关对企业合规计划的全流程负有审查职责，必要时还可以开展调查核实工作。这对检察官提出了更高的亲历性要求，对检察官把握案件风险点、企业合规内涵、外延等提出了更大的挑战。

实践中第三方组织工作量大、周期长、任务难度大，需要完成对涉案企业合规计划提出修改完善意见、确定合规考察期限、制定合规考察方案、定期或不定期对合规计划进展情况进行核查、对合规计划完成度全面梳理考核、敦促推进和完善评估、制作考察书面报告等多项工作，难以在短期内完成合规改造。

对于一个企业来说，有效合规改造需要大量地投入各种资源，难以在短期内完成合规改造。关于考验期、法益修复期，国外可以设置三四年，但我国取保候审案件在检察环节最长1年，在押案件最长6个半月，在办案期限内完成企业合规改造较为紧张，如何合理设置期限也是检察机关面临的难题。

2. 从经费来看，第三方监督评估费用承担不明确

根据《指导意见》的规定，适用企业合规制度需要从第三方机制专业

---

① 《指导意见》第5条规定，个人为进行违法犯罪活动而设立公司、企业以及公司、企业设立后以实施犯罪为主要活动的，均不适用涉案企业合规机制。

人员名录库中，根据涉案企业、个人情况，企业合规需求等选任律师、会计师、评估师、税务师等专业人员组成第三方组织，开展企业合规监管等工作。实践中第三方组织工作量大、周期长，从合规计划设立到执行，往往需要数人花费数月的时间和精力，且第三方组织组成人员还需履行回避义务，那么费用如何计算，《指导意见》中并未明确。若是不收取费用，不利于合规制度的普遍长期开展；若是国家出资，需要承担巨额的司法成本；若是由企业出资，那么第三方组织的独立性可能会受影响，且中小企业大多难以负担大笔费用支出。是否收取费用，且费用何时收取、由谁收取、由谁控制、由谁监测、怎么使用，实践中各试点做法不一，北京市尚在探索。

3. 从标准来看，缺少衡量考察有效性的统一指标

司法实践中由于涉案企业的规模、类型、领域、发展阶段、违法违规情形的不同，每个涉案企业合规管理体系有效性评估和审查的标准都应当是具体、特定、自成体系的，应当从不同维度去了解掌握。合规计划有效性的重要前提条件是存在一个设计良好的合规计划，并且以有效的方式得到了实施和执行。这也是检察机关对企业作出最终处理决定的重点参考。根据最高检等部门制定的《指导意见》，适用涉案企业合规制度需要涉案企业提交合规计划。涉案企业应当围绕致使企业涉刑的企业架构、章程规定等方面，制定合乎企业运营的合规体系，弥补企业漏洞。对于每个合规计划可行性、有效性、全面性的判定、考量因素、侧重点也不同。企业有效合规的可参照标准目前在我国不完善，需在试点实践中逐步摸索。

4. 从衔接来看，检行履职联动有待探索配置完善

检察机关在企业合规中承担着先行者的角色，并承担着刑事案件审前主导责任，在具体参与过程中，有的检察机关全流程参与了企业合规标准的制定、监督、评估，有的检察机关则是划分职能范围，仅提出要求，具体实施由其他行政机关负责。目前我国行政执法与刑事执法实行双轨制，企业犯罪一般先由行政机关发现并作出处理结果，情节严重的后续向司法

机关移送，案件移送检察机关后对是否适用合规制度进行考量，适用制度时再由行政机关介入，易出现程序回流、重复处理的情形。第三方监管机制的介入，需要行政机关、各类中介机构等多方参与，加之第三方监管工作覆盖面广、专业性强，仅形成了关于企业合规中第三方监管机制的宏观上的顶层设计，对各主体介入的适用流程的具体指导尚未完善，检察机关、行政机关之间在合规监管的标准制定、职能划分、监管人遴选、经费管理等方面存在模糊界限，对于检行衔接、各自履职界限尚需进一步实践探索，面对新的履职挑战，亟须妥善配置。

（三）审查裁量环节的实践争议

1. 不符合相对不诉条件的能否适用尚存争议

我国刑事诉讼法中，相对不起诉的适用前提是犯罪情节轻微，依照刑法可以不追究刑事责任或者免除刑事处罚。目前试点企业合规制度多适用于责任人应被判处 3 年以下的单位犯罪，对其进行不起诉处理或适用缓刑。

对于相对不起诉的涉案企业开展企业合规没有争议。但对于存疑不起诉的企业是否要开展企业合规工作，存在争议。一种观点认为，企业合规是对企业的一种负面评价，是在企业已经构成犯罪的情况下才启动的工作机制，现有事实不清、证据不足，不能启动企业合规工作。另一种观点认为，虽然现有证据无法证实企业涉罪，但已查明企业确实存在相关管理、制度等方面漏洞，可以从社会综合治理的角度来开展企业合规工作，引导其规范运营。上述争议需进一步探索解决。

2. 从幅度来看，与认罪认罚从宽制度叠加还是择一标准不明

按照《指导意见》第 14 条的规定[①]，合规材料系检察机关作出决定的

① 《指导意见》第 14 条规定，人民检察院在办理涉企犯罪案件过程中，应当将第三方组织合规考察书面报告、涉案企业合规计划、定期书面报告等合规材料，作为依法作出批准或者不批准逮捕、起诉或者不起诉以及是否变更强制措施等决定，提出量刑建议或者检察建议、检察意见的重要参考。

重要参考。既然是“重要参考”，那么对于符合考察标准的企业，是“一律从宽、应当从宽”，还是仅作为重要考量情节，仍要根据案件的事实和法律综合考量，“可以从宽”？适用企业合规制度的前提是涉案企业、个人认罪认罚，按照刑事诉讼法的规定，应当从宽处理。那么，认罪认罚从宽制度与企业合规制度是否应当重叠适用？是在适用认罪认罚从宽幅度的基础上再叠加适用企业合规的情形，还是比较哪种情形适用的从宽幅度大适用哪种？是从轻处理还是减轻处理？实践中需要进一步探索。

3. 对企业家同时从轻处理易引发争议

在西方国家，司法机关根据企业合规制度对涉案企业进行审查，在得出企业业务活动中的违法犯罪行为不是企业自身的行为，而是其组成人员违法犯罪行为的结论之后，往往会“放过企业，严惩相关责任人员”，也就是“企业合规出罪模式”。在我国，从目前公布的企业合规不起诉案例中，我们不难发现，民营企业占据多数，且在多数民营企业中，一人制或者家族制特点较为突出，企业所有权与经营权相对集中，一旦实际控制人涉嫌犯罪，整个企业就会遭受巨大波及。按照我国企业合规相关理论，结合前期试点改革工作，若企业合规整改达到标准，应依法作出对涉案企业、自然人从宽处理意见。“既不起诉企业，也不起诉或从轻处理企业家”，在司法实践中容易引发关于法律适用平等原则的争议。尤其是对于共同犯罪，其中一人或几人属于某公司、企业中的重要、关键人员，其他人员不属于的，比如内外共谋的职务类犯罪等，能否适用该制度也存在疑问。

三、检察视角下完善第三方监管机制的原则构想

课题组认为，企业合规试点工作成果显著，试点检察机关在法律授权范围内不断探索，形成了一批具有指导意义的典型案例和经验，但针对实践中的困惑和难点问题仍需进一步明确。

（一）审慎性原则——完善顶层设计构建一体化合规监管机制

1. 及时出台制度指引

要严格按照法律、根据政策开展企业合规试点，做到于法有据、有章可循，必须在法律框架和政策界限内创新实践。目前开展企业合规建设主要涉及量刑建议为缓刑、变更强制措施等检察政策，这些必须在法定办案期限内进行。下一步要及时出台制度指引，通过各试点对于第三方监管的模式探索实践来发现问题、总结经验，积累一定数据样本，对企业合规相关制度、与认罪认罚从宽等其他制度的关系、期限费用、适用结果、考量标准、各参与主体权责等予以明确，进行立法完善，对于经验成果进行推广，从而形成可复制、具体化、可操作的标准模板和实际操作指引，推动将基层实践转化为立法建议，从法律层面对企业进行合规激励。

2. 严把事实关证据关

适用第三方监管机制并不意味着降低证明标准，要做到"案件事实清楚，证据确实、充分"，要及时调取新证据，排除假材料。企业合规第三方监管工作作为检察机关一项重大改革试点，要坚持依法依规，注重对接协调，把握基准基调，不可随意突破法律，滥用企业合规制度钻法律空子。在办理涉企案件中，要严把罪与非罪标准，在证据采信、事实认定、法律适用、程序推进中坚持贯彻法律基本原则，防止民事案件变成刑事案子，让企业家有可靠的预期，致力于经营发展。对于确属事实不清、证据不足的案件，要依法作出不捕、不诉的决定，后可通过综合治理类检察建议提升企业的管理和经营水平。

（二）系统性原则——共建多方协作联动体系

1. 发挥引领示范作用

在合规改革中检察机关要充分发挥发起、引导、联络作用，坚持主动作为，融入社会治理，以"监管者"的角色敦促合规计划的建立，协调第三方监管机构的工作，保证第三方组织在监管审查的过程中，不受媒体、社会舆论、公权力机关等外界因素干扰，与企业自身、第三方组织、相关行政机关等形成合力，共建以检察为主导的多方合作体系。推进加强第三方管委会对辖区内第三方组织及其成员的培训、考核工作，提升第三方监管人的专业素养以及业务根基。同时，涉案企业合规第三方监管机制对检察人员把握案件风险点、企业合规内涵、外延等提出了更大的专业挑战，应当充分利用系统内培训平台，开展检察业务、司法理念、合规监管等方面的培训，并通过专业化办案单元的设置，提升检察官增加类案的办理经验，形成类案经验推广、办案指南、学术调研等成果，培养专业化的企业合规类办案人才。

2. 协同相关部门配合

企业合规第三方监管是一项繁复性、系统性的工作，仅有刑事手段远远不够，检察机关、行政机关、企业等涉及单位需要密切沟通联系，在《指导意见》的指引下，厘清第三方监管的具体职能，实现共话企业合规，共商合规之道。行政主管部门应当充分发挥其职能赋予的经验、专业优势，与检察机关多打组合拳、配合合规改革推进。尤其是在检察机关需要对涉案企业作出最终处理决定时，需要对合规材料进行审核验收，具体合规与否需要企业所属行业主管部门予以认可。积极与工商联等部门沟通协调，依法、合理解决第三方监管经费问题，明确费用来源。必须加强检察机关、行政机关、企业等涉及单位之间的统筹协调配合，综合多种手段促进企业合规发展，形成综合治理合力，促进社会治理现代化的有序推进。

（三）差异性原则——精准施策灵活建立多元化合规整改机制

1. 合规流程因案制宜

检察机关在企业合规制度中有着举足轻重的作用，应当发挥自由裁量权推行繁简分流，避免合规表面化、形式化。根据企业性质、经营规模、犯罪类型等，设置繁简程度不同的合规程序。国企、外企、民企在运行机制和管理制度方面存在巨大差异，在制定合规计划和审查有效合规标准时应当有针对性地进行区分指引。针对经营规模较大、合规要求较高的企业，严格按照标准化实施样板开展社会调查，由企业作出合规承诺，制定、执行合规计划，组织开展第三方监督评估，经公开听证后作出处理；针对小微企业，建立简化版合规程序，制发检察建议，提出合规整改要求，根据整改情况作出相应处理。减少中小微企业适用涉案企业合规制度的难度，增强其参与合规的积极性。

2. 合规费用因企制宜

考虑到复杂多样的个案情形，从合规制度的初衷出发，在第三方监管人的费用支付等方面，不宜采取“一刀切”的方式加以规定。试点期间，可以采用标准式费用标准为基础、辅之差异化费用标准的方式，检察机关会同行政机关在考量当地市场情况的基础上，针对涉案企业的特点以及合规建设的特殊性，制定针对个案的收费明细清单。在费用支付上可以采取分阶段式收费、比例式收费、一次性收费等多种方式，实现标准的一般性与特殊性的统一。在足以承担监管成本的企业中，可以考虑由涉案企业承担该费用，发挥一定对企业惩罚的效用。而在无力承担监管费用的中小微企业涉罪案件中，则可以考虑适用由检察机关独立承担监管费用、财政部门承担监管费用或与涉案企业共同承担监管费用的模式，一方面保障监管人的工作成本，另一方面又不致给涉案企业施加其无法承受的资金负担。

（四）延展性原则——全面履职推动企业聚焦常态化诉源治理

1. 引导侦查全面覆盖

解决“企业合规长期性”与“案件办理期限性”之间的矛盾，可以用好取保候审强制措施这一年的期限，在有法律规定依据的期限内组织企业开展合规建设，最终作为检察机关作出从宽决定、激励企业发展的重要依据。此外，检察机关全程参与刑事诉讼，可以凸显审前主导责任，充分发挥“捕诉一体”优势，重视行刑衔接，在公安侦查阶段以提前介入引导侦查的方式，及时跟进情况、定时会商总结，督促公安机关及时搜集和固定关键证据，提升证据的针对性和精准性。对专业性较强的问题借助行政机关、专门鉴定机构以及具有专门知识的人协助办案，做好企业合规建设，为后续考察奠定基础。落实审查引导侦查全覆盖，实现捕前、捕后、补侦期间对侦查活动的全程引导、监督，对企业合规必要性开展前端审查，加强程序衔接和制约监督。缩短企业合规启动时间，提升合规改革效果。同时也应当借鉴域外合规期限的经验做法，对企业合规期限多做一些理论研究和实践探索。

2. 推动企业诉源治理

检察机关应当积极联合区工商联、商会等部门主动对接企业进行合规理念引导，持续跟踪监督，深入了解、回应企业诉求，防止一些民营企业特别是家庭式企业，因其负责人被采取强制措施而导致企业垮掉，促进企业将合规文化“内化于心、外化于行、固化于制”，形成浓厚的法律氛围。对民营企业管理典型问题，找准症结所在，为企业提供具有针对性的“订单式”法律服务。通过“法律进企业”等相关活动，提升企业各类人员的法律素养和法制观念，由事后合规向事前合规推进，促使企业管理人员时刻保持警醒，运用法治思维和法治方式促进企业改革发展，实现企业经营管理的规范化、法治化，绝不能触碰法律的红线和底线。同时通过开展企业合规第三方监管工作，对形成的经验做法、典型案例等，依托各媒体平台加大宣传力度，充分发挥新媒体平台载体作用，传播企业合规认识理念，在全社会营造企业合规建设的良好氛围，进一步把服务保障民营经济高质量发展摆到更加重要的位置，打造具有首都特色的企业合规建设经验。

检察机关要注重理论与实践的紧密结合，在改革创新中大胆探索，同时注重经验总结，在借鉴域外经验的基础上，探索检察经验模式，持续输出适合本土涉案企业合规第三方监管机制的智力支持，优化法治产品供给，不断促进市场主体依法经营、健康发展，把严管厚爱要求落到实处。

法秩序统一视域内的涉电子烟案件刑法规制

付　强*

根据《2021 电子烟产业蓝皮书》数据披露，我国电子烟产业发展迅速，国内零售额约为 197 亿元人民币，同比增长 36%，但相较于全球 800 亿美元的市场规模，我国电子烟消费市场还较小。我国约 90% 的电子烟用于出口，2021 年产业出口约 1383 亿人民币，同比增长 180%。目前关于电子烟①的刑事处罚，可查的新闻报道涉及的罪名主要集中在侵犯知识产权犯罪，生产、销售伪劣产品罪，非法经营罪。由于电子烟领域侵犯知识产权犯罪的法律适用一般没有争议，本文主要讨论生产、销售伪劣产品罪，非法经营罪。

一、电子烟的定义

电子烟是用于产生气溶胶供人吸食等的电子传达系统，不包括卷烟。②电子烟最为常见的典型形式是电子尼古丁传送系统（Electronic Nicotine Delivery System，ENDS），是通过加热溶液传送气雾供使用者吸用。溶液按

---

* 江苏省苏州市人民检察院第四检察部副主任。

① 以工作原理区分，“电子烟”主要可以分为加热不燃烧型和烟油雾化型两类，由于加热不燃烧型电子烟的定性清晰，本文主要讨论烟油雾化型电子烟（除特殊指出外，文中电子烟均指烟油雾化型电子烟）。

② 参见《国家标准 电子烟（GB 41700-2022）》3.1 电子烟定义，载国家标准全文公开网站，https://openstd.samr.gov.cn/bzgk/gb/。

含量排列的主要成分，除了尼古丁（如有）、丙二醇，可能还有甘油和添味剂。[①] 电子烟基本工作原理是，通过电池动力装置以加热、超声波等方式，将含有尼古丁和香精成分的甘油或丙二醇溶液雾化，产生雾状物供人吸食。

通过上述电子烟定义可知，以电子方式直接对烟丝加热的加热卷烟并不属于电子烟范畴。加热卷烟实际上属于一种低温卷烟，传统卷烟在点燃之后燃烧的温度要达到500度以上，加热不燃烧卷烟主要采用的是加热但不燃烧的方式，加热的温度在300度左右。[②]2022年国家烟草专卖局发布《电子烟管理办法》，其中第43条规定，加热卷烟纳入卷烟管理。

电子烟设备组成主要包括烟具、雾化物两个部分。《〈电子烟〉国家标准编制说明》[③] 介绍，电子烟的产品形式主要包括电子烟烟具、雾化物和电子烟组件等，电子烟烟具和各种电子烟组件主要是由电子烟烟用材料所构成，部分烟具和电子烟组件含有雾化物。在抽吸使用过程中雾化物和电子烟烟具共同作用产生电子烟释放物。

二、前置法视域中的电子烟

如果只是宏观探讨对电子烟的“非法经营”“伪劣产品”认定，难免得出“无烟草专卖许可证”“不符合电子烟国家标准”等放之四海而皆准的认定规则。但实践中，涉电子烟案件之所以是难案，关键就是如何结合电子烟行业、产品特点，合理适用上述规则。对于涉电子烟案件，要首先厘清电子烟设备类型，不同类型的电子烟，认定非法经营或者伪劣产品的

---

① 参见世界卫生组织报告《电子尼古丁传送系统》，载世界卫生组织信息共享数据库网站，https://apps.who.int/iris/。

② 参见王峻、刘晓源：《108号探案 || 非法经营电子烟法律适用研讨（2万字全文实录）》，载微信公众号“悄悄法律人”，2022年11月26日。

③ 参见上海新型烟草制品研究院、中国烟草总公司郑州烟草研究院等单位：《〈电子烟〉国家标准编制说明》，载上海证券报网站，https://www.cnstock.com/image/202111/24/20211201133403192.pdf。

思路可能不同，这是法秩序统一性的应有之义。因此，有必要先了解国内法、国际法两个视域中的电子烟。

（一）电子烟的国内法规制

烟草专卖法以列举定义法的方式，在该法第 2 条第 2 款规定，卷烟、雪茄烟、烟丝、复烤烟叶统称烟草制品。烟草专卖法最近一次修订于 2015 年，虽然彼时电子烟市场已有长足发展，但是修订并未涉及电子烟的任何事项。2016 年以后，政府对电子烟的管制大致可以分为三个阶段①：

第一阶段为 2016 年 2 月至 2018 年 8 月，国家鼓励研发电子烟等新型烟草产品。在此期间市场监管较为宽松，也导致电子烟零售商利用监管真空向未成年人销售电子烟的现象屡见不鲜。

第二阶段为 2018 年 8 月至 2020 年 10 月，电子烟规范化控制、避免未成年人接触电子烟成为核心议题。2018 年 8 月 31 日，国家市场监督管理总局和国家烟草专卖局（以下简称“两局”）下发《关于禁止向未成年人出售电子烟的通告》，指出电子烟作为卷烟等传统烟草制品的补充，其自身存在较大的安全和健康风险，各类市场主体不得向未成年人出售电子烟。2018 年 10 月，国家烟草专卖局《对十三届全国人大一次会议 6801 号建议的答复》称，赞同将加热不燃烧卷烟、电子烟及其他新型烟草制品按照烟草制品进行管理。2019 年 10 月 30 日，“两局”联合发布了《关于进一步保护未成年人免受电子烟侵害的通告》，敦促电子烟生产、销售企业或个人及时关闭电子烟互联网销售网站或客户端；电商平台及时关闭电子烟店铺，并将电子烟产品及时下架；电子烟生产、销售企业或个人撤回通过互联网发布的电子烟广告。2020 年 7 月，“两局”印发《电子烟市场专项检查行动方案》，要求全面清理互联网电子烟售卖，以切实保护未成年

① 参见刘文正、辛泽熙：《民生证券：2022 年电子烟行业报告》，载互联网数据资讯网，http://www.199it.com/archives/1391510.html。

人身心健康。2020年10月，未成年人保护法修订通过，明确规定向未成年人销售电子烟违法。

第三阶段为2020年10月至今，在此期间我国电子烟管理的法治化、标准化进程不断加快，监管体系逐渐形成。2021年11月，《烟草专卖法实施条例》修订并公布施行，其中明确规定“电子烟等新型烟草制品参照本条例卷烟的有关规定执行”，电子烟监管力度上升到了前所未有的新高度。2022年3月，《电子烟管理办法》明确电子烟生产与质量管理、销售管理、进出口贸易、监督检验等方面的要求。2022年4月，《国家标准 电子烟（GB 41700-2022）》正式发布，电子烟管制有了国家强制性标准。随后，《关于对电子烟相关生产企业颁发烟草专卖生产企业许可证工作的指导意见》《关于电子烟零售点布局和许可管理工作的指导意见》《关于促进电子烟产业法治化规范化的若干政策措施（试行）》《电子烟产品鉴别检测实施细则》《电子烟警语标识规定》《电子烟交易管理细则（试行）》《关于对电子烟征收消费税的公告》接连发布。至此，初步形成以烟草专卖法及其实施条例为根本、以《电子烟管理办法》和电子烟国家标准为基础、以多份政策性文件为支撑的电子烟监管制度体系。

（二）电子烟的国际法规制以及境外管制情况

中国于2003年11月10日正式签署世界卫生组织《烟草控制框架公约》，成为该公约的第77个签约国。2005年8月，全国人大常委会表决批准了该公约，并于2006年1月生效。《烟草控制框架公约》以内涵定义的方式规定，“烟草制品”系指全部或部分由烟叶作为原材料生产的供抽吸、吸吮、咀嚼或鼻吸的制品。

自2008年以来，缔约方大会就新型和新兴烟草制品和尼古丁产品的管制提供了指导，特别关注加热烟草制品（HTPs）[①]、电子尼古丁传送系统

① 即前文所指加热不燃烧型电子烟。

（ENDS）和电子非尼古丁传送系统（ENNDS）。HTPs 为烟草制品，通过加热烟草装置产生含有尼古丁和其他化学物质的气溶胶，这些制品受到《烟草控制框架公约》的规定；ENDS 和 ENNDS 不含烟草，而是蒸发由多种化合物组成的溶液，ENDS 包括尼古丁，ENNDS 可能不含尼古丁。

此后多次缔约方会议中，均提起电子烟管制问题，并提请各成员国关注。2014 年缔约方会议第六届会议，促请各缔约方“出于为人类健康提供高水平保护的考虑，考虑作为烟草制品、医疗产品、消费品或其他类产品，酌情禁止或管制 ENDS/ENNDS”。2016 年缔约方会议第七届会议，还促请各缔约方采取管制措施，酌情禁止或限制 ENDS/ENNDS 的生产、进口、经销、展示、销售和使用。2018 年，缔约方大会第八次会议将加热烟草制品定义为烟草制品，因此受《烟草控制框架公约》各项规定的制约。

2021 年世界卫生组织首次纳入电子尼古丁传送系统（ENDS）的数据，显示出共有 111 个国家以某种方式对 ENDS 进行管制。其中有 32 个国家（覆盖 24 亿人口）禁止销售 ENDS，其他 79 个国家（部分或全部）采取了一项或多项立法措施来管制 ENDS，覆盖 32 亿人口。① 全球有 32 个国家或地区规定了电子烟烟液中尼古丁的含量（浓度）。在欧盟，规定阈值浓度为 20mg/ml。32 个国家或地区不允许在含有尼古丁的电子烟烟液中添加对人类健康构成威胁的成分（尼古丁除外）；31 个国家或地区对用于制造电子烟烟液的尼古丁和其他成分的质量进行了管制。②

① 参见世界卫生组织：《世卫组织 2021 年全球烟草流行报告：应对新型和新兴制品》，载世界卫生组织信息共享数据库，https://iris.who.int。

② 参见龚正阳等：《电子烟发展及监管情况综述》，载《健康教育与健康促进》2021 年第 2 期。

三、对电子烟进行刑法规制的路径

（一）以生产、销售伪劣产品罪规制的路径

电子烟具备电子产品及烟草制品双重属性。《国家标准 电子烟（GB 41700–2022）》分别对电子烟烟具、雾化物和电子烟组件等进行了严格规定，其中既有依据《家用和类似用途电器的安全（GB 4706.1）》等标准制定的对作为电器的强制性规定，又有依据《食品安全国家标准 食品接触材料及制品通用安全要求（GB 4806.1）》等标准制定的对食品接触用金属材料、橡胶、涂层及制品等作为直接作为吸食器具的强制性规定，还有依据《生活饮用水卫生标准（GB 5749）》《食品安全国家标准 食品添加剂 丙二醇（GB 29216）》等标准制定的对烟油成分、添加剂安全的强制性规定。

目前，市面上流通的很多电子烟产品包装盒都是英文，无生产日期、无质量合格证（或生产许可证）、无生产者名称，或无生产厂名、无生产厂址、无生产卫生许可证编码。司法实践中，多地市场监管部门查获的“三无产品”电子烟都直接移送给公安机关，认为属于当然的不合格产品。对此问题，应当结合《国家标准 电子烟（GB 41700–2022）》进行实质判断。

1. 实质认定涉案电子烟系伪劣产品的基本原则

（1）对于违反国家标准的涉案电子烟，也应当审查违反的相关条款“是否危及人身、财产安全”。《产品质量法》第 26 条第 2 款第 1 项规定，合格产品需“不存在危及人身、财产安全的不合理的危险，有保障人体健康和人身、财产安全的国家标准、行业标准的，应当符合该标准”。因此，不合格产品就应当是“存在危及人身、财产安全的不合理的危险”，“不符合保障人体健康和人身、财产安全的国家标准、行业标准”。可见，不合格产品所违反的应当是“保障人体健康和人身、财产安全”的国家标准、行业标准。通常而言，国家标准、行业标准会涵盖某项产品技术规范的方

方面面，并非所有的技术规范都涉及人身、财产安全，也并非所有涉及人身、财产安全的危险都属于不合理危险。如在《国家标准 电子烟（GB 41700–2022）》第 7 项“标志和产品说明书”中规定，电子烟的“标志”应有“健康警语”，电子烟的“说明书”应有“安装、操作和使用时的注意事项和禁忌、应急处理措施等”。但是“标志和产品说明书”显然并不属于危及人身、财产安全的项目，不应当仅仅就不符合此项目直接认定构成刑法意义上的不合格产品。

（2）“三无电子烟”并非当然的不合格产品。根据最高人民法院、最高人民检察院（以下简称“两高”）《关于办理生产、销售伪劣商品刑事案件具体应用法律若干问题的解释》第 1 条第 4 款规定，《刑法》第 140 条规定的不合格产品，是指不符合《产品质量法》第 26 条第 2 款规定的质量要求的产品。而《产品质量法》第 26 条第 2 款有 3 项规定，分别是“不存在危及人身、财产安全的不合理的危险，有保障人体健康和人身、财产安全的国家标准、行业标准的，应当符合该标准”“具备产品应当具备的使用性能，但是，对产品存在使用性能的瑕疵作出说明的除外”“符合在产品或者其包装上注明采用的产品标准，符合以产品说明、实物样品等方式表明的质量状况”。上述列举的情形非常清楚，无法涵盖“三无产品”的情形。“三无产品”只能对应《产品质量法》第 27 条关于标识要求的规定。因此，一是直接将“三无产品”认定为不合格产品与刑法、产品质量法及相关司法解释对不合格产品的要求不符；二是产品质量法规定对不符合该法第 26 条第 2 款的，可以依法追究刑事责任，但对产品标识不符合该法第 27 条规定的，只能行政处罚。因此，直接以此对其刑事处罚，于法无据。

（3）“三无电子烟”是否属于刑法意义的“不合格产品”需要通过鉴定其安全保障和使用性能判断。根据“两高”《关于办理生产、销售伪劣商品刑事案件具体应用法律若干问题的解释》第 1 条第 5 款规定，对是否为不合格产品难以确定的，“应当委托法律、行政法规规定的产品质量检验机构进行鉴定”。按照《产品质量法》第26条第2款第1、2项之规定，重点鉴定其“是否危及人身、财产安全”“是否不具备使用性能”。因此，“三无产品”应实质上判断有无产品质量问题，才能考虑是否构成生产、销售伪劣产品罪或其他罪名。

2. 认定涉案电子烟系伪劣产品的几个可行路径

根据《国家标准 电子烟（GB 41700-2022）》的规定并结合《〈电子烟〉国家标准编制说明》，可以从以下四个方面的路径，针对电子烟是否具有相应使用功能，以及是否危及人身、财产安全问题进行检验鉴定。

（1）基于电子烟的电器安全角度的检验鉴定。电子烟烟具设计应当符合《家用和类似用途电器的安全 第1部分：通用要求（GB 4706.1）》等国家标准，就烟具具体技术要求而言，烟具本身应当具有“启动保护”“雾化区温度不高于350℃”“由于电池失效导致内部出现压力时，泄压方向不应与抽吸方向相同”“跌落后不应起火、爆炸”等涉及人身财产安全的内容。

（2）基于电子烟的吸食、接触安全角度的检验鉴定。一是电子烟雾化物的重金属、砷等有害物质含量是否符合相关标准；二是使用的添加剂是否可能导致食用安全性、吸入安全性、电子烟使用条件下的安全性是否能够保障；三是前述烟具的“启动保护”功能在技术要求上也需要“具有防止儿童启动功能”，一方面是考虑儿童意外接触电子烟烟具而被烫伤风险；另一方面则是考虑避免儿童接触烟碱等风险。

（3）基于电子烟对人体健康可能造成损伤风险的检验鉴定。一是使用电子烟烟液的电子烟烟具和烟弹应具有封闭结构，防止人为填充，避免出现直接接触烟叶甚至掺入大麻素等非法添加的风险；二是使用电子烟烟液的电子烟烟具和烟弹应具有良好的密封性，不应出现漏液，避免电子烟烟液中尼古丁泄漏可能对人体皮肤和黏膜产生的伤害。

（4）基于电子烟的烟草制品使用功能角度的检验鉴定。电子烟作为烟碱电子传送系统，使吸食者获取烟碱是其核心使用功能。一方面，“雾化物中应含有烟碱”是《国家标准 电子烟（GB 41700–2022）》明确规定的要求。如果以制售符合国家标准电子烟为名，制售不含有烟碱的“电子烟”（如“可乐罐、奶茶杯以及果味电子烟等”），则可以考虑认定该产品不具有烟草制品相应使用功能，进而认定构成生产、销售伪劣产品罪。另一方面，《国家标准 电子烟（GB 41700–2022）》也同时规定，电子烟中使用的烟碱应是烟草中提取的烟碱[①]，如果以制售符合国家标准电子烟为名，制售只含有人工合成的烟碱的“电子烟”，亦可以考虑认定构成生产、销售伪劣产品罪。

（二）以非法经营罪规制的路径

非法经营电子烟，能否认定为非法经营罪，一直有较大争议。烟草专卖法和“两高”《关于办理非法生产、销售烟草专卖品等刑事案件具体应用法律若干问题的解释》（以下简称《解释》），都没有对电子烟进行规定。2021 年 11 月 10 日，国务院发布第 750 号令公布修改后《烟草专卖法实施条例》，增加规定了“电子烟等新型烟草制品参照本条例卷烟的有关规定执行”。2022 年 3 月 11 日，国家烟草专卖局制定《电子烟管理办法》（自 2022 年 5 月 1 日起施行）。2022 年 9 月 28 日，国家烟草专卖局向各省级局发布通知，要求自 2022 年 10 月 1 日起从事电子烟生产经营的市场主体，应当取得烟草专卖许可证。《烟草专卖法实施条例》修订之前，无证经营电子烟行为的入罪就存在争议，《烟草专卖法实施条例》修订之后在实务中依然存在争议。

1. 关于无证经营电子烟能否入罪的不同观点

第一种观点认为，无论是加热不燃烧型电子烟还是烟油雾化型电子

---

① 《国家标准 电子烟（GB 41700—2022）》4.2.2.1.1 规定：“应使用烟草中提取的烟碱，纯度不应低于 99%（质量分数）”；4.2.2.1.2 规定：“允许使用烟碱合成的烟碱盐有……制备以上烟碱盐的烟碱应符合 4.2.2.1.1 的要求。”

烟，均不应认定为非法经营罪，原因在于电子烟不同于传统卷烟，《烟草专卖法实施条例》修订前并没有将电子烟纳入专营专卖物品，国家烟草专卖局的相关文件属于部门规范性文件；修订后的《烟草专卖法实施条例》对电子烟也只是规定“参照执行”。因此，也不能认定为非法经营罪。

第二种观点认为，加热不燃烧型电子烟原本就属于烟草制品，无证经营该类电子烟的，构成非法经营罪；在《烟草专卖法实施条例》修订之前无证经营烟油雾化型电子烟的，不构成非法经营罪，但是，之后无证经营的构成非法经营罪。

第三种观点认为，《烟草专卖法实施条例》修订之后无证经营加热不燃烧型电子烟和烟油雾化型电子烟均可以构成非法经营罪，然而需要注意，不含“烟碱”或者仅含有“人工合成烟碱”的烟油雾化型电子烟，由于本身并不属于烟草制品，因此无证经营该种电子烟不构成非法经营罪。本文亦持此种观点。

2. 认定非法经营罪需要注意的问题

（1）认定无证经营电子烟可能构成非法经营罪的法律基础已无争议。《刑法》第225条第1项规定，违反国家规定，“未经许可经营法律、行政法规规定的专营、专卖物品或其他限制买卖的物品”是非法经营。根据非法经营罪的行政犯从属性原理，无证经营电子烟能否认定非法经营罪取决于有无前置的行政法规依据。《烟草专卖法》第2条规定：“本法所称烟草专卖品是指卷烟、雪茄烟、烟丝、复烤烟叶、烟叶、卷烟纸、滤嘴棒、烟用丝束、烟草专用机械。”2021年修订后的《烟草专卖法实施条例》明确规定“电子烟等新型烟草制品参照本条例卷烟的有关规定执行”。这里的“参照”是法律拟制，不是可以选择执行或者不执行，而是应当执行。换言之，修订后的《烟草专卖法实施条例》实施后，无证经营烟油雾化型的电子烟，情节严重的，可以成立非法经营罪。上述两个文件分别属于法规和国务院令，属于刑法中的“国家规定”并无争议。[①]

（2）“具有烟草制品属性”是认定无证经营电子烟构成非法经营罪的前提。如前所述，《烟草专卖法实施条例》增加规定了“电子烟等新型烟草制品参照本条例卷烟的有关规定执行”，该条文的语境无疑认为，属于“烟草制品”的电子烟才是条例规制的对象。

从国内法角度而言，烟草专卖法以列举定义法的方式规定“卷烟、雪茄烟、烟丝、复烤烟叶统称烟草制品”；《烟草专卖法实施条例》《电子烟管理办法》均未定义何为烟草制品。值得注意的是，《电子烟国家标准（GB 41700–2022）》规定了电子烟应当“使用烟草中提取的烟碱”。

从国际法的角度而言，《烟草控制框架公约》以内涵定义的方式规定“烟草制品系指全部或部分由烟叶作为原材料生产的供抽吸、吸吮、咀嚼或鼻吸的制品”。条约依法缔结生效后，各方必须按照条约规定，行使自己的权利，履行自己的义务，不得违反。[②]

对比烟草专卖法、《烟草控制框架公约》，二者对烟草制品的定义并不冲突，而是存在包含与被包含的关系，同时参考二者理解“烟草制品”的语义射程并不违反“内政不能干涉”的国际法基本原则。结合《国家标准电子烟（GB 41700–2022）》对烟碱的规定“应使用烟草中提取的烟碱，纯度不应低于99%（质量分数）”不难发现，电子烟之所以能够为《烟草专卖法实施条例》所规制，根本原因在于其与其他烟草制品同属于植物烟草所生产的本质特征。

（3）无证经营仅含有非烟草提取烟碱或者不含有烟碱的电子烟的行

① 参见李勇、多甜甜：《区分类型认定无证经营电子烟行为》，载《检察日报》2023年4月15日，第3版。

② 参见江国青：《九届全国人大常委会法制讲座第十四讲：国际法与国际条约的几个问题》，载中国人大网，http://www.npc.gov.cn/zgrdw/npc/xinwen/2000-04/29/content_1459914.htm。

为不构成非法经营罪。烟碱是尼古丁的俗称，是一种存在于茄科植物（茄属）中的生物碱，也是烟草的重要组成成分，是一种难闻、味苦、无色透明的油状液态物质。对于非烟草提取烟碱，由于烟草属以外的含烟碱的作物中，烟碱含量水平太低，不值得进行工业化提纯，因此一般系合成烟碱。合成烟碱不需要从烟草叶子、茎或废尘中提取。它是通过有机和药物合成的理论，用合适的化学试剂作为起始原料，在特定的反应条件下，经过多步的化学反应定向合成而获得。目前山东金城医药集团股份有限公司[①]等公司均可生产合成烟碱。

虽然烟碱有剧毒[②]需要特殊的生产许可，但是不能因此否认无证销售电子烟中的烟碱物质来源不存在合成的可能性。在实验室可以通过开发基于同位素模式峰的串联质谱技术，结合化学计量学分析手段鉴定天然与合成烟碱的来源的情况下，[③]可以通过检验鉴定的方式对涉案的电子烟烟碱性质进行鉴定，从而判断其是否“具有烟草制品属性”。

无证经营电子烟周边产品不构成非法经营罪。虽然《电子烟管理办法》第3条规定“本办法所称电子烟包括烟弹、烟具以及烟弹与烟具组合销售的产品等”，似乎与电子烟相关的所有周边产品都能够纳入其中，但是如前所述，电子烟之所以能够受到非法经营罪的规制，底层逻辑在于其“具有烟草制品属性”。因此，在烟草专卖法将“烟草专卖品”的范围拓展至电子烟周边产品以前，并不能以这种规章管理的方式变相自我授权扩大对电子烟周边产品的刑法规制。

---

① 参见张文录：《金城医药研究报告：生物合成与化学合成双平台能量开始爆发》，载知乎网，https://zhuanlan.zhihu.com/p/515637290。

② 参见赵国林等：《烟碱的室内毒力及大田药效测定》，载《甘肃农业科技》1997年第10期。

③ 参见付亚宁等：《基于同位素模式峰的串联质谱鉴别天然与合成烟碱》，载中国知网，https://kns.cnki.net/kcms/detail/11.2979.th.20230331.0834.002.html。

电子烟刑法规制路径简表

<table>
<tr><td rowspan="11">电子烟</td><td>加热不燃烧型</td><td colspan="5">卷烟管理</td></tr>
<tr><td rowspan="10">烟油雾化型</td><td rowspan="10">电子烟管理</td><td rowspan="7">伪劣商品</td><td rowspan="5">电器</td><td>使用功能问题</td><td>启动保护等</td></tr>
<tr><td>人身安全问题</td><td>泄压安全、防填充、防泄漏等</td></tr>
<tr><td>兼并合问题</td><td>针对儿童的启动保护</td></tr>
<tr><td>其他非核心问题（不构成犯罪）</td><td>说明书、标识等</td></tr>
<tr><td colspan="2"></td></tr>
<tr><td rowspan="2">烟油</td><td>使用功能问题</td><td>无烟碱或者烟碱含量不合格</td></tr>
<tr><td>人身安全问题</td><td>添加剂</td></tr>
<tr><td rowspan="3">非法经营</td><td rowspan="3">烟草制品</td><td>提取烟碱</td><td>可以规制</td></tr>
<tr><td>无烟碱</td><td>不能规制</td></tr>
<tr><td>合成烟碱</td><td>不能规制（根据现有法律不能规制）</td></tr>
</table>

检察机关依法惩治破坏市场竞争秩序犯罪典型案例解读

王 健 吴 楠 杨 丽*

习近平总书记多次对反垄断和反不正当竞争工作作出重要指示，明确指出强化反垄断、深入推进公平竞争政策实施，是完善社会主义市场经济体制的内在要求。要从构建新发展格局、推动高质量发展、促进共同富裕的战略高度出发，促进形成公平竞争的市场环境，为各类市场主体特别是中小企业创造广阔的发展空间，更好保护消费者权益。①2022年中央政法工作会议也提出明确要求，要加大反垄断、反暴利、反天价、反恶意炒作、反不正当竞争等领域司法力度，推动完善相关法律法规。检察机关积极参与反垄断和反不正当竞争工作是贯彻落实党中央决策部署的必然要求，是保护人民群众合法权益的迫切需要和履行法律监督职能的务实举措，同时也是践行维护公平正义法治责任的应然之举。2022年8月，最高人民检察院（以下简称最高检）发布6件检察机关依法惩治破坏市场竞争秩序犯罪典型案例。为更好发挥典型案例指引和规范作用，本文就典型案例发布对

* 王健，最高人民检察院第四检察厅二级高级检察官；吴楠，最高人民检察院第四检察厅二级高级检察官；杨丽，最高人民检察院第四检察厅三级高级检察官。

① 参见《加强反垄断反不正当竞争监管力度 完善物资储备体制机制深入打好污染防治攻坚战》，载《人民日报》2021年8月31日，第1版。

检察办案的启示及相关司法适用等内容进行解读。

一、对检察机关参与反垄断和反不正当竞争工作的启示

（一）更新办案理念，准确把握惩治破坏市场竞争秩序犯罪的政策导向

1. 更新办案理念

检察人员在司法办案中应当具备大局意识，充分认识到维护市场竞争秩序是检察机关的重要职责任务之一，结合检察履职找准切入点，切实以法治思维和法治方式推动反垄断和反不正当竞争工作深入开展。

2. 注重工作融合

在现行刑法未就破坏市场竞争秩序犯罪作出专门规定的情况下，应将其与保护知识产权、护航民营经济、惩治商业贿赂犯罪、常态化开展扫黑除恶等工作有机结合，多角度综合权衡考虑此类犯罪的社会危害性，客观评价犯罪行为。

3. 突出打击重点

检察机关在依法惩治破坏市场竞争秩序犯罪时，应聚焦重点领域、重点行业，围绕发生在民生领域的垄断和不正当竞争行为，特别是涉互联网企业的严重危害国计民生、损害消费者合法权益的犯罪行为，研究犯罪规律，依法严厉惩处。

4. 坚持谦抑原则

检察机关司法办案中，要贯彻落实宽严相济刑事政策，特别是对涉企案件，应当准确区分企业经营创新行为和垄断、不正当竞争行为，合理确定刑事打击范围，防止矫枉过正，因刑事打击面过广而影响企业创新发展、破坏营商环境。

（二）依法能动履职，积极参与破坏市场竞争秩序犯罪诉源治理

1. 积极引导侦查，注重办案质效

破坏市场竞争秩序犯罪隐蔽性、专业性强，办案难度较大，检察机关

应当充分发挥检察一体化办案优势，并主动加强与公安机关的沟通，积极介入侦查引导取证，夯实案件证据体系、准确适用法律。对重大疑难复杂案件，应善于借助专家外脑，就相关问题作出专业判断、提出专业意见，确保办案质效。对于给其他经营者或消费者造成损失的案件，在依法从严惩处的同时，高度重视追赃挽损工作，最大限度保障其他经营者和消费者的合法权益，努力实现案件办理政治效果、法律效果、社会效果的有机统一。

2. 强化协作配合，形成打击合力

一方面，应完善刑事、民事、行政和公益诉讼检察部门的信息共享、线索移送和工作对接机制，推动形成“四大检察”一盘棋的工作格局，全方位、多角度参与垄断和不正当竞争违法犯罪行为综合治理，切实发挥检察机关法律监督合力。需要特别注意的是，2022 年修改的反垄断法明确规定，经营者实施垄断行为，损害社会公共利益的，设区的市级以上检察机关可以提起民事公益诉讼。对不正当竞争行为，检察机关公益诉讼检察部门也可从维护食品药品安全、维护个人信息安全以及消费者权益保护等角度提起公益诉讼。刑事检察部门对办案中发现的涉及垄断、不正当竞争可能侵犯社会公共利益的行为，应当将相关线索及时移送公益诉讼检察部门处理。另一方面，应进一步加强外部沟通协作。严格贯彻落实国务院《行政执法机关移送涉嫌犯罪案件的规定》和最高检《关于推进行政执法与刑事司法衔接工作的规定》，加强与市场监管、金融监管、互联网监管等部门的协作配合，完善与相关行政执法部门之间的信息共享机制，积极拓宽线索来源，主动跟踪了解、分析研判，对认为构成犯罪的及时开展立案监督，推动行政执法与刑事司法紧密衔接。既要重视行刑正向衔接，也要重视行刑反向衔接，对需予以行政处罚的不起诉案件，及时提出检察意见并移送有关主管机关处理。

3. 积极延伸职能，推进诉源治理

一是深入推进涉案企业合规试点工作。在司法办案中坚持惩治结合、以惩促治，积极推进诉源治理。检察机关应以涉案企业合规试点改革为契机，结合认罪认罚从宽制度适用和羁押必要性审查专项活动等，依法充分运用捕诉裁量权，督促涉案企业开展合规整改，帮助企业强化公平竞争意识，依法规范经营，严守法律底线。二是发挥检察建议刚性作用。提升主动服务意识，分析案件中反映出的破坏市场竞争秩序犯罪的深层次原因，发现企业存在制度管理漏洞或违法犯罪隐患的，及时制发检察建议，并积极督促落实。强化大数据思维，推动数据集成分析研判，对类案办理中发现的共性问题及时分类梳理，剖析发现重点行业领域监管漏洞，通过制发检察建议，促进解决某一行业、某一领域普遍性问题，推动行业健康发展。三是加大普法宣传力度。发挥检察机关以案释法优势，通过发布典型案例、重大案件观摩庭审、公开听证等活动，有针对性地开展警示教育，加大反垄断和反不正当竞争工作的宣传力度，在全社会营造公平竞争、合法经营的良好氛围。

二、破坏市场竞争秩序犯罪的界定和特点

（一）破坏市场竞争秩序犯罪的界定

破坏市场竞争秩序行为包括垄断、不正当竞争等行为。由于刑法并无专门章节规定破坏市场竞争秩序犯罪，理论界也较少将此作为专门刑法问题予以研究，司法实践中对可以将哪些犯罪界定为破坏市场竞争秩序犯罪存在争议。笔者认为，在根据刑法本身难以得出确切结论的情况下，可以借助竞争法相关规定采用“两步走”方式予以确认。

第一步，先从竞争法视角界定哪些行为属于破坏市场竞争秩序行为。狭义的竞争法是指以竞争关系和竞争管理关系为调整对象的法律规范性文件，如反垄断法和反不正当竞争法。而广义的竞争法除上述法律规定外，

还包括价格法、商标法、专利法、招标投标法、对外贸易法等与竞争行为有关的法律规范。[①]根据法秩序统一性原则，对破坏市场竞争秩序行为的界定可以参考最高人民法院《关于适用〈中华人民共和国反不正当竞争法〉若干问题的解释》第1条对“不正当竞争行为”的规定，适用较为宽泛的标准，即除反垄断法、反不正当竞争法中明确规定的垄断行为和不正当竞争行为外，还应当包括与竞争相关的法律规范中涉及垄断和不正当竞争的行为。需要注意的是，虽然对破坏市场竞争秩序行为采取较为宽泛的界定标准，但也应注意认定边界问题，如对一些消费者的行为、企业内部职工之间的工作竞争行为、劳动者在劳动力市场中的竞争行为等，因不属于经营者为实现自身经济利益最大化而采取的商业性行为，故不应将其界定为破坏市场竞争秩序行为。

第二步，将破坏市场竞争秩序行为与刑法相关条文相对照，确认相关罪名是否可以规制破坏市场竞争秩序行为。刑法中，有的罪名属于典型的惩治破坏市场竞争秩序犯罪的罪名，如侵犯商标权犯罪，侵犯商业秘密罪，假冒专利罪，串通投标罪，损害商业信誉、商品声誉罪等。以侵犯商业秘密罪为例，《反不正当竞争法》第9条明确规定侵犯商业秘密的行为属于不正当竞争行为；对应《刑法》第219条明确规定实施侵犯商业秘密行为情节严重的构成侵犯商业秘密罪，故可以将侵犯商业秘密罪确定为典型的惩治破坏市场竞争秩序犯罪的罪名。有的罪名则属于与破坏市场竞争秩序犯罪密切相关，但并不能全部归入破坏市场竞争秩序犯罪范畴的罪名，如组织、领导、参加黑社会性质组织罪，受贿罪，非国家工作人员受贿罪，行贿罪，对非国家工作人员行贿罪，破坏计算机信息系统罪等。以行贿犯罪为例，《反不正当竞争法》第7条明确规定经营者为谋取交易机会或竞争

① 参见徐孟洲、孟雁北：《竞争法》（第三版），中国人民大学出版社2018年版，第23页。

优势，采用财物或其他手段贿赂可以利用职权或者影响力影响交易的单位和个人的，属于不正当竞争行为；对应《刑法》第 389 条行贿罪和第 164 条对非国家工作人员行贿罪的规定，为谋取不正当利益，给予国家工作人员以财物，或者在经济往来中，违反国家规定，给予国家工作人员以财物或以各种名义的回扣、手续费的，构成行贿罪；为谋取不正当利益，给予公司、企业或者其他单位的工作人员以财物，数额较大的，构成对非国家工作人员行贿罪。可以看出，《刑法》第 389 条、第 164 条规定的行为范围明显宽于《反不正当竞争法》第 7 条规定的行为范围，故在判断行贿罪、对非国家工作人员行贿罪案件是否属于破坏市场竞争秩序犯罪案件时，应当根据《反不正当竞争法》第 7 条的规定进行甄别后予以判断。

（二）破坏市场竞争秩序犯罪的特点

一是从案件类型来看，犯罪类型多样，但总体罪名分布相对集中。破坏市场竞争秩序犯罪涉及罪名较为广泛，但案件分布趋于集中，主要体现在侵犯知识产权，生产、销售伪劣商品，扰乱市场秩序，行贿受贿等几类案件中，上述案件占全部破坏市场竞争秩序犯罪案件的七成以上。在部分案件中，破坏市场竞争秩序犯罪与其他类型犯罪相互交织，呈现出更为复杂的态势，如组织、领导、参加黑社会性质组织犯罪中，可能出现垄断特定区域或行业市场等行为，属于黑社会性质组织犯罪中“在一定区域或者行业内，形成非法控制或者重大影响，严重破坏经济、社会生活秩序”的危害性特征构成要件行为，同时也可能构成反垄断法所规制的垄断行为。

二是从犯罪手段来看，随着现代科技的发展，破坏市场竞争秩序犯罪手段专业性强且持续翻新，网络化趋势明显。行为人往往以正常的生产经营活动为掩护，利用互联网、物联网等新型渠道实施破坏市场竞争秩序犯罪行为，具有一定的迷惑性、隐蔽性，司法机关发现难、取证难、认定难。同时，破坏市场竞争秩序案件刑民交叉、行刑交叉情况突出，数额、情节以及造成后果的差异或直接导致民事纠纷、行政违法或刑事犯罪的不同定性，需要司法机关准确甄别行为性质，厘清罪与非罪的界限。

三是从地域分布来看，案件主要分布在经济相对发达地区，且各地破坏市场竞争秩序犯罪涉及的领域、作案手段等存在差异。破坏市场竞争秩序犯罪案件数量排名前十的省份所办该类案件数占全部案件数量的 65% 左右，且上述省份大多为经济发达地区，案件类型更为多样化。破坏市场竞争秩序犯罪往往还带有一定的地域特色，且多与当地支柱型产业相关。

三、垄断行为的刑法规制

（一）当前刑法中对垄断行为的规定

考虑到当前刑法对不正当竞争行为的规制较为全面，而对垄断行为则涉及较少，本文主要对垄断行为刑法规制问题予以重点研究。

刑法中规范垄断行为的罪名主要有：一是串通投标罪。原串通投标行为由反不正当竞争法予以规制，2017 年该法修订时考虑到串通投标行为属于垄断行为，将其从反不正当竞争法中删去，且实践中已有市场监管部门因经营者串通投标而根据反垄断法作出行政处罚的案例，因此，可以将串通投标罪归为典型的规制垄断行为的罪名。二是强迫交易罪。强迫交易行为可能涉及利用垄断协议或者滥用市场支配地位破坏市场竞争秩序的问题，此时便可能属于垄断行为；但若无市场经营活动，仅以暴力、威胁手段强迫交易的，则不属于垄断行为。故对强迫交易罪的适用不应一概而论，而应当结合具体案情综合判断。除上述两个罪名外，组织、领导、参加黑社会性质组织罪以及侵犯公民个人信息罪等犯罪中同样可能涉及垄断行为。总体而言，刑法对垄断行为的规定较为“单薄”，难以适应当前严惩垄断行为的实践需要，垄断行为入罪问题亟须进一步深入研究。

（二）垄断行为入罪的必要性

一是垄断行为社会危害严重。一方面，垄断行为会破坏自由公平的市场竞争机制，导致生产不足、资源配置紊乱，会降低经济效率，损害创新动力，造成社会财富的巨大浪费，不利于经济高质量发展；另一方面，垄断行为导致消费者被迫购买“质次价高”的产品或服务，压缩了消费者选择空间，增加人民群众生活成本，损害消费者合法权益。此外，垄断行为因经营模式不健康，可能导致经营风险，影响民生领域产品或服务提供的稳定性，可能诱发民生领域社会风险。且与已经入罪的串通投标罪等罪名相比，严重垄断行为具有相当甚至更为严重的社会危害性，理应通过刑事手段予以规制。

二是现行垄断行为规制机制存在一定缺陷。当前对垄断行为的规制仅有民事手段和行政手段。关于民事手段，提起诉讼的民事主体需自行承担举证责任，而当事人举证能力有限，可能导致提供法院查明的事实不够全面，高昂的诉讼费用则可能成为当事人维权的阻碍。关于行政手段，《反垄断法》第 47 条规定了反垄断执法机关调查涉嫌垄断行为可以采取的措施，明显少于刑事诉讼中公安机关可以采取的措施，实践中为了保障查处垄断行为的顺利进行，执法机关往往需要借助公安机关的帮助，这也一定程度上可能影响反垄断行政调查的效果。采用刑事手段对垄断行为予以规制，则可以有效避免上述规制手段的缺陷。刑事追究与行政处罚、民事责任相互衔接，辅之以检察机关公益诉讼制度，可以形成完整的垄断行为责任体系，全方位预防和治理垄断行为。

三是正当法律程序原则的要求。修改后的反垄断法大幅提高了罚款上限，对达成垄断协议的除追究单位责任外，对于法定代表人、主要负责人和直接责任人对达成垄断协议负有个人责任的，还可以对个人处以 100 万元以下罚款。高额罚款可能影响单位或个人的重大经济利益，因此对正当法律程序也提出了更为严格的要求。目前，行政机关行政处罚的方式与刑事诉讼相比，程序不够公开透明，且缺乏对抗性，可能引发社会公众对程序正当性的质疑。如将对严重垄断行为的处理引入刑事诉讼程序，更能满足涉案企业和个人，包括社会公众对法律正当程序的需求，也更有利于保护当事人合法权益。

四是反垄断法修改为刑法相关罪名设立提供了空间。2008年《反垄断法》（已被修改）第52条、第54条仅就对反垄断执法机构依法实施的审查和调查拒绝提供有关材料、信息，或者提供虚假材料、信息，或者隐匿、销毁、转移证据，或者有其他拒绝、阻碍调查行为构成犯罪的；以及反垄断执法机构工作人员滥用职权、玩忽职守、徇私舞弊或者泄露执法过程中知悉的商业秘密构成犯罪的情形规定了刑事责任。而上述刑事责任条款系为保障反垄断执法和限制执法权滥用而设置的条款，并未涉及垄断行为本身的刑事责任问题，可以推定，在当时的立法语境下，垄断行为只需要承担民事责任和行政责任，而无须承担刑事责任。2022年反垄断法对第七章“法律责任”部分予以修改，不再在具体条款中列明刑事责任，而是在第七章“法律责任”部分最后一条，即第67条中规定，“违反本法规定，构成犯罪的，依法追究刑事责任”。上述立法模式的变更，体现出将严重垄断行为纳入刑法规制范围的立法目的，为刑法相关罪名设置和条文修改预留空间。

五是国外垄断行为入罪已有先例可循。从国外立法例来看，垄断行为刑事化已成为一种国际趋势。[①]美国是第一个运用刑罚手段治理垄断行为的国家，其《谢尔曼反托拉斯法》前三条规定了对垄断协议和滥用市场优势地位的垄断行为的刑事处罚，包括罚金和监禁。此外，加拿大、日本、韩国、英国、法国、澳大利亚等国家也均有对垄断行为进行刑事制裁的相关规定。世界各国立法和司法实践为我国反垄断刑事立法提供了直接参考。

（三）垄断行为入罪界限问题

将严重垄断行为规定为犯罪已渐成趋势，但对于严重垄断行为的范围划定仍然存在较大争议。笔者认为，认定严重垄断行为应秉持刑法谦抑性

---

① 参见胡建波：《垄断犯罪立法研究》，中国社会科学出版社2013年版，第35页。

原则，站在服务经济社会发展大局的角度，充分考虑我国经济社会发展情况和当前垄断行为状况，仔细考量不同垄断行为社会危害性程度等，综合决定是否将有关行为纳入刑事规制范围，避免入罪范围过宽或过窄。同时为体现刑事规制的灵活性，可借鉴横向垄断协议案件中的宽大制度等，设置一定的出罪条款。在刑罚设置上，可考虑以罚金刑为主，短期自由刑为辅的方式。

扫描二维码

查看典型案例

Jinrong Zhengquan Yewu

金融证券业务

当前惩治金融犯罪中的若干问题 *

张晓津 **

2022年10月16日，中国共产党第二十次全国代表大会报告提出，要“加强和完善现代金融监管，强化金融稳定保障体系，依法将各类金融活动全部纳入监管，守住不发生系统性风险底线”。2023年3月16日，中共中央与国务院印发《党和国家机构改革方案》，其中将深化中央和地方金融监管体制机制改革作为重要内容。这既体现了当前防范化解金融风险的复杂性、严峻性，也明确了当前一个时期金融工作和金融刑事检察工作的主要任务。事实上，现行刑法经历了11次修正，对金融犯罪有关条文作了适当修改，总体上为依法惩治各类金融犯罪提供了充分的制度保障。除此以外，司法机关也进一步细化了对于金融犯罪的具体解释，如早在2001年1月21日，最高人民法院就发布了《全国法院审理金融犯罪案件工作座谈会纪要》（以下简称《法院金融犯罪纪要》），对全国法院处理金融犯罪问题作出具体指引，而在2017年6月2日，最高人民检察院针对新兴互联网领域的金融犯罪问题，专门发布了《关于办理涉互联网金融犯罪案件有关问题座谈会纪要》（以下简称《互联网金融犯罪纪要》），对新出现的金融犯罪争议问题作出回应，在此基础上，“两高”也曾多次发布相关金融犯罪指导性案例，提供可以参照的指控证明裁判思

---

* 本文原载《政法论坛》2023年第6期，有删节。

** 最高人民检察院第四检察厅厅长，一级高级检察官。

路。然而值得注意的是，虽然当前司法实践中针对金融犯罪问题构建了相对完善的刑法规制体系，但我国自2001年加入世贸组织以来，国内外金融市场、金融业态、金融交易模式以及金融产品层出不穷，金融犯罪样态、危害也推陈出新、迭代升级，对惩治金融犯罪工作不断提出新挑战，需要发挥司法智慧积极应对处置，助力风险防范化解。最高人民检察院新一届党组对办案人员提出了“善于从法律条文中深刻领悟法治精神，善于从纷繁复杂的法律事实中准确把握实质法律关系，善于统筹法理情的有机统一”的要求，这对当前惩治金融犯罪具有十分重要的指引作用。消弭理论和实践上存在的争议，解答当前惩治金融犯罪工作中的普遍性问题，应该重点围绕金融犯罪法益和实质关系进行阐释。

一、金融犯罪侵害的法益

法益是法律保护的公民个人和人类社会生活的核心利益，人们的生存、发展离不开法益。[①]犯罪的本质是侵害法益，刑法的目的是保护法益。[②]刑法中的法益，是指根据宪法的基本原则，由刑法所保护的、客观上可能受到侵害或者威胁的人的生活利益。[③]通常认为，金融诈骗罪侵犯的是复杂客体，即国家正常的金融管理秩序和公私财产的所有权。[④]但由于金融管理秩序较为抽象，对于具体罪名中法益的具体内容在解释上容易产生认识分歧。比如，对于金融犯罪案件数量排名居前的非法吸收公众存款罪，有观

---

① 参见张明楷：《法益初论》（上册），商务印书馆2021年版，第196—197页。

② 为了预防和惩治金融犯罪所造成的社会危害，刑法对各类破坏金融管理秩序的行为规定了相应的罪名。实际上，犯罪的社会危害性的反面就体现了刑法所欲保护的法益。张明楷：《法益保护与比例原则》，载《中国社会科学》2017年第7期。

③ 参见张明楷：《刑法学》（第六版）（上），法律出版社2021年版，第78页。

④ 参见高铭暄、马克昌主编：《刑法学》（第八版），北京大学出版社、高等教育出版社2017年版，第417页。

点认为，非法吸收公众存款罪是破坏金融秩序犯罪，行为人非法吸收的是公众的“存款”，而不是非法吸收公众的“资金”，所以，按照法益保护的原理，行为人必须是将吸收的存款用于信贷目的，即吸收存款后再发放贷款、有进有出的，才有可能构成本罪。惟其如此，该行为才是仿照金融机构的模式运作，也才可能对合法的金融机构即银行正常发放贷款这一业务的开展有冲击、有影响，才能危及金融秩序，因而，才应以犯罪论处。[①]这一观点将破坏金融管理秩序与对商业银行吸收存款发放贷款业务的冲击相等同，将非法吸收存款后未用于放贷等都排除在该罪的适用范围之外，存在过度限缩非法吸收公众存款罪适用范围的问题。除此之外，关于骗取贷款罪侵犯的法益的认识，也存在截然不同的观点：“持不同观点的学者大体上都是基于自己对本罪处罚范围的看法来确定本罪的保护法益的。亦即，越是主张限制本罪处罚范围的学者，越是限制本罪保护法益的范围；反之，不主张对本罪处罚范围予以限制的论著，则将金融秩序或者贷款秩序作为本罪的保护法益。”[②]由此可见，认识并判断金融犯罪的侵犯法益对正确运用刑法惩治金融犯罪至关重要，而对具体犯罪构成要件的解释，也必须以该罪的保护法益为指导，不能对分则法条的表述作望文生义的解释。在解释论视域下，根据保护法益及其内容解释刑法的目的论解释，具有最高地位。[③]随着金融犯罪的不断演变，新型犯罪类型持续出现，关于刑法适用的争议也日益凸显，达成共识首先要在对金融犯罪侵犯的法益问题上形成较为一致的认识。准确把握金融犯罪侵害的法益，也就是金融刑法所欲保护的法益，是准确解释和适用金融刑法的价值基础。

---

① 参见周光权：《“刑民交叉”案件的判断逻辑》，载《中国刑事法杂志》2020年第3期。

② 张明楷：《骗取贷款罪的保护法益及其运用》，载《当代法学》2020年第1期。

③ 参见田宏杰：《刑法法益：现代刑法的正当根基和规制世界》，载《法商研究》2020年第6期。

事实上，关于金融犯罪法益的争论，核心焦点在于对破坏金融管理秩序具体内容的解释。作为法律所保护公民个人和人类社会生活的核心利益，它不是法律创设出来的，而是前实证法的、先于法律规范而独立存在的经验事实，它们存在于个体需求和社会生活之中，并为社会大众普遍信赖，从而成为占据主导地位的社会核心文化价值和公众的普遍经验认知。[①]对于金融犯罪法益的把握，必须立足于金融活动的本质，结合金融监管的目的展开，而不能脱离金融活动。监管金融活动、惩治金融犯罪在任何国家都受到高度重视。这是因为金融活动天生具有风险，其中信用风险是最根本的风险。现行金融领域的行政规制和刑法规制措施，均是建立在传统金融业风险基础之上。以商业银行为代表的间接金融领域中的信用风险，以资本市场为代表的直接金融领域中的信息不对称风险，[②]决定了对金融市场事前准入、事中监管、事后惩治的监管体系的建构。比如，商业银行法、保险法、证券法等金融法律法规对从事相关金融业务的资格作了明确规定。重要的金融业务须经相关主管部门依法批准持牌经营，包括银行、保险、信托、证券承销与保荐、证券经纪、证券投资咨询、金融租赁、公募基金、第三方支付等，未经批准从事应当持牌经营的金融业务属于非法金融活动。随着金融市场的多元发展，风险会在不同金融机构、不同金融市场之间相互传导，一旦防控不当容易诱发系统性风险，导致金融体系的全面崩溃。因此，防范化解金融风险特别是防止发生系统性金融风险，是金融工作的根本性任务，也是永恒主题。加强金融监管、惩治金融犯罪的根本目的就在于防止发生系统性风险。

鉴于金融活动的风险客观存在，金融监管不可能消除风险，只能通过

---

① 参见王新：《惩治金融犯罪的刑事政策论要》，载《中国应用法学》2023年第1期。

② 参见吴晓求：《互联网金融：成长的逻辑》，载《财贸经济》2015年第2期。

建章立制来控制风险。系统性风险的产生原因本身比较复杂，法律制度设计的缺陷、政治经济社会因素的影响等，都是引发系统性风险的诱因。在2009年金融危机后，各国金融监管部门日益强调“双峰监管”，即审慎监管和行为监管，审慎监管又区分为宏观审慎监管和微观审慎监管，分别对应防范系统性风险和防范金融机构的个别风险对金融系统稳定性造成的影响；行为监管的主要目标则是保护金融消费者的合法权益。[①] 就刑事司法而言，关注的不是法律规定之外的风险，而是在具体金融活动中存在的现行法律所不允许的风险，这些金融活动的风险可能会阻碍金融交易的自由与发展，本质上也是对金融交易自由的保护。鉴于此，对于具体金融犯罪的法益，必须结合防范化解金融风险的立场进行理解，既不能高度抽象秩序法益，又不能过分具象为特定金融机构的财产利益。近年来，伴随着国内P2P网络借贷平台“爆雷”、部分地区中小银行发生流动性危机到美国硅谷银行等银行破产事件的发生，金融风险已经不再是一个抽象的概念，而是转化为可以具体感知的存在，其中导致金融风险产生的原因，则是一个个具体的违法犯罪事件的积累。对于个案的惩治，不是为了保护金融机构的特殊利益或者业务专属权，而是防止因个案累积形成巨大的金融风险乃至系统性风险。将金融犯罪法益局限于金融机构的财产权，将侵害金融机构犯罪等同于普通财产犯罪，实际上并没有认识到金融犯罪法益的本质，而这则会不当地限缩金融犯罪的处罚范围。因此，金融管理秩序既是抽象的，又是具体的，应当立足于防范法律所不允许的不当金融风险来把握法益实质。

对于非法吸收公众存款罪法益的实质，需要结合非法吸收公众存款行为的不当风险进行剖析。吸收公众存款是最典型的金融活动，防控储蓄机

---

① 参见吴云、张涛：《危机后的金融监管改革：二元结构的“双峰监管”模式》，载《华东政法大学学报》2016年第3期。

构的信用风险，是对该金融活动的监管重点。一是商业银行法规定吸收公众存款是商业银行的专属业务，未经国务院银行业监督管理机构批准，任何单位和个人不得从事吸收公众存款等商业银行业务。二是对商业银行从批准设立到业务运行进行严格监管，并设置了一系列监管指标。国际清算银行下的巴塞尔银行监理委员会也通过制定巴塞尔协议等规则提出加强银行监管、防范国际金融风险的监管标准。而未经依法批准的非法吸收公众存款行为，不接受任何监管，将公众资金完全处于非法集资人的掌控之下，导致其信用风险不受控制，形成不当金融风险，与监管要求相背离。从实际案件来看，大量非法集资案件因非法集资人资金链断裂“爆雷”案发，给集资参与人造成了严重经济损失，并引发了一系列社会性问题，也证明不受监管的非法吸收公众存款行为的社会危害性，是破坏金融管理秩序的具体体现。因此，专属性不是给予商业银行吸收公众存款的许可的目的，其根本目的在于防控吸收公众存款业务自身的风险，而禁止非法吸收公众存款，也不是为了保护商业银行存贷款业务的专属性。对于以非法吸收公众存款方式进行融资并从事生产经营活动的行为，仍具有刑事追诉的必要性。但是，从风险防控的实际情况出发，《刑法修正案（十一）》在《刑法》第 176 条增设了第 3 款：“在提起公诉前积极退赃退赔，减少损害结果发生的，可以从轻或者减轻处罚。”最高人民法院《关于审理非法集资刑事案件具体应用法律若干问题的解释》也规定：“非法吸收或者变相吸收公众存款，主要用于正常的生产经营活动，能够在提起公诉前清退所吸收资金，可以免予刑事处罚；情节显著轻微危害不大的，不作为犯罪处理。”同理，对于通过金融创新活动进行吸收公众存款的行为，如果并没有改变吸收公众存款活动固有的信用风险的问题，就不能以金融创新作为出罪的理由。对于骗取贷款罪的法益的实质，也需要澄清此罪系给予银行等金融机构特殊保护的误解，存款业务主要控制的是吸收存款机构的信用风险，而贷款业务主要防范的是借款人的信用风险，对于吸收存款发放贷款的金融机构而言，防范贷款业务中的信用风险也间接影响金融机构自身对存款人的信用风险。有的商业银行出现流动性危机，就是因大量贷款逾期无法收回所引发。违法发放贷款、骗取贷款等行为的泛滥，最终导致的是金融风险甚至是区域性、系统性金融风险，这才是立法规制的原因所在。鉴于此，金融诈骗罪侵害的法益，不能仅仅理解为金融机构的财产权，这也是区分诈骗罪与金融诈骗罪的重要因素。

从防控不当金融风险的立场把握金融犯罪侵害的法益，也可以将一些形式上符合构成要件但实质未造成不正当金融风险的行为排除在外。比如，2010 年最高人民法院《关于审理伪造货币等案件具体应用法律若干问题的解释（二）》规定，《刑法》第 170 条规定的“伪造货币”是指仿照真货币图案、形状、色彩等特征非法制造假币，冒充真币的行为。其中“冒充真币的行为”对此罪的构成要件作出了限定，并非所有仿造行为都构成本罪，这是因为只有冒充真币的行为才会对金融管理秩序造成现实危险。而用于祭祀、表演等目的的仿造行为不具有破坏金融管理秩序的现实危险，不宜以伪造货币罪定罪处罚。当然，究竟是冒充真币还是用于祭祀、表演，仍需要结合具体证据判断。实践中，有的伪造银行存单等行为，不是为了将伪造的存单用于骗取金融机构或者他人财物，而是为了向他人营造资金充足的假象，对此也不宜以伪造金融票证罪定罪处罚。

上述对法益的认识可以为在理解和适用法律上达成统一共识提供价值基础，既不能过于宽泛地解释破坏金融管理秩序，导致对社会危害性或者法益内涵理解的泛化，影响解释的准确性，又不能将金融犯罪行为完全脱离与金融管理秩序之间的关系，导致对社会危害性或者法益内涵的理解过度限缩。金融犯罪侵犯法益的正确把握，也是准确判断金融违法活动社会危害性及追诉必要性的重要前提，即从防范不当金融风险的视角评判涉案金融活动的危害程度。一方面，要规范评价社会危害性，不能仅以破坏金融管理秩序为由将社会危害性的评价形式化。实际上，司法实践中对于金融犯罪的治理需要贯彻民刑共治模式，引入民法中的权利保护来维护金融领域的有序发展，并秉持中国式法治现代化中以人为本的基础理念，如果能够以民事手段解决金融创新中的法律争议问题，则尽量避免适用刑事制裁。退言之，如果在金融创新领域的民刑交叉案件中，为了更有效地解决民事纠纷而动辄使用刑事制裁，比如将并非出于非法占有目的的民间借贷认定为“套路贷”式新型金融犯罪加以规制，那么不仅会削弱民法的社会治理作用，同时也会过度凸显刑法的物性，这在本质上并不利于对公民权利提供人性化保障，[①] 甚至会遏制金融创新的发展活力。鉴于此，对于新兴的金融创新活动，应该构建相应的民刑共治模式，综合运用刑法和民法来预防金融领域的犯罪行为，借助民法上的权利保护模式来维护金融创新的活力，同时将贯彻以人为本理念的刑法规制模式用来为金融创新保驾护航，最终合力推动金融领域的创新发展。另一方面，司法解释规定的定罪量刑标准是针对一般情形作出的规定。在一些新型金融犯罪案件中，由于法律政策的变化、行为模式的变异、经济社会的发展、生活水平的提高以及司法解释的滞后，相关行为的社会危害性的评价维度和评价结论也会出现差别，如果适用司法解释相关规定明显违反罪责刑相适应原则，明显违反关于公平正义的通常认识，则需慎重把握追诉标准。

二、金融创新与金融犯罪的界限

金融创新是金融发展的基本动力。[②] 当前金融市场一直处在创新发展的过程之中，特别是伴随信息技术的发展，新的金融概念、业态、产品、机构不断出现，其中既有合法规范的创新，也有鱼目混珠的“伪创新”，还有

---

① 参见刘艳红：《民刑共治：中国式现代犯罪治理新模式》，载《中国法学》2022 年第 6 期。

② 参见胡健：《中国人民大学副校长吴晓求：金融创新仍然是中国金融发展的基本动力》，载《每日经济新闻》2018 年 11 月 2 日，第 11 版。

因监管迟滞造成的创新失败。在司法实践中，金融创新的相关刑事案件往往因资金链断裂而案发，但是在资金链断裂之前，其中的风险往往难以被发现。对于金融创新失败的态度，实践中一直存在争议，在互联网金融发展过程中，宽容失败的声音曾经一度占据主流。比如，有人认为如果刑法过度地介入金融领域，频繁地通过刑法手段对互联网金融进行规制，会阻滞和扼杀金融创新，对于那些因经营正当的互联网业务活动而不得已或不小心触及刑事法网的行为，应予以适当程度的宽宥，在刑事立法上以行政违法性为前提，并坚持刑法谦抑性，合理确定互联网金融犯罪的入罪边界，在刑事司法上以罪刑法定原则为制约，合理并准确把握金融创新与金融犯罪的界限，从而确保立法扩张下的限缩适用。[①] 同时，还有观点建议对互联网金融领域的犯罪采用与一般金融犯罪不同的追诉和量刑标准，以体现国家对金融创新的认同和鼓励，避免将“试错”的刑事责任风险让社会个体来承担，不然会反向冲击刑事责任机制本身的正当性。[②] 对待金融创新的立场，直接影响刑事案件的判断和处理。在 P2P 网络借贷平台“爆雷”之前，以金融创新、法无禁止即可为否定刑事介入的观点甚嚣尘上，成为辩方进行无罪辩护的重要理由之一，也不同程度影响到司法办案人员的判断，并把刑事打击困难归责于法律滞后于金融创新发展产生的法律漏洞或者立法空白。遭遇互联网金融乱象之后，人们逐渐认识到金融创新并不是“免死金牌”，对金融创新更应当持审慎监管的态度，坚持金融活动特许经营原则成为底线，所以党的二十大报告进一步明确“依法将各类金融活动全部纳入监管”的要求，而这对于依法惩治金融创新中的犯罪、研究金融刑法相关问题都具有重要的指导意义。

---

① 参见黄明儒、孙理涛：《论刑法介入互联网金融的限度》，载《理论探索》2019 年第 5 期。

② 参见黄辛、李振林：《互联网金融犯罪的刑法规制》，载《人民司法》2015 年第 5 期。

鉴于金融活动天生具有风险，现代国家都强调金融监管，金融监管的目的不是消灭风险，而是以国家介入的方式来合理地控制风险。在现代金融业发展史中，不乏因监管失败导致风险爆发的情形，而每一次金融危机之后都会引发金融监管理念、方法、制度的重构。从互联网金融的发展历程来看，一方面，金融创新并不能消灭风险，"互联网金融的本质仍然是金融"[①]。互联网金融发展的初心是，互联网可以用云数据计算取代小数据时代的抽样统计方式，获得抽样所无法描述的细节信息，从而解决经济活动中信息不对称的问题，完善金融识别信用风险的能力，通过新兴金融技术手段来颠覆传统的金融融资路径、重构个体金融地位以及国家金融市场，[②] 从而实现更有效的"资源配置"。但值得注意的是，互联网金融并不能从根本上解决信息不对称造成的信用风险问题，金融风险带来的犯罪问题仍然客观存在。另一方面，金融创新在理想与实践之间存在脱节问题，"挂羊头卖狗肉"的问题在金融创新大潮中不断重演，以 P2P 网络借贷为代表的互联网金融业态并没有真正利用信息技术控制传统金融活动的风险，只是借助互联网途径扩展金融服务受众和金融业务规模，与互联网金融发展初心完全背道而驰，这种所谓的"金融创新"不是控制风险，而是没有任何节制地放大风险，最终导致这个行业的集体退出。

P2P 网络借贷平台在发展之初势头迅猛，但无论是在理论研究还是在具体监管过程中，都缺乏对具体金融活动的穿透认识，只看到表面上的积极因素，未察觉到实质上背离创新初衷的负面因素。《互联网金融犯罪纪要》强调涉及 P2P 网络借贷等金融创新活动，行为方式多样、所涉法律

---

① 根据现代金融功能理论的划分，金融系统具有六项基本功能：跨期、跨区域、跨行业的资源配置；提供支付、清算和结算；提供管理风险的方法和机制；提供价格信息；储备资源和所有权分割；创造激励机制。参见吴晓求：《互联网金融：成长的逻辑》，载《财贸经济》2015 年第 2 期。

② 参见赵炳昊：《应对加密数字货币监管挑战的域外经验与中国方案——以稳定币为切入点》，载《政法论坛》2022 年第 2 期。

关系复杂、违法犯罪行为隐蔽性、迷惑性强、波及面广、社会影响大，要根据具体犯罪行为的实质特征和社会危害，准确界定行为的法律性质和刑法适用的罪名。以最高检发布的指导性案例杨某等人非法吸收公众存款案（检例第 64 号）为例，杨某利用其实际控制的公司，通过线下和线上两种渠道开展非法吸收公众存款活动。其中，在线上渠道，以网络借贷信息中介活动的名义进行宣传，从表面上看，借款人在平台上发布融资项目，投资人根据平台规则对融资项目进行投资，平台起到了信息中介的作用。但是，结合合同约定、资金交易记录等证据实质分析后可以发现，平台已经通过设立、控制资金池成为信用中介，体现其属于信用中介实质的主要事实有：（1）理财客户根据平台的要求在第三方支付平台上开设虚拟账户并绑定银行账户。（2）理财客户选定投资项目后将投资款从银行账户转入第三方支付平台的虚拟账户进行投资活动，杨某实际控制的担保公司为理财客户的债权提供担保。（3）平台对理财客户虚拟账户内的资金进行调配，划拨出借资金和还本付息资金到相应理财客户和信贷客户账户，并将剩余资金直接转至杨某在第三方支付平台上开设的托管账户，再转账至杨某开设的个人银行账户，与线下资金混同，由甲集团支配使用。鉴于此，如果不穿透审查金融活动的具体行为，就难以发现其违法实质。除杨某案中的非法集资模式外，涉网络借贷非法集资案件还有一种经营模式，就是发布虚假项目进行自融。e 租宝是最典型的自融型平台，这种模式与传统线下的非法集资更没有区别。综上所述，无论哪一种模式，都没有体现出利用信息技术更好识别判断控制金融市场主体风险的有价值创新特征，反而因为互联网的作用造成波及的区域更加广泛、人员更加众多、数额更加巨大、风险更加显著，在“无科技不金融”的宏观背景下，金融科技创新极易诱发多重复杂的金融风险，这就对传统金融监管体制提出监管挑战，同时存在诱发刑事犯罪的风险。[①] 鉴于此，在互联网金融风险专项整治过程中，金融监管部门不断强调“穿透式”监管理念，如果不加以穿透，根本无从辨识金融创新的真伪。事实上，在《互联网金融犯罪纪要》中就曾强调“互联网金融的本质仍然是金融，其潜在的风险与传统金融没有区别，甚至还可能因互联网的作用而被放大”，那么通过“穿透式”监管，就可以深入剖析各种类型互联网金融活动的实质并据此判断其性质，从而准确区分罪与非罪、此罪与彼罪、罪轻与罪重、打击与保护的界限。

在诸如杨某案等涉金融创新活动的金融犯罪案件中，出现争论较多的是“非法性”判断，对金融创新活动“法无禁止即可为”往往成为否定非法性的理由。此种辩解实际上存在根本上的逻辑错误。首先需要明确的是，法律允许和禁止的对象是什么。商业银行法、《防范和处置非法集资条例》（此前的《非法金融机构和非法金融业务活动取缔办法》）都明确禁止任何单位或者个人未经依法许可从事吸收公众存款业务，这一禁止性规定当然适用于金融创新活动，不能因为法律尚未对某一特定金融创新活动作出规定，就认为该特定金融活动不受任何现行金融法律规定的约束，恰恰相反，该特定金融活动必须受到现行金融法律规定的约束。法律未禁止的只是撮合金融信贷需求的网络借贷信息中介活动，而不是非法吸收公众存款活动。无论是 2015 年《关于促进互联网金融健康发展的指导意见》还是 2016 年《网络借贷信息中介机构业务活动管理暂行办法》，都未明显突破上述基本法律框架，暂行办法明确规定平台只是信息中介，不得自融，不得设立资金池，网络借贷的双方是借款人与出借人，平台与借款人、出借人、借款人之间是信息中介服务关系，非资金借贷关系或者担保关系。暂行办法中唯一有所突破之处是允许借款人通过网络借贷信息中介平台向社会公众公

---

① 参见任怡多：《金融科技穿透式监管的逻辑机理与制度构建》，载《苏州大学学报（法学版）》2022 年第 2 期。

开融资，但是融资规模不得超过规定限额，超出规定范围的公开融资行为仍然具有不法性。因此，认定网络借贷平台或者违反规定的借款人构成非法吸收公众存款，上位法的依据始终是商业银行法、《防范和处置非法集资条例》，规制网贷平台等互联网金融领域的非法吸收公众存款行为的法律并不存在所谓的空白或者漏洞。

随着P2P网贷平台的陆续出清，这一业务模式因自身的缺陷和从业者乱象退出历史舞台。但上述适用法律认定金融创新活动性质的基本思路，适用于区块链、元宇宙、虚拟币等任何今后可能出现的打着创新旗号出现的新金融业态。首先，只要金融创新活动具有固有的信用风险、信息不对称风险等，就不应脱离监管。虽然对于金融创新的监管需要坚持“权利之线”的限度思维，不能无视网络金融服务提供者自身的经营权利，但这不代表应该放松监管，而是意味着需要优化监管模式，进行针对性监管。①其次，对于金融创新活动，要运用“穿透式”的认识方法，准确把握金融创新的本质，深入分析、清楚认识各类新金融现象，通过穿透式监管发掘出金融创新的本质并在规范层面予以评判。最后，对于经过实质判断认定的金融创新活动，根据现行有效的金融法律规定判断其合法性，进而判断该行为是否构成犯罪，不能简单地以“法无禁止即可为”就认为刑法无法规制。

三、金融犯罪规范构成要件要素的认定

金融犯罪中的规范构成要件要素，主要是指刑法条文中所使用的金融专业术语。如骗取贷款、金融票证罪中的贷款、票据承兑、信用证、保函、金融机构，内幕交易、泄露内幕信息罪中的内幕信息，背信运用受托财产罪中的受托财产等专业词汇，在司法实践中影响案件性质的认定。这些规

---

① 参见李延舜：《个人信息刑事调取行为的法律规制》，载《东南法学》2022年第2期。

范构成要件要素，区别于描述的构成要件要素，需要借助法律评价来认定，在描述的构成要件要素的场合，只要对构成要件作出合理解释，就可以将事实与构成要件相对照，从而得出案件事实是否符合构成要件的结论。但在规范的构成要件要素的场合，即使对构成要件作出合理的解释，依然需要法官根据一定的标准、观念判断案件事实是否符合构成要件。[①]关于金融犯罪的刑法条文中，涉及大量规范构成要件要素，在判断构成要件符合性时需要司法人员首先对规范的构成要件要素作出准确的理解，这往往不能基于常识就直接作出判断。相较于金融机构业务种类的不断创新，刑法对涉及金融领域的规范构成要件要素的修改并不多，随着金融业务种类的不断创新发展，新型金融犯罪案件中的金融业务是否符合相应条文规定的构成要件，更容易出现争议，有时会出现形式判断和实质判断之争。比如，《刑法》第175条之一规定了骗取贷款、票据承兑、金融票证罪，那么商业银行透过“影子银行”业务提供的融资服务是否可以解释为“贷款”就值得商榷。《刑法》第198条规定了保险诈骗罪，投保人、被保险人、受益人的范围如何确定，保险标的、保险事故如何认定，在一些案件中也出现分歧。由此，对于金融犯罪中规范的构成要件要素的妥当解释，成为准确认定金融犯罪案件事实、正确适用法律的重要基础问题。

事实上，破坏金融管理秩序罪是典型的法定犯。法定犯又称为行政犯，是指违反行政法规，侵害刑法保护的法益，情节严重的行为，具有行政和刑事的双重违法性，并因此在对犯罪构成的具体解释上存在容易模糊之处。[②]法定犯在一些国家也被称为行政刑法、经济刑法，惩治此类犯罪的主要目的在于实现行政规制、经济管理目的。因此，法定犯最典型的形式特征是：必须同时具备行政违法性和刑事违法性，行政违法性是违法性

① 参见张明楷：《规范的构成要件要素》，载《法学研究》2007年第6期。

② 参见张泽涛：《行政犯违法性认识错误不可避免的司法认定及其处理》，载《政法论坛》2022年第1期。

的基础，刑事违法性是违法性的实质。金融犯罪的构成要件多数包含“非法”“违反国家规定”“未经国家主管部门批准”等要件，这些犯罪属于法定犯的范畴。金融诈骗犯罪兼具法定犯与自然犯的特征，自然犯特征主要体现在诈骗行为上，而法定犯特征主要体现在条文中的规范构成要件要素，这也是区分金融诈骗与普通诈骗的重要因素。法秩序统一性要求在处理某一件事情时，所有的规范秩序不能相互矛盾。即由宪法、刑法、民法等多个法域构成的法秩序之间互不矛盾，而刑法也并不必须从属于其他类型的前置法，[①] 在这些个别的法领域之间不应作出相互矛盾、冲突的解释，[②] 而当前关于法秩序统一原理的应用的研究主要集中在违法性的判断上。鉴于违法性判断的前提是法律概念的统一性，如果对于同一概念在不同部门法间都不一致，也就难以达成违法性判断的一致性。关于是否需要制定相对独立的附属刑法或者经济刑法的问题的本质，就在于在金融犯罪中如何坚持法秩序统一性原理，而法秩序统一性原理是解释金融犯罪规范构成要件要素必须坚持的基本原则和方法。事实上，早在《法院金融犯罪纪要》就针对金融领域的犯罪行为提出要在裁判过程中综合考虑不同法律规范，提出审判人员要“认真学习银行法、证券法、票据法、保险法等金融法律和公司法、担保法、会计法、审计法等相关法律”，只有坚持法秩序统一原理，综合运用不同法律规范中的规定来处理复杂的金融犯罪争议，才能在适用刑事制裁的同时避免扼杀金融创新活力。

（一）解释规范构成要件要素的基本方法

基于法秩序统一性的原理，对于刑法条文中金融犯罪规范构成要件要素的解释，应当与有关金融法律规定中的定义保持一致，不能偏离金融法律规定确定的边界。行为人实施了刑法规定的各类破坏金融管理秩序的行

---

① 参见周光权：《论刑法所固有的违法性》，载《政法论坛》2021 年第 5 期。

② 参见刘卉：《以法秩序统一思维处理刑民交叉案件难题》，载《检察日报》2019 年 8 月 19 日，第 3 版。

为，如伪造货币、非法吸收公众存款、擅自公开发行股票、骗取贷款等。具体行为性质需要结合金融活动的基本常识和金融行政管理法规予以认定。比如在非法吸收公众存款罪中，需要结合金融活动的常识和商业银行法等相关规定，首先判断行为是否属于“吸收公众存款”；在骗取贷款罪中，需要判断行为符合《刑法》第175条之一规定的“金融机构”“贷款”“以欺骗手段取得”等概念，其中关于“金融机构”“贷款”属于规范要素，需要结合商业银行法、《贷款通则》等相关金融管理法律规定进行认定，不能脱离具体的法律规范。

比如，张某因遭遇车祸导致骨折，在医院治疗期间，黄某上前搭讪，称可以伪造伤残鉴定帮助拿到高额赔偿。随后黄某与张某签订了代理理赔协议，帮助张某获得远高于其实际损失的保险公司理赔款10万元，黄某从中分取部分好处费。该案系一起伪造伤残鉴定骗取车险第三人伤害赔偿金的案件，二人是否当然构成保险诈骗罪？《刑法》第198条列举了5种构成保险诈骗罪的具体情形（无兜底条款），其中与该案最接近的情形是第2项“投保人、被保险人或者受益人对发生的保险事故编造虚假的原因或者夸大损失的程度，骗取保险金的”。但行为人构成保险诈骗罪的主体条件是投保人、被保险人、受益人，由于该案中张某、黄某不是投保人、被保险人，有的主张采用实质判断的方法将二人认定为受益人，即此处的受益人是指实际取得保险赔偿金的人员。然而，保险法中已经对投保人、被保险人、受益人作了明确的定义。《保险法》第18条规定，受益人是指人身保险合同中由被保险人或者投保人指定的享有保险金请求权的人。投保人、被保险人可以为受益人。机动车保险合同本质上属于财产保险，不存在人身保险合同中的受益人，因此将案件中受到伤害的人员视为受益人，显然与保险法的规定存在规范冲突。脱离金融法律规定对规范构成要件要素进行独立解释，会消蚀刑法规定金融诈骗罪的立法意义。虽然刑法规定保险诈骗罪由特殊主体实施，但并不意味着其他主体利用保险合同实施诈骗便不构成犯罪，因为这种行为完全符合普通诈骗罪的构成要件。对这类利用保险合同实施诈骗的行为追究刑事责任，也不违反刑法精神和社会公平正义。至于将此种诈骗行为排除在保险诈骗罪的适用范围之外是否妥当，这属于立法上需要进一步研讨的问题，而不应在法律适用时作任意解释。

（二）限缩解释的情形

在法秩序统一性原理的指引下，刑法条文中规范构成要件要素与金融法律规定保持一致是基本原则，但并不绝对，也存在例外情形。但是，例外情形只局限于限缩刑法适用范围的场合，而不能超出文义范围扩张适用。即从社会危害性、追诉必要性的立场出发，将部分本符合金融法律规定的金融活动排除在刑法适用范围之外。《刑法》第 175 条之一规定的骗取贷款罪中，欺骗的对象仅限于金融机构。但由于我国没有任何法律明确规定金融机构的范围，随着地方金融组织的出现，对于本罪适用范围便出现争议，最突出的是骗取小额贷款公司的贷款，是否构成骗取贷款罪。主张构成犯罪的理由是，小额贷款公司属于刑法规定的金融机构。2021 年实施的最高人民法院《关于新民间借贷司法解释适用范围问题的批复》中，明确指出："经征求金融监管部门意见，由地方金融监管部门监管的小额贷款公司、融资担保公司、区域性股权市场、典当行、融资租赁公司、商业保理公司、地方资产管理公司等七类地方金融组织，属于经金融监管部门批准设立的金融机构，其因从事相关金融业务引发的纠纷，不适用新民间借贷司法解释。"该批复从民商法的视角认定地方金融组织属于金融机构，当然具有法律效力。为此，有观点进一步从法秩序统一性原理出发，认为刑法上的金融机构应当涵盖批复中涉及的地方金融组织，骗取小额贷款公司贷款的行为当然构成骗取贷款罪，否则就违反了法秩序统一性原理。但是主张骗取贷款罪中小额贷款公司是金融机构的观点中，有的却反对在违法发放贷款罪中将小额贷款公司认定为金融机构。

从文义解释的立场出发，刑法条文中规定的金融机构可以包含地方金融组织，否则会导致不同部门法之间的规范冲突。但是，司法实践中仍然可以通过实质判断骗取小额贷款公司贷款行为的社会危害性来评价追诉的必要性，从法律增设骗取贷款罪的立法目的出发，对《刑法》第175条之一规定的金融机构进行妥当的限缩解释。超出文义范围的类推解释为罪刑法定原则所不容，但限定刑法处罚范围的限缩解释并不违背罪刑法定原则。小额贷款公司与商业银行虽然同属于金融机构，但在资金来源、监管标准等方面差异显著，尤其是在资金来源方面，商业银行的放贷资金来自社会公众的存款，而小额贷款公司的资金来源主要是自有资金和贷款资金，从防范不当金融风险的法益出发，骗取商业银行贷款行为与骗取小额贷款公司贷款行为不具有相当性。通过限缩解释的方法将小额贷款公司排除在《刑法》第175条之一等规定的金融机构之外，并不意味着小额贷款公司的财产权得不到刑法保护，对于以非法占有为目的的诈骗小额贷款公司贷款的，仍然可以适用合同诈骗罪。

对于刑法条文中规范构成要件要素的准确解释，直接决定了专业金融活动罪与非罪、此罪与彼罪的区分，必须在法秩序统一性原理的指导下，遵循妥当的法律解释方法，否则就会造成刑法适用的恣意和法律的内在冲突。尤其在办理涉金融机构业务的刑事案件时，首先要熟悉相关金融业务规则、法律依据，不能仅根据刑法规定就直接对案件性质进行判断。因此，在金融刑法条文的适用上，应当进一步倡导跨部门法的交叉研究论证，不仅如此，在金融立法和刑事立法上也应当更加注重立法的系统性，加强立法协同，避免因立法衔接不畅导致刑事法律适用上的分歧，甚至造成对严重金融违法活动无法进行刑事惩治的立法漏洞。前述关于刑法规定中金融机构的争议，根源就在于在金融法律规定中缺乏关于“金融机构”范围的明确规定。

（三）违法性认识问题

在司法实践中，法定犯的违法性难以被一般人认识，通常需要借助法律来认识。因此，法定犯中规范构成要件要素的存在，也必然产生行为人主观上违法性认识判断的必要性问题。越来越多的学者主张在法定犯中需要特别考察行为人是否具有违法性认识可能性，[①]或者说不知违法是否可以避免。在涉互联网金融等金融创新活动等犯罪案件中，由于互联网金融本身属于新生事物，缺乏违法性认识经常成为无罪辩解的主要理由。认定违法性认识有无，不能要求司法机关必须证明到行为人像司法人员那样能够准确认识规范构成要素要件，进而基于法律对违法性认识作出判断。违法性认识是一种主观心理状态，在行为人不主动承认的情况下，主要依靠其他间接证据推定，这是证明行为人主观心理状态的有效手段，但推定结论是可以被推翻的，当行为人提出足以推翻推定结论的相反证据时，就可以否定推定得出的结论。

主张不存在行政违法性认识的理由主要包括：（1）行为人误以为其违法行为属于合法行为，原因包括误认为规范不存在、规范不禁止或规范无效；（2）行为人认识到行为被法律政策所禁止，但误以为存在正当化因素，或主管机关有明确的意见认定行为不违法并为行为人所信赖。对此，司法人员应根据个案中的不同尺度，对行为人产生上述错误的可避免性进一步地审查，在实践中主要依据裁判规则进行推论，或者运用刑事推定进行认定。[②]以涉 P2P 网络借贷等互联网金融领域的犯罪为例，虽然互联网金融创新得到监管层面的允许，但这并不意味着行为人据此就可以主张任何涉及互联网金融创新的犯罪都缺乏违法性认识。尤其是如前所述，大量涉嫌非法集资犯罪案件普遍存在“挂羊头卖狗肉”名实不副的问题。因此，判断违法性认识有无首先必须基于具体犯罪事实展开，即行为人所从事的具体案件事实的实质。如果行为人所从事的具体案件事实与其自身所主张不具

① 参见张明楷：《刑法学》（第六版）（上），法律出版社 2021 年版，第 418 页。

② 参见田宏杰：《走向现代刑法：违法性认识的规范展开》，载《政法论坛》2021 年第 1 期。

有违法性认识的事实不相符合，不仅不能证明其没有违法性认识，反而能够进一步证明其存在刻意规避法律逃避监管的问题，当然具有违法性认识。其次，一般情形下，对于从事金融犯罪活动的人员，了解相关行业的法律规范是其开展业务的前提条件，禁止非法集资等金融相关法律规范一经公开生效，就可以推定从事互联网金融活动的行为人具有认识的可能性，行为人不得随意主张其不了解某一具体法律规范而应被免责。这是因为，商人不同于普通人，"人们通常预期商人对交易熟练并有丰富的经验"，[①] 这是维护交易安全和效率的基本前提，其中当然包括对行为人熟练掌握相关领域法律规范的预期。

从司法实践来看，违法性认识错误不可避免的情形主要有：（1）生效的法律规范未及时向社会公示，或者犯罪行为发生在法律规范公示后极短的一段时间之内，行为人在开展相关行为时无从获得。但这种情形极为少见，而且互联网金融犯罪的实施通常需要一个阶段，一般不可能在极短时间内完成。（2）生效的法律规范之间发生冲突，主管部门未对法律规范之间的冲突作出明确解释，行为人依据其中一个生效的法律规范作出的行为，不能因为其违反另一法律规范而对其追责。特别要注意的是，如果新出台的法律规范与旧有的效力层级较高的法律规范发生冲突，不能排除行政违法性认识错误的可能性。（3）地方金融监管部门因法律政策认识不到位，对某一客观违法行为出具"不违法"的认定意见，行为人因合理信赖认定意见而作出相应的违法行为，但适用此种情形，必须首先考察金融监管部门作出认定的行为类型与行为人实际实施的行为类型是否一致，即是否名实相符，若两者不一致，或者故意向金融监管部门隐瞒重要事实作出不具有违法性的认定意见，实际上也恰恰能证明其具有违法性认识。

① 参见［德］C.W. 卡纳里斯：《德国商法》，杨继译，法律出版社2006年版，第9页。

综上所述，司法实践中对于违法性认识有无的判断，本质上是一个证据判断的问题。就金融犯罪而言，金融法律规定是明确的，从事金融犯罪活动的人员不能简单地以不知法作为免责事由，只有在特定情形下才可能出现违法性认识错误难以避免的情形。

四、结语

金融领域是新时代关系到国计民生发展的重要领域，金融风险的产生将会导致社会的整体性动荡，因此需要构建完善的金融风险监管体制，充分贯彻“良法之治是治理体系现代化的法治依托”的法治理念，[①] 通过惩治金融犯罪来遏制金融风险。在错综复杂的时代背景下，传统的金融风险在网络空间等新兴领域中和其他传统领域产生关联，针对金融风险的刑法规制问题愈发复杂，数据、信息等新兴个体逐渐走入金融领域，[②] 导致司法适用的复杂化。随着国家金融监管机构改革的深入推进，国家金融监督管理总局的正式成立，加强和完善现代金融监管将迎来更深刻的变革，“全面强化机构监管、行为监管、功能监管、穿透式监管、持续监管，切实提升监管的前瞻性、精准性、有效性和协同性”“持续整治金融市场乱象，重拳惩处严重违法违规行为”将成为金融监管的重要目标。[③] 在更全面监管下，惩治金融犯罪将面临更加复杂严峻的形势任务，基于金融创新的非法金融活动和基于复杂金融业务的涉金融信贷犯罪必将不断翻新变化，案件事实认定和法律适用的挑战将更加凸显。这就需要刑法理论与实务更加关注金融犯罪结构和防范化解金融风险形势的变化，从变化中与时俱进把握当下金

---

① 参见周佑勇：《社会主义核心价值观融入网络空间治理现代化的法治逻辑》，载《江苏行政学院学报》2022 年第 1 期。

② 参见苗泽一：《数据交易市场构建背景下的个人信息保护研究》，载《政法论坛》2022 年第 6 期。

③ 参见马梅若：《李云泽：从五个方面发力推动金融高质量发展》，载《金融时报》2023 年 6 月 9 日，第 1 版。

融犯罪规律和金融犯罪法益，努力构建适应当前惩治金融犯罪形势任务的价值共识和方法论共识，为依法准确适用刑法惩治金融犯罪奠定基础，从而更好发挥刑法在维护国家金融安全中的作用，守住不发生系统性金融风险底线。此外，对于金融犯罪的刑法规制模式应该根据客观环境的变化予以调整，从而促使刑法发挥自身的犯罪预防功能，金融机构也可以借此在涉足新兴金融领域时，基于既定的刑法原理来开展事先的自主合规建设，只有当企业能够预见并有效地防范不合理的金融犯罪风险，才能发挥出刑法规制措施对于整体金融环境的保驾护航作用。

非法集资基本规律、成因及对策研究

楚　非*

非法集资是我国经济社会领域的痼疾，多年来屡禁不绝，甚至在一些领域愈演愈烈，特别是2013年以来，投融资类中介机构非法集资案件集中爆发。近年来P2P领域持续“爆雷”，非法集资案件数量和金额经历了攀升到下降的过程，但目前存量风险化解任务仍然繁重，新苗头新风险隐患不时冒头。非法集资涉及人数多，波及范围广，严重损害人民群众财产安全，成为影响社会稳定的突出问题，甚至可能危害国家政治经济安全。同时，大量资金游离于国家金融监管体系之外，在一定程度上干扰了国家货币政策执行，影响金融宏观调控效果，破坏金融监管秩序。从根本上铲除非法集资生存土壤，扭转我国非法集资多发势头，已刻不容缓。

非法集资行为本质上是金融特许经营背景下的一种非法金融活动，在很多国家和地区普遍存在。考察发现，非法集资在诸多发达国家基本上经历了从高发多发到逐步收敛的过程，但在某些条件下可能触发反弹。本文将通过梳理美国、日本、欧洲等国家和地区非法集资演变历史，探寻普遍性规律；立足国内实际，分析我国非法集资的阶段特点；对症下药，提出针对性治理建议，推动我国非法集资更快过渡至收敛阶段，逐步铲除滋生土壤。

---

* 国家金融监督管理总局打击非法金融活动局。

一、从国际视野看历史规律

非法集资在不同国家有不同名称，比如美国从证券角度将这一类行为定义为“未经注册签订证券投资合同”和“证券诈骗”；日本把保证本金、辅以高利诱饵骗取一般消费者高额资金的行为称为资产形成犯罪，[①]通过出资法等予以规范。很多国家和地区在一定时期都曾经历过或正在经历非法集资高发多发期。例如，欧洲在 17—18 世纪，相继发生了荷兰“郁金香泡沫”、英国“南海泡沫”等系列事件，整个社会一度陷入投资狂热，对荷兰、英国等国家的经济社会产生深远影响。美国在“一战”后一段时期，投资合同诈骗行为非常猖獗，最典型的就是查尔斯· 庞兹诈骗案，这一案件以后，人们将这种借新还旧的手法称为“庞氏骗局”。日本“二战”后经历了经济秩序混乱、通货膨胀、资金不足时期，发生了以“保全经济会事件”为代表的、类似目前我国民间融资领域内常见的非法集资乱象。作为新兴经济体的印度，近年来金融诈骗案件频发，政府相继查处了 Sahara、Saradha 和 PACL 等多起金融诈骗案件，参与人数众多，涉案金额巨大。[②]随着治理力度加大和社会环境改善，美国再未出现非法集资大规模爆发乱象，转入零星发案阶段。[③]同时，近年来德国、法国、英国等国家的金融诈骗类案件数量有所反弹，相继发布金融诈骗类案件的风险提示。这表明涉非风险治理将是一个长期历史过程。

---

① 参见［日］芝原邦尔：《经济刑法》，金光旭译，法律出版社 2002 年版，第 91—92 页。

② 据有关方面报道，Saradha 案涉及 170 多万人，PACL 案涉及 5500 万人。Amit Bhardwaj 案以虚拟货币为名实施非法集资，集资金额达 3 亿美元。

③ 有关案件情况：1946 年，证监会诉豪威案（SEC v. Howey），该案被告以种植柑橘为由进行集资；2004 年，证监会诉爱德华兹案（SEC v. Edwards），被告宣称投资投币电话并返租以获取投资收益；近年来著名的麦道夫案，涉案金额大、涉及人员多，该案的作案手法、处置情况等不断被作为经典案例进行研究分析。

统揽比较这些国家非法集资演化过程发现，受社会环境、经济发展、金融市场、法治进程、国民素质等因素共同作用，非法集资从高发多发到平稳收敛具有明显的阶段性特征，基本规律如下：

（一）经济粗放增长阶段易发多发

1. 居民财富增长提供前提条件

非法集资产生的基本前提是国民具有一定的财富。经济繁荣阶段，家庭收入增长，资产价格上升，推动居民财富增加，手中闲散资金增多，为滋生非法集资提供了必要的物质条件。例如，美国在“一战”后，享受战后红利，经历了一段时期的大繁荣，1920—1929 年，全美工业生产总值增长 53%，制造业产量增长 64%，失业率降至战后低位，工人实际工资上涨 20% 以上，① 社会财富迅速增加。荷兰、英国等欧洲国家在 17 世纪享受大航海及殖民带来的巨额利润，到 18 世纪中后期处于工业化和现代化的启动时期，社会积聚大量资本。日本“二战”后经济秩序混乱、通货膨胀严重，为快速战后重建，日本政府采取了一系列经济措施（如解散财阀②，进行农地改革、劳动改革等），推动日本经济恢复并高速发展。印度在大力推进改革之下，经济高速发展，多年来国内生产总值增速保持在 5% 以上，国民收入水平持续提升。这些国家的财富快速增加与非法集资风险高发，在时间分布上具有显著的同步性。

2. 经济高速增长掩盖潜在风险

经济繁荣时期，社会消费水平较高，企业利润率普遍较高，集资的高收益率也就容易维持。美国在 1929 年之前，工业生产持续高速增长，1929

---

① ［美］瑞·达利欧：《债务危机：我的应对原则》，赵灿、熊建伟、刘波译，中信出版社 2019 年版，第 118 页。

② 财阀类似于现在所提到的垄断企业，战前的日本大财阀是指在生产、流通、金融等各个领域具有支配地位的大企业。参见《二战后日本经济的复兴》，载 QQ 阅读，https://book.qq.com/book-read/25351910/1。

年汽车保有量2300万辆，比1920年多出近3倍，1928年工业生产增长9.9%，1922年至1927年间，股票投资者收益超过150%。[①]经济持续繁荣易激发投资者和放款人的乐观情绪，高收益的心理预期使其认为这是“从未有过的机遇”，[②]而经济形势水涨船高也掩盖了暗流涌动的风险，不法分子易借机实施诈骗，普通投资者难以判断是谁在“裸泳”。当经济狂潮退去，风险渐次显现，大量非法集资等非法金融活动资金链断裂，案件高发态势难以避免。

3. 活跃的市场产生更多噱头

从高发行业领域看，为增强吸引力和诱骗性，非法集资始终踏着潮头和热点。经济快速增长时期市场往往更加活跃，新兴行业、产业神话纷纷涌现，更多人愿意相信神话，渴望复制神话，因而给不法分子以可乘之机。荷兰“郁金香泡沫”正是利用了当时人们对郁金香的追捧，进行炒作投机。南海公司则是在殖民盛行的时期，抓住了“开发南美洲”这一热点。2022年，欧盟证券、银行和保险监督机构发布联合声明表示，消费者有可能失去他们投资于加密资产的所有资金，并可能成为骗局的受害者。近年，印度、越南、韩国等国家也相继出现打着虚拟货币名义的集资诈骗类案件，以金融科技为噱头的非法集资越来越多。

（二）法治不健全时期易失序膨胀

1. 立法滞后形成规则空白

健全的法治体系是遏制非法集资的重要保障。在社会高速发展阶段，各产业边界不断交叉延伸，原有法律制度已无法覆盖，立法滞后性问题更加突出，容易导致阶段性法规制度缺位，规则空白领域行为无序发展，不

① ［美］瑞·达利欧：《债务危机：我的应对原则》，赵灿、熊建伟、刘波译，中信出版社2019年版，第119—120页。

② ［美］查尔斯·P. 金德尔伯格、罗伯特·Z. 阿利伯：《疯狂、惊恐和崩溃——金融危机史》，朱隽、叶翔、李伟杰译，中国金融出版社2014年版。

法分子浑水摸鱼的现象。例如，美国在20世纪初期，仅有1911年的《蓝天法》[①]和1913年《联邦储备法》，对证券销售的监管非常薄弱，大多数州几乎不干预证券市场，导致证券市场出现了大量投资合同和证券诈骗行为。1933年美国出台《证券法》，将大量金融产品和新形式投资方式均纳入监管，有效遏制了此类行为的高发势头。日本于1954年出台《出资法》后，对企业接受出资和吸收存款的行为进行严格规范，大力查处黑市借款活动，非法集资类活动因此得以有效控制。

2. 惩处不力削弱法律震慑

预防犯罪的重要手段之一是加大惩戒，特别是对于集资诈骗类案件，巨额的非法收益具有极大诱惑性，一旦惩处力度不足，违法成本过低，就无法起到应有的威慑作用。鉴于此，美国从人身刑和财产刑两方面加大惩戒，如美国麦道夫案主犯伯纳德·麦道夫被判处150年监禁，并被没收了1700亿美元资产。同时，联邦检察官还对麦道夫的其他亲属，包括其儿子、兄弟、侄子（女）等的财产来源进行了调查，目的是"让所有参与这场骗局的人都受到正义的制裁"[②]。与此形成鲜明对比的是，俄罗斯马夫罗季创办的"金融金字塔"MMM公司，给投资人造成了约1.1亿美元的损失，但法院仅对马夫罗季判处4年半监禁，马夫罗季出狱后重操旧业，继续推行MMM非法集资骗局，并将其扩展到了中国、乌克兰、白俄罗斯、印度等地，影响极为恶劣。

---

① 《蓝天法》也称《股票买卖控制法》，指美国一些州为保护投资者免受证券欺诈之害而制定的法规的统称。

② 李振：《麦道夫入狱150年　警钟为谁长鸣》，载《深交所》2009年第12期。

表 1　美、英、德、日金融相关法律出台完善过程

时间	美国	英国	德国	日本
20 世纪 30 年代始	· 1933 年《银行法》，规范证券与银行业之间关系的一些条款被合称为《格拉斯－斯蒂格尔法》 · 1933 年《证券法》、1934 年《证券交易法》、1940 年《投资公司法》、1968 年《威廉斯法》等系列法案，逐步形成了金融业分业经营制度的基本框架	—	· 1934 年第一部《德国银行法》生效 · 1948 年进行了货币改革，之后颁布了《德意志联邦银行法》《德意志银行法》使德国在战后迅速建立了一整套比较健全的货币制度和金融体系	·1947 年公布《证券交易法》，银行与证券公司形成相互隔离的关系 ·1954 年出台《出资法》，对企业接受出资和吸收存款的行为进行规制
20 世纪 80 年代前后	· 1980 年和 1982 年通过了《取消存款机构管制和货币控制法案》和《高恩－圣杰曼存款机构法案》等有关法律，放开了存款货币银行的利率上限	· 1979 年 10 月颁布了《1979 年银行法》 · 1986 年英国政府出台《金融服务法》	—	· 20 世纪 70 年代末进行金融自由化改革、放松监管 ·1981 年修改《银行法》
20 年代末至 2008 年金融危机	· 美联储于 1997 年初修改了《银行持股公司法》中的个别条例 · 1999 年 11 月 12 日，克林顿总统签署了《金融服务现代化法案》，美国正式宣告实行金融业的混业经营制度	· 1997 年提出了金融体制改革的方案 · 1998 年，通过了新的《英格兰银行法》《金融服务和市场法案》	· 2002 年 4 月 30 日新颁布的《德意志联邦银行法》在未改变联邦银行的基本职能的前提下，确立了新的德国联邦银行的体系 · 2002 年颁布了《金融监管一体化法案》	· 1992 年 6 月日本国会通过了《金融制度改革法》，允许银行、证券、信托以“异业子公司”方式实行业务交叉 · 2006 年建立起高度系统性金融商品监管法律制度，将《证券交易法》修改为《金融商品交易法》

续表

时间	美国	英国	德国	日本
2008 年后至今	·2010 年通过《多德 – 弗兰克华尔街改革和消费者保护法》[①]	·《金融监管新方法（2011）》白皮书主张由英格兰银行负责维护和强调金融稳定性[②]	·2009 年 6 月，欧盟理事会通过《欧盟金融监管体系改革》并于 2010 年在欧洲议会上通过[③]	·2007 年后，分别进行了短期和中长期金融监管改革，称“改善金融监管制度行动”[④]

（三）金融市场不成熟扩大滋生空间

1. 金融供给失衡伴生民间融资乱象多发

一方面，资金端投资产品供给不足。传统的正规金融产品尤其是高收益金融产品更多面向高净值客户，单位净值较低但数量庞大的客户往往被拒之门外，其资产保值增值需求难以满足，可能转向非法集资。另一方

① 美国相关法律引自：王勋、黄益平、陶坤玉：《金融监管有效性及国际比较》，载《国际经济评论》2020 年第 1 期；邹伟康、于海纯：《美国金融监管框架的重构：路径与趋势》，载《金融论坛》2019 年第 12 期；杨晗：《金融监管制度对比及对本国启示——基于对美英日三国的分析》，载《商场现代化》2018 年第 9 期；宋湘燕、姚艳：《美国金融科技监管框架》，载《中国金融》2017 年第 18 期。

② 英国相关法律引自：韩冬萌：《危机后的英国宏观审慎管理：框架变革与运作模式》，载《时代金融》2020 年第 4 期；贾晓雯：《双峰监管：理论起源、演进及英国监管改革实践》，载《海南金融》2018 年第 5 期；杨晗：《金融监管制度对比及对本国启示——基于对美英日三国的分析》，载《商场现代化》2018 年第 9 期；鲁篱、熊伟：《后危机时代下国际金融监管法律规制比较研究——兼及对我国之启示》，载《现代法学》2010 年第 4 期。

③ 德国相关法律引自：文善恩、陈小五：《危机后德国金融监管改革及其对实体经济的影响》，载《上海金融》2019 年第 4 期；郑凌云：《德国金融监管体制演变》，载《德国研究》2006 年第 4 期；李达、陈颖：《欧盟和德国金融监管改革的实践及启示》，载《金融发展评论》2015 年第 4 期。

④ 日本相关法律引自：张承惠、王刚：《日本金融监管架构的变迁与启示》，载《金融监管研究》2016 年第 10 期；赵玉婷、李云静：《日本的金融监管体制改革及对中国的启示》，载《税务与经济》2018 年第 5 期；杨晗：《金融监管制度对比及对本国启示——基于对美英日三国的分析》，载《商场现代化》2018 年第 9 期。

面，资产端融资结构失衡，融资服务存在“垒大户”现象，中小企业特别是小微企业的融资需求容易被忽视，形成了资金投放的“马太效应”。这一问题在结构单一的金融市场发展初期更为凸显。特别是在经济波动明显、企业经营状况恶化时，融资薄弱环节的抽贷断贷现象更加普遍。盲目求生存的企业更容易产生非法集资动机。再则，民间融资缺少行为监管和利率管制，极易异化为非法集资。例如，美国在“一战”后金融市场未设定利率上限，有庞氏骗局就宣称45天内可达到50%的利息，人们并未对此产生质疑，导致不到一年时间其诈骗行为席卷了3万多人，涉案金额达1500多万美元。此后，美国各州将民间借贷的年利率上限多规定在10%左右，若超出利率上限则借贷合同无效，若超出两倍及以上则触犯刑法，构成放高利贷罪，一定程度上减少了高利诱惑下的非法金融活动发生。

2. 过度自由化引发金融市场乱象

特许经营是金融业必须坚守的铁律，也是世界上绝大部分国家的共识。审慎监管笼子扎不紧，监管环境过度放任宽松，金融创新就可能如脱缰的野马不受控制，极易滋养非法集资，甚至演变成“金融灾难”。美国信托业作为一个新兴金融业态在“一战”后异军突起，从1921年40家增加到1929年的700余家，但由于未及时采取有效监管，信托投资在一段时间内异化为金融投机，滋生了大量集资诈骗。印度自20世纪90年代初期开始变革金融监管体系，逐渐放松金融管制，实施金融自由化，相应对非法金融活动的管控也有所放松，对互联网时代各种新型金融业态监管过分滞后，导致近年来新技术领域非法金融活动频发。

3. 公众风险意识薄弱推升盲目投资

社会公众是非法集资的对象，没有了公众参与，非法集资也就成了无源之水。从社会学研究成果来看，人们不可避免存在从众心理、羊群效应，故而在泡沫经济或经济过热时期，在非法集资肆意宣传鼓动下，民众容易做出不理智的投资行为。在美国、英国、荷兰的案例中，参与者的投机心理都是推动泡沫形成的主要动力之一。有关发达国家的经验表明，大力普及金融知识，加强金融消费者教育，增强社会公众的风险防范和风险自担意识，对于减少非法集资的参与具有积极效果。例如，日本非常重视国民的金融风险教育，加之经历过泡沫经济的破灭，促成了日本国民谨慎保守的投资理念。虽然目前日本长期处于低利率时代（十年期国债的年化利率0.1%），但其国民家庭资产仍倾向于储蓄，厌恶高风险的投资活动。据日本全国银行协会统计，日本个人资产中现金和储蓄占52.5%，保险年金占28.5%，股票占10.9%，基金、信托类投资占4%，并且近年来每年非法集资案件少于10起。

（四）社会信用体系不完善导致约束失效

1. 信用信息缺失无法准确研判风险

信息不对称是非法集资得逞的关键因素之一。社会信用体系的健全和完善是提高信息对称程度、降低信息获取成本的重要基础。社会从农耕文明发展到工业文明后，小农时代依靠熟人社会建立起来的信用体系坍塌，新的信用体系尚不健全，信用信息缺失且缺乏共享，从而很难依托信用记录对个人、企业等市场主体诚信度作出准确判断。投资者无法准确判断相关机构和产品的真实性、风险度，信息不对称问题普遍存在，为非法集资者编造虚假信息实施金融诈骗提供了可乘之机。

2. 失信惩戒不力弱化社会诚信风气

信用是市场经济的基石，社会信用体系缺失，失信惩戒力度过弱，失信成本过低，非法集资者将更有动力组织非法集资，甚至屡罚屡犯。有鉴于此，欧美发达国家大多建立了完善的信用体系。其中最为典型的是美国，自1840年起经过一百多年发展，美国逐步建立起颇具特色的信用体系，由联邦贸易委员会、消费者金融保护局等政府机构和有关行业自律组织及信用中介机构三类主体履行惩戒职能，以遏制社会主体失信行为。1970年《公平信用报告法》出台后，信用体系快速发展，逐渐形成完整产业链，公民诚信意识增强。信用跟随个人一生，且几乎与日常生活中每个环节都息息相关，“信用就是财富”的理念深入人心，诚实守信的社会环境对各类金融诈骗活动起到遏制作用。

表2 欧、美、日现有市场信用模式[①]

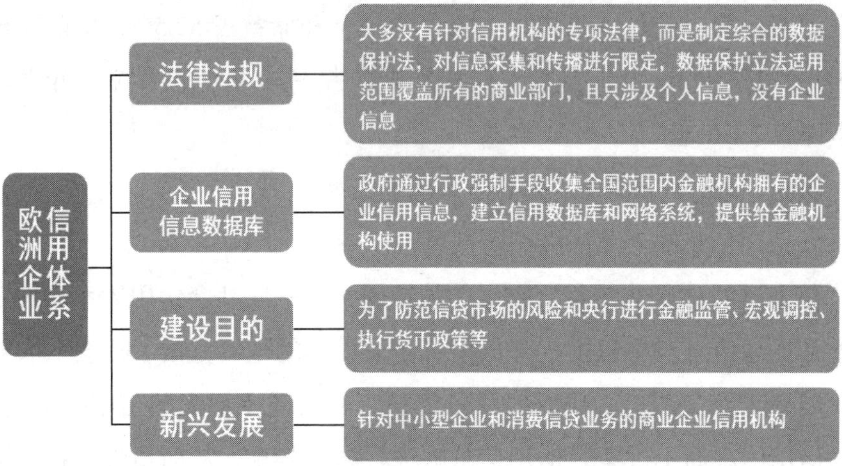

欧洲[②]：以中央信贷登记为主体的信用模式

① 参见《国内外信用体系建设的发展历程》，载《广西电业》2017年第11期。
② 参见孙晓义、朱绍明：《欧洲社会信用体系概述》，载《互联网金融法律评论》2017年第3期；李家勋：《国外社会信用体系发展模式比较及启示》，载《现代管理科学》2008年第6期。

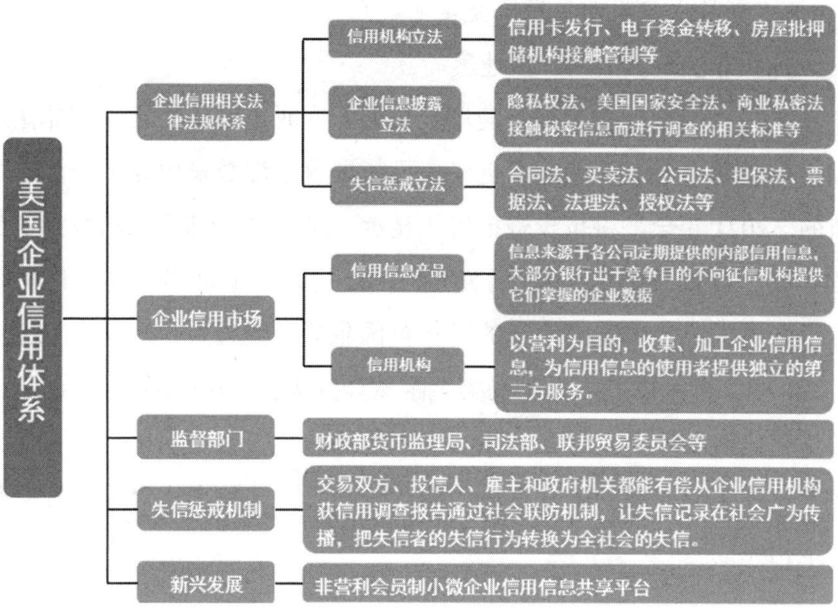

美国[①]：市场化商业运行的信用模式（商业信用市场代表公司：邓白氏公司；资本信用市场代表公司：穆迪，标准普尔；消费者个人信用市场代表公司：艾可菲，益博睿，环联公司）

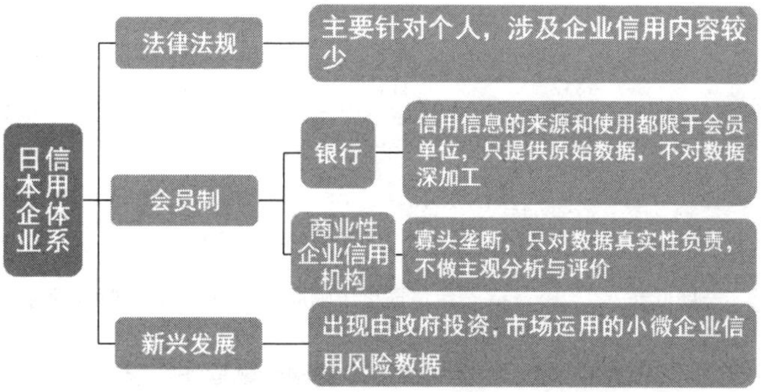

日本[②]：会员制征信机构与商业性征信机构共建的信用模式

---

① 参见董才生：《美国社会信用体系建设的经验教训对我国的启示》，载《东北亚论坛》2008年第6期。

② 参见刘宇：《国际比较对我国企业信用体系发展规模规划的启示》，载《征信》2018年第5期。

（五）新技术应用助推风险蔓延

1. 加快非法金融活动扩散速度

金融科技给金融业带来快速增长机遇，同时也使非法集资等非法金融活动传播速度更快、覆盖范围更广，可能导致案件数量快速上升。毕马威发布的“2021年金融科技投资报告”显示，2021年全球金融科技投资交易再创新高，投资总额达2100亿美元。与此同时，金融诈骗类案件持续增长。根据英国统计局官网发布的历年英国犯罪统计报告（Crime in England and Wales），金字塔或庞氏骗局类金融欺诈数量在2014年较多，此后三年间数量变化相对较小，在2018年10月至2019年9月数量陡升。考虑到金融风险从产生、发展到爆发有一个滞后过程，相关数据比对恰能说明其具有一定相关性。

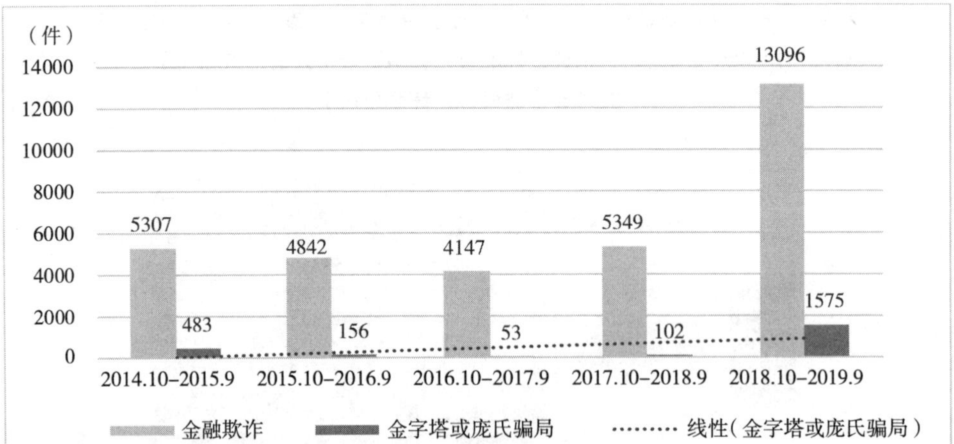

图1　2014.10—2019.9英国金融欺诈情况

2. 放大非法集资风险

非法集资活动与新技术的高度融合大幅降低了非法集资的初始投入成本及传播成本，同时也使集资信息更易传输扩散到各类人群，特别是低收入人群等。因此，借助互联网开展的非法集资传播效率更高，精准度更强，跨域特点明显，参与人数、集资金额等往往更大，极易形成大案要案，对社会危害性更高。美国联邦调查局（Federal Bureau of Investigation）官网发布的历年互联网犯罪报告显示，通过网络实施的投资类犯罪占网络犯罪的总比虽然不大，但发案数量逐年上升，造成的损失金额很大。美国证券交易委员会（the U.S. Securities and Exchange Commission，SEC）官网显示，SEC 自 2013 年起至今，共采取了 97 次执法行动，其中，2022 年对 79 家数字资产市场参与者发布了 30 次执法行动，同比增长了 50%。

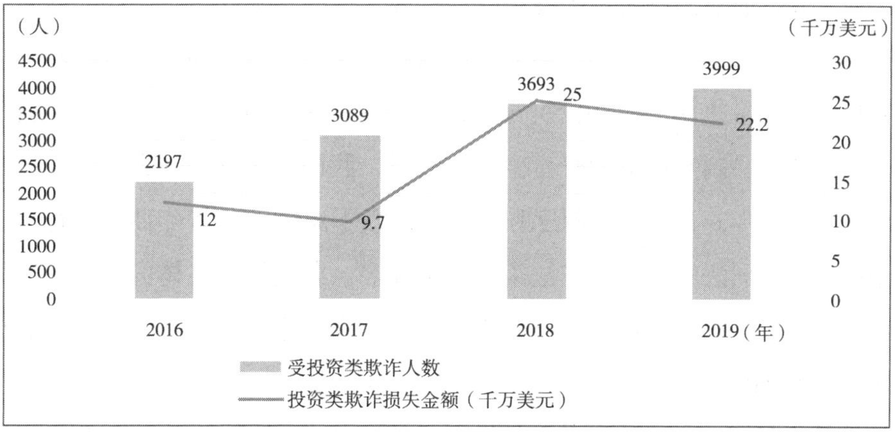

图 2　美国 2016—2019 年通过网络实施的投资类犯罪情况

二、从国内表现看阶段性特征

新中国成立后至改革开放初期，我国民营经济不发达，市场活跃度很低，非法集资几乎没有滋生土壤。随着我国改革开放不断深入，经济体制由计划经济向市场经济转轨，非法集资也随着经济社会的发展而产生、异化、膨胀，并呈现一定阶段性特征，既遵循国际普遍性规律，又因国情特色具备一些特殊成因。

（一）我国非法集资的阶段表现

1. 第一阶段：原始生长期

此阶段基本是在 1998 年之前，这一阶段的非法集资，主要以个人或企业借由实体商贸经营等名义开展集资，最为典型的就是号称“非法集资第一案”的沈太福案[①]。沈太福从1992年6月以发展节能电机为名，以高利息为诱饵，以签订“技术开发合同”的形式向社会广泛集资，在不到半年的时间里，共集资10多亿元人民币，投资者达10万人。这一时期非法集资活动有其特殊社会背景。一是改革开放后至20世纪90年代初期，民营经济、个体经济迅速发展，民间经济主体对资金的需求空前高涨，各类民营企业、个体工商户如雨后春笋般涌现。同时，由于政府采取金融管制措施，正规金融渠道信贷规模被严格控制，加剧了全社会的“资金饥渴”，游走在灰色地带的民间融资活动逐渐活跃，沿海地区民间拆借资金年利息在16%—20%之间。一些投机分子开始利用这一矛盾，非法集资开始露出苗头。二是法制空白下的野蛮生长。彼时，我国金融立法和金融监管体制构建刚刚起步，金融法律制度和监管机制极不健全，1995年商业银行法才刚刚出台，刑法中也没有非法集资相关罪名。各类民事主体的活动无法得到有效规范，司法震慑和引导作用不足，导致金融市场严重失序，非法集资等非法金融活动乱象丛生。

对此时期的主要治理措施包括：一是建立健全法律体系。1995年5月，全国人大常委会通过的商业银行法首次提出“非法吸收公众存款”概念。1995年6月30日，第八届全国人大常委会第十四次会议通过了《关于惩治破坏金融秩序犯罪的决定》，将非法吸收公众存款和非法集资诈骗等破坏金融秩序的犯罪列入法律打击对象。1997年3月14日修订的刑法和1997年12月9日通过的最高人民法院《关于执行〈中华人民共和国刑法〉确定罪名的规定》，正式将非法吸收公众存款罪，擅自发行股票或者公司、企业债券罪以及集资诈骗罪列入刑法罪名，我国关于非法集资的刑法规制框架基本构建起来。1998年，国务院颁布《非法金融机构和非法金融业务

---

① 1994年，法院以贪污罪和行贿罪判处沈太福死刑立即执行。

活动取缔办法》（以下简称《取缔办法》），正式使用了“非法集资”概念，确立了行政取缔与刑事惩罚双重规制的基本模式。二是加大惩戒力度。当时刑法对集资诈骗罪规定最高刑期为死刑，极大震慑了犯罪分子。三是开展集中整治。自 1998 年 7 月以来，国务院开始部署大规模整顿和查处金融“三乱”，并明确“谁批准、谁主管，谁组建、谁负责”的处置原则，相关工作取得积极成效。

2. 第二阶段：变异发展期

自 1998 年《取缔办法》颁布实施以来，非法集资打击和处置工作开始步入法治轨道。为逃避监管和打击，这一阶段非法集资手段花样不断翻新，涉及领域不断扩大，开始演变为复杂的社会问题。一是规模不断扩大。个案金额大、涉及人数多，非法集资案件的数量一般占同期经济犯罪总量的 5% 以下，但是涉案金额往往占经济犯罪涉案金额总量的 10% 以上，高的时候达到 16%，一些大案要案集资参与人数达十几万，如蚁力神、万里大造林、亿霖木业等典型案件均在这一时期爆发。二是波及范围广，手法多样化。非法集资从单一行业领域向社会各领域扩散，涉及农业、林业、房地产、教育、商品流通等几乎各个行业领域。跨区域案件增多，由部分地区向全国蔓延，全国所有省份和大部分地市州盟均有案件发生。同时，犯罪分子开始变换手法，通过合法名义掩盖集资行为，非法集资呈现出多样化特征，民间“会”“社”、非法销售，虚假购销、高额分红，虚假代种植、养殖等集资方式不断出现，手段更隐蔽，欺骗性更强。三是有关领域风险逐步积累。2012 年以来，大量打着投资理财、财富管理等名义投融资类中介机构违法违规从事吸收公众资金业务；P2P 网络借贷机构突破信息中介底线，实际从事信用中介活动；一批未经登记的伪私募甚至经过登记的私募基金管理人，打着私募基金旗号行非法金融活动之实，这些都为非法集资案件爆发埋下了风险隐患。

究其原因，21 世纪后我国经济进入高速增长时期，经济持续发展需要大量资金支持，居民收入上升带来的充沛民间资金，也需要寻找更多的投资渠道，民间投资渠道狭窄的现实困难和非法集资高额回报的巨大诱惑交织共存，为非法集资高发提供了物质条件。同时，当时打击非法集资工作机制逐渐应对乏力。由《取缔办法》确立的工作机制，更适合于金融“三乱”背景。相关乱象主要发生在金融领域，且大部分的非法机构或非法行为都可以找到批设部门，“谁家的孩子谁抱”比较容易实现。随着非法集资向各个行业领域扩散，对于相对专业、单一的金融监管部门来说，发现、认定、取缔难度非常大，基本无力应对，非法集资由此高发蔓延。

为应对严峻挑战，非法集资逐步进入专业治理阶段，工作机制、法律法规不断完善。在工作机制方面，2006年5月，国务院研究成立处置非法集资部际联席会议，成员单位包含公检法机关以及原工商总局、林业局等有关行业主监管部门，并确定了“省级人民政府负总责，行业的主管和监管部门一线把关，部际联席会议组织协调”的处置非法集资工作总原则。国务院办公厅于2007年、2010年相继下发《关于依法惩处非法集资有关问题的通知》《关于严厉打击非法集资有关问题的通知》，进一步明确各级人民政府的责任，推动建立“疏堵并举、防治结合”的综合治理长效机制。在刑事司法方面，针对非法集资的新情况、新特点，最高人民法院于2010年出台《关于审理非法集资刑事案件具体应用法律若干问题的解释》，进一步明确非法集资定义，强化法律制度保障。2014年，最高人民法院、最高人民检察院、公安部联合下发《关于办理非法集资刑事案件适用法律若干问题的意见》，进一步解决司法实践中的难点问题。2015年，为进一步统一思想认识，明确职责任务，推动防范和处置非法集资工作不断深入，国务院出台《关于进一步做好防范和处置非法集资工作的意见》（以下简称《意见》），成为处非工作的里程碑。一系列治理措施的推行，对遏制非法集资持续高发起到了积极作用。

3. 第三阶段：风险暴露期

2015年国务院《意见》发布以后，各地各有关部门坚决贯彻落实中央决策部署，重拳出击、精准施策、标本兼治，新增风险逐步下降，但受经济下行等因素影响，前期风险逐步释放。这一阶段非法集资主要特点：一是案件高发多发、形势异常严峻。案件数量、集资金额、参与人数都呈现爆发式增长。e租宝、昆明泛亚、钱宝系等大案要案动辄涉案金额上百亿元，涉及数十万人，日益成为危害国家经济社会安全重大风险隐患，甚至影响国家政治安全。二是投融资类中介机构、P2P、农民合作社、私募基金等重点领域风险突出。投融资类中介机构非法集资案件数量一度占案件总数的30%以上。P2P网络借贷“爆雷”不断，大案要案频发，成为非法集资重灾区。三是跨地域性更加明显。非法集资行为在互联网、移动支付等工具的辅助下，突破地域限制，呈现出辐射范围更广、人数更多、金额更大、犯罪成本更低等特点。互联网金融的繁荣发展也催生了更多借由新技术进行的非法集资，部分犯罪分子打着“互联网金融”“区块链”“虚拟货币”等旗号，从事非法集资等侵害公众合法权益的犯罪行为。

这一时期，以习近平同志为核心的党中央高度重视防范和处置非法集资工作。习近平总书记在党的十九大报告中将防范化解重大风险摆在三大攻坚战的首位，在中央经济工作会议、全国金融工作会议等对处非工作多次作出重要指示，提出明确要求。在处置非法集资部际联席会议的协调推动下，各地、各有关部门共同努力，坚持系统治理、依法治理、综合治理、源头治理的思路，加大防范预警、案件处置、宣传教育等工作力度，进一步健全责任明确、上下联动、齐抓共管、配合有力的工作格局，全面贯彻以人民为中心的发展思想，着力解决行政机关防范和处置非法集资的法律依据不足、手段不够等问题，提升行政处置效能，推动关口前移。2016年起，原银监会会同原法制办研究起草《防范和处置非法集资条例》。该条例于2021年5月1日正式颁布施行，防范和处置非法集资工作进入法治化、规范化发展阶段。

（二）现阶段我国非法集资高发的规律成因

1. 经济发展“三期叠加”

我国改革开放40年来，尽管中间有一些波折，但总体一直是经济高速发展，国内生产总值从1978年的3679亿元增长到2022年的121万亿元。[①]

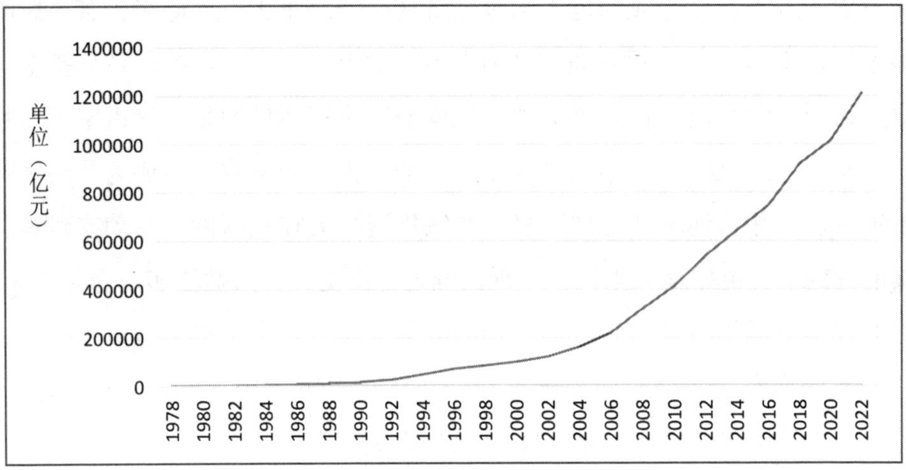

图3　1978—2022年国内生产总值

这一时期，民营经济、小微企业迅速成长，人民群众物质生活水平不断提高，但社会资金需求一直未得到充分满足，融资难、融资贵问题长期存在，一些企业只得借助于民间融资获取资金，积累了不少风险。2010年以来，国际国内经济形势错综复杂，我国经济进入增长速度换挡期、结构调整阵痛期、前期刺激政策消化期“三期叠加”的特定阶段，同时受国际金融危机等因素影响，我国经济下行压力持续加大，企业经营困难增多，资金链紧张，潜在积压的风险逐步显现。

2. 社会法治等方面仍不健全

我国仍处于社会主义初级阶段，法治体系不健全，且与经济社会不断

① 据国家统计局数据：从1978年到2017年，我国国内生产总值按不变价计算增长33.5倍，年均增长9.5%，平均每8年翻一番，远高于同期世界经济2.9%左右的年均增速。

深入发展不相适应的矛盾日益突出。《防范和处置非法集资条例》虽已颁布施行，但是各地配套制度尚未全面建立，行政执法力量尚待加强。司法解释规定的入刑门槛较低，行政处置没有跟上，导致普遍违法、选择性执法现象大量存在，社会公众在“法不责众”的心态下触碰法律红线；行政执法与刑事司法衔接机制不完善，打早打小还有差距。我国幅员辽阔、人口众多，人民受教育水平差距较大，群众对金融知识的了解、对金融风险的认识还有一个过程，社会信用体系建设还在起步阶段，这些都构成了非法集资滋生的土壤。

3. 金融特许经营原则有所放松

自 2013 年以来，未经许可的投融资类中介机构大量出现，实质性从事非法吸收公众资金业务。部分机构借“创新”之名行非法金融活动之实，手段花样加速翻新，各类“噱头”大行其道。而与此同时，各类政策相对模糊，导致对金融的管制出现了实质上的放松，大量非持牌机构违法违规集资现象突出。

图 4　投资咨询类公司新增数量及非法集资发案数

4. 信息技术在金融领域加速应用

我国互联网、大数据、云计算等科学技术的发展日新月异，移动支付、5G等技术在世界已处于领先水平，对金融的影响也更加深远。非法集资借助金融科技迅速发展，突破了传统地域、社会的限制，发展速度不断加快，隐蔽性不断增强，客观上推升了案件高发态势。

5. 社会心理与民众特殊投资惯性

我国多年来以存款为主、保本保息甚至保本高息、刚性兑付的金融环境，使民众对投资收益率存在不合理预期，对投资风险认识不足，容易相信高息宣传。

三、治理对策研究

从国际规律和我国实际来看，非法集资高发势头还将持续一段时间。当前受经济下行影响，涉非涉稳风险可能高位攀升，不排除在个别地区或某些领域集中爆发的可能。经济发展面临较多困难和挑战，社会法治体系、社会信用体系的健全完善都不可能一蹴而就，人民群众金融风险意识的形成更是一个较长的过程。我国要尽快扭转非法集资高发态势，避免非法集资造成系统性金融风险，必须把握其滋生演化规律，尽可能消除导致其高发的因素，从根本上铲除其赖以生存的土壤，促使非法集资从高发频发转向平稳收敛。

（一）加快完善金融法治体系

1. 推进立法，补齐打非处非制度短板

一是对非法集资等非法金融活动，要尽快出台《非存款类放贷组织条例》《地方金融监督管理条例》等政策法规；加快制定《防范和处置非法集资条例》实施细则及配套制度，加强处非行政执法规范化建设，为开展非法集资行政处置工作提供制度保障。二是对金融创新加快规范性立法，特别是互联网金融领域，要抓紧出台相关法律法规，促进其健康发展。

2. 严格执法，引导增进守法防非共识

用好警示约谈、责令整改等早期介入手段，及时化解风险苗头，立足打早打小，强化行政执法力度，加强行刑衔接，切实做到露头就打、高压严打，确保法律法规禁止性条款真正落地，维护法律的权威性，使人民群众建立起对法律的信任感、敬畏感。

3. 加大惩处力度，形成强力震慑

单从刑期的规定看，尽管我国废除了集资诈骗罪的死刑，但最高刑仍可达到无期徒刑，对比西方国家相关法律，已较为严苛。但在实际的司法审判中，由于主观上非法占有目的证明难，非法集资人常常被以非法吸收公众存款罪判处，刑罚相对较轻。《刑法修正案（十一）》出台后，适当提高了非法吸收公众存款罪的最高刑，并将集资诈骗罪的起刑点改为 3 年以上，一定程度上体现了严的趋势，但仍要进一步厘清“非法占有目的”证明规则，统一司法标准，减少司法实践中的认识分歧。另外，对一些涉及面广、影响恶劣的重大案件，司法机关应在法律法规范围内从严从重处罚，并作为典型案例加强宣传，对不法分子形成有力震慑。

（二）加速成熟的金融市场建设进程

1. 畅通中小微企业融资渠道

更好发挥货币政策的结构性调整作用，构建多层次、广覆盖、有差异的银行体系，丰富中小金融机构数量，加强金融科技、互联网、大数据等运用，提升定向调控和精准滴灌能力，对民营小微企业做到“愿贷、能贷、会贷”；健全风险投资、债券市场、股票市场等多层次资本市场体系，提高直接融资比重，有效缓解民营小微企业融资难、融资贵问题，挤压非法集资市场空间。

2. 满足投资者多元化投资需求

进一步丰富金融产品类型和数量，针对不同风险偏好，开发个性化、定制化金融产品，充分满足差异化理财需求。同时，强化市场约束和金融监管，严厉打击内幕交易、财务造假、市场操纵等违法犯罪行为，切实提升金融市场透明度和稳健性，增强投资者对金融市场的信心。加强投资者适当性管理，合理设置投资门槛，严厉打击误导、欺骗投资者的行为，切实维护投资者合法权益。

3. 积极引导民间融资规范发展

推进民间借贷领域立法，引导和规范民营小微企业融资行为，从源头上降低民间金融涉非风险。鼓励建立相关行业协会，加强行业自律管理，围绕协调、服务、消费者保护等职责积极发挥作用。修订有关司法解释，合理设定民间借贷利率上限标准，消除对无风险高收益的不合理预期，减少不法分子套利空间。

（三）全面提升国民金融素养

1. 完善国民金融教育体系

推动金融知识进学校、进课本、进课堂，针对小学、中学和大学设置不同的课程体系，要求各类媒体履行普及金融知识的社会责任，把金融知识的宣传作为其公益宣传的一部分，面向广大社会公众做好知识普及；明确各类金融机构开展金融知识普及的责任，要求所有金融机构面向金融消费者加强宣传教育和风险警示。

2. 做好热点领域政策解读和风险提示

在新兴行业及国家热点产业领域，应当及时、详细做好政策解读，严防不法分子对国家产业政策进行曲解和利用。对相关行业领域或针对新政策、新热点出现的苗头性风险，应及时提示风险，强化公众正确认知。

3. 强化公民风险自担意识

积极弘扬中华优秀传统文化，强调我国传统文化中守诚信、崇正义的价值观，强化规则意识，倡导契约精神，引导人民群众树立风险自担意识。特别是对一些明知是非法集资还“快进快出”获取不当利益的人群，可研究探索对其收益进行收缴，使其参与非法集资无利可获，防止投机心理、机会主义，形成自觉抵制非法集资的社会风气。

（四）积极推动社会信用体系建设

1. 推进信用信息互通共享

进一步健全统一的信用信息平台，打破政府、市场、行业间的信息壁垒，做好统一的信息采集，促进形成完整、全面、准确的联合征信系统，实现信用信息的共建、共享，让失信者无处遁形。

2. 扩大非法集资失信人范围

健全国家信用法律体系，明确非法集资的失信法律责任，为加大对涉非法集资严重失信人的惩戒力度提供法制保障。明确非法集资失信人除组织者外，将为非法集资提供便利的集资协助人，包括代言人、推介人、站台者等，都纳入惩戒范围。

3. 加大失信惩戒力度

深入开展失信联合惩戒，充分发挥政府、市场、行业、媒体、社会公众各方作用，让失信者受到广泛的社会监督和严厉的惩戒措施，真正做到“一处失信，处处受限”，让诚实守信成为社会的常态。

（五）进一步健全金融监管制度

1. 坚持金融特许经营原则

严格落实金融行业“先证后照”的准入制度，一切从事金融业务的机构都必须持牌经营。对所有金融业务必须设置必要的准入门槛，严格规范展业行为。按照“谁审批、谁监管”的原则，对相关机构实行严格监管，特别是对风险较高机构应明确业务负面清单，按照清单开展事中事后监管，防止无序经营、野蛮生长。对于未经审批的非法金融活动，要明确兜底监管机构。

2. 审慎开展金融创新

平衡金融创新与防范风险的关系，立足于行为监管、功能监管、底线监管，在确保风险可控的前提下开展金融创新。建立标准一致、穿透到底、多方协同的金融监管治理体系，杜绝披着“创新”外衣进行非法集资等违法犯罪行为。积极探索符合国情的“监管沙盒”机制，在保证规则明确、监管覆盖的前提下有序推广。

3. 强化科技监管能力建设

监管部门应强化科技支撑，创新监管手段和方式，积极运用大数据、云计算等技术，加大对所有金融机构、金融业务的高效监管，及时发现和纠正违法违规行为。同时，要依托网上大数据技术和线下网格员系统，构建起立体化、信息化、社会化的风险监测预警体系，通过技术手段辅助化解当前对非法集资行为的监测困境，实现对非法集资等非法金融活动早发现、早识别、早预警、早处置。

论共同内幕交易行为行政责任的认定

董文媛*

一、问题提出及背景

2015 年至 2022 年，证监会处罚委共出具行政处罚决定书 902 份，涉及内幕交易违法行为 300 份；证监会系统共出具行政处罚决定书 2301 份，涉及内幕交易违法行为 698 份，占比约 1/3。可见，内幕交易是资本市场高发、频发的违法行为，严重违背“公开、公平、公正”的市场原则，扰乱正常的交易秩序，极大损害投资者合法权益。近年来，内幕交易呈现出隐蔽性强、形式复杂的特点，内幕交易主体也从“单人作战”向“多人协作”发展。2015 年至 2022 年，证监会系统对共同内幕交易作出行政处罚决定书 60 份，共同内幕交易因涉及两个以上违法主体，由此引出共同故意的认定、共同违法与联络接触型内幕交易的区别、违法所得的划分等疑难复杂问题。尤其是在当事人对抗情绪较强、取证尚未足够充分的情况下，共同内幕交易的相关问题往往成为审理工作中的重点和难点。

二、主要问题

当前，行政处罚法等法律法规未对共同违法作出明确规定，执法实践中又未形成统一标准，使审理人员在认定共同内幕交易违法行为时如履薄冰、慎之又慎，具体体现在：

---

* 中国证券监督管理委员会行政处罚委员会副主任。

其一，共同内幕交易行为法律规定缺位。当前，行政机关主要依据证券法、期货和衍生品法和最高人民法院《关于审理证券行政处罚案件证据若干问题的座谈会纪要》，并参考最高人民法院、最高人民检察院《关于办理内幕交易、泄露内幕信息刑事案件具体应用法律若干问题的解释》（以下简称《内幕交易解释》）等有关规定认定内幕交易违法行为。其中，仅在《内幕交易解释》第 9 条第 2 款[①]中，提及共同内幕交易行为如何确定违法金额。不同于刑法中对于共同犯罪和民法中关于共同侵权等较为完善的理论体系，行政法体系中未有任何法律规定涉及行政违法行为的构成要件，也没有对共同违法行为的明确规定，行政处罚领域关于共同违法的规定尚处于“真空”地带。在此基础上，证券法及相关下位法中更无从找寻到共同内幕交易的身影，理论界对于共同内幕交易更是鲜少涉足，使共同内幕交易行政违法行为存在着“无法可依”的难题。

其二，“共同故意”主观状态难以认定。如前所述，由于在行政法体系中无法找到共同内幕交易行为构成要件的明确依据，而刑法中对共同违法的理论又较为成熟，基于行政执法与刑事司法相关理论存在一定的共同性，特别是共同内幕交易罪的相关理论能够为共同内幕交易行政违法的认定提供极强的借鉴作用，故在行政执法认定共同违法的思路时，通常会借鉴刑法中的理论和规定。刑法规定共同犯罪是二人以上共同故意犯罪。借鉴上述规定并结合刑法关于共同犯罪的理论，认定共同内幕交易时，证监会采取了主客观一致原则，既要证明当事人客观上共同实施内幕交易行为，又要证明当事人主观上有共同内幕交易的故意。然而内幕交易隐秘性

① 最高人民法院、最高人民检察院《关于办理内幕交易、泄露内幕信息刑事案件具体应用法律若干问题的解释》第 9 条第 2 款规定：“构成共同犯罪的，按照共同犯罪行为人的成交总额、占用保证金总额、获利或者避免损失总额定罪处罚，但判处各被告人罚金的总额应掌握在获利或者避免损失总额的一倍以上五倍以下。”

强，往往缺少当事人自认或联络记录等直接证据，在此情况下认定当事人之间有“共同故意”的主观状态存在较大困难，若认定共同故意的证明标准过高可能导致当事人逃避制裁，证明标准过低可能导致共同违法的认定泛化，故如何结合客观证据综合认定，是一项需要探索的课题。

其三，执法实践尚未形成认定共识。截至目前，证监会审理的共同内幕交易案件，综合认定“共同”性，主要围绕以下几个方面进行考量：一是主体关系情况。有案例认定当事人之间具有夫妻、父女等亲属关系，或认定当事人为多年好友关系密切[①]；亦有案例没有对当事人之间的关系进行认定[②]。二是意思联络情况。大多数案件明确了当事人之间在内幕信息敏感期存在不同程度的联络接触[③]，但也有个别案件仅体现了当事人与内幕信息知情人间的联络情况[④]。三是资金、账户关联情况。多数案件存在归集资金或共同控制账户的情况，个别案件为单人操作。四是交易异常情况。各案件总体体现出账户交易异常，仅异常程度存在差异。行政机关从上述客观要件推定当事人的主观状态，证明两个以上当事人之间存在共同违法的主观故意。在执法实践中，因当事人不配合调查、行政机关取证手段有限等因素，各个案件证据的充分性存在区别，在共同内幕交易的认定缺乏明确规则和理论依据的情况下，审理人员在认定当事人是否构成共同内幕交易时常遭遇困境。

---

① 中国证监会行政处罚决定书〔2020〕51号当事人系夫妻关系，中国证监会行政处罚决定书〔2020〕107号当事人间为父子关系，中国证监会行政处罚决定书〔2018〕67号当事人间为多年好友。

② 如中国证监会行政处罚决定书〔2021〕45号。

③ 如中国证监会行政处罚决定书〔2020〕111号、中国证监会行政处罚决定书〔2020〕112号、中国证监会行政处罚决定书〔2019〕63号等。

④ 如中国证监会行政处罚决定书〔2020〕10号敏感期内一位当事人与内幕信息知情人联络、中国证监会行政处罚决定书〔2020〕107号敏感期内两位当事人均与内幕信息知情人联络接触。

三、研究意见

根据既往行政处罚认定实践和司法审查观点，由于缺乏直接证据证明当事人之间共同内幕交易是常态，故证监会往往基于间接证据综合认定或推定当事人共同内幕交易，总体可概括为“密切身份关系＋其他补强因素”综合认定的逻辑。具体包括以下要件：

（一）当事人之间存在较为密切的关系

内幕信息是涉及公司生产经营的重大信息，可能会对投资者的投资决策和证券价格产生重大影响，在尚未对外界公布前，当事人提前获悉内幕信息往往能据此信息差获得巨大利益。共同内幕交易的当事人往往存在较为密切的关系，这种密切关系即是内幕交易本身特点带来的导向结果，也是当事人从事违法活动的重要动因。北京金融法院在审理马某海、李某共同内幕交易案时认为，认定是否构成共同内幕交易可以从身份关系是否密切的角度进行考量[①]，这体现出在行政诉讼中的司法审查观点，对于身份关系密切程度的明确有助于为共同行为奠定认定基础。因此，当事人之间的密切关系，可以作为线索在案件调查审理时予以考虑，辅佐其他证据共同证明内幕交易的关联性。较为密切的关系可大致分为以下几种情形：

1. 特定身份关系

当事人间可能是具有特定身份关系的夫妻、父母子女、兄弟姐妹等。2015年至2022年，涉及特定身份关系的共同内幕交易案件共41件，占比超过2/3。由于身份关系密切，此类案件当事人间常伴随着共同居住密切联络、家庭财产共同支配等情况，也意味着有密切的利益关联和频繁的日

① 北京金融法院在（2022）京74行终4号判决书中，对共同内幕交易的构成条件作出如下认定：“认定是否构成共同内幕交易可以从身份关系是否密切、是否存在高度的利益趋同、是否均实施了与内幕信息相关的交易行为三个方面予以考量。”

常联络，因此更容易进行共同内幕交易。但案发后为减轻损失，共同串通作伪证，由其中一方自认全部责任，为另一方开脱的情况也时有发生。对此类案件，往往需要结合当事人之间的特定身份关系，考量是否采信相关证据。如在毛某波、金某共同内幕交易案[①]中，当事人辩称二人作为夫妻，家庭财产及家庭成员名下的三个证券账户均由一方统一管理，另一方对上述账户无管理、处分权，以否认共同控制账户。本案中，证监会认为，涉案两账户虽由一方负责下单交易，但二人为夫妻关系，账户资金系家庭共有资金，另一方亦对账户资产及收益享有法定权利，且有证据证明未下单一方经常登录账户、了解交易情况，夫妻双方常讨论股票交易事宜等，故对上述申辩意见不予采纳。由此可见，对于当事人存在特定身份关系的情形，不能仅以双方的陈述作为认定事实的依据，而要结合各间接证据进行综合判断，使主客观证据能够相互印证，形成充分完整的证据链条，进而证明双方在内幕交易行为中存在分工、相互配合共同构成完整的违法行为。

2. 因生活、工作等原因产生的密切关系

近年共同内幕交易案例中，第二种常见情形为行为人之间存在因共同生活、工作而产生的密切关系，通常为同学、好友、同事、上下级等关系。2015 年至 2022 年，共有 10 件共同内幕交易案涉及此种密切关系，占比 1/6。此类案件中，当事人在日常生活和工作中有较为密切的联络，表现为经常互相拨打电话、组织聚会等。对此类案件，需要通过分析敏感期内联络频率、方式相较于日常联络的异常性，结合其他关联关系等方面综合认定共同内幕交易。

其中以上下级关系为代表，部分行为人指使、命令无关人员参与内幕交易的一部分操作，被指令人员在不知情的情况下执行了买入、卖出等具体行为。从形式上看，似乎符合共同内幕交易的外在表现，但被指使者往

---

① 中国证监会行政处罚决定书〔2021〕122 号。

往不知悉内幕信息、不参与利益分配、不能决策资金流向，一般不宜直接认定为共同内幕交易的主体，实践中应结合当事人的能力、地位等条件综合认定判断。

3. 共同利益关系

当事人间存在共同的利益关联，如合伙人、投资伙伴等，这种利益关联关系决定了当事人会共同对投资标的进行分析，体现出投资决策和行为目的的一致性。如王某诚、杨某内幕交易“汉鼎宇佑”案[①]中，二人共同投资了一家资本投资有限公司，为投资伙伴，存在利益关联关系。当事人辩称，内幕信息敏感期间内双方账户间的资金往来是以借款名义支付的股权投资款项。本案中，证监会认为二人在调查阶段所述本案资金往来理由相互矛盾，申辩中亦不能作出合理解释，且交易前后联系密切，账户交易与内幕信息高度吻合。结合上述客观证据，最终对申辩理由不予采纳。对于此类案件，需要结合主客观证据，如调查前后两人询问笔录内容是否一致等进行综合认定。

通常情况下，执法机关会根据上述三种情形来认定当事人之间存在密切关系。然而，现实生活中的关系错综复杂，共同违法行为的当事人之间还可能存在上述三种情形以外的密切关系，如旁系血亲、前配偶等等。在判断当事人之间是否存在密切关系时，不宜将“密切”的标准设定过高，亦不宜机械套用固定模板，而要根据生活经验和常识，判断行为人之间是否存在可能共同从事违法行为的密切关系。

（二）当事人之间存在意思联络

当事人之间存在意思联络是共同内幕交易行为区别于单独内幕交易行为的核心要件，是案件中需要证明的必然条件。对于当事人间的“意思联络”，如果完全按照刑法中共同犯罪中共同故意的标准去要求，就必

---

① 中国证监会行政处罚决定书〔2018〕55号。

须证明当事人均认识到与对方共同从事内幕交易行为，但实践中由于内幕交易的隐蔽性较高、行政机关调查手段具有局限性，往往很难达到较高的证明标准。对比刑事“排除合理怀疑”的证明标准，一般认为，在行政处罚案件中，采用“明显优势”证明标准，如周某和内幕交易案[①]中，当事人虽未被公安机关刑事追诉，但被证监会认定行政违法。实践中，行政执法与刑事司法在证明标准、法律适用等方面存在区别，对于行政责任要件的认定标准可结合实际情况进行推定性调整。同样，在马某海、李某案的判决书中，北京金融法院认为在共同违法行为中，行为主体一方不以其知悉违法行为全貌、参与违法行为的全部环节为必要，只要其对行为整体性质、手段、目的存在共同违法之认知即可。由此可见，认定共同内幕交易行政违法时，不要求当事人均对内幕信息内容完整知悉，只要能证明当事人对违法行为的性质存在基本认知，并在此基础上参与合作即可。在证明方式上，如缺少当事人自认等直接证据，可以通过客观行为表现推定其存在违法的主观故意，如在敏感期内频繁联络、对于案涉交易存在协商等。

另外，根据案件中当事人主体身份的不同，即当事人中是否包含内幕信息知情人，对参与联络接触的具体人员与情形的要求也不同。当涉案当事人一方为法定内幕信息知情人时，内幕信息来源为知情人本身，此时仅需证明当事人之间有意思联络，即存在内幕信息传递的基础。当涉案当事人均为非法获取内幕信息人员时，还需至少证明其中一方与内幕信息知情人存在意思联络，才能据此证明内幕信息来源。

---

① 最高人民检察院与中国证券监督管理委员会于2020年联合发布的证券违法典型案例“周某和内幕交易案”在“典型意义”部分强调，“行政执法与刑事司法在证明标准、法律适用等方面存在区别，公安机关终止侦查的决定，是对犯罪嫌疑人是否符合刑事追诉标准作出的独立判断”。

（三）当事人间存在利益关联或行为关联

除了意思联络以外，当事人间的共同关系还体现在具有客观的关联表现上，常见情形如下：

其一，共同控制使用证券账户。体现为当事人在同一敏感时期、利用同一账户、针对同一对象共同进行实际交易。与单纯的出借账户不同，要体现账户均在各方控制之下，即行为人均对于账户的实际交易具有决策权。这种认定是一种综合认定，通常通过交易终端信息、当事人间的身份关系、当事人自认等证据予以综合证明。如秦某锋等人内幕交易案[①]中，同一账户分别在两位当事人的手机电脑上频繁登录，且在两位当事人手机上均有过下单操作。同时，当事人自认将其证券账户交由另一位当事人代为操作。即可综合判断当事人间存在共同控制使用账户的情况。

其二，交易资金存在利益关联。多数情况下，用于交易的资金属各方当事人共同筹集，体现出共担风险、共享收益的特点。如刘某宇案[②]中，当事人刘某宇将资金转入刘某良控制账户，由刘某良将该笔资金与自持资金“共同炒股”，因本案中双方当事人分别提供资金并各自承担相应亏损，体现出共担特点，所以足以排除借用资金或借用账户的情形，可认定为共同内幕交易。部分案件中，由一方当事人出资，交由另一方当事人操作。如张某华、周某发案[③]中，由内幕信息知情人出资，非法获取内幕信息的人进行下单操作。在实践中，可以通过账户转账记录追溯资金来源，如果当事人不能解释资金流入的正当性，便无法据此抗辩。这种来源可以直接指向当事人本人，但也可能通过其他综合因素进行推定，如沈某、黄某红案[④]中，虽然不能直接证明资金归属于内幕交易当事人，但当事人双方为夫妻

① 中国证监会行政处罚决定书〔2021〕45号。
② 山东证监局行政处罚决定书〔2020〕6号。
③ 中国证监会行政处罚决定书〔2020〕111号。
④ 中国证监会行政处罚决定书〔2020〕51号。

关系，且资金来源于一方当事人的母亲，再基于当事人双方共同控制其母亲的账户，可以推知当事人与交易资金存在利益关联。

在证监会目前处罚的案件当中，上述两个情形或择其一，或在同一案件中均有体现，可见这是从客观层面证明当事人间进行“共同”交易的重要表现。

（四）交易活动存在明显异常

证券账户交易明显异常，是指当事人在内幕信息敏感期内的交易时间、交易习惯、交易金额等方面存在异常性，且与其他时间相比差异明显，总体体现出强烈的买入意愿。一是交易时间的异常性。证券账户交易案涉证券的时间与获悉内幕信息时间基本一致，证券交易活动与内幕信息形成、发展过程高度吻合。二是交易习惯的异常性。通常表现为突击开户、突击转入大额资金、集中单项买入案涉股票等明显异常行为，且交易风格与既往交易存在明显区别。三是交易金额的异常性。通常表现为集中大量资金买入涉案股票、交易涉案股票的金额远大于交易其他股票的金额等，甚至亏损卖出其他股票后重仓买入涉案股票，此种违反经济理性的行为进一步体现了买入意愿的强烈。同时，对于认定共同内幕交易而言，还需考量当事人之间的客观行为是否存在分工合作、相互配合的情形，佐证彼此之间存在共同违法的合意。

值得注意的是，认定交易活动存在明显异常构成内幕交易，需当事人无法对异常性作出解释，即无正当理由或正当信息来源。“正当理由”和“正当信息来源”是交易活动存在明显异常的阻却事由，能够合理解释从事相关交易并非基于利用内幕信息的主观意图，进而剥离异常交易与内幕信息之间的关联。唯有确认明显异常的交易没有阻却事由，证券交易与内幕信息之间的高度盖然性联系才能上升为确实、充分联系。

综上所述，证监会综合考量身份关系、意思联络、利益和行为关联等要素，分析当事人是否存在“分工协作，共担风险，共享收益”的特点，综合主客观证据判断是否构成内幕交易。资本市场瞬息万变，违法犯罪形式复杂多样，内幕交易因其强隐蔽性更有着证据认定困难的情况。在具体进行案件办理时，要充分发掘个案特质，综合运用评判方式，系统认定违法情形，不断在实践中总结审理经验，灵活运用上述要件进行事实认定。

内幕交易、泄露内幕信息罪实务疑难问题研究

罗　曦　李长林*

2012年3月，“两高”出台《关于办理内幕交易、泄露内幕信息刑事案件具体应用法律若干问题的解释》（以下简称2012年《解释》），明确内幕交易案件的具体法律适用。近年来，随着资本市场的发展，证券法、期货和衍生品法以及内幕交易罪立案追诉标准已分别修改或出台，在司法实践中也出现了不少新情况新问题，2012年《解释》面临进一步修改完善。本文针对当前司法实践中反映突出的疑难问题、争议问题作一分析，并提出适用、完善司法解释的考虑和建议。

一、关于非法获取内幕信息人员的认定

《刑法》第180条第1款规定的内幕交易、泄露内幕信息的主体是“内幕信息知情人”和“非法获取证券、期货交易内幕信息的人员”。“内幕信息知情人”根据证券法予以认定；“非法获取证券、期货交易内幕信息的人员”，根据2012年《解释》规定，有三类人员应当予以认定，分别为非法手段型、特定身份型、积极联系型。随着新类型案件的不断出现，司法实践中产生了适用上的争议，主要是二手以上获悉内幕信息人员以及被动获

---

* 罗曦，最高人民检察院驻中国证监会检察室副主任；李长林，北京市人民检察院第三分院四级高级检察官。

悉内幕信息人员是否应当纳入刑法规制范围。

首先，应当明确如果行为人是通过“窃取、骗取、套取、窃听、利诱、刺探或者私下交易等”非法手段获取内幕信息的，根据2012年《解释》第2条第1项，不论经过几手，均可以认定为非法获取内幕信息人员。多数二手以上传递型案件都可以通过该项规定解决法律适用问题，要明确的是对非法手段的认定应当作相对广义解释。例如，实践中多数行为人在获悉内幕信息后会与上一手传递人（内幕信息知情人或者非法获取人）反复沟通、求证，以确认信息的真实性、可靠性，这种情况可以认定采用了“套取”或“刺探”的非法手段。又如，能够证明行为人从上一手传递人处获悉内幕信息并进行交易，给予上一手传递人好处费的，即使无法查明双方之间存在明确约定的协议，也应认定其采用了“私下交易”或“利诱”的非法手段。实践中，很多关于认定二手以上非法获悉内幕信息人员的争议问题，不在于没有司法解释的依据，而是对司法解释的适用不准确。

其次，对于未采用非法手段获取，但利用内幕信息交易的人员，分情况认定。根据2012年《解释》，关于特定身份型主体（内幕信息知情人的近亲属或者关系密切的人员）和积极联系型主体（在内幕信息敏感期内与内幕信息知情人有接触、联络的人），基于其身份的特殊性和联系的紧密性，不再追究手段是否非法，根据异常交易推定为非法获取人。除此之外，对于纯被动获悉内幕信息并交易的人员，例如偶然听说且未进一步刺探的情形，由于未使用非法手段，不属于刑法“非法获取内幕信息的人员”。由于内幕交易犯罪中，信息传递隐蔽性强，对于非法手段的证明比较困难，司法实践中亦有观点建议放宽对“非法获取内幕信息的人员”的认定，对无正当理由如通过职务关系等获悉内幕信息，并实施交易的，不区分获取手段是否非法，不论主动还是被动获取，均认定为“非法获取内幕信息的人员”。经研究，我们认为，根据《刑法》第180条规定，“非法获取内幕信息的人员”其核心要义是“非法获取”，如对没有采取非法手段获取信息的行为人予以认定，有违罪刑法定原则，亦有过度扩大犯罪圈之嫌。对于实践中被动获取能否定罪的争议，如上所述，很多案件实际上是被动获取后仍有交流、沟通、反复了解情况等情形，应当适用2012年《解释》第2条第1项关于非法获取的规定予以认定。

最后，应当注意“零口供”案件中涉及的二次推定问题。内幕交易一般发生在亲友、熟人之间，案发后行为人容易建立攻守同盟，“零口供”案件较多。因此，2012年《解释》规定，对于特定身份型和积极联系型主体，可以根据“异常交易＋特定身份或主动联系行为”推定为非法获取内幕信息人员。问题在于，两类人员为推定的情况下，对与该两类人员有密切关系或者主动联络接触的人员，能否再依据存在异常交易将其认定为非法获取内幕信息人员。我们认为，推定规则的适用，为内幕交易中较难证明的秘密传递信息的案件事实的认定提供了便利；但第一次基于“异常交易＋特定身份或主动联系行为”推断非法获取内幕信息事实的存在已是高度盖然性的论断，在此基础上再进行二次推定，必然扩大结论的不确定性，有违严格适用推定规则的基本原则，不利于发现案件真相和保障人权，不宜据此认定。

二、关于内幕交易抗辩事由的认定

部分证券交易行为人虽然掌握、知悉内幕信息，但因实施交易行为与内幕信息并无关联，或者实施的交易行为系维持和促进证券市场有序发展所需要，故不属于内幕交易。结合证券法的规定并借鉴成熟资本市场国家和地区的做法，2012年《解释》第4条采用“列举＋兜底”的方式，规定了四项内幕交易的阻却事由。当前，执法司法实践中出现了部分实质进行内幕交易，但利用阻却事由逃避追责的情形，需要根据实践情况对阻却事由予以进一步完善。

（一）上市公司收购豁免，应限定交易行为符合真实收购目的

上市公司收购豁免是指对持有上市公司5%以上股份的股东或一致行

动人收购本公司股份的行为作豁免。上市公司收购会使公司股权结构发生重大变化，属于可以对公司股票交易价格产生重大影响的重大事件，系内幕信息。《证券法》第 63 条规定，“投资者持有或者通过协议、其他安排与他人共同持有一个上市公司已发行的有表决权股份达到 5% 后，其所持该上市公司已发行的有表决权股份比例每增加或者减少 1%，应当在该事实发生的次日通知该上市公司，并予公告”，因此形成收购动议至信息公开期间，未触及 1% 比例的收购已经开始，而信息尚未公开。此期间的收购行为，符合“知悉信息 + 大量买入股份”特征，但显然是正常市场行为，因此证券法和 2012 年《解释》对该收购行为作了豁免规定。2012 年《解释》第 4 条第 1 项规定“持有或者通过协议、其他安排与他人共同持有上市公司百分之五以上股份的自然人、法人或者其他组织收购该上市公司股份的”不属于内幕交易。但是，实践中也出现了搭收购便车，股东或一致行动人同时进行内幕交易的情形，例如以他人名义买入收购公司股份（“暗仓”），这部分股份不向证监会报告，也未向市场公告，待收购完成后股东或一致行动人会私下卖出获利。为防止行为人以收购为名实施内幕交易从而规避刑事追责，在适用上市公司收购豁免条款时，应当限定交易行为符合真实收购目的，对于交易行为明显不符合收购目的且没有正当理由的，如这种搭收购便车的行为不应适用。

（二）约定、计划交易抗辩，应限定行为人有真实交易目的，且交易方式、数量、价格、时间等要素应当明确

约定、计划交易抗辩是指在内幕交易敏感期内发生的原本已经约定、计划好的交易（主要是指大宗交易），因该交易的发生与利用内幕信息无关，为保障正常交易秩序，2012 年《解释》第 4 条第 2 项规定“按照事先订立的书面合同、指令、计划从事相关证券、期货交易的”不属于内幕交易。但是，实践中出现了事先制作虚假的书面合同、交易计划、指令应对案发后检查、掩盖犯罪行为，以及以公司的框架性制度规定作为交易计划、

指令抗辩理由等情况，这类合同、计划、指令和制度规定通常没有交易方式、价格、数量、时间等可明确执行的要素。为防止上述情况，应该强调约定、计划交易具有真实交易目的，并且相关书面合同、指令、计划的交易方式、数量、价格、时间等要素应当明确，具有可执行性。

三、关于交易成交额的计算

实践中对如何计算证券交易成交额有不同认识，长期存在争议。有按信息类型单边买入或者卖出金额计算的，有选取买入、卖出金额中较大的数额认定的，也有买入卖出累计计算的。不同算法下数额认定差别很大，直接影响定罪量刑。为统一司法标准，有必要予以明确规定。

我们认为，交易成交额是指，在内幕信息敏感期内，利用内幕信息从事证券交易的金额。关于交易成交额的计算要把握两点：第一，“交易”是在内幕信息敏感期内的交易；第二，“交易”是利用内幕信息的交易。结合执法司法实践，提出以下计算规则：利用内幕信息买入证券，信息公开后卖出谋利的，以买入金额计算；利用内幕信息卖出证券避免损失的，以卖出金额计算。因内幕信息发生变化，在敏感期内既有买入又有卖出的，以买入、卖出金额累计计算。比如在内幕信息敏感期内，行为人获取某只股票的内幕信息后，其认为属于利好，为谋利买入 100 万元，其间内幕信息发生变化，行为人为避损，据此卖出 100 万元，而后内幕信息又发生利好变化，行为人据此又买入 100 万元，那么其内幕交易的金额为三次累计，应认定为 300 万元。

四、关于内幕信息的泄露人员和内幕交易的明示、暗示人员犯罪金额的认定

2012 年《解释》规定，二次以上实施内幕交易或者泄露内幕信息行为，未经行政处理或者刑事处理的，应当对相关交易数额依法累计计算。

实践中，内幕交易的泄露人员和内幕交易的明示、暗示人员有的自己没有实际交易，有的自己也进行了交易，两类人员的相关犯罪数额如何认定、如何累计，经常发生争议，结合实践应明确以下规则。

（一）对于泄露人员和明示、暗示人员的犯罪数额按照实际交易人的数额予以认定

对于没有实际交易的内幕信息的泄露人员和内幕交易的明示、暗示人员，2012年《解释》规定了罚金数额按因泄露而知悉内幕信息或者被明示、暗示人员内幕交易的违法所得数额计算，对于其入罪和升档标准的计算方法未作规定，司法实践中产生了一定争议。我们认为，违法所得、交易成交额、占用保证金数额的计算，标准上与罚金数额计算保持一致为宜。

有观点提出，内幕信息的泄露人员或者内幕交易的明示、暗示人员刑事责任的评价依靠其后手的行为作为标准，不符合主客观相一致及罪责刑相一致原则。我们认为，泄露是内幕交易的源头，没有泄露就没有交易，对泄露人理应从严惩处。行为人泄露给他人，即是放任他人利用内幕信息交易，后续交易行为的发生应属于其可预计的主观认知范围，并未违反主客观相一致原则。同时也应该明确仅限于按照因行为人的泄露而获悉内幕信息的人员的范围认定相关数额，对于非因本人泄露（主要是本人不知情的二手以后再传递的）造成的交易数额不予以认定，避免出现罪责刑不一致的情形。

（二）对于行为人既有交易又有泄露的，数额累计计算

对于既从事了内幕交易，又将该内幕信息泄露给他人或者明示、暗示他人交易的，其相关交易数额及违法所得的计算在实践中经常发生争议。如内幕信息的泄露人员自身从事内幕交易的数额未达入罪标准，泄露后获取内幕信息的人员从事内幕交易的数额也未达入罪标准，但是二者相累计达到入罪标准，是否累计追诉？我们认为，无论是知情人自己从事内幕交易还是泄露给他人从事内幕交易，对市场秩序的破坏程度和对其他投资人

利益的侵害程度并无差别，相关交易数额及违法所得应当累计计算。

（三）超过行政处罚时效期限或者构成犯罪但超过追诉期限的不再累计

相关交易数额累计计算是需要有限定的，即单次内幕交易或者泄露内幕信息行为如不构成犯罪但超过行政处罚时效期限或者构成犯罪但超过追诉期限的，不在累计范围，但依照法律不受追诉期限限制的除外。

要准确认定累计数额，必须准确认定哪些行为能够作为累计对象。由于一般违法行为和犯罪行为的处罚时效不同，所以首先必须界分一般违法行为和犯罪行为。违法行为必须在行政处罚时效之内的限定旨在限制刑罚权的无限扩大，科学体现刑法的谦抑精神。行政违法行为，处罚时效一般为 2 年，对于已过处罚时效的一般违法行为，如果不能追究行政责任，那么无疑也不宜追究刑事责任。对于超过追诉期限的犯罪行为，不能累计追诉，不再赘述，需要强调的是，要准确认定连续犯，如果利用同一个内幕信息进行连续交易买入或者卖出股票、期货，部分内幕交易行为实施的时间已超出追诉时效的，应当将利用同一内幕信息交易的行为作为连续犯看待，交易额和违法所得连续计算。

另外，对于行政执法机关或者司法机关已经立案的，原则上不受行政处罚时效期限或追诉期限限制，相关交易数额累计计算。

五、关于违法所得的认定

违法所得的计算方法是实践中的重点、难点问题。关于违法所得的计算标准，对于已经抛售的，按照实际成交所得计算基本没有争议，但是对于没有抛售的余券，以什么时间点作为标准计算违法所得，实践中存在较大分歧。对于利用内幕信息提前买入谋利的，余券的违法所得计算，是以市场影响出清日、行政机关责令抛售日还是以刑事立案日的价格为标准计算，长期存在争议；对于利用内幕信息提前抛售的，违法所得即避损金额的计算，是按首个交易日最低价、跌停板打开日收盘价还是首个交易日至跌停板打开日平均价格计算，也长期存在争议。

我们认为，对于违法所得计算，已经实际成交的，应与交易额计算保持同样的原则，即利用内幕信息交易所获得的收益或者避免的损失；没有实际成交的，则应考虑法律拟制的合理性。

（一）对于利用内幕信息提前交易避免损失的，按照市场影响消除日的收盘价计算

如内幕信息公开后造成股价下跌，股价不再连续跌停之日即跌停板打开之日，可以认为市场对信息已经消化，以当日收盘价为标准计算违法所得是合适的。同时，在特殊情况下，可能存在信息公开后没有跌停板的情形，没有跌停板意味着信息的影响在公开后首个交易日当日已经消化，此种情形下建议以信息公开后首个交易日的收盘价作为计算基准。因此，利用内幕信息提前卖出避免损失的，以信息公开后跌停板打开之日收盘价为标准计算违法所得，没有跌停板的以信息公开后首个交易日的收盘价为标准计算违法所得。

（二）对于未抛售余券的违法所得，按照刑事立案日的收盘价计算

由于该违法所得的认定，属于按照法律拟制的方法认定，因此原则上，法律上的合理性优于经济上的合理性，应以突出法律合理的刚性方式确定计算标准，这样有利于消除分歧、降低市场因素的影响，也有利于减少行为人的对抗因素。因此，对于未抛售的证券应该确定一个在法律上合适的计算时间点。综合考虑，我们认为，以刑事立案时间作为计算时间点相对合适，如果立案时间不是交易日，没有收盘价，则以上一个交易日的收盘价为标准计算。

最新国际反洗钱标准与评估研究 *

曹作义　张钟元 **

2019 年 2 月，国际反洗钱组织——金融行动特别工作组（Financial Action Task Force，FATF）通过中国第四轮反洗钱评估报告。国际反洗钱评估是对国家反洗钱体系合规性和有效性的检验，事关国家金融体系发展和安全。2025 年至 2027 年，我国将迎来新一轮国际反洗钱评估，仍然面临一系列挑战。深入研究国际反洗钱评估标准，特别是上一轮国际评估中发现的问题和下一轮评估面临的挑战，对全面提升我国反洗钱工作水平和国际化程度具有重要意义。

一、反洗钱国际标准和评估的背景

FATF 是 1989 年成立的政府间国际组织，秘书处设在法国巴黎，是全球反洗钱、反恐怖融资和防扩散融资（以下统称“反洗钱”）领域最具影响力、最权威的国际组织，也是反洗钱国际标准的制定者，其标准已得到联合国、二十国集团、国际货币基金组织、世界银行等国际组织和 200 多个国家（地区）的承认。目前，FATF 共有 39 个成员（基本涵盖全球重要发达与发展中经济体），9 个地区性反洗钱组织作为准成员，以及包括国际货

---

* 本文仅代表作者个人观点，不代表所在单位意见。

** 曹作义，中国人民银行反洗钱局国际处处长；张钟元，中国人民银行北京市分行反洗钱处主任科员。

币基金组织、世界银行等 20 多个观察员。地区性反洗钱组织在各自区域内吸纳、指导本地区成员共同遵守 FATF 标准。我国是 FATF 成员国之一。

（一）反洗钱国际标准

《FATF40 项建议》是全球反洗钱领域的权威文件，也是反洗钱国际标准。自 1990 年发布第一版建议后，FATF 根据国际环境、洗钱风险和趋势等的不断变化，分别于 1996 年、2001 年、2003 年和 2012 年对建议进行修订，内容不断增多，标准日趋严格。

《FATF40 项建议》内容主要可分为七个部分，分别是:（1）反洗钱与反恐怖融资政策和协调;（2）洗钱定罪与没收;（3）打击恐怖融资与扩散融资;（4）在金融领域和其他特定领域实施预防措施;（5）提高法人和法律安排的受益所有权信息的透明度和可获得性;（6）主管部门（如执法、监管等部门）的权力、职责及其他制度性措施;（7）推动国际合作。

（二）反洗钱国际评估

FATF 通过开展评估来掌握各国对国际标准的执行情况并督促成员执行其要求。FATF 已连续开展了四轮评估，当前正接近第四轮评估的尾声。从第四轮评估起，评估模块包括合规性和有效性评估两部分。合规性评估主要考核各国反洗钱的组织机构和制度框架是否与国际标准一致，是否制定、实施了必要的法律、法规或措施以具备开展反洗钱工作的基础。对照 40 项建议，合规性评估共有 40 项指标。有效性评估是对各国反洗钱体系运行情况的整体评价，侧重以统计数字、案例等运行指标进行衡量，通过考察 11 个直接目标的完成情况，评价体系运行的实际成效（合规性和有效性指标参见附件）。合规性指标评级结果有 5 种，依次为合规、大致合规、部分合规、不合规和不适用（极少情况）；有效性指标评级结果有 4 种，依次为高水平、较高水平、一般水平和低水平。无论是合规性还是有效性指标，获得前两种评级结果表示该指标达标，而后两种评级结果表示未达标。

评估是个相对漫长的过程，各国从着手准备到最后评估报告提交FATF全会讨论和审议历时约3年。其间包括将经历材料提交、现场评估、面对面磋商和全会审议4个重要阶段。若评估结果不理想，将被FATF强化审查，还有可能被要求接受高级别访问、公开声明，甚至进入FATF“灰名单”受到金融限制措施。全会讨论确定后的评估报告将面向全球公开。

自2013年启动第四轮评估以来，FATF已完成对33个成员的首次评估，目前还有4个成员的评估正在进行中，预计于2024年全部完成[①]。根据评估结果，法国、希腊、以色列、意大利、荷兰、葡萄牙、俄罗斯、西班牙和英国等成员反洗钱工作成效显著，进入常规后续程序，将在全会通过后的5年向全会汇报1次工作进展；而冰岛、土耳其、南非因反洗钱体系存在重大缺陷，被FATF实施国际合作审查并曾进入“灰名单”；包括我国在内的其他成员反洗钱工作存在较大改进空间，全部进入强化后续程序，被要求尽快采取措施整改，以符合国际标准要求，并应在其后5年中，3次向FATF全会汇报成果，在此期间可积极申请重评提级，向国际展示工作成效。

二、中国第四轮反洗钱国际评估指出的成果、问题及分析

2018年，FATF委托国际货币基金组织牵头组成国际评估组，对中国开展为期一年的互评估。评估组现场访问了北京、上海和深圳三地，与100多家单位900多名代表进行了面谈。中国人民银行会同反洗钱工作部际联席会议各相关成员单位为此精心准备，提交了4000多页的评估材料、200多份法律规范、500多个典型案例，并与评估组举行90多场磋商会议，配合评估组顺利完成了互评估工作。2019年2月，FATF第三十届第二次全会审议通过《中国反洗钱和反恐怖融资互评估报告》。从评估结果看，

---

① 在FATF39个成员中，欧盟委员会（EC）和海湾阿拉伯国家合作委员会（GCC）2个成员因为是国际组织，不会被评估。

中国在 FATF40 项合规性指标中达标 22 项，有 18 项未达标；有效性 11 个指标中，有 3 项获得了“较高”评级（达标），其他为一般及以下评级。

（一）国家风险评估和政策协调

评估报告高度评价中国国家风险评估和政策协调机制，认为其成效达到了较高水平。报告指出，中国自 2002 年成立反洗钱工作部际联席会议以来，建立了包括威胁评估、专项评估、风险研究等在内的多层次洗钱和恐怖融资风险评估体系，并以此为基础制定和实施了国家反洗钱和反恐怖融资战略政策。2016 年至 2017 年，中国人民银行牵头反洗钱工作部际联席会议开展了国家洗钱和恐怖融资风险评估，并向相关政府部门和义务机构发布了《中国洗钱和恐怖融资风险评估报告（2017）》。该报告也成为国际评估组理解中国洗钱和恐怖融资风险状况的基础。2017 年，国务院发布《关于完善反洗钱、反恐怖融资、反逃税监管体制机制的意见》，将反洗钱和反恐怖融资工作提升到国家战略高度，标志着中国实践了 FATF 倡导的“风险为本”（Risk-based approach）反洗钱策略。

此外，评估报告还高度评价了中国的反洗钱和反恐怖融资协调机制，认为中国人民银行牵头 23 个部委共同组成的反洗钱工作部际联席会议运作有效，在国家风险评估、战略制定及落实行动方面取得了显著成果。长期以来，中国人民银行等各反洗钱职能部门践行“风险为本”原则，监管部门根据风险评估结果及时调整监管政策和措施，执法部门采取专项行动的方式集中打击洗钱以及地下钱庄、电信诈骗、非法集资等重大犯罪，有效遏制了重点领域的洗钱和恐怖融资风险。评估报告同时认为中国在国家洗钱和恐怖融资风险评估具体方法上还有改善空间，建议今后进一步扩大信息来源和行业覆盖面。

综合来看，评估报告关于国家风险评估和政策协调方面给出的建议较为中肯，中国可以在现有国家洗钱和恐怖融资风险评估基础上，进一步完善风险评估机制，扩大评估范围，增加国际组织和周边国家对中国风险的判断以及学术研究成果作为评估信息来源，定期更新国家洗钱和恐怖融资风险评估报告。

（二）监管和预防措施

1. 金融行业

评估报告肯定了中国金融行业反洗钱和反恐怖融资监管工作取得的积极进展。报告认为，中国建立了较为完善的反洗钱和反恐怖融资监管制度体系。中国人民银行对金融行业洗钱和恐怖融资风险状况有充分理解，对金融行业的监管基本符合“风险为本”原则，重点监管银行机构，并根据风险合理调配监管资源；基于对金融机构的风险评估和分类评级，采取了相应的监管和处罚措施，罚款总金额逐年上升。金融行业主管部门在反洗钱监管中也发挥了支持和配合作用。中国人民银行还督促金融机构针对监管发现的问题切实整改，促进金融机构提升风险认识和合规管理。同时，评估报告也肯定中国金融机构和非银行支付机构对反洗钱和反恐怖融资义务有充分认识，认为其能够在监管部门指导下了解洗钱和恐怖融资威胁，建立内部控制机制，在代理行、新技术、电汇等方面采取了较为完善的尽职调查措施，可疑交易报告工作比较有效。

但报告也指出，相对中国金融行业资产的规模，反洗钱处罚力度仍有待提高。金融机构和非银行支付机构对洗钱和恐怖融资风险的理解还不充分，风险控制措施不足。中国对网络借贷机构的监管，以及网络借贷机构在风险认识和风险控制方面存在欠缺。

针对报告指出的问题，中国应当重视并加强对高风险行业和机构的监管，强化金融行业监管合作，加大对违规机构的处罚力度，督促金融机构、非银行支付机构和网络借贷机构尽快提高合规和风险管理水平。

2. 特定非金融行业

报告指出，中国对特定非金融行业反洗钱和反恐怖融资监管缺失。行业主管部门对特定非金融机构的风险认识不足，监管制度也不健全，且未采取有效的监管和处罚措施。特定非金融机构尚未认识到其面临的洗钱和恐怖融资风险，以及需要承担的反洗钱和反恐怖融资义务，未实施有效的风险控制程序和措施，可疑交易报告数量极少，相应拉低了中国反洗钱和反恐怖融资预防措施的整体成效。

下一步，中国亟须进一步完善特定非金融机构反洗钱和反恐怖融资制度，加大监管力度，督促特定非金融机构全面履行反洗钱义务，落实风险管理，补齐这块"短板"，这样也有助于有效提升中国反洗钱和反恐怖融资的整体水平。

3. 非营利组织

评估报告认可中国出台慈善法等法律制度，民政部门对非营利组织开展登记和监管工作，为促进非营利组织健康发展、提升非营利组织透明度发挥了积极作用。但是，中国在防范非营利组织被恐怖融资滥用方面还存在不足，主要是没有对非营利组织面临的恐怖融资风险进行专项评估，对非营利组织反恐怖融资监管体系有待进一步完善。

非营利组织一直是国际恐怖组织的融资渠道之一。评估报告指出的上述问题也较为中肯。因此，中国有关部门应当着手开展专门的非营利组织恐怖融资风险评估，针对高风险机构采取强化监管措施，有效遏制其被恐怖融资滥用的风险。

4. 法人和法律安排（legal arrangement）的透明度

近年来，国际社会高度关注法人和法律安排的受益所有权（beneficial ownership）信息透明度，旨在防范不法分子利用复杂股权、所有权及控制权关系从事洗钱犯罪活动，这也是 FATF 互评估的内容之一。评估报告肯定了中国在提高法人受益所有权透明度方面的积极努力。中国评估了不同类型法人的洗钱和恐怖融资风险。采取 FATF 标准规定的"组合机制"获取法人受益所有权信息：一是通过反洗钱义务机构的客户尽职调查，识别、核实并保存法人的受益所有权信息；二是通过国家企业信用信息公示系统公开法人基本信息，并以此为基础穿透获取受益所有权信息。

但报告也指出中国缺少集中统一的受益所有权信息登记系统，影响主管部门直接查询或立即获取全面、准确的受益所有权信息。同时，中国法人基本信息的准确性和反洗钱义务机构的客户尽职调查水平也影响了中国受益所有权信息“组合机制”的成效。

客观评价，受益所有权是中国近年来从国际上新引入的概念，政府部门、义务机构甚至社会公众都存在一个从认识、接受到应用的过程。要达到 FATF 国际标准的要求，需要建立更加完善的配套法律制度，还需要各有关部门和社会公众的共同努力。

（三）执法

1. 金融情报使用

评估报告肯定了中国金融情报工作取得的积极成效。报告指出，中国执法部门能够广泛获取金融情报，积极使用金融情报调查案件并追缴犯罪收益。中国构建了符合自身国情的金融情报中心组织运行机制，为执法部门提供了有效的金融情报支持。中国金融情报中心大额交易报告对资金追踪发挥了积极作用，并采取积极措施解决“防御性报告”问题、提高可疑交易报告质量，金融情报部门间合作机制取得了积极成果。

同时，评估报告也指出了中国金融情报工作存在的不足。中国执法部门对金融情报的使用多集中于上游犯罪案件调查，运用金融情报驱动洗钱及恐怖融资犯罪调查尚不充分。中国金融情报中心各组成部分在金融情报共享、基于完整金融情报开展线索分析方面有待完善。

客观分析，评估报告过于强调金融情报中心的结构，忽视了中国执法机关运用金融情报取得的大量实际成果。金融情报中心的结构需要考虑各国国情，中国地域广、人口多、执法部门分布在全国各地，中国采用非集中化的金融情报中心模式符合国情和实际工作需要。下一步，中国应进一步充分运用金融情报，加大打击洗钱及恐怖融资犯罪力度。

2. 打击洗钱犯罪

评估报告肯定中国为适应打击洗钱的需要，不断修改洗钱犯罪立法，并建立了较为完善的反洗钱刑事法律体系。执法机关拥有充分资源和能力，能够对洗钱犯罪采取有效的打击措施。对于无法直接以洗钱罪起诉定罪的犯罪嫌疑人，可以通过上游犯罪定罪处罚。党的十八大以来，中国打击腐败、非法集资、贩毒等洗钱上游犯罪取得了很大成效。此外，中国还采取违法所得特别没收程序、行政处罚、政党纪律处分等一系列替代措施，全方位打击洗钱犯罪。通过对洗钱及其上游犯罪的打击，洗钱风险得到了一定遏制。

同时，评估报告也指出，中国刑法对“自洗钱”行为不单独定罪，该做法不符合 FATF 国际标准。中国执法部门需要提高对反洗钱工作的认识，改变当前“重上游犯罪，轻洗钱犯罪”“重掩饰隐瞒犯罪所得罪，轻洗钱罪”的打击思维和做法。中国上游犯罪数量巨大，但直接以洗钱罪调查惩处地下钱庄、贪腐、非法集资、税务犯罪、法人洗钱的案件较少，对洗钱犯罪主观明知的标准过高，影响了进一步提升打击洗钱犯罪的成效。

从报告来看，中国近几年在打击贪污腐败、非法集资、贩毒制毒等洗钱上游犯罪方面取得了重大成效，但是在专项打击洗钱犯罪方面力度不够，这些意见值得执法部门重视并加以改进，报告提出的“自洗钱”等法律问题也得到国家有关部门和法学界重视。2021 年 3 月 1 日正式施行的《刑法修正案（十一）》对洗钱罪作了重大修订，首次将自洗钱入罪，这既是落实中央顶层设计和履行国际反洗钱通行标准的要求，也是提高我国反洗钱司法成效的重要举措。

3. 没收犯罪收益

评估报告认为，中国在没收犯罪收益方面的成效达到了较高水平。报告指出，中国将追缴和没收犯罪收益作为国家政策目标，并制定了一系列战略、法律和政策践行没收犯罪收益的承诺。在法律层面，中国明确了对违法所得的没收条款，确定了不基于刑事定罪的“违法所得特别没收程序”，通过财产刑来实现同等价值的财产没收，并将行政没收作为刑事没收的有效补充。在执行层面，中国执法部门拥有充分的执法权限，配备追踪和没收犯罪资产的专职人员，开发了多个电子化查控平台，为涉案财产追踪提供保障。司法部门建立了网络拍卖系统，高效处置没收财产。在成效方面，中国对犯罪收益的没收金额与其面临的犯罪风险相一致，没收也成为中国打击洗钱和相关上游犯罪的有效措施。在跨境现金管理方面，边境管理部门持续加大资源和技术投入，在查控现金和贵金属跨境走私方面取得了一定成效。

考虑到中国每年有大量人员和货物进出境的现状，报告认为中国面临一定的跨境现金走私挑战。这一判断较为中肯，中国需要继续加大海关的资源投入，加强跨境信息共享。此外，各相关执法部门完善没收数据统计，更好地反映中国执法体系的没收工作成效。

4. 打击恐怖融资犯罪

评估报告认为，中国打击恐怖融资犯罪的成效达到了较高水平。报告指出，中国已经建立了完善的反恐怖融资制度和运作体系，并采取一系列措施促进反恐融资工作的有效运行。中国在识别恐怖融资风险、制定并实施反恐怖融资战略上取得了积极成果。中国高度重视打击恐怖融资工作，执法机关具备充分的调查恐怖融资活动的能力，起诉和宣判的恐怖融资案件和涉案人员连年增加，对恐怖融资分子的刑罚措施适当、有效。各部门建立了良好的恐怖融资情报交流和案件协作机制。中国人民银行向金融机构提供指导和培训，提升了金融机构反恐怖融资监测能力。

鉴于中国幅员辽阔、边界线长、风险复杂，评估报告也建议中国进一步提升对恐怖融资风险的认识，关注出境的外国恐怖主义武装分子带来的风险，并强化恐怖融资风险应对措施。

（四）国际合作和定向金融管制

1. 国际合作

评估报告认为，中国在反洗钱国际合作方面具有较为完备的法律框架。中国加入了《维也纳公约》等国际公约，国内法律机制全面落实了公约要求。中国建立了司法协助和引渡工作机制，不同部门之间有明确分工和工作流程，针对紧急案件制定了加急处理程序。在司法协助和引渡外，中国通过执法、监管以及金融情报交换等渠道广泛开展国际合作，特别是警务合作和金融情报交换取得积极成效。近年来，中国开展了“天网行动”和“猎狐行动”，从境外追回了大量外流的犯罪资产，有力证明了中国追缴犯罪所得的决心。

但评估报告也指出，中国司法协助的法律框架及程序过于复杂，处理外方请求的时间较长，建议中国完善司法协助案件管理系统和统计跟踪机制，进一步提高司法协助时效性。此外，中国各主管部门主动对外发出的司法协助、引渡及金融情报交换请求数量较少，且以上游犯罪案件为主，忽视洗钱和恐怖融资犯罪。

客观评价，中国近年来通过国际合作渠道加大了追赃追逃、打击跨境电信诈骗犯罪等工作力度并取得显著成效，但评估报告指出的问题也是亟待改进的突出问题。如短期内各相关部门进一步提高司法协助等国际合作的时效性，那么中国在全球打击跨国洗钱、恐怖融资及上游犯罪领域的重要作用会进一步提高。

2. 涉恐定向金融管制

评估报告认为，中国近年来为建立健全涉恐定向金融管制体系作出了诸多努力。例如，2016年中国开始施行《反恐怖主义法》，为建立健全涉恐定向金融制裁体系奠定了法律基础。中国人民银行也采取措施，指导、监督金融机构执行涉恐定向金融管制。

同时，评估报告也指出目前中国定向金融管制体系存在的主要问题，包括冻结涉恐资产的义务主体没有扩展到所有法人和自然人（目前仅限于金融机构和特定非金融机构）、没有明令禁止境内实体和自然人与制裁对象进行交易、对执行联合国安理会定向金融管制的法律依据不充分且时效性较差等。

3. 防扩散定向金融管制

评估报告肯定中国为执行联合国安理会防扩散制裁决议所作出的大量工作，认为这些工作降低了扩散融资的总体风险。同时，中国在执行联合国安理会防扩散和涉恐定向金融管制方面也存在问题，包括法律规定上的义务主体、资产范围和义务内容不全面，国内转发决议机制存在时滞等。

客观评价，中国通过立法、执法、海关、贸易、金融、运输等多种渠道全方位执行联合国安理会制裁决议，从整体上有效控制了恐怖主义和扩散风险，执行定向金融管制工作成效应考虑这个大背景。但作为联合国安理会常任理事国，评估报告指出的法律制度缺陷还应当引起重视。

（五）中国后续评估整改进展

按照 FATF 要求，中国需要在评估后 3 年内改进解决评估中发现的问题，并对相关指标重新评级。2019 年 11 月，经国务院批准，反洗钱工作纳入原国务院金融委议事日程。

在 2020 年至 2022 年的 3 年后续评估整改期中，反洗钱工作部际联席会议各成员单位及相关单位积极推进评估整改工作，取得了显著进展。中国人民银行制定和完善反洗钱制度达 10 项，协调推动相关部委制定和完善法律和制度 8 项。中国积极向 FATF 申请对合规性指标进行重新评级。在 FATF 的 3 次后续评估中，重新评估 13 项合规性指标（包括因指标修订被动重评），其中 9 项提升到达标水平。

同时，在有效性方面，中国人民银行联合国家监委、最高法、最高检、公安部等十一部门在全国范围内开展“打击治理洗钱违法犯罪三年行动”，查处洗钱案件数量大幅提升；中国人民银行 3 年内实现对法人机构反洗钱执法检查全覆盖，反洗钱工作有效性进一步增强。

三、中国第五轮反洗钱国际评估面临的挑战

FATF将于2025年至2027年对中国开展第五轮评估。接受评估是我国作为FATF成员的基本义务，FATF评估报告也是联合国《反腐败公约》履约审议、国际货币基金组织衡量各国金融稳定程度的金融部门评估规划、世界银行营商环境评估的组成部分或重要参考。因此，通过评估不仅反映我国反洗钱工作卓有成效，同时也展示我国稳健的金融体系和良好的法治及营商环境。

与第四轮评估相比较，第五轮评估标准更高、“灰名单”门槛更低、反制措施更多，加之我国在基础制度上仍有“短板”，顺利通过评估难度更大。

（一）FATF第五轮评估标准更严

FATF总结第四轮评估经验，修改了评估方法和评估程序作为第五轮评估的依据，其中对我国影响较大的包括：一是评估标准中增加“防扩散融资风险评估和控制”要求；二是提高“受益所有人”标准，要求各国建立受益所有人信息集中登记系统；三是将金融与特定非金融业分开评估，在特定非金融业中，既评估监管有效性又评估义务机构履职成效；四是强化“灰名单”标准，在40项合规性指标中有15项（原为20项）不达标就进入“灰名单”前的国际合作审查程序，若1年内未完成全部整改，将进入“灰名单”；五是评估后将对成员不达标事项列出“整改清单”，3年内必须全部完成，否则将采取高级别访问、公开声明、要求各国采取强化审查甚至考虑暂停或取消成员资格、限制交易等反制措施。上一轮评估存在的打击洗钱犯罪有效性不达标等问题，虽已取得一些进展，但离达标仍有较大差距，可能成为落入“灰名单”前审查程序的重要影响因素。

（二）FATF“灰名单”具有潜在威胁

如果不通过评估，将进入 FATF 国际合作审查程序，结果很可能进入“灰名单”。FATF“灰名单”对一国经济的破坏作用不容小觑。虽然 FATF 不要求对“灰名单”国家采取强化措施，但在实践中由于各国金融机构普遍规避风险，往往“一刀切”地限制或拒绝与“灰名单”国家开展业务，事实上造成“灰名单”国家金融抑制。据国际货币基金组织对 78 个进入 FATF“灰名单”的国家数据分析，“灰名单”使相关国家资本流入平均下降约为 GDP 的 7.6%。

（三）我国反洗钱制度仍然存在“短板”

我国在一些方面的基础法律制度还有“硬伤”，在后续评估中虽积极整改，但与标准仍有较大差距。我国反洗钱法尚未修订完成，特定非金融业、受益所有人以及定向金融管制方面也存在制度缺陷，若不尽快完善，在下轮评估中将影响 9 项合规性指标和 5 项有效性指标，间接影响其他 5 项合规性指标和 5 项有效性指标。

（四）严峻复杂的国际形势可能影响评估

当前中国面临的国际形势严峻复杂，可能影响中国应对下一轮国际评估。国际评估组在评估中国之前要向与中国关系密切的国家了解涉及中国洗钱和反洗钱工作情况，同时收集与中国相关的研究报告、媒体报道等，负面报道可能影响评估组对中国的印象。

四、反洗钱国际领域近期和远期工作建议

（一）近期工作建议：总结上轮评估经验，全力迎接新一轮评估

经过近些年反洗钱工作部级联席会议各成员单位的共同努力，尤其是自反洗钱工作受国务院原金融委指导、协调与推动后，我国反洗钱合作机制更加有力。最高检等部门更加重视反洗钱工作，有力地推动了全国反洗钱工作的整体提升，积累了一定的评估经验，也锻炼出一批比较熟悉国际

标准的专业人员，这为迎接FATF第五轮评估奠定了良好基础。目前，我国已启动迎评准备，中国人民银行对照新评估要求详细梳理了重点任务，初步完成迎评工作方案，各项工作有序推进。

（二）远期工作建议：提出“中国方案”，构建“人类命运共同体”

评估不是目的，而是开始。我们不能满足于“符合国际标准”，还要能提出“中国观点”“中国方案”。我们也要积极参与反洗钱国际规则制定，推动完善更加公平和包容的国际治理体系，在国际反洗钱领域构建“人类命运共同体”，共同应对全球洗钱、恐怖融资和扩散融资挑战。

附：反洗钱国际评估指标及中国第四轮评级

合规性指标（FATF 40项建议）第四轮评级

合规性指标	第四轮评级
1. 评估风险与运用风险为本的方法	大致合规
2. 国家层面的合作与协调	合规
3. 洗钱犯罪 *	部分合规→大致合规
4. 没收和临时措施	合规
5. 恐怖融资犯罪 *	大致合规
6. 与恐怖主义和恐怖融资相关的定向金融管制 *	部分合规
7. 与扩散融资相关的定向金融管制	不合规→部分合规
8. 非营利组织	部分合规→大致合规
9. 金融机构保密法	合规
10. 客户尽职调查 *	大致合规
11. 记录保存 *	合规
12. 政治公众人物	部分合规
13. 代理行业务	大致合规
14. 资金或价值转移服务	大致合规

续表

合规性指标	第四轮评级
15. 新技术	部分合规→大致合规
16. 电汇	部分合规→大致合规
17. 依托第三方的尽职调查	大致合规
18. 内部控制、境外分支机构和附属机构	部分合规→合规
19. 高风险国家	合规
20. 可疑交易报告 *	大致合规
21. 泄密与保密	大致合规
22. 特定非金融行业和职业：客户尽职调查	不合规
23. 特定非金融行业和职业：其他措施	不合规
24. 法人的受益所有权和透明度	不合规→部分合规
25. 法律安排的受益所有权和透明度	不合规
26. 对金融机构的监管	部分合规→大致合规
27. 监管机构的权力	大致合规
28. 对特定非金融行业和职业的监管	不合规
29. 金融情报中心	部分合规→大致合规
30. 执法和调查部门的职责	合规
31. 执法和调查部门的权力	合规
32. 现金跨境运送	大致合规
33. 数据统计	大致合规
34. 指引与反馈	部分合规→大致合规
35. 处罚	部分合规
36. 国际公约	大致合规
37. 双边司法协助	大致合规
38. 双边司法协助：冻结和没收	部分合规→合规
39. 引渡	大致合规
40. 其他形式的国际合作	大致合规

注：带“*”的建议是第四轮互评估中核心指标。

有效性指标（11 项直接目标）第四轮评级

有效性指标	第四轮评级
1. 风险、政策与协调	较高
2. 国际合作	一般
3. 监管（第五轮改为“金融业反洗钱”）	一般
4. 预防措施（第五轮改为“特定非金融业反洗钱”）	低
5. 法人和法律安排	低
6. 金融情报使用	一般
7. 洗钱犯罪查处	一般
8. 没收犯罪资产	较高
9. 恐怖融资犯罪查处	较高
10. 涉恐定向金融管制	低
11. 涉扩散定向金融管制	低

地下钱庄违法犯罪生态与打击治理对策研究

王军元*

党的二十大报告明确提出，依法将各类金融活动全部纳入监管，守住不发生系统性风险底线。地下钱庄侵蚀金融基础设施，扰乱金融市场，助长各类上游犯罪，危害我国经济金融安全和社会稳定。为全面深入把握地下钱庄本质属性，推动协同打击治理，切实维护国家经济金融安全和社会稳定，我们在充分结合当前打击治理实践基础上，剖析地下钱庄滋生的根本性、源头性原因，以供给需求视角分析地下钱庄运营的“底层逻辑”，系统剖析屡打不绝的原因，形成“明职责、强协同，打源头、控渠道，打击供需基础、破解屡打不绝困局”的工作思路。

一、地下钱庄的功能属性

地下钱庄不是一个确定、规范的法律概念，而是一个范畴。基于地下钱庄的非官方性和经营金融服务的特征，习惯上将一切未经批准而从事资金存储转移服务的组织都归入地下钱庄。这一界定内涵模糊，外延宽泛，多类非法金融活动均可纳入其中，易因职责不清而产生监管空白。本文所指地下钱庄，是以非法经营和洗钱为目的，从事非法支付结算和资金汇兑的组织或团伙。

---

* 国家外汇管理局管理检查司副处长。

（一）地下钱庄从事非法支付结算

根据《支付结算办法》和《非金融机构支付服务管理办法》规定，支付结算业务只能由银行和获得中国人民银行颁发的支付业务许可证的非银行机构从事，在收付款人之间进行货币资金转移。支付结算是地下钱庄最底层的金融服务，无论地下钱庄经营何种金融业务，都需要利用银行账户、受理终端或支付接口等支付结算工具或载体等金融基础设施进行资金划转，具备明显的支付结算功能，在此基础上衍生出资金借贷、汇兑等金融业务。其演进发展过程如下：

1. 传统地下钱庄利用现有支付工具非法经营

非法从事资金支付结算业务包括：虚构支付结算，即使用受理终端或者网络支付接口等方法，以虚构交易、虚开价格、交易退款等方式向指定付款方支付货币资金的；公转私、套取现金，即非法为他人提供单位银行结算账户套现或者单位银行结算账户转个人账户服务的；支票套现，即非法为他人提供支票套现服务。

2. 新型地下钱庄构建非法通道从事支付结算

随着互联网科技的发展，以网络技术为主要手段的网络黑产滋生，蚀入支付结算系统，呈现新的特征和趋势，包括恶意注册账号、虚拟商品交易、构架非法支付通道、商户支付接口被聚合支付平台违法挪用等。典型的是依托第三方支付平台，非法搭建第四方支付平台，规避资金真实用途审核，非法转移资金；为规避打击，衍生出“跑分平台”、电子商铺、话费充值等常见模式。[①]

3. 利用金融科技摆脱现有支付工具的经营模式

近年来虚拟货币交易迅猛发展，支付结算呈现出明显的去中心化。特

① 参见牛超群：《非法第四方支付平台及其数据治理对策》，载《网络空间安全》2021 年第 6 期。

别是泰达币等锚定美元资产的稳定币出现，为摆脱目前以账户为基础的支付工具提供巨大便利。因虚拟货币匿名性、无国界、点对点支付等特点，容易成为地下钱庄从事非法支付结算工具。

（二）地下钱庄从事非法本外币汇兑

根据《外汇管理条例》，人民币与外汇兑换必须在银行、货币兑换机构等经批准的场所内进行。私自买卖外汇、变相买卖外汇、倒买倒卖外汇，都属于外汇违规行为。地下钱庄从事非法本外币汇兑主要有以下三种形式，也反映了地下钱庄非法汇兑的三个发展阶段：

1.“黄牛”式倒买倒卖外汇

通过外汇现钞低买高卖，赚取汇差，手段较为原始，俗称“外汇黄牛”或“外汇黑市”。此类地下钱庄具有明显的区域特色，如外汇现钞交易主要发生在广东、浙江、福建等东部开放较早的地区，满足侨乡侨汇兑换需求。

2. 跨境对敲实现本外币兑换或资金进出

本外币资金在境内外独立循环，形式上不跨境。境内端，客户只需与地下钱庄商定本外币兑换价格，将人民币转入指定境内账户；境外端，地下钱庄确认收到人民币款项后，即可通过其境外账户向境外收款方支付等值的外币。向境内汇款则反向操作。

3. 多手段杂糅的非法外汇兑换

为规避打击，汇兑型地下钱庄操作手法更加多元，将多种操作手法杂糅混合，使资金链条更长、流转路径更复杂，去中心化趋势更加明显，资金流转过程就是清洗过程，监测分析难度较大。如跨境对敲基础上叠加“跑分平台”、虚拟货币、跨境人民币等各类支付结算手段，使监管和侦查难以形成完整的资金链和证据链。

（三）地下钱庄成为洗钱通道

广义的洗钱犯罪，不仅包括《刑法》第 191 条规定的洗钱罪，还包括第 312 条规定的掩饰、隐瞒犯罪所得、犯罪所得收益罪等，因此，洗钱资金不仅仅指毒品犯罪、黑社会性质的组织犯罪、恐怖活动犯罪、走私犯罪、贪污贿赂犯罪、破坏金融管理秩序犯罪、金融诈骗犯罪等七类上游犯罪资金，而是包含所有类型的上游犯罪资金。洗钱行为包括提供资金账户、将犯罪所得转换为其他金融工具、通过支付结算掩盖真实背景、转移境外等类型。而从地下钱庄转移的资金，可能是上游犯罪资金，也可能是合法资金；但从打击实践看，大多数资金是上游犯罪资金，其从事的支付结算和跨境汇兑与洗钱高度一致。地下钱庄操作手段不断升级隐蔽，资金转移汇兑过程就是洗钱过程。

综上所述，地下钱庄核心功能是非法支付结算，部分涉及非法本外币兑换，同时也是洗钱的重要方式。地下钱庄资金可能跨境，也可能不跨境；涉及本外币汇兑的，一般称为汇兑型地下钱庄。地下钱庄侵蚀金融基础设施、扰乱金融市场、助长上游犯罪，危害经济金融安全和社会稳定；特别是在金融科技和支付方式快速发展的当下，地下钱庄在传统操作手法基础上不断迭代，隐蔽性更新强，风险更大。

二、供需视角下的地下钱庄违法犯罪生态

地下钱庄是非法盈利性组织，盈利性要求其遵循经济学的一般供需规律，供需匹配，有利可图。地下钱庄的经营者（犯罪嫌疑人）是供给方，地下钱庄使用者（客户）是需求方。

（一）地下钱庄供需主体分析

1. 地下钱庄经营者特征

（1）“重操旧业”者占比高。从近年破获案件看，地下钱庄犯罪人员“重操旧业”现象频发多发。据不完全统计，已判决地下钱庄案件中，出狱后“重操旧业”者占比较高，大量未受刑罚的“马仔”和出卖个人账户的人员屡教不改，对其惩戒力度有待加强。

（2）犯罪人员分布广泛。地下钱庄犯罪人员分布在全国31个省份。

从 IP 地址分析，境内交易遍及全国各地，但东部沿海和边境分布集中，其中浙江、广东、福建、江苏等沿海地区犯罪人员占比约 40%，新疆、云南、广西等边境地区的占比约 15%。

（3）地下钱庄运营专业人员增多。早期的地下钱庄多是以亲缘、地缘、族缘为纽带的团伙式运营经营。随着金融科技进步和支付交易变革，呈现出平台化、公司化运营特点，配备金融财会等专业背景运营人员。有的地下钱庄经营者有银行、第三方支付、电商从业经历，熟悉支付结算法规制度。

2. 地下钱庄客户类型

（1）上游违法犯罪团伙。走私、贪污贿赂、赌博、传销、非法集资、恐怖主义融资等违法犯罪资金无法通过正常渠道划转，需要通过地下钱庄等非法渠道清洗漂白或跨境转移，以逃避金融监管和法律制裁。2022 年破获的地下钱庄案件中，80% 以上的地下钱庄服务对象主要是违法犯罪活动，可以说是上游犯罪“养活”了地下钱庄；不间断地打击相关上游犯罪，是铲除地下钱庄滋生“土壤”极重要的方面。

（2）投机套利群体。出口退税及引资奖补等政策在有力支持实体经济发展的同时，也刺激大量不法分子借助地下钱庄虚构出口和外商投资等虚假交易骗税骗补骗奖，实现非法获利。从打击实践看，虚假骗补型地下钱庄交易对手主要集中在山东、江苏等地；骗税型地下钱庄交易对手，在浙江、湖北、湖南等地集中在皮草、茶叶等出口行业，在河北集中在棉纱纺织出口行业，而在河南集中在木材加工行业。

（3）难以通过正规金融渠道满足的跨境支付群体。当前我国资本项下尚未完全开放，地下钱庄便成为市场主体规避跨境监管，实现跨境资金转移的重要通道。外贸商户以边民互市、市场采购等方式开展外贸活动，由于贸易规模小，部分交易方式不规范，图方便省事或逃避税款，通过地下钱庄进行资金结算。东南亚、中东、非洲和拉美等地区因政局不稳、外汇管制等导致汇路不畅、币值波动，交易风险大、成本高，正规金融机构出于防范风险考虑不支持该类跨境交易，部分资金通过地下钱庄支付结算。

（二）地下钱庄的运营工具与载体

地下钱庄运营链条上，既有从业人员，也有工具、载体。打击治理地下钱庄关注人的同时，也要关注工具和载体。

1. 支付结算工具

最早的地下钱庄交易是现金交易。随着网银支付、移动支付广泛发展，境内外银行卡、POS 机成为地下钱庄支付结算的基本工具，为地下钱庄规模扩展提供较大便利。截至 2022 年末，我国银行卡累计发卡量达 94.78 亿张。存量银行卡数量庞大，银行卡等交易黑灰产业链屡禁不止，地下钱庄经营者易通过购买、借用、租用等方式获得大量他人卡证，用于转移资金。为规避打击监管，目前不少地下钱庄通过虚拟货币"钱包"转移资产，"钱包"注册亦极为方便。

2. 空壳公司

通过对私账户转移大额资金，容易被银行和监管部门重点关注。为规避监管，地下钱庄往往注册大量空壳公司，通过对公账户划转资金。当前公司注册极为便利，通过线上即可办理。2022 年末，全国注册公司超 5200 万户，个体工商户超 1 亿户，存量较大，其中不乏专门用于违法犯罪的空壳公司，易被不法分子利用。

3. 通讯工具与运营场地

当前通讯工具极为多元、便利，手机、电脑都可能是作案工具。为规避监管，越来越多的地下钱庄经营者通过境外聊天软件沟通交易信息。部分低端地下钱庄不需要有专门场地，所以运营成本较低，其提供金融服务相对正规金融机构有价格优势。

（三）地下钱庄运营的"底层逻辑"

1. 可观的利润空间是地下钱庄运转的主要动力

地下钱庄运营中，利润往往是经营者和客户共享的，各取所需。

（1）经营者的收益。①通过低买高卖赚取差价。早期的“黄牛换汇”，以及目前常见的上下游钱庄团伙之间互相拆借，其盈利模式均是低买高卖赚差价。②按照交易金额抽取手续费或佣金。如 2020 年破获的黄某非法经营案，约定按结算金额收取 1‰手续费。③合谋骗税骗补非法获利。如温州周某地下钱庄案主犯以 700 元人民币 / 万美元的手续费将外汇出售给虚构贸易背景的骗取出口退税团伙，收取高额佣金。

（2）客户的收益。①“保全”上游犯罪所得。走私、赌博、诈骗、贪腐等侵财、经济类犯罪主要目的是非法占有、支配资产。为确保非法资产得以“保全”，上游犯罪分子以低廉的手续费，通过地下钱庄清洗、转移资金，利益巨大。②骗税骗补等投机套利收入。部分地方政府实施涉农出口扶持政策，农产品出口退税率较高，骗税团伙支付较低的税收成本和地下钱庄手续费即可获得退税资金。

2. 便捷、高效、隐蔽是地下钱庄维系运营的重要原因

（1）联络方便、到账时间短。地下钱庄客户一般是通过相互介绍发展起来，以信誉和相互信任为基础，多通过电话或各种即时通讯工具进行联系，在互联网支付广泛应用的背景下，具有联络方便、资金即时到账等优势。

（2）无须审查交易背景，交易隐蔽性强。通过银行交易，要进行反洗钱等审核，但客户通过地下钱庄交易无须提供任何背景资料。同时，出于地下钱庄团伙的职业特点，其并不在意客户的真实交易目的，交易的隐蔽性、保密性较强，能够满足非法资金躲避监管的需要。

三、打击治理地下钱庄的现状与问题

（一）打击治理地下钱庄的现状

1. 打击成果凸显

2022 年，公安机关协同中国人民银行、外汇管理局等部门侦破地下钱

庄等洗钱案件超千起。外汇管理局查处的地下钱庄交易对手案值和罚没金额呈逐年上升趋势，累计查处地下钱庄交易对手案件数百起，罚没超 6 亿元。

2. 合作打击意识和框架逐步构建

近年来，中国人民银行、公安部和外汇管理局等部门持续联合开展打击地下钱庄专项行动，部门协同打击地下钱庄工作力度加大。

3. 强化金融机构监管

银行等金融机构是资金流动主渠道，也是地下钱庄资金流动主渠道，网点多，范围广，是防范风险的前沿阵地。当前，金融监管从合规监管向风险监管转变。外汇管理局开展地下钱庄“以案倒查”银行等一系列专项检查行动，压实银行等金融机构展业责任。

（二）地下钱庄屡打不绝的原因

地下钱庄的存在有复杂的社会土壤，屡打不绝的现状是多种原因共同作用的结果。地下钱庄成本低、利润高，供需两端根深蒂固难以清理；监管治理层面重打击、轻治理，均是地下钱庄屡打不绝原因。

1. 地下钱庄是经济社会发展的“副产品”

改革开放以后，我国经济发展迅速，居民收入快速增长，对外交往频繁，便利化政策深入推进，金融科技广泛应用，地下钱庄随之滋生壮大。“打开窗户，就会有苍蝇进来”，地下钱庄是开放发展的“副产品”，难以根绝。

2. 上游经济类侵财性犯罪高发且难以根治

走私、诈骗、赌博、贪污贿赂、传销、非法集资等经济类涉财型违法犯罪较高发，涉案资金需要通过地下钱庄等非法渠道隐匿、转移和清洗。从破获案件看，90% 以上的地下钱庄资金与上游犯罪关联，具有明显的洗钱功能，上游犯罪是地下钱庄最主要的资金来源。

3. 政策法规及市场监管存在薄弱环节

一是金融监管法规政策不完善。随着金融科技发展，金融业态发生巨大变化，支付结算、外汇管理、反洗钱等法规政策存在一定滞后性和空白地带。如跨境人民币监管处罚措施不够完善，虚拟货币等非法金融打击治理法规相对偏弱。二是持牌机构监管存在漏洞。根据打击实践，第三方支付行业存在监管“洼地”，监管指标覆盖率较低，从业机构客户审核造假、数据造假问题频发，有的甚至与地下钱庄同流合污为犯罪提供服务。三是支持经济发展的政策措施风险控制偏弱。招商引资、出口退税、市场采购等发展改革政策被投机套利，在打击地下钱庄中时有发现；公司注册、银行开户等便利政策被不法利用，产生一批空壳公司、人头账户，屡屡成为地下钱庄违法犯罪工具。

4. 行刑衔接打击治理效能不高

一是打击与治理协调不够。公安机关负责打击，金融管理部门负责监管；打击与监管各管一段，打击结束后较少对案件背后的深层问题进行剖析互动，监管也很少向打击提供风险点和方向性指引，打击促进治理、监管协同效果不够。二是刑行案件查办衔接不够。根据资金来源性质、支付方式等不同，地下钱庄牵涉到公安、反洗钱、外汇管理、税务、海关、支付、电信网络等多个部门。但在办理具体案件时，公安机关主打刑事犯罪，其他部门介入时机和程度不好把握，涉及的行政违法调查取证查办难度大，地下钱庄需求端打击较弱。

5. 地下钱庄行刑惩戒力度不足

一是发现不了或取证不足致逃脱惩戒。由于监测手段不足、分析水平不够，大量地下钱庄犯罪发现不了，难以进行打击惩戒。汇兑型地下钱庄涉及境内外两端，公安机关、外汇管理部门缺乏境外取证手段，多数无法取得境外外币收付证据；对证据不足的犯罪行为难以认定犯罪，行政机关也难以处罚。二是对犯罪嫌疑人定罪量刑较轻。由于取证等困难，经营地下钱庄难以判定为洗钱罪，往往以非法经营罪立案；判决相对较轻，出狱后往往“重操旧业”。

6. 监管打击技术难以适应犯罪新形势

随着金融科技进步和金融改革发展，地下钱庄操作手段日趋隐蔽，对监管科技提出了更大的挑战。比如“跑分平台”泛滥、虚拟货币交易盛行，因其本身具备的去中心化、匿名性等特征，增加案件侦办难度。又如互联网支付信息追踪难，交易数据调取时间较长，办案成本高，给公安等部门打击新型地下钱庄带来挑战。

四、打击治理地下钱庄违法犯罪的对策

从根本上打击治理地下钱庄，就要深入把握地下钱庄的本质，充分调动各方力量，同时抓住供需两端，打防兼顾、标本兼治，着力打破地下钱庄运行的“底层逻辑”。矫正“重打击、轻治理”等观念偏差，树立大反洗钱理念，统筹打击治理地下钱庄非法支付结算、汇兑等活动。

（一）明确责任边界：提升打击治理协同性

主要压实有关部门打击治理地下钱庄责任，解决“只管合法、不管非法”“铁路警察，各管一段”等突出问题。

1. 明晰部门职责分工

由于地下钱庄已发展成为分工严密、形式复杂的犯罪生态系统，因此在打击链条上涉及多个职能，如支付结算、反洗钱、跨境收付、海关、税务、刑事侦查等等，需要相互配合衔接，形成更强有力的打击效果。目前，在现有联合打击地下钱庄相关工作机制下，还存在与地下钱庄打击治理职责密切的部门参与不深，未形成工作指导、组织督办、系统治理的联合工作格局等问题。建议进一步明晰相关部门在打击治理地下钱庄中的监管职责与任务目标，以提升联合工作效能。

2. 强化部门协同联动

一是推动在反洗钱部际联席会议工作机制下，开展地下钱庄打击治理

工作。充分共享可疑线索和案件信息，整合、挖掘监管资源，为实现全链条打击治理、巩固提升打击成效奠定坚实基础。二是加强与海关、税务、通信、市场监管等部门沟通，推动打击地下钱庄和反洗钱数据共享，推动跨境物流、跨境贸易、技术平台等监管完善。三是加强跨境执法合作，将协助调查取证、跨境追缴赃款纳入合作内容；会同反洗钱等部门充分利用与相关国家的金融情报交换合作等协议，积极推动双边执法合作。

打击治理地下钱庄职责表

<table>
<tr><th>部门</th><th>打击非法支付结算</th><th>打击非法汇兑</th></tr>
<tr><td>司法机关（公检法）</td><td colspan="2">主责是刑事打击，协助监管治理
1. 负责侦查、起诉和审判地下钱庄经营者犯罪；2. 发现应由监管部门查处的钱庄经营者、使用者或金融机构违规行为的，移送监管部门处理；3. 发现监管漏洞，可向监管部门提出建议</td></tr>
<tr><td>中国人民银行（支付结算、反洗钱部门等）</td><td colspan="2">主责是监管治理，协助刑行打击
1. 监测、分析支付结算和洗钱违法线索，可能构成刑事犯罪的，移送公安机关立案侦查；2. 涉及银行、支付机构等金融机构违规的，依法行政查处；3. 完善支付结算、反洗钱、跨境人民币等领域法规政策，开展日常监管行动，提升展业规范，防范非法金融活动利用金融基础设施</td></tr>
<tr><td>外汇管理局</td><td>—</td><td>主责是监管治理，协助刑行打击
1. 监测分析资金非法跨境线索，地下钱庄经营者构成犯罪的，移送公安机关立案侦查；2. 对地下钱庄使用者和涉及违规金融机构进行行政查处；3. 完善外汇领域政策法规，开展金融机构外汇业务监管行动，防范非法金融活动利用金融基础设施</td></tr>
<tr><td>其他监管部门（海关、税务等）</td><td colspan="2">完善本领域风险监管，防范不法分子“钻空子”
1. 完善退税、奖补、便利化政策实施，补齐政策、监管短板；2. 发现地下钱庄违法线索及时移送有关部门</td></tr>
</table>

（二）强化源头治理：瓦解地下钱庄供需两端

疏堵结合，打击地下钱庄供给群体和需求群体，着力摧毁地下钱庄供给主体，瓦解其需求基础，铲除其滋生“土壤”。

1. 上下游犯罪一起打

针对地下钱庄与涉腐、涉恐、涉诈、涉赌、涉税等上游犯罪深度交织、复合性增强等特点，公安部门各警种加强信息协同与合成作战，强化上游犯罪与地下钱庄双向侦查、双向打击。坚持打犯罪网络、打犯罪平台、打犯罪源头，“连窝端、连根拔”，打一个震慑一片。

2. 刑事行政一起查

坚持地下钱庄经营者、交易对手、未尽职展业金融机构一起打、一起查，形成对地下钱庄供需两侧的高压打击态势。公安机关与金融监管部门深入协同，金融监管部门提前介入案件侦查，一边协助公安开展侦查，一边调查金融机构、钱庄交易对手行政违法行为，全链条震慑，改善金融生态。

3. 刚柔手段一起用

探索建立“黑灰名单”制度，在共享负面主体信息挖掘地下钱庄线索同时，对参与地下钱庄人员分级采用信用惩戒、业务限制等措施。加强宣传预警，整合金融知识、典型案例，主动发声，普及金融外汇法律知识，澄清认识误区，警示新型业态风险，提升人民群众防范风险意识和能力。

（三）强化渠道管控：提高地下钱庄运营难度

针对金融基础设施、便利化发展政策被地下钱庄违法犯罪利用的问题，金融机构、监管部门要协同“扎紧篱笆”，增加地下钱庄利用银行卡、支付机构等金融基础设施的难度和成本。

1. 推动金融监管全覆盖

金融监管部门切实树立“风险为本”监管理念，深入落实功能监管、穿透式监管和持续监管，杜绝“只管合法，不管非法”，将未持牌经营金融业务的主体纳入监管。对移动运营商、互联网运营商等实际参与非金融支付业务的机构，设置相关法规、规章进行约束，避免监管盲区。着力加大对第三方支付等持牌机构的监管力度，实施全业务、全流程监管。

2. 推动重点专项整治

一是加强支付机构风险排查。对违规经营的机构依法严惩，对为违法犯罪活动提供支付服务的，坚决吊销牌照；压减持牌机构存量，大力清理无牌金融平台，防范支付乱象冲击金融体系。二是完善银行账户管理。坚持控增量、清存量，完善账户开立尽职调查制度，强化异常开户审核和开户数量管理；持续强化人头账户等银行卡整顿。

3. 加强金融、电信、市场等领域监管

加强对支付机构现场检查，严格商户资质审核、支付接口管理、数据存储报送审核制度机制，引导行业合规发展，铲除违法犯罪温床。加强微信、QQ 等社交软件网络实名监管，钝化地下钱庄经营工具，降低地下钱庄运作效率。开展空壳公司清理整治，严厉惩治利用空壳公司充当地下钱庄等违法犯罪工具。

（四）强化严惩震慑：让地下钱庄无利可图

地下钱庄经营的根本动力是非法盈利，没有了盈利空间，地下钱庄自然也没有经营的动力。提高违法成本，是打压其盈利空间最直接的手段。

1. 完善打击惩戒法规制度

加快反洗钱法修订，适应洗钱犯罪新形势和新变化，将目前 7 类上游犯罪拓展到全部可能的相关犯罪行为，加大对地下钱庄洗钱犯罪的打击力度。全面评价地下钱庄犯罪行为，明确洗钱罪与非法经营罪界分，通过立法、司法解释统一其中非法支付结算和非法买卖外汇行为相关犯罪认定标准、规范调查取证工作，加大惩戒力度。完善支付结算、跨境人民币、虚拟货币监管法规体系，加快非银行支付机构条例立法进程，研究将部分虚拟货币交易行为纳入非法支付结算监管范围，为打击涉跨境人民币、虚拟货币的地下钱庄活动提供法律依据。

2. 改进犯罪量刑幅度和行政量罚幅度

加大对非法经营地下钱庄的刑事处罚力度，注重对累犯的惩戒，提高地下钱庄违法犯罪成本。健全行政执法与刑事司法衔接的工作机制，进一步提升刑行衔接效率，提升取证质量，落实“应罚尽罚”“依法从严处罚”。完善地下钱庄案件司法标准，规范类案证据要求、法律适用和裁判尺度，及时发现和研究地下钱庄审判实务疑难、前沿问题，维护司法和裁判的稳定性。

3. 提升地下钱庄违法犯罪发现能力

大力推动大数据、人工智能等监管技术运用，打造资金穿透“撒手锏”，让地下钱庄犯罪无所遁形。加大数据信息共享力度，汇集、整合公安、人行、外汇、海关、税务等部门有关数据资源，努力打造安全、高效的地下钱庄大数据监测分析平台，共同打造分析研判、协调处置地下钱庄等违法犯罪线索协同工作体系。

（五）强化系统治理：在改革发展中消解地下钱庄

地下钱庄是经济社会发展的“副产品”，其最终消亡也一定是以经济社会的高度发达进步为前提。因此，要以改革发展思维看待地下钱庄治理，着力在改革发展中消除地下钱庄。

1. 深化金融供给侧结构性改革

在坚守防风险底线的基础上，稳步扩大金融市场双向开放，增强汇率弹性，稳慎、有序推动资本项目可兑换；完善个人贸易项下外汇结算业务，试点推进个人合法收入境外投资等个人便利化措施，满足正常的个人贸易和跨境理财投资需求等。引导推进普惠金融，扩大服务区域，降低服务费用，引导合法资金回归正规金融服务体系。

2. 大力推进支付结算改革发展

积极在国内外布局数字人民币更多使用场景和更大使用范围，利用数字人民币的可追溯性，提升监管的准确性、及时性和穿透性。积极推广使用多边央行数字货币桥项目，直接实现点对点交易，省去中间环节，有效降低汇兑成本、提升监管透明性，缩短交易时间、提高资金跨境速度。针对小规模、小币种、汇路不畅通的边贸及小商品交易，推动双边结算和货币互换，解决边贸及小商品交易结算问题。

高质效办好每一个案件 推动金融犯罪穿透式打击、全链条治理

——最高人民检察院第四十四批指导性案例解读

张晓津　贝金欣　王　拓*

党的十八以来，以习近平同志为核心的党中央高度重视防范化解金融风险工作，采取了一系列重大举措，守住了不发生系统性金融风险的底线。检察机关认真贯彻落实习近平总书记系列重要指示批示精神和中央决策部署，坚持治罪与治理并重，助力防范化解金融风险。为了深入贯彻党的二十大精神，有针对性指导解决检察机关办理金融犯罪案件中的新类型问题和疑难问题，突出高质效办理金融犯罪案件的工作要求，最高人民检察院发布第四十四批指导性案例（金融犯罪主题）。

一、发布本批指导性案例的主要考虑

（一）聚焦新类型金融犯罪，明确办案规则指引

私募基金是我国多层次资本市场的有机组成部分，在服务实体经济、支持创业创新等方面发挥着重要作用。但同时，由于发行销售私募基金只

---

* 张晓津，最高人民检察院第四检察厅厅长，一级高级检察官；贝金欣，最高人民检察院第四检察厅主办检察官，二级高级检察官；王拓，最高人民检察院第四检察厅二级高级检察官助理。

需经过备案、无须审批，实践中假私募真公募的问题时有发生，严重损害投资人合法权益，对私募基金市场的健康发展造成严重破坏。近年来私募基金领域的违法犯罪风险一直受到广泛关注，假借私募基金进行非法集资作为一种新类型的非法集资案件逐渐增多。2023 年 6 月 16 日，国务院常务会议审议通过了《私募投资基金监督管理条例（草案）》，进一步强调将私募投资经济业务活动纳入法治化、规范化轨道进行监管，“要针对行业突出问题强化源头管控，划定监管底线，严厉打击以‘私募基金’之名行非法集资之实等非法金融活动”。此次发布的张业强等人非法集资案是一起涉私募基金的新型案件，旨在明确区分合法私募与非法集资的法律适用规则，同时对广大私募基金投资者和从业人员增强预防犯罪意识具有导向作用。

（二）针对金融犯罪黑灰产业乱象，彰显依法全链条追诉的决心

金融犯罪特别是网络金融犯罪分工日益细化，催生出庞大的黑灰产业链，特别是违法中介组织呈现“一对多”特征，单从每一起犯罪来看，似乎中介组织所起的作用有限，但是从整体评价来看，其社会危害性更大，且犯罪手段隐蔽、难以查处，是滋生助长金融犯罪的重大隐患，有必要加大惩治力度。此次发布的郭四记、徐维伦等人伪造货币案和孙旭东非法经营案都有上述特点，发布这两个案例也旨在突出对违法中介组织等黑灰产人员的依法从严打击立场。

（三）围绕指控证明犯罪主导责任，提炼指控证明方法

金融犯罪专业性较为突出，引导取证、证据审查、指控证明等方面疑难问题较多。比如，在办理私募等新类型金融犯罪案件中，有的办案人员因办案经验不足，对侦查取证方向不得要领陷入困境；在涉及跨区域、人员众多的网络金融犯罪中，有的办案人员就案办案，不注重审查发现遗漏犯罪线索或者怠于收集相关证据，影响全链条惩治，轻纵犯罪。因此，除了准确适用法律外，提出有价值的引导取证意见，科学合理的审查判断证

据方法，有效构建证明体系，既是办理金融犯罪案件中履行好主导责任的重要方面，也是确保检察办案质量的关键因素。此次发布的三个案例，都注重通过指控证明过程的叙述和指导意义的归纳阐述指控证明方法。

二、本批指导性案例的指导意义

（一）张业强等人非法集资案

私募基金是非公开募集资金的一种方式，与公募活动存在明显区别。基于私募基金募集方式和风险特征，证券投资基金法、《私募投资基金监督管理暂行办法》等法律法规、部门规章对私募的对象、方式、收益分配规则等方面都作了明确规定。发行销售私募基金必须依法依规进行，不得以私募为名行非法集资之实。张业强等人非法集资案阐明了认定非法吸收公众存款罪的基本规则。

一是结合非法吸收公众存款罪“四性”要件，准确区分合法私募与非法集资。非法吸收公众存款罪，是非法集资犯罪中的基础罪名，对于涉私募基金类非法集资犯罪，首先需要围绕“四性”判断罪与非罪。私募基金不得变相自融、不得向社会公开宣传、不得承诺资金不受损失或者最低收益、不得向合格投资人之外的单位和个人募集资金，单只私募基金投资者累计人数不得超过规定人数。募集资金过程中有上述禁止性行为的，既违反了私募基金管理有关规定，又违反了商业银行法、《防范和处置非法集资条例》等关于禁止非法集资的法律规定，符合非法吸收公众存款罪非法性、公开性、利诱性、社会性要件，构成非法吸收公众存款罪。实践中，在认定“非法性”要件上，注意要正确认识私募基金登记备案的性质。有的投资人认为只要有私募管理人登记、私募基金备案就没有违法性，这正是其容易受误导的地方。按照证券投资基金法和《私募投资基金监督管理暂行办法》的规定，各类私募基金管理人应当按照有关规定向中国证券投资基金业协会申请登记，各类私募基金在募集完毕后应当办理基金备案手续。但是，私募基金登记备案不是行政审批，私募不构成对私募基金管理人投资能力、持续合规情况的认可，不作为对基金财产安全的保证。司法办案中，需要穿透涉案私募基金的伪装了解募集集资的实际过程，判断私募基金是否存在违法违规问题，不能仅从形式上看是否备案。已登记备案的私募基金从事非法集资的，犯罪手段隐蔽、迷惑性大，对金融秩序危害严重，既给相关集资参与人造成巨大经济损失，又严重损害了社会上投资者对金融安全的信心，更应当依法严厉打击。

二是对于非法集资人将部分集资款用于投资经营活动的，准确判断其是否具有非法占有目的。实践中，一些非法集资人确实将部分集资款投入生产经营活动，但又在使用资金决策过程中严重不负责任，导致实际盈利能力明显不具有支付本息可能性的，是认定非法吸收公众存款罪还是集资诈骗罪，存在分歧意见。有的观点甚至认为，只要集资款有投入生产经营，即可径直否定非法集资人的非法占有目的。张业强等人非法集资案明确提出，非法集资人虽然将部分集资款投入生产经营活动，但投资随意，明知经营活动盈利能力不具有支付本息的现实可能性，仍然向社会公众大规模吸收资金，还本付息主要通过募新还旧实现，致使集资款不能返还的，应当认定其具有非法占有目的。检察官在引导取证、审查证据时需要全面查清资金实际去向、投资经营实际情况等相关证据。

三是对于共同犯罪或者单位犯罪的，应当以是否具有非法占有目的，区分认定构成集资诈骗罪还是非法吸收公众存款罪。在非法集资共同犯罪或者单位犯罪中，由于行为人层级、职责分工、获利方式、对全部犯罪事实的知情程度不同，其犯罪目的也存在不同，因此存在分别定罪的可能。实务中，应当根据非法集资人是否具有非法占有目的分别认定构成集资诈骗罪还是非法吸收公众存款罪，在分层处理过程中，应当遵循罪责刑相适应原则对各行为人准确量刑。

（二）郭四记、徐维伦等人伪造货币案

当前，微信、支付宝等网络支付成为日常生活中主要支付方式，现金使用量大幅减少，客观上使得伪造假币犯罪案件数量逐年减少。但是，假币犯罪在农村等网络支付尚未普及的地区、老年人等不习惯网络支付的群体中仍然存在，假币犯罪活动分散化特征明显，且伪造假币犯罪大要案仍不时出现，反假货币工作形势依然严峻。编发郭四记、徐维伦等人伪造货币案，不仅对于惩治和防范假币犯罪具有重要意义，而且该案指控证明犯罪的理念、方法和法律适用对于检察机关办理其他涉黑灰产业链的跨区域网络犯罪同样具有指导作用。

一是关于共同犯罪的认定方面，明知他人意图伪造货币，通过网络提供伪造货币技术或者设备、材料的人员（以下简称上线人员），与直接实施伪造货币的人员（以下简称下线人员）构成伪造货币共同犯罪。实践中，要注意区分情况，对于上线人员向下线人员提供可以用于伪造货币的技术或者设备、材料，但相关技术或者设备（如打印机）、材料（如防伪纸）不能排除其他用途的，不能直接推定上线人员具有伪造货币犯罪故意，还应当结合通讯记录、人际关系、行为异常表现及被告人供述、证人证言等其他证据证明双方是否具有伪造货币的主观故意；对于上线人员向下线人员提供专门用于伪造货币技术（如制造假币调色技术）或者设备、材料（如假币模板、丝印网版）的，可以直接认定双方具有伪造货币的共同故意。

二是关于共同犯罪主从犯的判断方面，应当根据具体行为判断各行为人在共同伪造货币中的地位和作用。在网络伪造货币共同犯罪中，有的上线人员通过微信、QQ等网络工具积极招揽、宣传，主动为下线人员提供伪造货币的关键技术、设备、材料，有的上线人员虽然没有主动宣传，但是明知他人有伪造货币意图，仍积极提供专门从事伪造货币的相关技术、设备、材料等，还有的上线人员是专门从事“一对多”提供伪造货币“服务”活动（常业犯），这些人员虽然未直接实施伪造货币的实行行为，但其在共同犯罪中的地位、作用十分重要，甚至可以说如果没有上线人员的行为，下线人员伪造货币就不可能完成，因此对于该上线人员依法可以认定为主犯。在犯罪数额的认定上，上线人员应当对其实际参与的伪造货币犯罪总额负责，即使上线人员仅仅提供了制造假币技术或者提供假币电子模板等设备、材料，也不能对其仅以情节量刑，而应当将下线人员实际使用上线人员提供的技术或者设备、材料伪造货币的总额计入上线人员犯罪数额中。对于行为人按照指令从事从属性工作，在伪造货币共同犯罪中起次要、辅助作用，可以认定为从犯。

三是对于通过网络联络、分工负责、共同实施伪造货币犯罪案件，要树立全链条打击意识。此类犯罪涉案人员分布区域广，检察机关在审查逮捕、审查起诉时要有全局意识，注重审查伪造货币全链条行为人的犯罪事实是否全部查清，是否遗漏共同犯罪事实，不能满足于对本地相关的犯罪嫌疑人、被告人的事实进行审查起诉。检察官在审查一起犯罪事实、一个犯罪嫌疑人中发现上、下游犯罪线索，应当用足用好引导取证、退回补充侦查等法律手段，引导公安机关补充侦查外地直接实施伪造货币人员的相关证据，查清提供设备、材料、技术的犯罪人员的全部犯罪事实和犯罪数额，追诉漏罪漏犯，努力实现全链条惩治，并准确认定共同犯罪中各行为人的刑事责任。

（三）孙旭东非法经营案

信用卡、贷款领域的黑中介问题日益凸显，危害很大。在孙旭东非法经营案中，检察官从1张信用卡引发的信用卡诈骗案发现孙旭东犯罪线索，最终查清孙旭东为他人违规办理46张大额度信用卡并使用POS机非法套现1324万元的犯罪事实，展现了检察官发现线索的敏锐性和依法追诉的行动力，对于更加全面地惩治信用卡领域犯罪具有指导意义。

一是明确POS机套现型非法经营案件法律适用问题。其一，明确了使用销售点终端机具（POS机）等方法，以虚构交易等方式向信用卡持卡人支付货币资金的定性。最高人民法院、最高人民检察院《关于办理妨害信用卡管理刑事案件具体应用法律若干问题的解释》第12条第1款规定，违反国家规定，使用销售点终端机具（POS机）等方法，以虚构交易、虚开价格、现金退货等方式向信用卡持卡人直接支付现金，情节严重的，应当依据《刑法》第225条的规定，以非法经营罪定罪处罚。案例结合最高人民法院、最高人民检察院《关于办理非法从事资金支付结算业务、非法买卖外汇刑事案件适用法律若干问题的解释》第1条规定，明确此项业务属于资金支付结算业务，适用《刑法》第225条第3项关于非法从事资金支付结算业务的规定。其二，明确了“违反国家规定”的具体内容。实践中，有的办案人员对包括非法经营POS机套现在内的非法从事支付结算业务所违反的“国家规定”存在模糊认识，案例列明了该行为违反的国家规定是《商业银行法》第3条、第11条以及2021年5月1日实施的《防范和处置非法集资条例》第39条（该条弥补了《非法金融机构和非法金融业务活动取缔办法》于2021年5月1日废止后的漏洞）。其三，行为人从事POS机套现的非法经营行为，有时属于信用卡持卡人恶意透支实施信用卡诈骗犯罪的帮助行为，需要结合其主观方面加以辨识。因此，查明从事POS机套现的行为人与直接实施信用卡诈骗是否有通谋、是否有非法占有目的，对于定性十分重要。明知他人恶意透支而提供帮助的，应当根据从一重罪处罚的原则认定信用卡诈骗罪。

二是细化金融犯罪案件中自行侦查必要性和可行性的判断规则。《刑事诉讼法》第175条第2款规定：“人民检察院审查案件，对于需要补充侦查的，可以退回公安机关补充侦查，也可以自行侦查[①]。”2020年3月27日，

---

① 司法实践中也有称作“自行补充侦查”，本文根据刑事诉讼法的规定使用“自行侦查”。

最高人民检察院、公安部印发《关于加强和规范补充侦查工作的指导意见》，明确提出开展补充侦查（包括自行侦查）工作应当遵循必要性原则、可行性原则。对于经两次退回补充侦查仍不符合起诉条件的案件，应当根据已查清的事实对犯罪嫌疑人是否有遗漏犯罪重大嫌疑进行判断，如果没有犯罪事实或者无法确定有重大嫌疑的，就没有自行侦查的必要性。可行性，应当结合相关犯罪类型的特点、在案证据、需要补充的证据和可能侦查方向进行分析研判。孙旭东非法经营案明确，对两次公安机关退回补充侦查后，仍不符合起诉条件的犯罪案件，应当结合已查明的案件事实、在案证据以及证据缺口、可能的侦查方向等对自行侦查的必要性和可行性进行研判，决定自行侦查的，应依照法定程序进行，而不是一律作存疑不起诉。

三是传递依法追诉漏罪漏犯的办案观念。从检察办案情况看，金融黑灰产中介的专业性、隐蔽性很强，往往利用金融业务中的隐蔽漏洞实施，一起犯罪事实背后可能隐藏着更严重的犯罪事实。面对一起涉嫌其他犯罪线索的案件，检察官是依法追捕追诉，还是就案办案、不闻不问，这是一个办案观念的问题。按照“高质效办好每一个案件”的要求，检察官必须要树立全链条追诉的意识，发现查处“案中案”。这个案例就是要传递这样一种高质效办案的价值追求。金融黑灰产有其自身的特点和规律，实现全链条惩治的关键在于检察官要熟悉涉案金融业务流程、黑灰产运作特点，知己知彼可以为引导取证、退回补充侦查、自行侦查工作提供方向。

三、编发本批指导性案例的启示

党的二十大报告明确提出，要依法将各类金融活动全部纳入监管，守住不发生系统性风险底线。《党和国家机构改革方案》将金融监管机构改革作为重要内容。检察机关防范化解金融风险形势任务依然严峻复杂。以检察之力服务防范化解金融风险工作，就要认真贯彻落实党的二十大精神，积极适应金融监管机构改革要求，完善金融检察工作机制，高质效办好每一个案件，以更充分的履职更好助力防范化解金融风险。编发第四十四批指导性案例给我们以下启示：一要把“高质效办好每一个案件”的价值追求贯穿落实到办理每一起案件的过程当中，真正以每一个案件的具体办案效果体现高质效要求。二要围绕金融风险高发易发的重点领域突出刑事惩治的重点，更加关注金融“创新”、金融黑灰产相关犯罪动向，加大刑事打击和追赃挽损力度，更加精准融入防范化解金融风险大局。三要深入研究金融违法犯罪的特点、规律，充分运用各项检察职能能动作为，实现对金融犯罪产业的全链条惩治，真正对犯罪分子形成有力震慑。四要切实承担起检察机关在刑事诉讼中指控证明的主导责任，提升对疑难复杂金融犯罪案件引导取证、组织运用、审查判断证据的能力，不断提高指控证明疑难复杂金融犯罪的质效。

扫描二维码

查看典型案例

最高人民检察院　公安部关于公安机关管辖的刑事案件立案追诉标准的规定（二）

（公通字〔2022〕12号）

第一条〔帮助恐怖活动案（刑法第一百二十条之一第一款）〕资助恐怖活动组织、实施恐怖活动的个人的，或者资助恐怖活动培训的，应予立案追诉。

第二条〔走私假币案（刑法第一百五十一条第一款）〕走私伪造的货币，涉嫌下列情形之一的，应予立案追诉：

（一）总面额在二千元以上或者币量在二百张（枚）以上的；

（二）总面额在一千元以上或者币量在一百张（枚）以上，二年内因走私假币受过行政处罚，又走私假币的；

（三）其他走私假币应予追究刑事责任的情形。

第三条〔虚报注册资本案（刑法第一百五十八条）〕申请公司登记使用虚假证明文件或者采取其他欺诈手段虚报注册资本，欺骗公司登记主管部门，取得公司登记，涉嫌下列情形之一的，应予立案追诉：

（一）法定注册资本最低限额在六百万元以下，虚报数额占其应缴出资数额百分之六十以上的；

（二）法定注册资本最低限额超过六百万元，虚报数额占其应缴出资数额百分之三十以上的；

（三）造成投资者或者其他债权人直接经济损失累计数额在五十万元以上的；

（四）虽未达到上述数额标准，但具有下列情形之一的：

1. 二年内因虚报注册资本受过二次以上行政处罚，又虚报注册资本的；

2. 向公司登记主管人员行贿的；

3. 为进行违法活动而注册的。

（五）其他后果严重或者有其他严重情节的情形。

本条只适用于依法实行注册资本实缴登记制的公司。

第四条〔虚假出资、抽逃出资案（刑法第一百五十九条）〕公司发起人、股东违反公司法的规定未交付货币、实物或者未转移财产权，虚假出资，或者在公司成立后又抽逃其出资，涉嫌下列情形之一的，应予立案追诉：

（一）法定注册资本最低限额在六百万元以下，虚假出资、抽逃出资数额占其应缴出资数额百分之六十以上的；

（二）法定注册资本最低限额超过六百万元，虚假出资、抽逃出资数额占其应缴出资数额百分之三十以上的；

（三）造成公司、股东、债权人的直接经济损失累计数额在五十万元以上的；

（四）虽未达到上述数额标准，但具有下列情形之一的：

1. 致使公司资不抵债或者无法正常经营的；

2. 公司发起人、股东合谋虚假出资、抽逃出资的；

3. 二年内因虚假出资、抽逃出资受过二次以上行政处罚，又虚假出资、抽逃出资的；

4. 利用虚假出资、抽逃出资所得资金进行违法活动的。

（五）其他后果严重或者有其他严重情节的情形。

本条只适用于依法实行注册资本实缴登记制的公司。

第五条〔欺诈发行证券案（刑法第一百六十条）〕在招股说明书、认股书、公司、企业债券募集办法等发行文件中隐瞒重要事实或者编造重大虚假内容，发行股票或者公司、企业债券、存托凭证或者国务院依法认定的其他证券，涉嫌下列情形之一的，应予立案追诉：

（一）非法募集资金金额在一千万元以上的；

（二）虚增或者虚减资产达到当期资产总额百分之三十以上的；

（三）虚增或者虚减营业收入达到当期营业收入总额百分之三十以上的；

（四）虚增或者虚减利润达到当期利润总额百分之三十以上的；

（五）隐瞒或者编造的重大诉讼、仲裁、担保、关联交易或者其他重大事项所涉及的数额或者连续十二个月的累计数额达到最近一期披露的净资产百分之五十以上的；

（六）造成投资者直接经济损失数额累计在一百万元以上的；

（七）为欺诈发行证券而伪造、变造国家机关公文、有效证明文件或者相关凭证、单据的；

（八）为欺诈发行证券向负有金融监督管理职责的单位或者人员行贿的；

（九）募集的资金全部或者主要用于违法犯罪活动的；

（十）其他后果严重或者有其他严重情节的情形。

第六条〔违规披露、不披露重要信息案（刑法第一百六十一条）〕依法负有信息披露义务的公司、企业向股东和社会公众提供虚假的或者隐瞒重要事实的财务会计报告，或者对依法应当披露的其他重要信息不按照规定披露，涉嫌下列情形之一的，应予立案追诉：

（一）造成股东、债权人或者其他人直接经济损失数额累计在一百万元以上的；

（二）虚增或者虚减资产达到当期披露的资产总额百分之三十以上的；

（三）虚增或者虚减营业收入达到当期披露的营业收入总额百分之三十以上的；

（四）虚增或者虚减利润达到当期披露的利润总额百分之三十以上的；

（五）未按照规定披露的重大诉讼、仲裁、担保、关联交易或者其他重大事项所涉及的数额或者连续十二个月的累计数额达到最近一期披露的净资产百分之五十以上的；

（六）致使不符合发行条件的公司、企业骗取发行核准或者注册并且上市交易的；

（七）致使公司、企业发行的股票或者公司、企业债券、存托凭证或者国务院依法认定的其他证券被终止上市交易的；

（八）在公司财务会计报告中将亏损披露为盈利，或者将盈利披露为亏损的；

（九）多次提供虚假的或者隐瞒重要事实的财务会计报告，或者多次对依法应当披露的其他重要信息不按照规定披露的；

（十）其他严重损害股东、债权人或者其他人利益，或者有其他严重情节的情形。

第七条〔妨害清算案（刑法第一百六十二条）〕公司、企业进行清算时，隐匿财产，对资产负债表或者财产清单作虚伪记载或者在未清偿债务前分配公司、企业财产，涉嫌下列情形之一的，应予立案追诉：

（一）隐匿财产价值在五十万元以上的；

（二）对资产负债表或者财产清单作虚伪记载涉及金额在五十万元以上的；

（三）在未清偿债务前分配公司、企业财产价值在五十万元以上的；

（四）造成债权人或者其他人直接经济损失数额累计在十万元以上的；

（五）虽未达到上述数额标准，但应清偿的职工的工资、社会保险费用和法定补偿金得不到及时清偿，造成恶劣社会影响的；

（六）其他严重损害债权人或者其他人利益的情形。

第八条〔隐匿、故意销毁会计凭证、会计帐簿、财务会计报告案（刑法第一百六十二条之一）〕隐匿或者故意销毁依法应当保存的会计凭证、会计帐簿、财务会计报告，涉嫌下列情形之一的，应予立案追诉：

（一）隐匿、故意销毁的会计凭证、会计帐簿、财务会计报告涉及金额在五十万元以上的；

（二）依法应当向监察机关、司法机关、行政机关、有关主管部门等提供而隐匿、故意销毁或者拒不交出会计凭证、会计帐簿、财务会计报告的；

（三）其他情节严重的情形。

第九条〔虚假破产案（刑法第一百六十二条之二）〕公司、企业通过隐匿财产、承担虚构的债务或者以其他方法转移、处分财产，实施虚假破产，涉嫌下列情形之一的，应予立案追诉：

（一）隐匿财产价值在五十万元以上的；

（二）承担虚构的债务涉及金额在五十万元以上的；

（三）以其他方法转移、处分财产价值在五十万元以上的；

（四）造成债权人或者其他人直接经济损失数额累计在十万元以上的；

（五）虽未达到上述数额标准，但应清偿的职工的工资、社会保险费用和法定补偿金得不到及时清偿，造成恶劣社会影响的；

（六）其他严重损害债权人或者其他人利益的情形。

第十条〔非国家工作人员受贿案（刑法第一百六十三条）〕公司、企业或者其他单位的工作人员利用职务上的便利，索取他人财物或者非法收受他人财物，为他人谋取利益，或者在经济往来中，利用职务上的便利，违反国家规定，收受各种名义的回扣、手续费，归个人所有，数额在三万元以上的，应予立案追诉。

第十一条〔对非国家工作人员行贿案（刑法第一百六十四条第一款）〕为谋取不正当利益，给予公司、企业或者其他单位的工作人员以财物，个人行贿数额在三万元以上的，单位行贿数额在二十万元以上的，应予立案追诉。

第十二条〔对外国公职人员、国际公共组织官员行贿案（刑法第一百六十四条第二款）〕为谋取不正当商业利益，给予外国公职人员或者国际公共组织官员以财物，个人行贿数额在三万元以上的，单位行贿数额在二十万元以上的，应予立案追诉。

第十三条〔背信损害上市公司利益案（刑法第一百六十九条之一）〕上市公司的董事、监事、高级管理人员违背对公司的忠实义务，利用职务便利，操纵上市公司从事损害上市公司利益的行为，以及上市公司的控股股东或者实际控制人，指使上市公司董事、监事、高级管理人员实施损害上市公司利益的行为，涉嫌下列情形之一的，应予立案追诉：

（一）无偿向其他单位或者个人提供资金、商品、服务或者其他资产，致使上市公司直接经济损失数额在一百五十万元以上的；

（二）以明显不公平的条件，提供或者接受资金、商品、服务或者其他资产，致使上市公司直接经济损失数额在一百五十万元以上的；

（三）向明显不具有清偿能力的单位或者个人提供资金、商品、服务或者其他资产，致使上市公司直接经济损失数额在一百五十万元以上的；

（四）为明显不具有清偿能力的单位或者个人提供担保，或者无正当理由为其他单位或者个人提供担保，致使上市公司直接经济损失数额在一百五十万元以上的；

（五）无正当理由放弃债权、承担债务，致使上市公司直接经济损失数额在一百五十万元以上的；

（六）致使公司、企业发行的股票或者公司、企业债券、存托凭证或者国务院依法认定的其他证券被终止上市交易的；

（七）其他致使上市公司利益遭受重大损失的情形。

第十四条〔伪造货币案（刑法第一百七十条）〕伪造货币，涉嫌下列情形之一的，应予立案追诉：

（一）总面额在二千元以上或者币量在二百张（枚）以上的；

（二）总面额在一千元以上或者币量在一百张（枚）以上，二年内因伪造货币受过行政处罚，又伪造货币的；

（三）制造货币版样或者为他人伪造货币提供版样的；

（四）其他伪造货币应予追究刑事责任的情形。

第十五条〔出售、购买、运输假币案（刑法第一百七十一条第一款）〕出售、购买伪造的货币或者明知是伪造的货币而运输，涉嫌下列情形之一的，应予立案追诉：

（一）总面额在四千元以上或者币量在四百张（枚）以上的；

（二）总面额在二千元以上或者币量在二百张（枚）以上，二年内因出售、购买、运输假币受过行政处罚，又出售、购买、运输假币的；

（三）其他出售、购买、运输假币应予追究刑事责任的情形。

在出售假币时被抓获的，除现场查获的假币应认定为出售假币的数额外，现场之外在行为人住所或者其他藏匿地查获的假币，也应认定为出售假币的数额。

第十六条〔金融工作人员购买假币、以假币换取货币案（刑法第一百七十一条第二款）〕银行或者其他金融机构的工作人员购买伪造的货币或者利用职务上的便利，以伪造的货币换取货币，总面额在二千元以上或者币量在二百张（枚）以上的，应予立案追诉。

第十七条〔持有、使用假币案（刑法第一百七十二条）〕明知是伪造的货币而持有、使用，涉嫌下列情形之一的，应予立案追诉：

（一）总面额在四千元以上或者币量在四百张（枚）以上的；

（二）总面额在二千元以上或者币量在二百张（枚）以上，二年内因持有、使用假币受过行政处罚，又持有、使用假币的；

（三）其他持有、使用假币应予追究刑事责任的情形。

第十八条〔变造货币案（刑法第一百七十三条）〕变造货币，涉嫌下列情形之一的，应予立案追诉：

（一）总面额在二千元以上或者币量在二百张（枚）以上的；

（二）总面额在一千元以上或者币量在一百张（枚）以上，二年内因变造货币受过行政处罚，又变造货币的；

（三）其他变造货币应予追究刑事责任的情形。

第十九条〔擅自设立金融机构案（刑法第一百七十四条第一款）〕未经国家有关主管部门批准，擅自设立金融机构，涉嫌下列情形之一的，应予立案追诉：

（一）擅自设立商业银行、证券交易所、期货交易所、证券公司、期货公司、保险公司或者其他金融机构的；

（二）擅自设立金融机构筹备组织的。

第二十条〔伪造、变造、转让金融机构经营许可证、批准文件案（刑法第一百七十四条第二款）〕伪造、变造、转让商业银行、证券交易所、期货交易所、证券公司、期货公司、保险公司或者其他金融机构的经营许可证或者批准文件的，应予立案追诉。

第二十一条〔高利转贷案（刑法第一百七十五条）〕以转贷牟利为目的，套取金融机构信贷资金高利转贷他人，违法所得数额在五十万元以上的，应予立案追诉。

第二十二条〔骗取贷款、票据承兑、金融票证案（刑法第一百七十五条之一）〕以欺骗手段取得银行或者其他金融机构贷款、票据承兑、信用证、保函等，给银行或者其他金融机构造成直接经济损失数额在五十万元以上的，应予立案追诉。

第二十三条〔非法吸收公众存款案（刑法第一百七十六条）〕非法吸收公众存款或者变相吸收公众存款，扰乱金融秩序，涉嫌下列情形之一的，应予立案追诉：

（一）非法吸收或者变相吸收公众存款数额在一百万元以上的；

（二）非法吸收或者变相吸收公众存款对象一百五十人以上的；

（三）非法吸收或者变相吸收公众存款，给集资参与人造成直接经济损失数额在五十万元以上的；

非法吸收或者变相吸收公众存款数额在五十万元以上或者给集资参与人造成直接经济损失数额在二十五万元以上，同时涉嫌下列情形之一的，应予立案追诉：

（一）因非法集资受过刑事追究的；

（二）二年内因非法集资受过行政处罚的；

（三）造成恶劣社会影响或者其他严重后果的。

第二十四条〔伪造、变造金融票证案（刑法第一百七十七条）〕伪造、变造金融票证，涉嫌下列情形之一的，应予立案追诉：

（一）伪造、变造汇票、本票、支票，或者伪造、变造委托收款凭证、汇款凭证、银行存单等其他银行结算凭证，或者伪造、变造信用证或者附随的单据、文件，总面额在一万元以上或者数量在十张以上的；

（二）伪造信用卡一张以上，或者伪造空白信用卡十张以上的。

第二十五条〔妨害信用卡管理案（刑法第一百七十七条之一第一款）〕妨害信用卡管理，涉嫌下列情形之一的，应予立案追诉：

（一）明知是伪造的信用卡而持有、运输的；

（二）明知是伪造的空白信用卡而持有、运输，数量累计在十张以上的；

（三）非法持有他人信用卡，数量累计在五张以上的；

（四）使用虚假的身份证明骗领信用卡的；

（五）出售、购买、为他人提供伪造的信用卡或者以虚假的身份证明骗领的信用卡的。

违背他人意愿，使用其居民身份证、军官证、士兵证、港澳居民往来内地通行证、台湾居民来往大陆通行证、护照等身份证明申领信用卡的，或者使用伪造、变造的身份证明申领信用卡的，应当认定为“使用虚假的身份证明骗领信用卡”。

第二十六条〔窃取、收买、非法提供信用卡信息案（刑法第一百七十七条之一第二款）〕窃取、收买或者非法提供他人信用卡信息资料，足以伪造可进行交易的信用卡，或者足以使他人以信用卡持卡人名义进行交易，涉及信用卡一张以上的，应予立案追诉。

第二十七条〔伪造、变造国家有价证券案（刑法第一百七十八条第一款）〕伪造、变造国库券或者国家发行的其他有价证券，总面额在二千元以上的，应予立案追诉。

第二十八条〔伪造、变造股票、公司、企业债券案（刑法第一百七十八条第二款）〕伪造、变造股票或者公司、企业债券，总面额在三万元以上的，应予立案追诉。

第二十九条〔擅自发行股票、公司、企业债券案（刑法第一百七十九条）〕未经国家有关主管部门批准或者注册，擅自发行股票或者公司、企业债券，涉嫌下列情形之一的，应予立案追诉：

（一）非法募集资金金额在一百万元以上的；

（二）造成投资者直接经济损失数额累计在五十万元以上的；

（三）募集的资金全部或者主要用于违法犯罪活动的；

（四）其他后果严重或者有其他严重情节的情形。

本条规定的“擅自发行股票或者公司、企业债券”，是指向社会不特定对象发行、以转让股权等方式变相发行股票或者公司、企业债券，或者向特定对象发行、变相发行股票或者公司、企业债券累计超过二百人的行为。

第三十条〔内幕交易、泄露内幕信息案（刑法第一百八十条第一款）〕证券、期货交易内幕信息的知情人员、单位或者非法获取证券、期货交易内幕信息的人员、单位，在涉及证券的发行，证券、期货交易或者其他对证券、期货交易价格有重大影响的信息尚未公开前，买入或者卖出该证券，或者从事与该内幕信息有关的期货交易，或者泄露该信息，或者明示、暗示他人从事上述交易活动，涉嫌下列情形之一的，应予立案追诉：

（一）获利或者避免损失数额在五十万元以上的；

（二）证券交易成交额在二百万元以上的；

（三）期货交易占用保证金数额在一百万元以上的；

（四）二年内三次以上实施内幕交易、泄露内幕信息行为的；

（五）明示、暗示三人以上从事与内幕信息相关的证券、期货交易活动的；

（六）具有其他严重情节的。

内幕交易获利或者避免损失数额在二十五万元以上，或者证券交易成交额在一百万元以上，或者期货交易占用保证金数额在五十万元以上，同时涉嫌下列情形之一的，应予立案追诉：

（一）证券法规定的证券交易内幕信息的知情人实施或者与他人共同实施内幕交易行为的；

（二）以出售或者变相出售内幕信息等方式，明示、暗示他人从事与该内幕信息相关的交易活动的；

（三）因证券、期货犯罪行为受过刑事追究的；

（四）二年内因证券、期货违法行为受过行政处罚的；

（五）造成其他严重后果的。

第三十一条〔利用未公开信息交易案（刑法第一百八十条第四款）〕证券交易所、期货交易所、证券公司、期货公司、基金管理公司、商业银行、保险公司等金融机构的从业人员以及有关监管部门或者行业协会的工作人员，利用因职务便利获取的内幕信息以外的其他未公开的信息，违反规定，从事与该信息相关的证券、期货交易活动，或者明示、暗示他人从事相关交易活动，涉嫌下列情形之一的，应予立案追诉：

（一）获利或者避免损失数额在一百万元以上的；

（二）二年内三次以上利用未公开信息交易的；

（三）明示、暗示三人以上从事相关交易活动的；

（四）具有其他严重情节的。

利用未公开信息交易，获利或者避免损失数额在五十万元以上，或者证券交易成交额在五百万元以上，或者期货交易占用保证金数额在一百万元以上，同时涉嫌下列情形之一的，应予立案追诉：

（一）以出售或者变相出售未公开信息等方式，明示、暗示他人从事相关交易活动的；

（二）因证券、期货犯罪行为受过刑事追究的；

（三）二年内因证券、期货违法行为受过行政处罚的；

（四）造成其他严重后果的。

第三十二条〔编造并传播证券、期货交易虚假信息案（刑法第一百八十一条第一款）〕编造并且传播影响证券、期货交易的虚假信息，扰乱证券、期货交易市场，涉嫌下列情形之一的，应予立案追诉：

（一）获利或者避免损失数额在五万元以上的；

（二）造成投资者直接经济损失数额在五十万元以上的；

（三）虽未达到上述数额标准，但多次编造并且传播影响证券、期货交易的虚假信息的；

（四）致使交易价格或者交易量异常波动的；

（五）造成其他严重后果的。

第三十三条〔诱骗投资者买卖证券、期货合约案（刑法第一百八十一条第二款）〕证券交易所、期货交易所、证券公司、期货公司的从业人员，证券业协会、期货业协会或者证券期货监督管理部门的工作人员，故意提供虚假信息或者伪造、变造、销毁交易记录，诱骗投资者买卖证券、期货合约，涉嫌下列情形之一的，应予立案追诉：

（一）获利或者避免损失数额在五万元以上的；

（二）造成投资者直接经济损失数额在五十万元以上的；

（三）虽未达到上述数额标准，但多次诱骗投资者买卖证券、期货合约的；

（四）致使交易价格或者交易量异常波动的；

（五）造成其他严重后果的。

第三十四条〔操纵证券、期货市场案（刑法第一百八十二条）〕操纵证券、期货市场，影响证券、期货交易价格或者证券、期货交易量，涉嫌下列情形之一的，应予立案追诉：

（一）持有或者实际控制证券的流通股份数量达到该证券的实际流通股份总量百分之十以上，实施刑法第一百八十二条第一款第一项操纵证券市场行为，连续十个交易日的累计成交量达到同期该证券总成交量百分之二十以上的；

（二）实施刑法第一百八十二条第一款第二项、第三项操纵证券市场行为，连续十个交易日的累计成交量达到同期该证券总成交量百分之二十以上的；

（三）利用虚假或者不确定的重大信息，诱导投资者进行证券交易，行为人进行相关证券交易的成交额在一千万元以上的；

（四）对证券、证券发行人公开作出评价、预测或者投资建议，同时进行反向证券交易，证券交易成交额在一千万元以上的；

（五）通过策划、实施资产收购或者重组、投资新业务、股权转让、上市公司收购等虚假重大事项，误导投资者作出投资决策，并进行相关交易或者谋取相关利益，证券交易成交额在一千万元以上的；

（六）通过控制发行人、上市公司信息的生成或者控制信息披露的内容、时点、节奏，误导投资者作出投资决策，并进行相关交易或者谋取相关利益，证券交易成交额在一千万元以上的；

（七）实施刑法第一百八十二条第一款第一项操纵期货市场行为，实际控制的帐户合并持仓连续十个交易日的最高值超过期货交易所限仓标准的二倍，累计成交量达到同期该期货合约总成交量百分之二十以上，且期货交易占用保证金数额在五百万元以上的；

（八）通过囤积现货，影响特定期货品种市场行情，并进行相关期货交易，实际控制的帐户合并持仓连续十个交易日的最高值超过期货交易所限仓标准的二倍，累计成交量达到同期该期货合约总成交量百分之二十以上，且期货交易占用保证金数额在五百万元以上的；

（九）实施刑法第一百八十二条第一款第二项、第三项操纵期货市场行为，实际控制的帐户连续十个交易日的累计成交量达到同期该期货合约总成交量百分之二十以上，且期货交易占用保证金数额在五百万元以上的；

（十）利用虚假或者不确定的重大信息，诱导投资者进行期货交易，行为人进行相关期货交易，实际控制的帐户连续十个交易日的累计成交量达到同期该期货合约总成交量百分之二十以上，且期货交易占用保证金数额在五百万元以上的；

（十一）对期货交易标的公开作出评价、预测或者投资建议，同时进行相关期货交易，实际控制的帐户连续十个交易日的累计成交量达到同期该期货合约总成交量的百分之二十以上，且期货交易占用保证金数额在五百万元以上的；

（十二）不以成交为目的，频繁或者大量申报买入、卖出证券、期货合约并撤销申报，当日累计撤回申报量达到同期该证券、期货合约总申报量百分之五十以上，且证券撤回申报额在一千万元以上、撤回申报的期货合约占用保证金数额在五百万元以上的；

（十三）实施操纵证券、期货市场行为，获利或者避免损失数额在一百万元以上的。

操纵证券、期货市场，影响证券、期货交易价格或者证券、期货交易量，获利或者避免损失数额在五十万元以上，同时涉嫌下列情形之一的，应予立案追诉：

（一）发行人、上市公司及其董事、监事、高级管理人员、控股股东或者实际控制人实施操纵证券、期货市场行为的；

（二）收购人、重大资产重组的交易对方及其董事、监事、高级管理人员、控股股东或者实际控制人实施操纵证券、期货市场行为的；

（三）行为人明知操纵证券、期货市场行为被有关部门调查，仍继续实施的；

（四）因操纵证券、期货市场行为受过刑事追究的；

（五）二年内因操纵证券、期货市场行为受过行政处罚的；

（六）在市场出现重大异常波动等特定时段操纵证券、期货市场的；

（七）造成其他严重后果的。

对于在全国中小企业股份转让系统中实施操纵证券市场行为，社会危害性大，严重破坏公平公正的市场秩序的，比照本条的规定执行，但本条第一款第一项和第二项除外。

第三十五条〔背信运用受托财产案（刑法第一百八十五条之一第一款）〕商业银行、证券交易所、期货交易所、证券公司、期货公司、保险公司或者其他金融机构，违背受托义务，擅自运用客户资金或者其他委托、信托的财产，涉嫌下列情形之一的，应予立案追诉：

（一）擅自运用客户资金或者其他委托、信托的财产数额在三十万元以上的；

（二）虽未达到上述数额标准，但多次擅自运用客户资金或者其他委托、信托的财产，或者擅自运用多个客户资金或者其他委托、信托的财产的；

（三）其他情节严重的情形。

第三十六条〔违法运用资金案（刑法第一百八十五条之一第二款）〕社会保障基金管理机构、住房公积金管理机构等公众资金管理机构，以及保险公司、保险资产管理公司、证券投资基金管理公司，违反国家规定运用资金，涉嫌下列情形之一的，应予立案追诉：

（一）违反国家规定运用资金数额在三十万元以上的；

（二）虽未达到上述数额标准，但多次违反国家规定运用资金的；

（三）其他情节严重的情形。

第三十七条〔违法发放贷款案（刑法第一百八十六条）〕银行或者其他金融机构及其工作人员违反国家规定发放贷款，涉嫌下列情形之一的，应予立案追诉：

（一）违法发放贷款，数额在二百万元以上的；

（二）违法发放贷款，造成直接经济损失数额在五十万元以上的。

第三十八条〔吸收客户资金不入帐案（刑法第一百八十七条）〕银行或者其他金融机构及其工作人员吸收客户资金不入帐，涉嫌下列情形之一的，应予立案追诉：

（一）吸收客户资金不入帐，数额在二百万元以上的；

（二）吸收客户资金不入帐，造成直接经济损失数额在五十万元以上的。

第三十九条〔违规出具金融票证案（刑法第一百八十八条）〕银行或者其他金融机构及其工作人员违反规定，为他人出具信用证或者其他保函、票据、存单、资信证明，涉嫌下列情形之一的，应予立案追诉：

（一）违反规定为他人出具信用证或者其他保函、票据、存单、资信证明，数额在二百万元以上的；

（二）违反规定为他人出具信用证或者其他保函、票据、存单、资信证明，造成直接经济损失数额在五十万元以上的；

（三）多次违规出具信用证或者其他保函、票据、存单、资信证明的；

（四）接受贿赂违规出具信用证或者其他保函、票据、存单、资信证明的；

（五）其他情节严重的情形。

第四十条〔对违法票据承兑、付款、保证案（刑法第一百八十九条）〕银行或者其他金融机构及其工作人员在票据业务中，对违反票据法规定的票据予以承兑、付款或者保证，造成直接经济损失数额在五十万元以上的，应予立案追诉。

第四十一条〔逃汇案（刑法第一百九十条）〕公司、企业或者其他单位，违反国家规定，擅自将外汇存放境外，或者将境内的外汇非法转移到境外，单笔在二百万美元以上或者累计数额在五百万美元以上的，应予立案追诉。

第四十二条〔骗购外汇案《全国人民代表大会常务委员会关于惩治骗购外汇、逃汇和非法买卖外汇犯罪的决定》第一条）〕骗购外汇，数额在五十万美元以上的，应予立案追诉。

第四十三条〔洗钱案（刑法第一百九十一条）〕为掩饰、隐瞒毒品犯罪、黑社会性质的组织犯罪、恐怖活动犯罪、走私犯罪、贪污贿赂犯罪、破坏金融管理秩序犯罪、金融诈骗犯罪的所得及其产生的收益的来源和性质，涉嫌下列情形之一的，应予立案追诉：

（一）提供资金帐户的；

（二）将财产转换为现金、金融票据、有价证券的；

（三）通过转帐或者其他支付结算方式转移资金的；

（四）跨境转移资产的；

（五）以其他方法掩饰、隐瞒犯罪所得及其收益的来源和性质的。

第四十四条〔集资诈骗案（刑法第一百九十二条）〕以非法占有为目的，使用诈骗方法非法集资，数额在十万元以上的，应予立案追诉。

第四十五条〔贷款诈骗案（刑法第一百九十三条）〕以非法占有为目的，诈骗银行或者其他金融机构的贷款，数额在五万元以上的，应予立案追诉。

第四十六条〔票据诈骗案（刑法第一百九十四条第一款）〕进行金融票据诈骗活动，数额在五万元以上的，应予立案追诉。

第四十七条〔金融凭证诈骗案（刑法第一百九十四条第二款）〕使用伪造、变造的委托收款凭证、汇款凭证、银行存单等其他银行结算凭证进行诈骗活动，数额在五万元以上的，应予立案追诉。

第四十八条〔信用证诈骗案（刑法第一百九十五条）〕进行信用证诈骗活动，涉嫌下列情形之一的，应予立案追诉：

（一）使用伪造、变造的信用证或者附随的单据、文件的；

（二）使用作废的信用证的；

（三）骗取信用证的；

（四）以其他方法进行信用证诈骗活动的。

第四十九条〔信用卡诈骗案（刑法第一百九十六条）〕进行信用卡诈骗活动，涉嫌下列情形之一的，应予立案追诉：

（一）使用伪造的信用卡、以虚假的身份证明骗领的信用卡、作废的信用卡或者冒用他人信用卡，进行诈骗活动，数额在五千元以上的；

（二）恶意透支，数额在五万元以上的。

本条规定的“恶意透支”，是指持卡人以非法占有为目的，超过规定限额或者规定期限透支，经发卡银行两次有效催收后超过三个月仍不归还的。

恶意透支的数额，是指公安机关刑事立案时尚未归还的实际透支的本金数额，不包括利息、复利、滞纳金、手续费等发卡银行收取的费用。归还或者支付的数额，应当认定为归还实际透支的本金。

恶意透支，数额在五万元以上不满五十万元的，在提起公诉前全部归还或者具有其他情节轻微情形的，可以不起诉。但是，因信用卡诈骗受过二次以上处罚的除外。

第五十条〔有价证券诈骗案（刑法第一百九十七条）〕使用伪造、变造的国库券或者国家发行的其他有价证券进行诈骗活动，数额在五万元以上的，应予立案追诉。

第五十一条〔保险诈骗案（刑法第一百九十八条）〕进行保险诈骗活动，数额在五万元以上的，应予立案追诉。

第五十二条〔逃税案（刑法第二百零一条）〕逃避缴纳税款，涉嫌下列情形之一的，应予立案追诉：

（一）纳税人采取欺骗、隐瞒手段进行虚假纳税申报或者不申报，逃避缴纳税款，数额在十万元以上并且占各税种应纳税总额百分之十以上，经税务机关依法下达追缴通知后，不补缴应纳税款、不缴纳滞纳金或者不接受行政处罚的；

（二）纳税人五年内因逃避缴纳税款受过刑事处罚或者被税务机关给予二次以上行政处罚，又逃避缴纳税款，数额在十万元以上并且占各税种应纳税总额百分之十以上的；

（三）扣缴义务人采取欺骗、隐瞒手段，不缴或者少缴已扣、已收税款，数额在十万元以上的。

纳税人在公安机关立案后再补缴应纳税款、缴纳滞纳金或者接受行政处罚的，不影响刑事责任的追究。

第五十三条〔抗税案（刑法第二百零二条）〕以暴力、威胁方法拒不缴纳税款，涉嫌下列情形之一的，应予立案追诉：

（一）造成税务工作人员轻微伤以上的；

（二）以给税务工作人员及其亲友的生命、健康、财产等造成损害为威胁，抗拒缴纳税款的；

（三）聚众抗拒缴纳税款的；

（四）以其他暴力、威胁方法拒不缴纳税款的。

第五十四条〔逃避追缴欠税案（刑法第二百零三条）〕纳税人欠缴应纳税款，采取转移或者隐匿财产的手段，致使税务机关无法追缴欠缴的税款，数额在一万元以上的，应予立案追诉。

第五十五条〔骗取出口退税案（刑法第二百零四条）〕以假报出口或者其他欺骗手段，骗取国家出口退税款，数额在十万元以上的，应予立案追诉。

第五十六条〔虚开增值税专用发票、用于骗取出口退税、抵扣税款发票案（刑法第二百零五条）〕虚开增值税专用发票或者虚开用于骗取出口退税、抵扣税款的其他发票，虚开的税款数额在十万元以上或者造成国家税款损失数额在五万元以上的，应予立案追诉。

第五十七条〔虚开发票案（刑法第二百零五条之一）〕虚开刑法第二百零五条规定以外的其他发票，涉嫌下列情形之一的，应予立案追诉：

（一）虚开发票金额累计在五十万元以上的；

（二）虚开发票一百份以上且票面金额在三十万元以上的；

（三）五年内因虚开发票受过刑事处罚或者二次以上行政处罚，又虚开发票，数额达到第一、二项标准百分之六十以上的。

第五十八条〔伪造、出售伪造的增值税专用发票案（刑法第二百零六条）〕伪造或者出售伪造的增值税专用发票，涉嫌下列情形之一的，应予立案追诉：

（一）票面税额累计在十万元以上的；

（二）伪造或者出售伪造的增值税专用发票十份以上且票面税额在六万元以上的；

（三）非法获利数额在一万元以上的。

第五十九条〔非法出售增值税专用发票案（刑法第二百零七条）〕非法出售增值税专用发票，涉嫌下列情形之一的，应予立案追诉：

（一）票面税额累计在十万元以上的；

（二）非法出售增值税专用发票十份以上且票面税额在六万元以上的；

（三）非法获利数额在一万元以上的。

第六十条〔非法购买增值税专用发票、购买伪造的增值税专用发票案（刑法第二百零八条第一款）〕非法购买增值税专用发票或者购买伪造的增值税专用发票，涉嫌下列情形之一的，应予立案追诉：

（一）非法购买增值税专用发票或者购买伪造的增值税专用发票二十份以上且票面税额在十万元以上的；

（二）票面税额累计在二十万元以上的。

第六十一条〔非法制造、出售非法制造的用于骗取出口退税、抵扣税款发票案（刑法第二百零九条第一款）〕伪造、擅自制造或者出售伪造、擅自制造的用于骗取出口退税、抵扣税款的其他发票，涉嫌下列情形之一的，应予立案追诉：

（一）票面可以退税、抵扣税额累计在十万元以上的；

（二）伪造、擅自制造或者出售伪造、擅自制造的发票十份以上且票面可以退税、抵扣税额在六万元以上的；

（三）非法获利数额在一万元以上的。

第六十二条〔非法制造、出售非法制造的发票案（刑法第二百零九条第二款）〕伪造、擅自制造或者出售伪造、擅自制造的不具有骗取出口退税、抵扣税款功能的其他发票，涉嫌下列情形之一的，应予立案追诉：

（一）伪造、擅自制造或者出售伪造、擅自制造的不具有骗取出口退税、抵扣税款功能的其他发票一百份以上且票面金额累计在三十万元以上的；

（二）票面金额累计在五十万元以上的；

（三）非法获利数额在一万元以上的。

第六十三条〔非法出售用于骗取出口退税、抵扣税款发票案（刑法第二百零九条第三款）〕非法出售可以用于骗取出口退税、抵扣税款的其他发票，涉嫌下列情形之一的，应予立案追诉：

（一）票面可以退税、抵扣税额累计在十万元以上的；

（二）非法出售用于骗取出口退税、抵扣税款的其他发票十份以上且票面可以退税、抵扣税额在六万元以上的；

（三）非法获利数额在一万元以上的。

第六十四条〔非法出售发票案（刑法第二百零九条第四款）〕非法出售增值税专用发票、用于骗取出口退税、抵扣税款的其他发票以外的发票，涉嫌下列情形之一的，应予立案追诉：

（一）非法出售增值税专用发票、用于骗取出口退说、抵扣税款的其他发票以外的发票一百份以上且票面金额累计在三十万元以上的；

（二）票面金额累计在五十万元以上的；

（三）非法获利数额在一万元以上的。

第六十五条〔持有伪造的发票案（刑法第二百一十条之一）〕明知是伪造的发票而持有，涉嫌下列情形之一的，应予立案追诉：

（一）持有伪造的增值税专用发票或者可以用于骗取出口退税、抵扣税款的其他发票五十份以上且票面税额累计在二十五万元以上的；

（二）持有伪造的增值税专用发票或者可以用于骗取出口退税、抵扣税款的其他发票票面税额累计在五十万元以上的；

（三）持有伪造的第一项规定以外的其他发票一百份以上且票面金额在五十万元以上的；

（四）持有伪造的第一项规定以外的其他发票票面金额累计在一百万元以上的。

第六十六条〔损害商业信誉、商品声誉案（刑法第二百二十一条）〕捏造并散布虚伪事实，损害他人的商业信誉、商品声誉，涉嫌下列情形之一的，应予立案追诉：

（一）给他人造成直接经济损失数额在五十万元以上的；

（二）虽未达到上述数额标准，但造成公司、企业等单位停业、停产六个月以上，或者破产的；

（三）其他给他人造成重大损失或者有其他严重情节的情形。

第六十七条〔虚假广告案（刑法第二百二十二条）〕广告主、广告经营者、广告发布者违反国家规定，利用广告对商品或者服务作虚假宣传，涉嫌下列情形之一的，应予立案追诉：

（一）违法所得数额在十万元以上的；

（二）假借预防、控制突发事件、传染病防治的名义，利用广告作虚假宣传，致使多人上当受骗，违法所得数额在三万元以上的；

（三）利用广告对食品、药品作虚假宣传，违法所得数额在三万元以上的；

（四）虽未达到上述数额标准，但二年内因利用广告作虚假宣传受过二次以上行政处罚，又利用广告作虚假宣传的；

（五）造成严重危害后果或者恶劣社会影响的；

（六）其他情节严重的情形。

第六十八条〔串通投标案（刑法第二百二十三条）〕投标人相互串通投标报价，或者投标人与招标人串通投标，涉嫌下列情形之一的，应予立案追诉：

（一）损害招标人、投标人或者国家、集体、公民的合法利益，造成直接经济损失数额在五十万元以上的；

（二）违法所得数额在二十万元以上的；

（三）中标项目金额在四百万元以上的；

（四）采取威胁、欺骗或者贿赂等非法手段的；

（五）虽未达到上述数额标准，但二年内因串通投标受过二次以上行政处罚，又串通投标的；

（六）其他情节严重的情形。

第六十九条〔合同诈骗案（刑法第二百二十四条）〕以非法占有为目的，在签订、履行合同过程中，骗取对方当事人财物，数额在二万元以上的，应予立案追诉。

第七十条〔组织、领导传销活动案（刑法第二百二十四条之一）〕组织、领导以推销商品、提供服务等经营活动为名，要求参加者以缴纳费用或者购买商品、服务等方式获得加入资格，并按照一定顺序组成层级，直接或者间接以发展人员的数量作为计酬或者返利依据，引诱、胁迫参加者继续发展他人参加，骗取财物，扰乱经济社会秩序的传销活动，涉嫌组织、领导的传销活动人员在三十人以上且层级在三级以上的，对组织者、领导者，应予立案追诉。

下列人员可以认定为传销活动的组织者、领导者：

（一）在传销活动中起发起、策划、操纵作用的人员；

（二）在传销活动中承担管理、协调等职责的人员；

（三）在传销活动中承担宣传、培训等职责的人员；

（四）因组织、领导传销活动受过刑事追究，或者一年内因组织、领导传销活动受过行政处罚，又直接或者间接发展参与传销活动人员在十五人以上且层级在三级以上的人员；

（五）其他对传销活动的实施、传销组织的建立、扩大等起关键作用的人员。

第七十一条〔非法经营案（刑法第二百二十五条）〕违反国家规定，进行非法经营活动，扰乱市场秩序，涉嫌下列情形之一的，应予立案追诉：

（一）违反国家烟草专卖管理法律法规，未经烟草专卖行政主管部门许可，无烟草专卖生产企业许可证、烟草专卖批发企业许可证、特种烟草专卖经营企业许可证、烟草专卖零售许可证等许可证明，非法经营烟草专卖品，具有下列情形之一的：

1. 非法经营数额在五万元以上，或者违法所得数额在二万元以上的；

2. 非法经营卷烟二十万支以上的；

3. 三年内因非法经营烟草专卖品受过二次以上行政处罚，又非法经营烟草专卖品且数额在三万元以上的。

（二）未经国家有关主管部门批准，非法经营证券、期货、保险业务，或者非法从事资金支付结算业务，具有下列情形之一的：

1. 非法经营证券、期货、保险业务，数额在一百万元以上，或者违法所得数额在十万元以上的；

2. 非法从事资金支付结算业务，数额在五百万元以上，或者违法所得数额在十万元以上的；

3. 非法从事资金支付结算业务，数额在二百五十万元以上不满五百万元，或者违法所得数额在五万元以上不满十万元，且具有下列情形之一的：

（1）因非法从事资金支付结算业务犯罪行为受过刑事追究的；

（2）二年内因非法从事资金支付结算业务违法行为受过行政处罚的；

（3）拒不交代涉案资金去向或者拒不配合追缴工作，致使赃款无法追缴的；

（4）造成其他严重后果的。

4. 使用销售点终端机具（POS 机）等方法，以虚构交易、虚开价格、现金退货等方式向信用卡持卡人直接支付现金，数额在一百万元以上的，或者造成金融机构资金二十万元以上逾期未还的，或者造成金融机构经济损失十万元以上的。

（三）实施倒买倒卖外汇或者变相买卖外汇等非法买卖外汇行为，扰乱金融市场秩序，具有下列情形之一的：

1. 非法经营数额在五百万元以上的，或者违法所得数额在十万元以上的；

2. 非法经营数额在二百五十万元以上，或者违法所得数额在五万元以上，且具有下列情形之一的：

（1）因非法买卖外汇犯罪行为受过刑事追究的；

（2）二年内因非法买卖外汇违法行为受过行政处罚的；

（3）拒不交代涉案资金去向或者拒不配合追缴工作，致使赃款无法追缴的；

（4）造成其他严重后果的。

3. 公司、企业或者其他单位违反有关外贸代理业务的规定，采用非法手段，或者明知是伪造、变造的凭证、商业单据，为他人向外汇指定银行骗购外汇，数额在五百万美元以上或者违法所得数额在五十万元以上的；

4. 居间介绍骗购外汇，数额在一百万美元以上或者违法所得数额在十万元以上的。

（四）出版、印刷、复制、发行严重危害社会秩序和扰乱市场秩序的非法出版物，具有下列情形之一的：

1. 个人非法经营数额在五万元以上的，单位非法经营数额在十五万元以上的；

2. 个人违法所得数额在二万元以上的，单位违法所得数额在五万元以上的；

3. 个人非法经营报纸五千份或者期刊五千本或者图书二千册或者音像制品、电子出版物五百张（盒）以上的，单位非法经营报纸一万五千份或者期刊一万五千本或者图书五千册或者音像制品、电子出版物一千五百张（盒）以上的；

4. 虽未达到上述数额标准，但具有下列情形之一的：

（1）二年内因出版、印刷、复制、发行非法出版物受过二次以上行政处罚，又出版、印刷、复制、发行非法出版物的；

（2）因出版、印刷、复制、发行非法出版物造成恶劣社会影响或者其他严重后果的。

（五）非法从事出版物的出版、印刷、复制、发行业务，严重扰乱市场秩序，具有下列情形之一的：

1. 个人非法经营数额在十五万元以上的，单位非法经营数额在五十万元以上的；

2. 个人违法所得数额在五万元以上的，单位违法所得数额在十五万元以上的；

3. 个人非法经营报纸一万五千份或者期刊一万五千本或者图书五千册或者音像制品、电子出版物一千五百张（盒）以上的，单位非法经营报纸五万份或者期刊五万本或者图书一万五千册或者音像制品、电子出版物五千张（盒）以上的；

4. 虽未达到上述数额标准，二年内因非法从事出版物的出版、印刷、复制、发行业务受过二次以上行政处罚，又非法从事出版物的出版、印刷、复制、发行业务的。

（六）采取租用国际专线、私设转接设备或者其他方法，擅自经营国际电信业务或者涉港澳台电信业务进行营利活动，扰乱电信市场管理秩序，具有下列情形之一的：

1. 经营去话业务数额在一百万元以上的；

2. 经营来话业务造成电信资费损失数额在一百万元以上的；

3. 虽未达到上述数额标准，但具有下列情形之一的：

（1）二年内因非法经营国际电信业务或者涉港澳台电信业务行为受过二次以上行政处罚，又非法经营国际电信业务或者涉港澳台电信业务的；

（2）因非法经营国际电信业务或者涉港澳台电信业务行为造成其他严重后果的。

（七）以营利为目的，通过信息网络有偿提供删除信息服务，或者明知是虚假信息，通过信息网络有偿提供发布信息等服务，扰乱市场秩序，具有下列情形之一的：

1. 个人非法经营数额在五万元以上，或者违法所得数额在二万元以上的；

2. 单位非法经营数额在十五万元以上，或者违法所得数额在五万元以上的。

（八）非法生产、销售“黑广播”“伪基站”、无线电干扰器等无线电设备，具有下列情形之一的：

1. 非法生产、销售无线电设备三套以上的；

2. 非法经营数额在五万元以上的；

3. 虽未达到上述数额标准，但二年内因非法生产、销售无线电设备受过二次以上行政处罚，又非法生产、销售无线电设备的。

（九）以提供给他人开设赌场为目的，违反国家规定，非法生产、销售具有退币、退分、退钢珠等赌博功能的电子游戏设施设备或者其专用软件，具有下列情形之一的：

1. 个人非法经营数额在五万元以上，或者违法所得数额在一万元以上的；

2. 单位非法经营数额在五十万元以上，或者违法所得数额在十万元以上的；

3. 虽未达到上述数额标准，但二年内因非法生产、销售赌博机行为受过二次以上行政处罚，又进行同种非法经营行为的；

4. 其他情节严重的情形。

（十）实施下列危害食品安全行为，非法经营数额在十万元以上，或者违法所得数额在五万元以上的：

1. 以提供给他人生产、销售食品为目的，违反国家规定，生产、销售国家禁止用于食品生产、销售的非食品原料的；

2. 以提供给他人生产、销售食用农产品为目的，违反国家规定，生产、销售国家禁用农药、食品动物中禁止使用的药品及其他化合物等有毒、有害的非食品原料，或者生产、销售添加上述有毒、有害的非食品原料的农药、兽药、饲料、饲料添加剂、饲料原料的；

3. 违反国家规定，私设生猪屠宰厂（场），从事生猪屠宰、销售等经营活动的。

（十一）未经监管部门批准，或者超越经营范围，以营利为目的，以超过百分之三十六的实际年利率经常性地向社会不特定对象发放贷款，具有下列情形之一的：

1. 个人非法放贷数额累计在二百万元以上的，单位非法放贷数额累计在一千万元以上的；

2. 个人违法所得数额累计在八十万元以上的，单位违法所得数额累计在四百万元以上的；

3. 个人非法放贷对象累计在五十人以上的，单位非法放贷对象累计在一百五十人以上的；

4. 造成借款人或者其近亲属自杀、死亡或者精神失常等严重后果的；

5. 虽未达到上述数额标准，但具有下列情形之一的：

（1）二年内因实施非法放贷行为受过二次以上行政处罚的；

（2）以超过百分之七十二的实际年利率实施非法放贷行为十次以上的。

黑恶势力非法放贷的，按照第1、2、3项规定的相应数额、数量标准的百分之五十确定。同时具有第5项规定情形的，按照相应数额、数量标准的百分之四十确定。

（十二）从事其他非法经营活动，具有下列情形之一的：

1.个人非法经营数额在五万元以上，或者违法所得数额在一万元以上的；

2.单位非法经营数额在五十万元以上，或者违法所得数额在十万元以上的；

3.虽未达到上述数额标准，但二年内因非法经营行为受过二次以上行政处罚，又从事同种非法经营行为的；

4.其他情节严重的情形。

法律、司法解释对非法经营罪的立案追诉标准另有规定的，依照其规定。

第七十二条〔非法转让、倒卖土地使用权案（刑法第二百二十八条）〕以牟利为目的，违反土地管理法规，非法转让、倒卖土地使用权，涉嫌下列情形之一的，应予立案追诉：

（一）非法转让、倒卖永久基本农田五亩以上的；

（二）非法转让、倒卖永久基本农田以外的耕地十亩以上的；

（三）非法转让、倒卖其他土地二十亩以上的；

（四）违法所得数额在五十万元以上的；

（五）虽未达到上述数额标准，但因非法转让、倒卖土地使用权受过行政处罚，又非法转让、倒卖土地的；

（六）其他情节严重的情形。

第七十三条〔提供虚假证明文件案（刑法第二百二十九条第一款）〕承担资产评估、验资、验证、会计、审计、法律服务、保荐、安全评价、环境影响评价、环境监测等职责的中介组织的人员故意提供虚假证明文件，涉嫌下列情形之一的，应予立案追诉：

（一）给国家、公众或者其他投资者造成直接经济损失数额在五十万元以上的；

（二）违法所得数额在十万元以上的；

（三）虚假证明文件虚构数额在一百万元以上且占实际数额百分之三十以上的；

（四）虽未达到上述数额标准，但二年内因提供虚假证明文件受过二次以上行政处罚，又提供虚假证明文件的；

（五）其他情节严重的情形。

第七十四条〔出具证明文件重大失实案（刑法第二百二十九条第三款）〕承担资产评估、验资、验证、会计、审计、法律服务、保荐、安全评价、环境影响评价、环境监测等职责的中介组织的人员严重不负责任，出具的证明文件有重大失实，涉嫌下列情形之一的，应予立案追诉：

（一）给国家、公众或者其他投资者造成直接经济损失数额在一百万元以上的；

（二）其他造成严重后果的情形。

第七十五条〔逃避商检案（刑法第二百三十条）〕违反进出口商品检验法的规定，逃避商品检验，将必须经商检机构检验的进口商品未报经检验而擅自销售、使用，或者将必须经商检机构检验的出口商品未报经检验合格而擅自出口，涉嫌下列情形之一的，应予立案追诉：

（一）给国家、单位或者个人造成直接经济损失数额在五十万元以上的；

（二）逃避商检的进出口货物货值金额在三百万元以上的；

（三）导致病疫流行、灾害事故的；

（四）多次逃避商检的；

（五）引起国际经济贸易纠纷，严重影响国家对外贸易关系，或者严重损害国家声誉的；

（六）其他情节严重的情形。

第七十六条〔职务侵占案（刑法第二百七十一条第一款）〕公司、企业或者其他单位的人员，利用职务上的便利，将本单位财物非法占为己有，数额在三万元以上的，应予立案追诉。

第七十七条〔挪用资金案（刑法第二百七十二条第一款）〕公司、企业或者其他单位的工作人员，利用职务上的便利，挪用本单位资金归个人使用或者借贷给他人，涉嫌下列情形之一的，应予立案追诉：

（一）挪用本单位资金数额在五万元以上，超过三个月未还的；

（二）挪用本单位资金数额在五万元以上，进行营利活动的；

（三）挪用本单位资金数额在三万元以上，进行非法活动的。

具有下列情形之一的，属于本条规定的“归个人使用”：

（一）将本单位资金供本人、亲友或者其他自然人使用的；

（二）以个人名义将本单位资金供其他单位使用的；

个人决定以单位名义将本单位资金供其他单位使用，谋取个人利益的。

第七十八条〔虚假诉讼案（刑法第三百零七条之一）〕单独或者与他人恶意串通，以捏造的事实提起民事诉讼，涉嫌下列情形之一的，应予立案追诉：

（一）致使人民法院基于捏造的事实采取财产保全或者行为保全措施的；

（二）致使人民法院开庭审理，干扰正常司法活动的；

（三）致使人民法院基于捏造的事实作出裁判文书、制作财产分配方案，或者立案执行基于捏造的事实作出的仲裁裁决、公证债权文书的；

（四）多次以捏造的事实提起民事诉讼的；

（五）因以捏造的事实提起民事诉讼被采取民事诉讼强制措施或者受过刑事追究的；

（六）其他妨害司法秩序或者严重侵害他人合法权益的情形。

附　则

第七十九条　本规定中的“货币”是指在境内外正在流通的以下货币：

（一）人民币（含普通纪念币、贵金属纪念币）、港元、澳门元、新台币；

（二）其他国家及地区的法定货币。

贵金属纪念币的面额以中国人民银行授权中国金币总公司的初始发售价格为准。

第八十条　本规定中的“多次”，是指三次以上。

第八十一条　本规定中的“虽未达到上述数额标准”，是指接近上述数额标准且已达到该数额的百分之八十以上的。

第八十二条　对于预备犯、未遂犯、中止犯，需要追究刑事责任的，应予立案追诉。

第八十三条　本规定中的立案追诉标准，除法律、司法解释、本规定中另有规定的以外，适用于相应的单位犯罪。

第八十四条　本规定中的“以上”，包括本数。

第八十五条　本规定自2022年5月15日施行。《最高人民检察院、公安部关于公安机关管辖的刑事案件立案追诉标准的规定（二）》（公通字〔2010〕23号）和《最高人民检察院、公安部关于公安机关管辖的刑事案件立案追诉标准的规定（二）的补充规定》（公通字〔2011〕47号）同时废止。

Wangluo AnQuan YeWu

网络安全业务

坚持依法治网　护航网络强国建设

——以最高人民检察院发布《关于加强新时代检察机关网络法治工作的意见》为视角

张晓津*

2023年4月，最高人民检察院印发《关于加强新时代检察机关网络法治工作的意见》（以下简称《意见》）。为便于更好地理解和落实，现就《意见》有关问题说明如下。

一、《意见》出台的背景及主要考虑

党的二十大擘画了以中国式现代化全面推进中华民族伟大复兴的宏伟蓝图，在这一新的征程中，如何坚持把依法治网作为网络治理的基本方式，为中国式现代化提供网络法治保障，是检察机关必须面对和回应的时代课题。《意见》的出台立足于建设中国式现代化的时代背景，聚焦依法治网的重大课题，主要有以下三方面考虑：

一是深入学习贯彻党的二十大精神和习近平总书记关于网络强国的重要思想，不断增强做好网络法治工作的政治自觉、思想自觉和行动自觉。党的二十大报告对加强新时代网络强国、数字中国建设提出新任务新要求，突出强调健全网络综合治理体系；2023年3月，国务院新闻办公室发布《新时代的中国网络法治建设》白皮书，系统总结了新时代网络法治建设的理

* 最高人民检察院第四检察厅厅长，一级高级检察官。

念和实践，为检察工作提供了指引。《意见》的印发是检察机关深入学习贯彻党的二十大精神的重要举措，也是在新起点上做好网络法治工作的重要抓手。

二是主动适应网络数字时代形势要求，更好地维护网络空间安全、服务数字经济健康发展。网络安全和发展是事关国家安全和发展、事关广大人民群众工作生活的重大战略问题，检察机关在其中承担重要的政治责任和法治责任。《意见》全面贯彻总体国家安全观和新发展理念，主动适应网络时代之变、人民之需，依法能动履职，充分发挥法治在网络治理中固根本、稳预期、利长远的保障作用，为经济社会高质量发展营造清朗的网络空间。

三是认真落实党中央关于加强新时代检察机关法律监督工作的要求，努力提升检察机关网络法治工作的能力水平。党的二十大报告强调，加强检察机关法律监督工作。进入新发展阶段，对照党中央新要求和人民群众新期待，检察机关网络法治工作在理念、能力、机制等方面还有很大的提升空间。《意见》坚持问题导向，立足“四大检察”职能，在更高的起点上谋划部署今后一个时期网络法治工作的主要任务和重点内容，全面加强检察履职领域的网络立法、司法、执法、普法等工作，有力推进网络检察队伍专业化建设，推动法律监督在网络空间提质增效。

二、《意见》的总体思路和基本原则

（一）总体思路

《意见》立足于新的历史起点，面对新的形势要求，对当前及今后一个时期检察机关网络法治工作作出了系统部署。《意见》的总体思路可以用“一二三四五”来阐述：“一条主线”，即以习近平新时代中国特色社会主义思想，特别是习近平法治思想和习近平总书记关于网络强国的重要思想为指引；“二项目标”，即统筹发展和安全两项目标，贯彻总体国家安全观和新发展理念，全面履行法律监督职能，营造清朗网络空间，推动数字经济健康发展；“三个层面”，即坚持在全面依法治国、建设社会主义法治国家总进程中，在建设网络强国、数字中国总规划中，在全面加强新时代检察机关法律监督工作总部署中推进网络法治工作；“四大职能”，即立足刑事、民事、行政、公益诉讼“四大检察”职能，加强全面履职，发挥整体合力，实现对网络空间的综合司法保护；“五类领域”，即在网络立法、执法、司法、普法、专业化建设等领域，回应人民群众的关注诉求，做优做实检察履职，为健全网络综合治理体系建设提供有力法治保障。

（二）基本原则

立足新发展阶段，做实网络法治工作，关键要始终做实“四个坚持”，以正确理念引领司法实践。

一是始终坚持党的全面领导。习近平总书记深刻指出，必须旗帜鲜明、毫不动摇坚持党管互联网，加强党中央对网信工作的集中统一领导，确保网信事业始终沿着正确方向前进。[①]坚持党的全面领导是具体的，关键是要把习近平总书记关于网络强国的重要思想在检察环节落地落实。比如，部分网民出于从众、猎奇等心理，在网上随意转发和评论侮辱、诽谤他人的虚假信息，有的还诋毁英雄烈士，严重污蚀网络舆论生态。为此，检察机关依法办理“杭州女子取快递遭诽谤案”“网络大V‘辣笔小球’诋毁戍边英烈案”“罗某某侵害英烈名誉、荣誉案”，释放了依法严惩网络造谣传谣行为的强烈信号。检察机关要在依法持续严惩的同时，深挖背后的产业链利益链，严厉打击“网络水军”造谣引流、舆情敲诈、刷量控评、有偿删帖等行为涉嫌的相关犯罪，协同整治“自媒体”造谣传

① 参见《习近平在全国网络安全和信息化工作会议上强调 敏锐抓住信息化发展历史机遇 自主创新推进网络强国建设》，载《人民日报》2018 年 4 月 22 日，第 1 版。

谣、假冒仿冒、违规营利等突出问题，加强典型案例发布曝光。通过一系列举措，把习近平总书记的重要指示在网络治理、检察履职的各环节落到实处，推动建立依法规范的网络空间秩序，引导网民合法上网、理性表达。

二是始终坚持以人民为中心。习近平总书记强调："网络空间是亿万民众共同的精神家园。"[①] 当前，传统犯罪迅速向网络空间蔓延，加之网络平台、技术工具的加持效应，社会危害不断放大。检察机关要始终坚持以人民为中心，聚焦人民群众在网络空间的烦心事揪心事，依法严厉惩治严重影响人民群众安全感的网络犯罪，加强重大风险分析研判并积极主动应对。注重培育向上向善的网络文化，加大社会主义法治理念在网络空间的弘扬，发挥司法案例对网络行为的规范和引领作用，构建网上网下文明共治"同心圆"。

三是始终坚持系统推进。习近平总书记强调，建设中国特色社会主义法治体系，要顺应事业发展需要，坚持系统观念，全面加以推进。[②] 要坚持系统观念，统筹把握发展与安全、国内与国际、打击与保障、惩治与预防、治罪与治理等关系，科学有序推进网络法治各领域检察工作。对内要发挥检察一体化优势，全面充分履行刑事、民事、行政、公益诉讼检察职能，加强上下联动，以检察综合履职的整体效能实现对网络空间、数字经济的综合司法保护。对外要发挥法律监督"撬动"作用，加强与有关部门协作配合，推动形成网络治理合力。

四是始终坚持开拓创新。习近平总书记强调："创新是引领发展的第

---

① 《迈出建设网络强国的坚实步伐——习近平总书记关于网络安全和信息化工作重要论述综述》，载《人民日报》2019年10月19日，第1版。

② 参见《坚持走中国特色社会主义法治道路，更好推进中国特色社会主义法治体系建设》，载《人民日报》2022年2月16日，第1版。

一动力。”[①] 面对网络新业态新技术带来的新动能和新挑战，网络法治工作要坚持创新引领，加大对前沿性问题研究和前瞻性风险研判的力度。注重将司法改革、检察改革的成果运用到网络法治工作中，注重发挥信息技术对检察履职的赋能作用，强化对检察业务数据的深度挖掘、智能分析、系统利用，深化涉网络类案监督，实现个案办理式监督与类案治理式监督并重，推动新时代法律监督提质增效。主动参与网络司法规则制定，积极探索具有中国特色的网络检察模式和路径，以创新推动网络检察实践，全面提升网络治理效能。

三、《意见》的主要内容

《意见》共包括 6 个部分 21 条，涉及网络立法、执法、司法、普法以及专业化建设等方面，勾勒了检察机关网络法治工作的全貌。

一是网络立法层面。检察机关要积极配合立法机关和行业主管部门，推动制定网络治理重点领域、新兴领域、涉外领域的立法，提供司法实践样本，提出立法意见建议，推动网络法律制度和司法规则的创新生成。对于行政处罚和刑罚处罚规定的衔接，尤其要注重发现网络治理领域行政处罚的空白和模糊地带，及时提出立法建议，明确两者衔接的标准，为行刑协同共治提供法律支撑。此外，要注重推动涉互联网民商事案件司法规则的完善，准确认识网络民事行为特点，把握新兴财产、权益属性，厘清网络领域民刑交叉界限，更加精准开展民事检察监督。以研究检察公益诉讼专门立法为契机，明确网络治理特别是重点领域检察公益诉讼职能，完善相关诉讼程序规定，在网络治理领域探索建立民事公益诉讼惩罚性赔偿制度。积极参与网络空间国际规则的制定，进一步明确国内法律域外适用效力规则，坚持国内法治和涉外法治统筹发展。

---

① 习近平：《全党必须完整、准确、全面贯彻新发展理念》，载《求是》2022 年第 16 期。

二是网络执法层面。随着网络违法犯罪迭代升级，相关案件呈高发态势，对此有必要加强行政执法的前端规制，实现行刑衔接、行刑共治。在完善行政处罚规定的同时，检察机关要会同行政执法机关加强网络行政执法与刑事司法双向衔接，加快推进信息共享机制化、案件移送标准化和程序规范化。对于行政执法机关应当依法移送涉嫌网络犯罪案件而不移送的，检察机关应提出检察意见要求行政执法机关移送公安机关处理；对决定不起诉的犯罪嫌疑人，依法需要给予行政处罚的，应提出检察意见移送有关行政执法机关处理。健全网络治理行政执法与公益诉讼检察衔接协作机制，积极发挥行政公益诉讼职能，促进有关部门依法行政，提升治理效能。加大对涉互联网行政诉讼案件的监督力度，常态化开展涉互联网行政诉讼案件的行政争议实质性化解。围绕司法办案发现的网络执法、行政监管中的“短板”和“盲区”，注重发挥检察建议作用，持续跟进抓好整改落实，协同推动健全网络综合治理体系。

三是网络司法层面。一方面，把维护网络安全作为司法办案的根本任务，依法严厉打击利用网络实施的分裂国家、煽动叛乱、颠覆政权、暴力恐怖、间谍窃密、邪教破坏等犯罪，坚决捍卫国家政治安全。依法严惩网络黑客非法侵入、非法控制、破坏计算机信息系统特别是涉及国家安全、民生重要领域计算机信息系统等犯罪，加大对关键信息基础设施的司法保护力度。依法严惩针对我国重要信息系统、窃取关键数据，以及其他泄露、非法获取、非法利用数据犯罪。全链条惩治人民群众反映强烈的电信网络诈骗、网络赌博等犯罪，依法严惩泄露、买卖、非法收集公民个人信息等犯罪，维护良好的社会秩序，推动压实网络运营者、数据处理者、关键信息基础设施运营者的信息网络安全管理、数据安全保护义务，依法保护公民个人信息。准确把握公民个人信息处理的原则和边界，加大涉公民个人信息、隐私权案件的民事检察监督力度。围绕敏感个人信息、特定群体、重点领域的公民个人信息等，持续加大公益诉讼办案力度。另一方面，围绕做强做优做大数字经济这一高质量发展的重要内容，依法能动履职，提供有力司法保障。聚焦公平竞争，依法平等保护数字经济市场各类主体的合法权益，加大对利用网络发布负面不实信息诋毁企业商业信誉、实施敲诈勒索等犯罪的惩治力度。依法打击治理刷单炒信、直播售假、流量劫持、勒索维权、虚假广告和恶意抢注商标、域名、深度链接等不正当竞争活动。充分发挥知识产权检察综合履职的优势，突出加大对集成电路、人工智能、大数据、云计算等重点领域核心技术的司法保护力度，依法加强对网络知识产权的司法保护，大力加强对企业数据产权的司法保护，推动数字技术成果的创新发展和转化运用。同步关注“元宇宙”、人工智能等新技术新业态，准确把握创新发展与违法犯罪的界限。聚焦合规经营，关注数据、算法等新兴领域合规建设，依法稳步在网络数字领域推进涉案企业合规改革，积极探索以事后合规整改促进事前合规建设，保障数字经济健康发展。

四是网络普法层面。充分认识网络普法对于网络空间治理具有的先导性作用，坚持预防为先为重。积极落实“谁执法谁普法”普法责任制，结合司法办案，加强对互联网法律法规宣传解读。聚焦易受害群体、案件高发行业和重点地区，定期发布网络检察白皮书、通报检察办案情况、制发指导性案例及典型案例，结合检察听证同步开展普法工作，以案释法，强化警示教育，提升全社会网络法治意识。强化分众化、差异化、精准化网络普法宣传，坚持线上线下相结合，打造检察网络普法品牌，持续巩固壮大检察网络主流舆论，最大限度凝聚全社会法治共识。

五是检察专业化建设层面。建立网络法治特殊人才引进机制，加大涉外网络法治人才选拔培养，整合配强工作力量。优化充实全国网络检察人才库，加强检察办案和检察技术人才内部交流协作，以及与网络执法部门互派交流挂职，提升办案能力和治理合力。推动建立技术调查官、特邀检察官助理辅助办案机制，针对技术性较强的案件，发挥技术辅助办案作用。加强跨区域网络案件指挥协调、网络法治研究和专业人才培养。促进“检产学研”结合，通过人才、资料、平台的共享互通以及对重大课题的共商共治，加强检察机关网络法治人才培养。

四、贯彻落实《意见》的几点考虑

《意见》的出台为今后一个时期检察机关网络法治工作提供了基本指引，但能否写好《意见》的“后半篇文章”，关键还在于抓落实、抓实效。

一是立足办案抓落实。网络法治工作范围广、内容多，抓好落实关键要立足检察职能，以办案为抓手。既要抓典型个案办理，又要抓重点类案分析；既要加大刑事案件办理力度，又要同步推进民事、行政、公益诉讼案件的办理；既要在办案中监督，又要在监督中办案。通过“高质效办好每一个案件”，更新司法理念，提炼司法规则，明确证据标准，厘清司法界限，把握政策要求，完善工作机制，努力实现办案质量、效率、效果的有机统一，为建设清朗网络空间营造良好司法环境。

二是因地制宜抓落实。要在准确把握网络法治总体精神的基础上，找准检察机关网络法治工作切入点，在有机结合上下功夫，在重点推进上下功夫。网络法治工作涵盖法治建设、检察工作的各个领域，各地检察机关要结合各地实际，关注网络空间法治建设的新形势新问题，关注网络领域检察工作的新情况新挑战，找准检察机关网络法治工作着力点，在守正创新上下功夫，在提质增效上下功夫。

三是一体履职抓落实。通过全面履行刑事、民事、行政、公益诉讼“四大检察”职能，推动网络数字治理领域不同检察部门之间信息共享、线索移送、人员协作、会商研判，注重各类政策的衔接把握，厘清民事、行政、刑事的法律界限，研判各类风险矛盾的综合处置，形成办案合力，优化办案机制，加强对网络空间的综合司法保护。

四是协同共治抓落实。充分认识检察机关在网络治理中的角色定位和功能作用，聚焦法律监督主责主业，通过监督办案敏锐发现网络治理中的潜在性、共通性、突出性的风险和问题，会同有关部门加强源头治理，形成网络治理工作合力。加强网络治理领域行刑双向衔接，促进形成网络综合治理的长效机制，推动检察机关法律监督与其他各类监督在网络空间有机贯通、相互协调，更好提升社会治理体系和治理能力现代化水平。

网络黑灰产的打击治理难点及对策思路

张钢强[*]

近年来，随着互联网的快速发展和技术的进步，各种传统犯罪不断向网上蔓延。互联网无疆界、跨地域、易交流、便捷性等特点，使得网上出现各种为犯罪提供支持、帮助的黑灰产业链条，形成了与传统犯罪截然不同的网络犯罪生态。打击治理网络犯罪必须坚持关口前移，着力整治为网络犯罪输血供电的黑灰产业链条。

一、网络黑灰产的形态特点

与传统犯罪相比，网络犯罪具有许多特殊性，但最大的不同在于借助互联网这一平台，网上形成各种为犯罪提供支持、帮助的黑灰产业链条。传统犯罪受地域空间、通联成本等限制，犯罪的规模往往并不大，犯罪嫌疑人、受害人主要集中在某一地域内；为犯罪提供帮助的成员总体人数不多，成员之间一般相互熟识、事先存在勾联；犯罪组织相对封闭或者犯罪活动是一次性的，一般不易形成以此为业、赖以谋生的犯罪产业链条。而网络犯罪借助互联网这一平台，犯罪规模更加庞大，犯罪嫌疑人、受害人往往遍布全国各地甚至跨国跨境；实行犯与帮助犯之间大多不熟识、事先不存在共同犯意，帮助犯对他人是否违法犯罪往往抱着“虽有所怀疑但听之任之”的态度；网上形成各种分工合作的犯罪环节，各犯罪环节间组织

* 公安部网络安全保卫局法制处负责人。

松散，网络犯罪催生出各种黑灰产业链条，黑灰产业链条又灵活组合形成各种网络犯罪。一言以蔽之，网络犯罪黑灰产业链条的存在，使得网上形成特殊的犯罪生态和土壤。这一方面大大降低了网络犯罪的门槛，使网络犯罪不再属于“高智商犯罪”；另一方面，如果仅仅打击犯罪的末端，而不整治网络犯罪生态土壤，则造成治标不治本，无法遏制网络犯罪高发蔓延的势头。

从目前网络犯罪的环节及黑灰产的形态看，主要存在物料信息类、技术支持类、推广引流类、支付结算类四类黑灰产。

（一）物料信息类

主要指为网络诈骗、网络赌博等犯罪提供实物物料和信息工具的黑灰产。实物物料主要包括“猫池”、“卡池”、“接码平台”、手机群控设备等，为批量注册账号、控制账号等提供相应的技术设备。信息工具主要包括公民个人信息、数据、手机卡号、银行卡号、网络账号等，一般作为网络犯罪的直接工具。

以批量注册账号的黑灰产为例。目前我国法律虽然规定了网络实名制，但并未限定实名制的具体方式，实践中大多采取手机号“间接实名”的方式。“卡商”四处收集、购买大量他人手机卡、非实名的手机黑卡、境外手机卡、物联网卡等，通过“猫池”等设备批量操纵手机卡，并连接“接码平台”将手机验证短信转移给“号商”，供其在各大网络平台注册账号。有的网络平台为了防止批量注册、登录账号，开发了“验证码验证程序”，但市面上出现“打码平台”，利用机器或人工的方式提供“打码”服务。“号商”对新注册的网络账号进行“养号”后，再贩卖给下游的网络诈骗、“网络水军”等违法犯罪团伙，供其用来实施诈骗、在各大网站争抢优惠券“薅羊毛”，或者被“网络水军”用于操控舆论等。公安机关“净网行动”曾破获某特大 QQ 养号平台。该平台具备对 QQ 号批量解绑、换绑、找回密码等功能，平台下共有 14 万会员，养了近 2 亿个 QQ 号，仅半年时间就获利3000万元。公安机关抓获犯罪嫌疑人80余名，缴获“猫池”设备5000余台，串并下游网络诈骗案件1300余起。

（二）技术支持类

网络犯罪具有较强的技术性，但技术支持类黑灰产的存在，大大降低了网络犯罪的技术门槛，使得网络犯罪成为几乎人人皆可实施的犯罪。据最高人民检察院披露，网络犯罪主体呈现低年龄、低学历等趋势，2020年起诉的网络犯罪中，被告人高中及以下学历占90%，无业人员占67%。[①] 技术支持类黑灰产主要包括为网络犯罪提供互联网接入、服务器托管、网络存储、通讯传输、网站开发维护、CDN加速、虚拟定位、服务器租赁、网站域名技术支持、App加壳技术支持、伪客户端工具平台等各种技术服务。

以电信网络诈骗的GOIP通讯设备为例。GOIP设备是一种虚拟拨号设备，可以将电话信号转化为网络信号，具备多卡插入、人机分离、虚拟拨号等特点，成为近年来电信网络诈骗的“神器”。诈骗分子可能身处东南亚，其如果用境外电话直接向境内受害人拨打，很容易被预警、阻断。为此，诈骗分子往往雇用境内人员搭建GOIP设备，通过该设备转化信号，从而大大提高诈骗的成功率。与此类似的还有虚拟定位软件，其能够改变使用者的真实地理位置，经常被用来实施网络招嫖诈骗等犯罪活动。犯罪分子使用该软件“站街”，冒充受害人“附近的人”进行招嫖诈骗。虚拟定位软件还经常被员工用来“虚拟打卡”，以领取单位考勤奖励等。

（三）推广引流类

主要指为网络犯罪活动作宣传推广引流，将潜在的违法或受害群体吸引至特定网络平台、群组的黑灰产。推广引流大体可分为两种方式：一种

---

① 参见《去年起诉涉嫌网络犯罪人数上升近五成》，载最高人民检察院网站，https://www.spp.gov.cn/spp/xwfbh/wsfbt/202104/t20210407_514984.shtml#1。

是将特定的网络犯罪平台、群组等推向不特定的网民，通过“广撒网”的方式进行推广，如利用搜索引擎优化、流量劫持、广告联盟等向大众推广赌博网站、淫秽色情网站，寻找潜在的违法或受害群体；另一种是较精准地吸纳潜在的违法或受害群体，将“目标群体”引流至特定的网络诈骗、赌博、淫秽色情等平台、群组，为下一步实施精准犯罪打好基础。具体方式包括利用社交软件、手机短信、电商平台、游戏网站、短视频 App、电子邮箱、婚恋网站、招聘网站、搜索引擎等进行推广引流。

以推广引流常用的黑搜索引擎优化（黑 SEO）为例。黑 SEO 是为了提高搜索引擎结果页排名所使用的 SEO 作弊技巧，一般通过欺骗搜索引擎算法，以伪造优质内容等方式对网站进行修改，或者在网页里塞入大量关键词、使用垃圾网站互换链接建立站群等，让搜索引擎误认为该网站属于“优质网站”而提升搜索排名。大量网络诈骗、赌博、淫秽色情网站通过搜索引擎优化提升其搜索排名，很容易被网民搜索成功，从而吸引潜在的网民实施赌博等违法活动，或成为网络诈骗的受害人。

再以寻找“色粉”等精准引流为例。不法分子批量注册账号，通过发布暴露、情色、挑逗性内容的方式，吸引具有“情色”喜好的异性加为好友、关注公众号、加入群组。经过一段时间的“养号”之后，再将充斥着“色粉”的网络账号、公众号、群组卖给下游的裸聊敲诈、淫秽色情、“杀猪盘”诈骗等犯罪团伙，使下游犯罪团伙大大节省了寻找作案目标的时间，提高了作案成功率。在流量经济时代，网上“色粉引流”本身亦形成相关产业链。电商平台上很容易找到贩卖“色粉引流话术”“妙龄女郎图片”“豪车别墅生活照片”等商家。网络“黑灰产”本身又衍生出新的“黑灰产”。

（四）支付结算类

网络犯罪相当一部分以牟利为目的，为了逃避侦查打击，犯罪分子往往利用他人账户进行支付结算。支付结算类黑灰产即为网络犯罪提供资金结算、财产转移、洗钱等服务，从而隐蔽网络犯罪资金流向。支付结算的方式除了传统的地下钱庄洗钱、银行转账、“车手”取现等方式外，还包括第四方支付渠道、“跑分平台”、虚拟货币、电商购物、话费充值、游戏充值等许多新方式、新渠道。

以近年来兴起的第四方支付平台洗钱为例。第四方支付是相对于微信、支付宝等第三方支付而言的，是指未取得中国人民银行支付业务许可，利用其控制的账户非法从事“资金二清”的支付形式。第四方支付平台控制的账户有的系自行注册或向他人购买而来，有的系向“跑分员”众筹而来，其利用控制的账户形成巨额“资金池”，严重扰乱金融秩序。网络赌博、诈骗等团伙将资金通过第四方支付平台进行洗钱，相关资金转入成千上万的个人账户，从而隐匿资金流向。公安机关破获的第四方支付平台，动辄控制“卡农”账户成千上万个，为境外赌博、诈骗等团伙洗钱的资金流水达上百亿元。

再以电商购物“空包”洗钱为例。“空包”即空白的快递包裹，不法分子与快递公司人员勾结获取空白快递单号后，将其出售给网店商家等人员，网店商家在空白快递单号中填写虚假收发货信息，最终在快递公司的物流系统生成发货物流记录，但实际上商家并未发货。“空包”一般被网店商家用来“刷单炒信”，以营造该店销售量激增的假象；但有的被犯罪分子用来洗钱，利用网店商家的支付二维码收取赌资等不法资金，通过“空包”掩人耳目。公安机关曾破获某特大“空包”案件，该犯罪团伙控制全国 2700 个“空包”网站，“空包”交易量 6 亿条，流转的跨境赌博等非法资金上百亿元。

正因为互联网上存在如此分工精细的黑灰产业链条，网络犯罪的实行犯变成“犯罪的组织者”，而各环节的帮助犯反而成为实际上的“实行犯”。如果某犯罪分子想实施跨境网络诈骗，其可以在网上找到专门搭建、运维诈骗网站的技术人员，再向相关黑产人员购买大量公民个人信息和网络账号、手机黑卡、银行卡号作为犯罪工具，由专门机构代为招募境内人员偷渡至国外并进行诈骗话术等培训，再由推广引流团伙对相关网站进行推广、精准招揽潜在受害人；待诈骗成功后，将资金交由专业洗钱团伙通过第四方支付平台或比特币等进行洗钱。在这一过程中，诈骗分子充当“犯罪组织者”的角色，具体的犯罪过程由各个环节的黑灰产业链条完成；而各个产业链条之间非常松散，对诈骗犯罪抱着“听之任之”的心理态度。如果仅仅打击末端的诈骗团伙，相关产业链条马上能催生出新的诈骗犯罪或其他犯罪形态。

二、网络黑灰产打击治理的难点

针对网络犯罪的规律特点，公安机关连年开展“净网行动”，打击群众反映强烈的网络犯罪和黑灰产业链条，取得明显成效。立法机关也修订刑法罪名，明确了打击黑灰产业链条犯罪的法律依据。但总体来看，由于法律法规、工作机制、企业责任等方面的不足，网络黑灰产打击治理还存在较大的困难。

（一）行政监管相对滞后，是网络黑灰产治理难的重要原因

网络黑灰产属于新出现的问题，且随着技术的发展不断更新迭代，相关法律法规滞后在所难免。目前对于网络黑灰产活动，在刑事层面适用较多的包括侵犯公民个人信息罪、帮助信息网络犯罪活动罪、侵犯计算机信息系统安全犯罪、妨害信息网络安全管理秩序犯罪等。但对这些犯罪构成要件的解释受到一定的限制。[①] 如帮助信息网络犯罪活动罪要求“主观明知”，而网络黑灰产对相邻环节及整个犯罪全貌抱着“虽有所怀疑但听之

---

① 参见皮勇：《网络黑灰产刑法规制实证研究》，载《国家检察官学院学报》2021 年第 1 期。

任之”的态度，适用该罪名存在一定门槛；非法利用信息网络罪则限定了发布违法信息、搭建网站等具体罪状，可适用的情形较为有限。正如陈兴良教授指出的，网络犯罪本身具有复杂性，尤其是传统犯罪在网络空间实施发生某种异化和蜕变，对司法机关惩治网络犯罪带来一定的障碍。[①]

刑法是网络社会治理的最后一道防线。网络黑灰产同时为大量犯罪团伙提供专业化帮助，动辄获利成百上千万元，其社会危害性不亚于末端的网络犯罪。对网络黑灰产不仅要予以刑事打击，更应对其自身环节进行单独法律规制，开展强有力的行政监管。特别是针对技术支持类黑灰产，应该加强立法，对此类具有相当危害性的技术予以规制。有论者常常以“技术中立”为由对此提出疑问，甚至担心法律规制会耽误技术进步。但实际上，网络黑灰产的技术绝大多数并非中立技术，是用来实施违法犯罪活动的。网络黑灰产分为“黑产”与“灰产”，两者并没有明确的定义，一般将法律明确规制的列为“黑产”、打法律擦边球的列为“灰产”。但由于目前的法律特别是行政监管法规较为滞后，这一分类方法有些失灵。可以根据黑灰产技术的恶意程度进行区分：一类是“黑产”，其基本没有正常社会用途，如“接码平台”、GOIP、自动寻呼技术等，主要是破坏实名制、骚扰破坏通信、实施欺诈等非法活动，为正常社会所不允许；另一类是“灰产”，虽具备少量的正常用途，但主要是用来为网络违法犯罪提供帮助的，比如手机群控设备，既可以用来群发广告信息，但实践中主要是为非法操控账号等提供帮助。因此，网络黑灰产的技术并非中立，而是主要用来实施违法犯罪活动，理应通过立法进行单独规制。正如有论者指出，恶意技术是网络犯罪的根源，刑法应从“惩治法”转为“治理法”，为网络技术设置红线。[②]

---

① 参见陈兴良：《网络犯罪的刑法应对》，载《中国法律评论》2020年第1期。

② 参见高艳东：《刑法应为“恶意技术”设立红线》，载《检察日报》2021年6月23日，第3版。

（二）部门间工作机制有待完善，难以有效应对网络犯罪高效实施的特点

打击治理网络黑灰产涉及互联网监管、电信监管、银行监管、市场监管等多个监管部门，但如前所述，由于行政监管法规滞后，对于网络黑灰产的打击治理往往存在法律依据不明、界限不清的问题。各监管部门间缺乏有效的统筹协调机制，使得对网络黑灰产的治理效率远远跟不上打击网络犯罪的实践需要。

网络犯罪借助互联网这一平台以及大量黑灰产的存在。需要搭建犯罪网站时，就有专门的技术开发团队提供网站研发、运维服务；需要获取公民个人信息的，可以从“暗网”等轻易购买大量公民个人信息；需要获取批量手机卡、银行卡、网络账号隐匿身份的，就有“卡商”“号商”送货上门；需要广告推广的，就有专业团队提供引流推广服务；需要转移资金的，又有专门团队提供洗钱服务。所有这些都通过互联网完成，每一环节都形成相关产业，明码标价、充分竞争，犯罪分子与黑灰产从业人员网上勾联、交易、支付，合作起来十分高效、便捷，一个犯罪从临时起意到实施完成再到资金转移，在很短时间内就可完成；再加上网络犯罪证据易灭失等特点，更增加了侦查打击难度。犯罪分子已经通过互联网实现了快速犯罪、快速转移资金，如果监管部门仍按照传统的监管方式，缺乏强有力的统筹协调机制，那很可能使打击网络犯罪处于被动低效的不利境地。

（三）网络平台责任未切实加强，尚未构筑起防范治理网络犯罪的第一道防线

目前网络安全法等法律法规，关于网络平台打击治理网络违法犯罪的义务大多是“事后”的，即网络违法犯罪出现后，由网络平台保存相关证据并向公安机关等主管部门报告，协助开展侦查调查工作。

与传统犯罪不同，网络犯罪往往具有较大的预警预防空间。网络犯罪依托互联网实施，尽管较为隐蔽，但犯罪分子总会留下蛛丝马迹。网络

平台作为预防犯罪的第一道防线，掌握着大量的技术资源，有能力凭借自身技术发现、预警违法犯罪。对有受害人的，第一时间由公安机关劝阻止付；对没有受害人的，及时由公安机关侦查调查、遏制犯罪。对互联网上存在的大量黑灰产，网络平台也可以凭借自身技术予以发现、阻断。比如推广引流黑灰产，搜索引擎企业可以针对黑 SEO 等提高技术能力和安全监管，防范搜索引擎被用来推广违法犯罪网站、信息；又如网络支付洗钱活动，网络支付平台可以建立模型加强异常资金监测预警，及时阻断为网络犯罪洗钱；再如网络信息服务提供者，应当加强对网上违法犯罪信息的主动监测，防范网络平台被不法分子非法利用从事网络犯罪及黑灰产活动。更何况，很多黑灰产本身也针对网络平台的安全策略或防护措施，如通过“打码平台”进行同 IP 批量登录，防范治理相关黑灰产也符合企业自身的利益。

（四）网络实名制落实不到位，使得网络黑灰产屡禁不绝

网络安全法等对实名制规定得较为笼统，而手机号“间接实名”的方式，使不法分子可以轻易利用手机黑卡、物联网卡规避网络实名制。目前的实名制仅落实在“账号注册”阶段，在“账号使用”阶段尚无有效手段确保该账号系本人使用，导致现实中“实名不实人”的黑号泛滥。犯罪分子利用手机黑卡、网络黑号等实施犯罪，在“虚假面具”的保护下有恃无恐，增加了公安机关落地查证的成本。

而且，除了反电信网络诈骗法等个别法律外，我国法律对实名制仅规定了网络运营者的法律责任，未规定破坏实名制者的法律责任。对那些专门从事黑卡、黑号买卖的“卡商”“号商”，除了适用相关罪名进行打击外，尚没有专门的破坏实名制的行政处罚规定；对那些贪图蝇头小利出卖、出租自己网络账号、支付二维码等人员，也缺乏专门的行政处罚条款。网络黑灰产大多是逐利而为，如果法律缺乏有效的制裁手段，黑灰产从业人员获利远大于制裁，则难以从根本上遏制网络黑灰产的蔓延势头。

三、相关对策思路

针对网络黑灰产的形态特点及治理难点，立法机关及时出台反电信网络诈骗法，为打击治理电信网络诈骗领域的黑灰产提供了法律依据。但网络犯罪涉及的领域很广，打击治理网络黑灰产宜进一步加强顶层设计，坚持关口前移、系统治理，综合运用法律、行政、技术等手段多管齐下，以打击遏制网络黑灰产泛滥势头，铲除网络犯罪蔓延滋生土壤。

（一）尽快出台网络犯罪防治法

目前已出台的反电信网络诈骗法是“小切口”的法律，主要侧重电信网络诈骗领域的电信、金融、互联网治理，而网络犯罪涉及公共安全、网络安全等方方面面，其黑灰产表现形式更为丰富，治理起来难度更大。网络犯罪防治主要侧重“犯罪预防”，与传统法律“事后治理”的思路不同，相关措施难以写入网络安全、电信管理、银行监管、市场监管等法律法规中，需要专门立法。近年来，在立法机关的关心支持和公安机关的推动下，网络犯罪防治法已经列入全国人大常委会立法计划。网络犯罪防治法拟重点从网络基础资源管理、网络犯罪生态治理、网络犯罪预防处置等方面，构建起打防结合、防范为先、源头治理、联防联控的网络犯罪防治格局，为打击治理网络黑灰产等提供明确法律依据。

（二）建立协同高效的部门协作机制

针对网络犯罪高效实施的特点，近年来，公安机关已经会同有关部门建立了打击网络犯罪长效机制。网络黑灰产的治理还应加强行政监管，需要互联网、电信、金融、市场等各领域的监管部门通力合作，建立起畅通有序、无缝对接、快速高效的协作机制，共同打击治理网络黑灰产。公安机关身处打击治理网络黑灰产的前沿，应切实承担起统筹协调作用，确保机制高效运转。针对网络“黑产”和“灰产”，应当在法律层面明确各部门的监管职责和依据。对制作、贩卖、使用“黑产”的行为，在法律上明确予以禁止；对相关“灰产”活动，则由有关部门通过行政许可、备案或者对当事人落实实名制等方式加强监管，防止网络黑灰产无序泛滥，扰乱网络生态秩序。

（三）明确企业防范治理犯罪的责任义务

打击治理网络犯罪及黑灰产，应当充分发挥企业的作用，在法律上明确企业防范治理网络犯罪的义务。当然，企业防范治理网络犯罪的义务不可能是无限的，法律也不可能赋予其不可承受的义务，而是结合不同企业的业务类型、技术水平、经济规模等，合理设定相应义务。要进一步健全企业与相关主管部门的协作配合机制，对发现违法犯罪线索的，要及时固定证据并向公安机关等主管部门报告。同时，应注重技术防范，做到“魔高一尺、道高一丈”。特别是对那些针对企业安全防护策略的黑灰产，要及时升级安全防护策略，从技术上挤压网络黑灰产的生存空间。网络黑灰产应是互联网企业共同的敌人，[①] 企业在治理黑灰产方面应该大有作为。

（四）进一步推进网络实名制的有效落实

针对当前网络“间接实名”导致社会上黑卡、黑号泛滥的现状，应当加强技术建设，从国家层面推进网络身份认证公共服务建设，为企业开展网络身份实名认证提供支撑，确保网络账号“既实名又实人”。对那些存在网络犯罪风险的异常账号，要由企业动态开展身份核验，防范犯罪分子假借他人身份实施犯罪活动。在法律层面，应当明确个人、组织破坏网络实名制的责任。对非法注册、买卖、出租网络账号，以及出借网络账号被用来实施违法犯罪活动的，应追究相关人员的法律责任。同时，建立健全社会信用管理体系，对相关人员进行信用惩戒。

---

① 参见张勇：《“黑灰”产业链是所有互联网企业共同的敌人》，载《中国青年报》2016年9月20日。

（五）切实提高黑灰产违法犯罪成本

网络犯罪及其黑灰产大多是牟利的，动辄短时间内获利成百上千万元，待抓获时财产早已转移或者挥霍。与诱人的获利相比，其违法犯罪成本不高，难以有效遏制违法犯罪分子以身试法。应当在立法上构筑民事、行政、刑事相结合的立体化法律责任体系，提高网络黑灰产的违法犯罪成本。在民事上，对任何组织、个人非法生产、销售、使用网络黑灰产，导致他人被网络犯罪侵害的，应当根据其过错对被侵害人承担民事赔偿责任；在行政上，对非法生产、销售、使用网络黑灰产的，由行政监管部门予以罚款等处罚；在刑事上，不仅适用相关罪名对犯罪分子处以人身罚，更应注重罚金等财产罚。通过提高网络黑灰产的违法犯罪成本特别是财产处罚责任，加大犯罪成本，发挥刑罚的威慑效应。

网络传销犯罪侦查刑事一体化研究

王志勇*

在Web3.0时代，网络传销行为不断冲击着传销犯罪的认定和证据运用。究其根源，在于“刑事实体化”的理论滞后于实践，即刑事法的实体规范难以充分阐释新型网络传销犯罪要件的外在嬗变；同时亦在于“刑事程序化”内涵尚不饱满，即刑事程序规则无法满足侦查实践对证据标准确定性内在需求。在这一数据法治背景下，就需要创新性地运用犯罪要件构成与程序因素双向识别的刑事一体化方法论，去打破侦查常规，重新考量网络传销犯罪的认定标准，在新型网络传销犯罪虚拟化、模糊化的场景中，更好地实现侦查的类型甄别与证据运用。

针对网络传销犯罪认定的困境，需要从刑事程序治理出发，厘清核心要义，对犯罪构成作出更合乎诉讼逻辑的阐释，构建与之匹配的三个“刑事一体化”认定标准，对网络传销犯罪构成要件提炼出一致性的要素，进一步检验和反思数据时代的侦查刑事一体化，实现刑事规范融合的认定标准一体化、核心要素识别的犯罪构成一体化、数据证据互动的证据运用一体化。

一、刑事一体化理论与网络传销犯罪对侦查工作的挑战

刑事一体化理论在国外源于整体刑法学思想[②]，在国内滥觞于刑法

---

* 北京市公安局经侦总队涉众侦查支队政委。

② 参见［德］冯·李斯特：《论犯罪、刑罚与刑事政策》，徐久生译，北京大学出版社2016年版，第2页。

学者的主张，旨在构建治理犯罪的相关事项，实现学科交叉、深度融通，形成和谐整体。刑事一体化就是融通学科联系（或曰淡化学科界限），解决现实问题。其是一种观念，也是一种方法（观察方法）。[①] 近年来，出现了刑法体系从结果正义向分配正义的过渡，“针对网络犯罪的泛起……刑法制裁方法应实现多元化、专业化与开放化”[②]，即完善刑法程序保障来制衡刑罚权的运用。此时虽然意识到刑事程序的重要地位，甚至以程序理论为指导，但仍未脱离“刑法中心论”的单一学科体系的窠臼。卞建林教授认为，需要“通过程序推动‘刑事一体化’思想发展具有其独特的价值”[③]。有学者敏锐意识到这一点，强调了刑事实体法与刑事程序法的一体化的思想。[④] 有学者运用刑事一体化的思想，研究了刑事司法在应对疫情等突发事件中的积极作用；[⑤] 还有学者用此思想研究了刑事程序在认罪认罚从宽程序中的重要作用。[⑥] 但针对网络犯罪尚未有相关研究成果。

随着互联网技术的广泛应用，传销犯罪在行为和手段上呈现网络化趋势，有学者认为：“传销活动经历了传销经营，以推销商品、提供服务为名的欺诈式传销，传销标的虚拟化、金融化的新型网络传销等不同阶段。”[⑦] 尽管传销手段由线下转化为线上，推销手段披上了“金融创新”“普惠金融”“资本运作”“虚拟货币”等网络化、电子化的投资外衣，但犯罪构成

① 参见储槐植、闫雨：《刑事一体化践行》，载《中国法学》2022 年第 2 期。

② 彭文华：《我国刑法制裁体系的反思与完善》，载《中国法学》2022 年第 2 期。

③ 岳向阳、蒋安杰：《刑事一体化：理论与实践》，载《法制日报》2017 年 12 月 27 日。

④ 参见李勇：《跨越实体与程序的鸿沟——刑事一体化走向深入的第一步》，载《法治现代化研究》2020 年第 4 期。

⑤ 参见童云峰：《疫情犯罪治理的刑事一体化之整饬》，载《江西警察学院学报》2021 年第 5 期。

⑥ 参见张威：《认罪认罚从宽制度运用与改进问题的刑事一体化考察》，载《法学杂志》2022 年第 2 期。

⑦ 邹利伟：《新型网络传销犯罪的规范认定与办案路径——以检例第 41 号指导性案例的应用为视角》，载《中国检察官》2021 年第 7 期。

并没有实质性变化（托名经营、投资的行为没有创造价值，经营模式难以持续，用后加入人的财物支付给先加入者，通过发展下线牟利骗取财物的，即符合传销犯罪的本质特征）。与传统传销犯罪手段相比，传销犯罪网络化的特点在于，电子商务平台软件的应用多样化；投资经营活动的虚拟化，与传统传销犯罪相比，网络传销犯罪呈现出虚拟化、隐蔽化的特征，例如，费用变成了虚拟货币，经营变成了网络形式的营销、投资等；返利机制受到大数据算法影响，变得更难以类型化；上下线之间的关系通过网络方式变得更为匿名化、隐蔽化。[①] 网络的出现模糊了传统传销犯罪边界，除了地域界限的模糊，层级的界限也难以甄别。因此，面对投资经营的虚拟化、返利机制的非类型化、传销层级的隐匿化、传销范围的无界化，网络传销犯罪认定的困境渐显，基本犯罪构成的理解日见分歧，使得一体化的标准认定、要素识别与证据运用的探讨就显得尤为重要。

二、呼吁刑事一体化：构建网络传销犯罪认定标准

依据现有的组织、领导传销活动犯罪的认定标准，在办理网络传销的案件中遇到诸多难题，使得目前的犯罪认定标准出现了较为牵强的现象。虽然还不至于影响传销犯罪构成要件的修改，但在刑事司法过程中引起了一些适用分歧，尤其是以网络传销引起的“层次的消亡”为代表的四大困境，使组织、领导传销活动罪的犯罪构成产生很多认定的难题。这些困境

① 也有学者将网络传销认为是传销犯罪的变异之一。传销的变异包括资本运作传销，私募基金、股权投资传销，网络传销。网络传销是指传销组织在网上建立传销系统，利用互联网作为宣传、管理的平台，打着电子商务、网络营销、网络直购、“玩网游送红包”、“点广告有钱赚”、“金钱游戏”、“馈赠互助”等旗号，引诱加入者交纳费用或者购买产品取得会员资格，要求加入者继续推荐、发展他人加入成为下线会员，并以加入者直接和间接发展下线的人数或销售业绩为依据提奖金。网络传销大多租用境外服务器，把汇款账户设在境外，一旦达到目的或被发现，会关闭网站、销声匿迹。参见王建芳：《传销出现新“变种”》，载《河南法制报》2012年4月27日，第3版。

的解决往往要借助程序法律规范来实现，这就使得刑事规范实体和程序的融合迫在眉睫，认定标准一体化呼之欲出。

（一）网络传销犯罪认定的困境

1. 组织领导行为之隐退

根据最高人民法院、最高人民检察院、公安部《关于办理组织领导传销活动刑事案件适用法律若干问题的意见》（以下简称《传销刑事适用意见》）和最高人民检察院、公安部《关于公安机关管辖的刑事案件立案追诉标准的规定（二）》，传销活动的组织者、领导者主要有三种：一是在组织传销中起到实质作用的人员，如具有发起、策划、操纵作用，承担管理、协调、宣传、培训等职责的人员。特指那些在传销的筹备和发展中作用突出，同时获取实际利益的骨干成员，判断关键在于组织职能的实质发挥。二是对传销活动的实施，传销组织的建立、扩大等起关键作用的人员。三是组织达到一定规模的，涉嫌组织、领导的传销活动人员在 30 人以上且层级在 3 级以上的人员，前期受过惩处又直接或者间接发展参与传销活动人员在 15 人以上且层级在 3 级以上。[①]其中，组织规模是从负责管理的范围、营销网络层级、涉案金额等方面综合量化地认定和证实领导行为，然而在传销犯罪网络化之后，所谓的 3 级 30 人标准难以确定，出现了管理范围模糊、营销网络层级扁平化的趋势。因此，网络传销犯罪更应该从两端入手，如前期的平台筹备、算法设计、规则制定、宣传推广，后期的管理培训、鼓动利诱、拉设群组等行为均应当视为网络传销犯罪中的组织、领导行为。

2. “团队计酬”的罪之混淆

根据《传销刑事适用意见》的第 5 条规定，传销活动的组织者或者领

① 最高人民检察院、公安部《关于公安机关管辖的刑事案件立案追诉标准的规定（二）》第 70 条。

导者通过发展人员，要求传销活动的被发展人员发展其他人员加入，形成上下线关系，并以下线的销售业绩为依据计算和给付上线报酬，牟取非法利益的，是“团队计酬”式传销活动。以销售商品为目的、以销售业绩为计酬依据的单纯的“团队计酬”式传销活动，不作为犯罪处理。形式上采取“团队计酬”方式，但实质上属于“以发展人员的数量作为计酬或者返利依据”的传销活动，应当依照《刑法》第224条之一的规定，以组织、领导传销活动罪定罪处罚。

但在网络传销活动中，“团队计酬”的罪与非罪是一个比较难以辨识的问题。首先应该确定的是，网络传销不产生任何价值，传销领导者和组织者的全部收益都源自后来加入者的自有投资资金，实际上就是上线瓜分下线“入门费”的圈钱游戏，或没有实际经营项目，或缺失商品实质销售。即使有形式商品销售，也是以表面合法销售形式掩盖非法传销目的。在部分网络传销犯罪中，甚至形式化的商品实体也不复存在，而是变成了虚拟商品、经营份额、[①]虚假订单、[②]商品代币，[③]或以5G、AI、Big Data、VR

---

① 参见王某斌组织、领导传销活动罪刑事一审刑事判决书，（2022）湘0921刑初73号。被告人王某斌以“连锁经营”为名，要求参加者以缴纳费用的方式获得加入资格，并按一定的顺序组成层级，直接或间接以发展人员的数量作为返利依据，引诱参加者继续发展他人参加，建立层级分明的传销网络体系，骗取非法利益，扰乱经济社会秩序，发展下线人员120人以上，情节严重。

② 杨某组织、领导传销活动一审刑事判决书，（2022）京0101刑初167号。被告人杨某伙同徐某宇、姜某明、方某、王某文（均另案处理）共同在网络上建立、扩大以“星淘科技商城”为名的传销活动平台，以无实物的虚假猪肉订单为交易对象，设置转卖订单自动溢价、交易订单三级提成等规则发展会员，直接或间接以发展人员的数量和订单量作为返利依据，引诱参加者继续发展下线，从中骗取他人钱财，扰乱经济社会秩序，最终形成了30人以上且超过3层的传销组织。

③ 杨某组织、领导传销活动罪等刑事一审刑事判决书，（2022）豫1481刑初468号。被告人杨某伙同冯某等人，通过QS数字资产平台推广，以发行虚拟数字资产QS币、QSC币为名，将购买者按购买顺序组成层级，并根据会员发展下线的人数进行奖励，引诱参加者继续发展他人参加，骗取财物，QS项目平台共发展会员120层16235人，会员充值总额67357988元。

等高科技名词进行包装，甚至不惜借助合法成立的公司企业，寻求专家、社会名流背书，网络消费返利、原始股、虚拟币、微商、广告返利、慈善互助，进行各种网络形式的传销。其次，这种包装与掩饰目的仍是“拉人头”，而非“论业绩”。即不论是直接以发展的人员的数量作为计酬依据，还是以销售业绩的幌子作为计酬的依据，都属于“以发展人员的数量作为计酬或者返利依据”。相关案例判决也进一步指出，“以推荐的人数作为发放佣金的依据系直接以发展的人员数额作为计酬的依据，区域业绩及返利资金主要取决于参加人数的多少，实质属于以发展人员的数额量作为提成奖励及返利的依据，本质为拉人头”[①]。真正的“团队计酬”在于以销售商品为目的、单纯以销售业绩为计酬依据。

3. 网络传销层级之消失

在传统传销犯罪中，司法解释认为，不管是用什么经营活动名义，也不管参加者以什么方式获取进入资格，只要形成一定顺序，组成层级，组织内部参与传销活动人员达到30人以上且层级在3级以上的，都应当对组织者、领导者追究刑事责任。

“3级30人”有三种计算方式：一是合并计算。超过3级以上的，可以合并计算人数。如组织、领导多个传销组织，单个或者多个组织中的层级已达3级以上的，可将在各个组织中发展的人数合并计算。这样可以弥补对于组织、领导多个传销组织，虽然均达到了3个层级，但每个组织都刻意规避30人人数要求的处罚漏洞。[②]二是实质计算。形式脱离的，实质获利的，也应当纳入计算。如组织者、领导者形式上脱离原传销组织后，继续从原传销组织获取报酬或者返利的，原传销组织在其脱离后发展人员的层级数和人数，应当计算为其发展的层级数和人数。三是综合计算。根

① 叶经生等组织、领导传销活动案（检例第41号）。

② 参见郭莉、王东海：《网络传销犯罪罪量标准的困境与纾解》，载《中国检察官》2020年第24期。

据缴纳、支付费用及计酬、返利记录，视听资料，传销人员关系图，银行账户交易记录，互联网电子数据，鉴定意见等证据，综合认定参与传销的人数、层级数等犯罪事实，且身份等级不属于上下线关系层次。

由于网络传销犯罪层级模糊化，可以在对以上三种计算方式进行有限度的延展解释。例如，合并计算可以忽略层级计算，仅以人数计算。在相关司法解释中，情节严重的立案标准要达到120人，是成立一般犯罪要件的4倍，那么，在网络传销犯罪中，按照30人的2—2.5倍，即达到60—75人时，可以作为组织、领导传销活动罪立案，在网络平台层级关系尚不明显的情况下，不纠结于犯罪涉及的层级，而先期纳入侦查范围，为侦查赢取空间，逐步达到罪刑法定的原则。在实质计算中，只要从网络传销犯罪中获利，不论是否形式上在传销组织之内，皆可以认定为传销组织中重要成员，至于处于什么层级，可以结合其他证据认定，更具传销结构逻辑推理，获利数额越大，层级越高；获利数额相仿，大概率处于同一层级。在综合计算中，可以摒除机械认定，即不能以网络标注的所谓的组织领导名义定义层级，而要根据相关证据辅助认定。

网络传销模式下，上线和下线的虚拟网络沟通使得对方真实身份难以察觉，推荐码、注册账号等虚拟参与方式，上下线之间关系难以确定。另外，为了更多的“挂单”，还有冒用、顶替、购买他人身份的问题，以及虚拟身份的去重问题和“人机同一认定”难题。虚拟身份和账号可以通过经济计算方式来解决，而多重“挂单”则需要运用科技手段甄别去重。

还需要注意的是，要在网络层级中排除那些从事纯技术工作的、支持辅助网络传销的“工作人员”，如受雇从事技术性操盘、客服咨询的人员。[①]

---

① 参见卢志坚：《炒币神器现形 竟是庞氏骗局》，载《检察日报》2021年12月28日，第4版。

一般雇员在网络传销中进行了组织活动，即使具有所谓的“身份等级”“级别职务”，只要对网络传销行为不明知，也不能作为网络传销犯罪的领导者和组织者。

4. 网络传销主观之变异

传销犯罪的主观认识必然是故意的，这种故意使得被害人存在双层的错误认识：一是因虚构的商品和服务而产生错误认识，从而自愿交付财物；二是因为受欺骗参与传销组织而产生的错误认识。正因为如此，参与传销活动人员是否认为被骗，不影响骗取财物的认定。即传销犯罪除了故意之外，犯罪嫌疑人还具有通过传销活动非法获利的目的。

在网络传销犯罪中，虽然行为人具有查明规范的义务，但是，在行为人对创新性的网络金融业务存在疑虑时，向有关机关进行了咨询，甚至有关机关进行调查后也未给予其行政处罚的，行为人有理由相信经营行为合法，[①] 对传销犯罪的主观性认定就缺乏故意的依据。

但是，如果行为人对网络传销犯罪构成及违法性的认识错误，可以影响量刑，但不影响定罪。例如，被告人张某辩称其未发挥典型的组织、领导作用，下线人员系自愿参加，误以为其行为不构成犯罪等，其辩护律师也以“非恶意传销”为由为其辩护，但辩护意见未被法院采纳。[②]

上述四项困境使得犯罪行为认定的标准广泛适用性受到影响，如图 1 所示。

---

① 参见周光权：《刑法各论》(第四版)，中国人民大学出版社 2021 年版，第 370 页。

② 参见张某组织、领导传销活动罪一审刑事判决书，(2013) 海刑初字第 561 号。

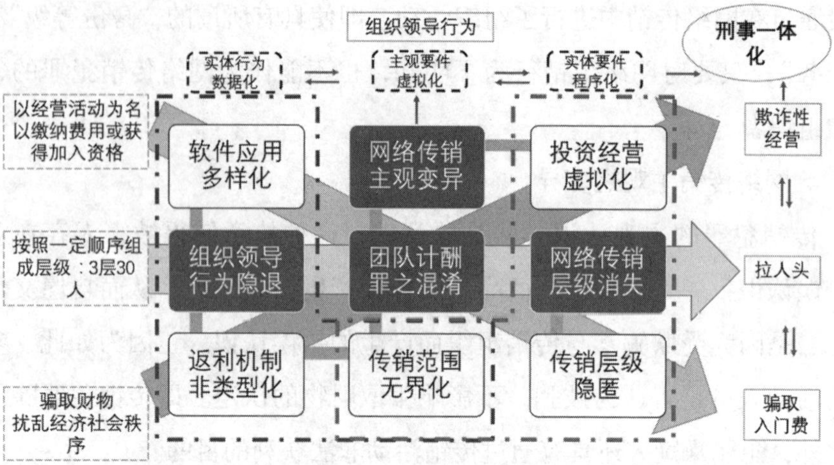

图1

按其行为来说，以经营活动为名，用缴纳费用的方式或购买商品、服务以获得加入资格，在网络多种软件应用平台的掩饰下，往往打着金融创新的旗号，在利用技术手段截断层级数量情形下，不仅难以发现层级，更难以判定公司经营之性质。结合实践，在未判定经营性质之前，团队计酬一般不能定罪。“以销售商品为目的、单纯以销售业绩为计酬依据”只能通过数据化的形式表现出来，仅仅通过前期的调查难以发现，更难以立案。只能通过简单归结为是否骗取入门费来确定，而“骗取”与“入门费”在网络传销中，只能通过大数据来统计，这一行为看似实体行为，但实质是通过数据程式化实现的统计程序。

同理，对骗取财物、扰乱经济社会秩序的行为，在传销组织资金链断裂、大规模跑路、引起社会舆论哗然之前，犯罪形成可能性只能通过返利机制的非类型化与投资经营虚拟化两者结合判断。而是否非类型化，是否虚拟化经营，实体行为往往不能简单地涵括，只能通过金融犯罪取证程序予以排查和审计，这就使得实体要件程序化，需要透过程序性的事项对类型和营销机制予以固定，而这需要通过多种程序性事项进行判断，譬如网络传销行为需要通过金融工具异常指数、资金流向、会员变异指数等概括性的取证来确定其经营行为是否超出异常范围。

不但客观方面、客体构成要件趋向数据化和程序化，连主观方面也虚拟化了，主观的“故意”判定也逐渐模糊，必须结合客观事实、程序性事实来判定，因此，这既是主客体判定的一体化，也是实体性事实和程序性事实判定的一体化，从这一角度来讲，单一的刑事实体法解释现今已不能满足网络传销构成要件的数据化、程序化、虚拟化趋势，在网络传销刑事司法的过程中，程序性事实补充与实体性事实的彼此融合才能满足因素的预判、分散证据的数据化集中等，例如“资金分析成果证据转化”的趋势和方法，这使得刑事一体化的指向更为广泛、体系更为完整。

刑事一体化亦能胜任相关要件的判定，譬如隐退的组织领导行为如何从纷繁复杂的传销组织中挖掘出来，判定机制更为复杂，也指向了实体行为的数据化；而网络传销层级的消失，也和网络环境中通过技术手段对层级进行不断隐匿、对资金产生的虚拟化运作等密切相关，指向实体要件的程序化。只有刑事一体化的体系化判定才能解决网络传销犯罪构成要件变异等复杂问题。

基于此，在尝试确定网络传销犯罪的一体化刑事认定标准时，暂时舍弃了犯罪构成四要件认定，而对相关标准予以实质性的简单归类，即拉人头、骗取入门费、欺诈性经营，这并不是对现有的刑事法律制度的抛弃，而是从侦查实践的视角看问题，以求更有力地指导侦查实践。

（二）网络传销犯罪认定的一体化刑事标准

1. 拉人头

拉人头是传销犯罪的基本特点，随着网络手段不断翻新，拉人头也出现了新的变化。例如，利用网络优势，大量指数级发展人员，采用扁平化的管理方式和计酬、返利模式，始终使层级维持在 3 级以下，通过多种形式，使得层级一旦突破3级就即时解散；[①]或者形式上淡化层级，进行层级隐蔽管理和操控，[②]有意回避3级30人的犯罪标准，同时不影响巨额“入门费”的收取。有些网络传销人员通过操纵多个账号，采取技术手段有意剥离账号与账号之间联系，制造多个互不关联的传销组织的假象；[③]或者将人员IP或服务器进行跨区域分散，严格控制每处“犯罪地”的人数，意图规避“30人”的人数的犯罪标准。此外，一些传销人员，为逃避侦查，会采取经常变换服务器、更改网址、迅速关闭平台、删除会员信息及投资数据，甚至通过物理手段毁灭电脑硬盘等方式隐藏、损毁电子数据等证据，为侦查认定“3级30人”制造诸多的取证障碍，这也成为“拉人头”标准陷入困境的重要原因。以上种种，都需要侦查人员抽丝剥茧、去伪存真，建立真实关联。

2. 骗取入门费

关于骗取入门费“骗取”性质的认定。需要注意的是，虽然有学者认为，应将组织、领导传销活动罪中的“骗取财物”理解为“诈骗”而非“欺骗”，既是立法限制传销范围的当然选择，也是收取入门费式传销的基本特征，[④]但是将诈骗型犯罪数额的入罪标准与“3级30人”并行的建议[⑤]

---

① 唐某等人组织、领导传销活动罪二审刑事判决书，(2013)赣刑二终字第63号。

② 参见赖星：《江西“太平洋直购”特大传销案终审宣判》，载中国法院网，https://www.chinacourt.org/article/detail/2014/06/id/1307577.shtml。

③ 例如，被告人张某辩解“皇者归来9907账户是转让所得，会计司法鉴定只有极少部分是其本人直接或间接发展”，因无法显示其受让前该账户发展下线的人数及其与后续下线人员之间的关系，法院以有利于被告的原则认定了张某关于人数的辩解有效。后以人数众多认定张某领导、组织传销犯罪情节较重，罪名成立。参见张某组织、领导传销活动罪一审刑事判决书，(2013)海刑初字第561号。

④ 参见袁彬：《我国治理传销犯罪的基本逻辑及其展开》，载《经贸法律评论》2020年第3期。

⑤ 参见岳向阳、蒋安杰：《刑事一体化：理论与实践》，载《法制日报》2017年12月27日；童云峰：《疫情犯罪治理的刑事一体化之整饬》，载《江西警察学院学报》2021年第5期。

在公安司法活动中并不可取。虽然在一定程度上可以防止犯罪嫌疑人逃避层级和人数限制，预防损毁网络电子数据而无法查清层级和人数的风险，但在司法实践中会产生以下不利后果：一则会混淆诈骗与组织、领导传销犯罪两者的入罪标准，二则会导致公安机关存在立案避重就轻，将已构成诈骗案件立为组织、领导传销犯罪案件。

关于骗取入门费逻辑位阶以及顺序的认定。根据前述，骗取入门费等财物只是构成传销犯罪的前提，既不能作为传销犯罪的单独要件，也不能作为传销犯罪的并行要件。有学者认为，传销犯罪是一种二元事实结构，骗取财物是基础事实；“组织领导”建立金字塔式传销组织是特别事实。[①]这一观点同样阐释了“骗取”的必要性而非充分性，明确将诈骗与传销犯罪区分开来。这也从侧面印证了只有拉人头式传销和收取入门费式的诈骗型传销才能构成犯罪，[②]团队计酬式的经营型传销不构成犯罪，或许只是可能涉嫌普通经营违规的创新式营销手段。

3. 欺诈性经营

由于网络传销犯罪中通过网络销售商品或提供服务具有名义上的虚假性和实质性的欺诈性，因此，可以视为是一种欺诈性的经营活动。这在2001年最高人民法院《关于情节严重的传销或变相传销行为如何定性问题的批复》(以下简称《传销定性问题批复》)这一司法批复中，一度被认定为非法经营罪。即使在《刑法修正案（七）》公布之后，《禁止传销条例》也以行政条例的形式肯定了传销经营方式的非法性，即牟取“非法利益”。然而这一“非法性”在《传销刑事适用意见》之后转变为“欺诈性”，即一般性的“以销售商品为目的、以销售业绩为计酬依据”的传销活动并不

① 参见潘星丞：《传销犯罪的法律适用——兼论组织、领导传销罪与非法经营罪、诈骗罪的界限》，载《中国刑事法杂志》2010年第5期。

② 参见陈兴良：《组织、领导传销活动罪：性质与界限》，载《政法论坛》2016年第2期。

构成犯罪，但是“欺诈”可能构成领导、组织传销活动罪，这在关于团队计酬的司法解释中尤为明显。

在进行定性研究的同时，也可以结合影响因子分析定量方法，对上述犯罪认定的三项要素进行划分，如图2所示。

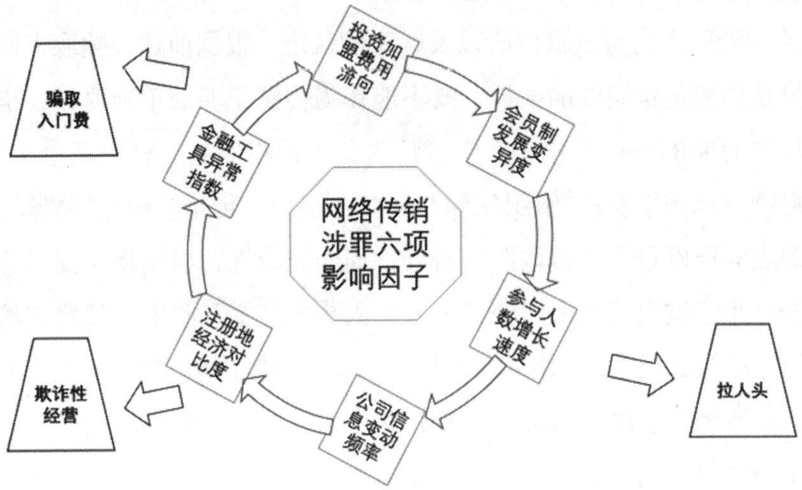

图2

三、要素辅助认定：网络传销犯罪类型的一体化识别

网络传销犯罪认定的最主要的三个标准——拉人头、骗取入门费和欺诈性经营之间互为支持，遵循着刑事司法一体化识别逻辑，但仍然无法满足网络传销犯罪的侦查和证据收集，大部分局限于实体结果的识别而非过程的识别，更难以体现实体和程序的一体化。从侦查实际应用的层面，犯罪客观表现的识别和认定，在新型网络传销犯罪不断翻新花样、模糊犯罪行为界限的背景下，也应当在网络传销犯罪认定的三个标准基础之上，拓展和凝练相关类型，以高效辅助侦查机关依据刑事一体化的认定原则，以达到提质增效、快速识别的应用场景。

（一）流量型识别

随着互联网经济的蓬勃发展，“流量”已成为网络经济的生命，“攒流量”是开启互联网企业或公司商业启航的“发动机”。实践中，“攒流量”营销模式不当，可能导致互联网经济的“创新”变成犯罪，导致演变为组织、领导传销活动罪中的拉人头行为。在拉人头认定出现困难、人数和层级出现交叉混杂的情况下，通过流量导入筛选网络传销中的传销犯罪行为，是认定拉人头行为的相当有效的辅助认定要素。

首先，必须肯定的是“攒流量”创新必然建立在网络环境下有一定价值的商品或服务的基础上，如果完全没有基础，则极有可能是以创新为幌子的传销犯罪行为。现实存在的包括短视频平台、直播聊天室、直播带货平台等业务，必须以产品为依托，即使有发展下线、人带人、口口相传等利用数量奖励变现的拉人头行为，其流量经济的创新获利点也在于给未来企业带来的产品或服务，而非传销犯罪中把“人头”作为公司企业存活的唯一资源。简言之，流量本质是产品或服务的集散，而非人员的聚集，这是帮助侦查人员区分传销犯罪与创新营销的关键。其次，如果明确认定流量带来了人员的聚集，那么，可以通过流量要素的再次甄别，为网络传销犯罪嫌疑人通过操纵刻意取消多平台关联或逃避人数提供侦查思路。例如，结合平台或软件提供方进行流量要素的认定，可以判断在互联网经营企业的经营情况是否存在传销行为。例如，2022 年修订的《移动互联网应用程序信息服务管理规定》第 9 条指出，应用程序提供者不得通过虚假宣传、捆绑下载等行为，通过机器或者人工刷榜、刷量、控评等方式，或者利用违法和不良信息诱导用户下载。此时，刑事一体化主要体现在通过流量要素的认定判断虚假宣传，刷榜刷量、诱导下载和组织领导传销行为的联系，如果能通过数据化的实行行为，确定相互关联，那么拉人头的行为就能得到证实，进而为层级的判定和显现组织领导行为的架构提供基础。反之，如果没有数据化的行为做支撑，“攒流量”创新可能面临证据不足或短期取证困难的局面，此时实体犯罪构成要素向全链条监控流量要素“程序流动”，当然，这种刑事一体化具有内在的自我限制性，即按照实体行为程序化的一体化判定，只能按有利于当事人的程序治理原则，避免单一的刑事实体化对创新行为的过度打击和限制。

（二）虚假创新型要素认定

既然流量的本质是产品和服务创新，那么，以此类推，全面评判创新的虚假要素就成为刑事一体化的最为急迫的需求。随着互联网经济的发展，各类金融创新公司纷纷涌现，依托便携式移动传媒终端，创新经济其实盛名难副，虚假创新型网络传销犯罪成为最为突出的毒瘤。如创新型虚拟货币类传销、外汇交易创新类传销、创新型理财支付平台传销等。虚假创新的要素认定与网络传销犯罪的欺诈性经营标准密切关联，网络传销犯罪中的虚假创新本质是骗取入门费。即不能被名义上或形式上的经营商品活动所迷惑，而账号、昵称可以通过关联银行账户来确定真实行为人，无法识别骗取行为的，仍然以实质性的行为和结果来认定，不能因为被害者的错误认识或行为人模棱两可的创新商业模式的狡辩，忽视对网络传销犯罪的立案与侦查。

譬如，在微信传销中，宣传载体依附于微信平台，借助群聊、朋友圈、视频号、公众号、推广信息等媒介，打破时空限制，不再拘泥于特定人群。只有组织者可以登录后台管理系统，总览整个团队的“金字塔”结构，也可以对会员信息进行增删改查。其他人员皆不知人员层级和真实身份，造成层级缺失，甚至层级依据关注微信公众号的时间先后来确定；没有培训和引诱说服，大部分参与者是被公众号文章、朋友圈推广等公开信息所吸引而加入传销组织的；多个微信账号同时进行传销活动，难以确定传销手段和主体。[①]

按照刑事一体化理论，在虚假创新型的要素认定中，网络传销带来的主观虚拟化认定，也要还原到主观要件与客观要件的一体化的体系性联系中去，譬如，网络传销的主观变异仍要和客观要件中的组织领导行为之隐退、团队计酬的罪之混淆、网络传销层次之消失联系起来，否则，仅仅判定主观要件，往往落入与犯罪嫌疑人的循环争辩中去。虚假创新型要素认定通过刑事一体化实现了主观要件与客观要件的转化。

（三）抢购转售型要素认定

运用刑事一体化方法，抢购转售型要素认定有助于达成欺诈性经营的实体犯罪构成的最终认定。"抢购转售"型传销犯罪[②]是常见多发的新型犯罪，组织层级不甚明显，返利形式变异为销售盈利，遇到 30 人数量标准立即裂变，平台运营方鼓励老会员单独注册公司，设立交易平台，带领自己推介的下线会员独立开展新的抢购活动，并向原有平台按周缴纳全部上架费的 4% 至 25% 不等的利润等。利用隔层返利的法律漏洞，刻意规避"3 级层级返利"；下线转售的商品，上线不再抽成；新会员发展的下线会员，平台不再向老会员 一级返利。在未取得该商品实物的情况下，会员即可对购得的商品委托上架，进行转售的行为都是采取各种形式骗取入门费的行为，网络传销犯罪的行为人，不论是否具有传销的主观故意，实质上都构成了骗取入门费的行为。通过抢购转售型要素的凝聚，可以有效突破犯罪要件逐一认定，通过销售数据证据收集整理和销售网络层级的分析，可以将欺诈性经营进行资金流向的整合和销售数据的分析，避免僵化形式

① 参见曹艺萌：《微信传销犯罪案件侦查研究》，载《江西警察学院学报》2022 年第 4 期。

② "抢购转售"型传销犯罪为新型网络传销犯罪，犯罪嫌疑人借助价值模糊或性能低劣的"道具商品"，例如，玉石、红酒、字画等，以具有投资收藏价值为由进行宣传，短期租赁云服务器后通过新媒体传播媒介进行宣传推广，快速发展下线，在当今网络发达的情况下，甚至有的将游戏虚拟物品加上理财噱头进行售卖传销。

认定。

抢购转售型要素认定通过刑事一体化实现了虚拟要件与现实要件的转化，将难以认定和甄别的实体要件拓展为易识别、好操作的数据量化过程分析和实体识别认定同步的系统流程。这一判定实际也是在刑事一体化的理论指导下，从一体化的刑事犯罪认定标准出发，才能逐渐澄清犯罪构成要件，否则，仅从传统犯罪构成要件出发，伊始就落入商品是否虚拟、层级是否满足、经营是否符合传销的棘手问题中去，而在刑事一体化的判定识别过程中，无论是抽成的比例还是返利的形式，都是实体要件转化为程序化要素的凝聚和程序化的具体应用。

四、数据反哺证据：网络传销犯罪的一体化证据运用

网络传销犯罪存在三难：发现难，取证难，定罪难。[①] 如果说上述网络传销犯罪的发现和认定的难题还在于理论层面的辨析，能够通过刑事一体化理论予以认定和识别，那么，对公安机关来讲，在取证实践中如何一体化地进行实际运用，则与刑事一体化更为密切。取证难是实践落实中的切实难题，这难题的解决需要运用大数据贯穿实体规范与程序规范，避免无效侦查情形的出现，真正将一体化标准和识别落到实处。这种网络传销犯罪的一体化证据运用，就体现在行为结合结果认定的一体化、资金查控自循环的一体化、行为人甄别的一体化。

（一）行为结合结果认定一体化

行为必须结合结果进行犯罪构成的认定，是多数刑法学者的一致看法，但是，这种行为结果结合说在网络传销犯罪之中可以归结为刑事一体化理论的具体应用。

① 参见王建芳：《传销出现新“变种”》，载《河南法制报》2012年4月27日，第3版。

1. 验证式结合

在网络传销定性不清的情形下，判断是否属于传销犯罪行为，需要通过侦查验证或侦查试验。2017 年“国盟普惠证券组织、领导传销活动案”，侦查人员进入“国盟普惠”商城内部进行反复实验，并通过远程勘查获取了后台服务器数据，最终验证了“国盟普惠证券”以“资产证券化”和“普惠金融”的名义，对外宣传投资“国盟普惠证券”能获得高收益，大量发展会员，挖掘出隐藏的传销犯罪层级。

2. 还原式结合

在认定网络传销犯罪行为存在疑难的情形下，可以通过侦查假设，看结果能否还原为犯罪行为。譬如，进行会员注册，了解组织架构和收益；结合报案人、知情人提供的案件线索、相关网络电子数据调查结果，看是否能够整体还原网络传销犯罪行为，对遗漏点、困难点有针对性地组织证据补充和收集工作，如果在逻辑上欠缺说服力，或者存在不能排除的合理怀疑，则需要进一步返回侦查原点再次进行审查判断。

3. 完整性证据与概率性证据收集结合

对取证行为与证据认定结果实行更加符合客观实际的结合。网络传销必然要涉及大量的电子数据，对于这些海量的刑事证据，新的司法解释提出了按比例展示的新规定[①]。这就为网络传销犯罪的“概率性”证据收集提供了示范和依据。

4. 不中断的结合

公安机关的相关侦查行为、经营资格、新闻媒体的结论的改变，不切

---

① 最高人民法院、最高人民检察院、公安部《关于办理信息网络犯罪案件适用刑事诉讼程序若干问题的意见》第 20 条规定，办理信息网络犯罪案件，对于数量特别众多且具有同类性质、特征或者功能的物证、书证、证人证言、被害人陈述、视听资料、电子数据等证据材料，确因客观条件限制无法逐一收集的，应当按照一定比例或者数量选取证据，并对选取情况作出说明和论证。

断网络传销犯罪行为和结果的联系，仍采取行为和结果相结合的方式来运用证据。例如，2013年张某组织、领导传销活动案，北京市海淀区人民法院一审刑事判决认为，撤销案件决定书仅系公安机关对某彩生活公司涉嫌传销的阶段性侦查结果，且与被告人张某无直接关联，并不决定本案的定性，相关招商手册、舆论报道对上述定性亦不产生实质影响。2018年，河南省南阳市中级人民法院对江西某彩生活公司的经营资格予以认可，但仍认为其经营行为属于传销犯罪行为。①

（二）资金查控自循环一体化

往往等到传销犯罪被害人大量出现之后，才能进行资金查控，而此时的资金查控往往效果不佳，这就需要运用刑事一体化的数据方法进行循环查证。近期东南亚等境外的专业洗钱公司问题凸显，网络传销犯罪涉及的资金大量转移至隐避的安全账户或者境外账户，大额资金在极短时间内就可以得到清洗，对涉案资金有效追缴难度加大。因此，可以运用以下资金取证方法。

1.“大数据预警—概括式采集”双向循环取证法（如图3所示）

创新以大数据云计算为技术依托的预警式侦查思维。通过对金融、网络、通信等部门的数据进行分析，找到网络传销犯罪的行为规律，从而进行特征比对和反复验证，一旦发现可疑情况，就可以提前发现犯罪苗头，进行相关的预警工作和及时侦查介入。以违法犯罪资金查控平台为主体，构建多级资金查控体系。掌握全部的组织脉络和交易账号，防止重要的账号和资金的遗漏，在此基础之上有效地查控资金去向，厘清资金脉络，以及时固定证据、冻结涉案资金。

① 参见冯某平、李某江组织、领导传销活动二审刑事裁定书，（2018）豫13刑终1001号。

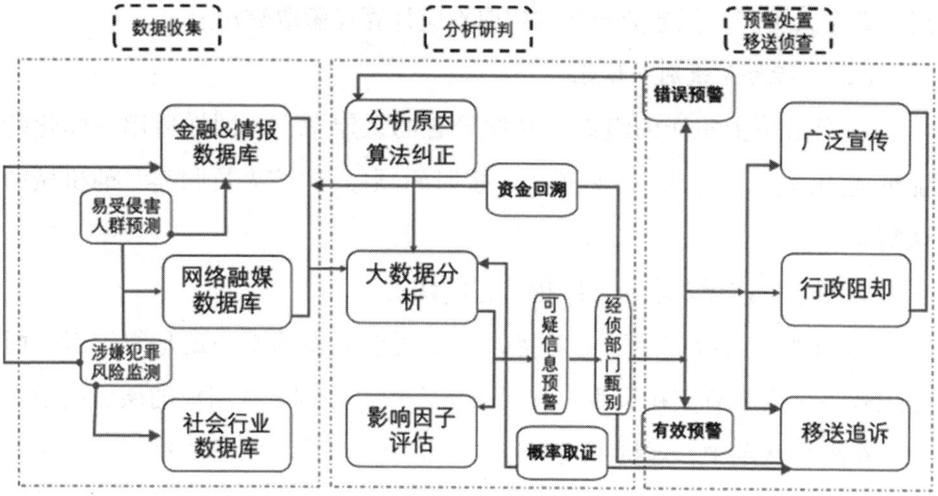

图 3

2. 对资金流向进行比对取证法

例如，按照归集账户，可以分为归集流转，即各层级会员投入资金—进入各归集账户—各归集账户资金进入通道账户—各通道账户资金流入资金池；返利流转，即资金池账户资金—各通道账户—各归集账户—各会员账户。通过资金流向查清资金池账户，进行账户冻结等操作。

在资金查控的证据运用中，网络传销涉及显示资金流向电子数据，如果数量实在太多，无法一一查清的，新的司法解释提出了按资金总额确定犯罪数额的新规定[①]，这就为网络传销犯罪的资金查控“概括性”证据收集提供了依据。另外，在涉嫌犯罪的资金查控上，要区分公司资产和领导者

---

① 最高人民法院、最高人民检察院、公安部《关于办理信息网络犯罪案件适用刑事诉讼程序若干问题的意见》第 21 条规定，对于涉案人数特别众多的信息网络犯罪案件，确因客观条件限制无法收集证据逐一证明、逐人核实涉案账户的资金来源，但根据银行账户、非银行支付账户等交易记录和其他证据材料，足以认定有关账户主要用于接收、流转涉案资金的，可以按照该账户接收的资金数额认定犯罪数额，但犯罪嫌疑人、被告人能够作出合理说明的除外。案外人提出异议的，应当依法审查。

组织者个人资产，例如劳务费的扣取不应计算在骗取数额上[①]。

（三）行为人甄别一体化

在网络传销犯罪的组织者和领导者的认定中，也同样适用一体化的证据运用过程，否则，容易落入“按时间顺序”“按人员归类”的机械的认定。

1. 刑事一体化要求条分缕析，整体认定

组织者与层级应当区分对待，即下属层级多的不一定是组织者，而组织者不一定要有实在层级。在层级认定中，虚构下线组成的层级应予剔除；在组织认定中，虚构下线应当作为组织行为中对传销组织扩大的作用予以考量。简言之，参与者所起的作用因素是认定组织、领导者的实质因素，而非层级判断因素。[②]如某层级内人员分工明确，对传销组织所起作用大，该层级主要参与人只能被认定为整个传销组织的组织、领导者，而非脱离整体单独认定为某一层级。

2. 刑事一体化要求逻辑清晰，形成体系化推进机制

组织者的行为甄别要注重实质行为，不能因组织者的名称、级别、工作内容的不同而忽视其实质组织作用。例如，技术指导仍然被认为是组织者。[③]虽然如此，组织者从作用上却可以被认定为从犯。

质言之，组织者在证据运用中应当注意取证逻辑，即先收集传销组织层级数证据，排除虚构层级，进行真实人数层级的实质认定，审查判断符合3级以上，再根据带有价值判断的作用大小认定组织者，从组织者的主犯中筛选领导者。在网络传销中，客观上，需要从联系网络的关键节点或

---

① 参见杨某莉、方某组织、领导传销活动一审刑事判决书，（2021）鲁1581刑初6号。

② 参见王天淳：《网络传销的入罪分析》，载微信公众号“上海问道有诚律师事务所”，2021年9月22日。

③ 参见冯某平、李某江组织、领导传销活动二审刑事裁定书，（2018）豫13刑终1001号。

中心节点收集组织者证据；实质上，甄别那些有能力引导、带领、说服下线入门，并实际推动传销组织发展、扩大传销组织规模的行为人，围绕其行为全面收集证据，排除那些单一的、具体行政事务的人员；价值判断上，应当围绕承担主要职责、具有关键作用的行为人，从证人证言、技术分析上先行判定，避免“3级30人”的客观标准给侦查人员带来的不必要的困惑。即行为人自己发展的下线没有达到“3级30人”标准，也可被认定为组织、领导者，在先期受案的基础上，参照洗钱罪的上下游降格认定，通过资金分析、人员遴选，关键节点分析，积极扩充线索，快速立案侦查，充实关联证据，从而为符合组织、领导传销活动罪的构成要件建立充分条件。

3. 刑事一体化要求技术客观，防止臆断

层级和人数的去重可以运用代码编写，确定身份证号、支付宝账号、银行卡号去重顺序，同时还要考虑这三者为空的情况。用SQL编写去重代码，代码长；用Python去重，代码精练很多。这些账号是否同属于一个犯罪嫌疑人，还可以结合犯罪嫌疑人的口供、银行记录、支付宝记录印证，也可以用Python去重。[①] 为了防止证据的灭失，需要提前保存证据，例如，将服务器数据即时远程打包并下载，防止服务器到期后的蓄意数据删除。对下载数据在国内进行网站信息的镜像还原，保留侦查取证的各时间节点的真实性、有效性。

综上所述，网络传销犯罪由于回避层级、网络数据证据分散的特点，侦查难点仍然存在，解决问题的关键就在于厘清犯罪构成的本质，即无实质的经营活动的拉人头；非法占有目的的骗取入门费；虽然有经营的外在形式，但仍属于带有欺诈性的经营活动。在实践认定中，也应当遵循相应

---

① 参见谭敏、范强：《网络传销案件中电子取证关键技术研究》，载《网络空间安全》2022年第13期。

的逻辑顺位，理论逻辑上从客观角度、实质角度、价值角度一体化分析；规范逻辑上从实体行为数据化、主体要件虚拟化、实体行为程序化分析，进而形成一体化的证据运用，才能构建完整的追诉犯罪体系，认识网络传销犯罪的侦查取证规律，准确把握刑事法律规范实质内涵，在司法机关证据标准指引下，共同破解网络传销犯罪侦破难题。

网络经济犯罪作为独立研究对象之价值

王　全　李少杰*

一、问题的提出

目前，“网络经济犯罪”并非刑法罪名，而只是一种学术概念。2000年以后，“网络经济犯罪”开始受到学术界和实务界的普遍关注，并陆续发表出一些专以“网络经济犯罪”为研究对象的研究论文和学位论文。要言之，现有文献一致认为：网络经济犯罪是网络犯罪和经济犯罪的新型结合体。在网络经济犯罪中，互联网要么作为犯罪手段或工具，要么直接作为犯罪对象，但究其本质仍然是经济犯罪。其中，较有代表性的网络经济犯罪定义为：利用计算机网络作为犯罪工具或以计算机硬件、软件及其网络系统为侵害对象，为谋取非法经济利益，故意违反国家经济管理法规，破坏社会主义市场经济秩序，侵犯国家、集体及他人财产所有权，应当受到刑法处罚的行为。

毋庸讳言，这些研究成果对网络时代兴起的经济犯罪新形态进行了有价值的探索性研究，为理论界和实务界提出了新命题，指出了新方向，但仍有许多无法回避的关键问题需要进一步澄清：（1）是不是所有以互联网为犯罪工具或侵害对象的经济犯罪都有必要被定义为“网络经济犯罪”？

*　王全，安徽省公安教育研究院副院长；李少杰，安徽省公安厅经济犯罪侦查队政委。

（2）既然网络经济犯罪本质上仍然是经济犯罪，那么有无必要将“网络经济犯罪”从传统经济犯罪的概念中抽离出来，作为独立研究对象开展有针对性的理论研究和对策研究？对此，相关研究寥若晨星，至少目前国内的相关文献未有涉及。为此，本文借鉴了“逆向工程”的研究思路，立足于将网络经济犯罪列为独立研究对象的目的及意义，倒推网络经济犯罪的内涵与外延；通过设定两条逻辑“参考准线”，确定网络经济犯罪概念的具体方位。

第一条“参考准线”：相较于传统经济犯罪，网络经济犯罪经历了“互联网式”的模式再造，无论在组织架构、运作方式、体量规模及其影响等方面都出现了质的改变。

第二条“参考准线”：网络经济犯罪的模式、规模、量级及其影响必须已经超越传统经济犯罪防控体系的承受限度，导致传统防控措施失灵，否则就没有将其列为独立研究对象的必要。

二、界定网络经济犯罪的四个维度

彰明较著，“网络经济犯罪”是多元叠加与相互融合的犯罪新形态。“跨界”应当是其最显著特征之一。有鉴于此，从多个维度考察和把握“网络经济犯罪”的内在属性与本质特征是应当的逻辑起点。

（一）网络犯罪并非传统犯罪的简单升级

网络技术的飞速发展与网络空间的急剧扩张，不仅“孕育”出很多新型犯罪，而且还导致几乎所有的传统犯罪类型不同程度地出现了“互联网+”或“网络化”的现象与趋势，但这并不代表所有利用计算机的犯罪都是“计算机犯罪”，所有使用互联网的犯罪都是“网络犯罪”。“网络犯罪”与单纯把计算机或互联网作为辅助手段的传统犯罪之间必然存在某种质的差异。不能单纯以犯罪分子使用了“微信”或“百度地图”等应用软件，就将其视为“网络犯罪”。虽然传统犯罪效率会因此得到显著提升，但其犯罪模式与规模并未发生实质性的改变，犯罪资源与犯罪体系也未经受“互联网式”的再造与重构，与使用传统电话或纸质地图并无根本区别，只能算作“升级版”的传统犯罪。因此，作为“网络经济犯罪”的上位概念，正确认识“网络犯罪”，避免“网络犯罪”定义简单化，是准确把握“网络经济犯罪”基本方位并开展专项研究的逻辑前提。

（二）并非所有牟利型的网络犯罪都是“网络经济犯罪”

顾名思义，“牟取经济利益”是“网络经济犯罪”区分于其他非牟利型网络犯罪的标志性特征。但是，有些“网络犯罪”虽以“牟取经济利益”为目的，但其侵犯的法益并非国家经济秩序或他人经济利益，因此也不宜将其纳入本研究意义上的“网络经济犯罪”范畴。例如，网络有偿传播淫秽物品、利用网络平台招嫖卖淫以及利用网络贩售毒品等。虽然这些犯罪都是为了“牟取经济利益”，但其侵害的法益却非国家经济秩序或他人经济利益，而是社会公序良俗或者国家对毒品的管制以及公民的身体健康权。

（三）网络介入程度是定义“网络经济犯罪”的关键指标

根据网络介入犯罪的程度，可以将“网络经济犯罪”大致划分为三种类型：网络依赖型（Cyber-dependent）、网络实现型（Cyber-enabled）以及网络辅助型（Cyber-assisted）。与前两种犯罪类型不同，网络辅助型只是在犯罪过程中使用了某些信息技术或网络工具，但其犯罪模式、规模及体量等关键指标并未因网络手段的使用而发生实质性的改变。换言之，不使用网络手段也不会影响此类犯罪的发生，只不过会采用其他替代选项，例如打电话、亲自见面或者查看纸质地图等。故基于前文所设定的两条“参考准线”，本研究意义上的“网络经济犯罪”主要包括网络依赖型经济犯罪和网络实现型经济犯罪。

（四）网络的无边界性导致“网络经济犯罪”的外延扩张

“互联网 +”在各行业、各领域之间的广泛通用性与跨界性正在模糊经济犯罪与普通侵财型犯罪之间的传统界限，进而导致公安机关内部各警种之间的案件管辖界限开始虚化。在无边界的网络空间中，刻意进行未必科学的人为划分不仅难以把握，而且还不利于制定统一的防控与打击对策，进而难以形成打击合力，因此有必要将它们纳入到一个更大的、统一的研究框架之下。故本研究意义上的“网络经济犯罪”采用相对广义的概念，并不将其局限于公安机关大经侦部门（经济犯罪侦查和食药环知侦查）所管辖的传统经济犯罪案件，也包括依法享有刑事侦查权的其他单位（刑侦、网安、治安等部门）所管辖的普通诈骗、敲诈勒索等犯罪案件，及以牟利为目的非法获取计算机信息数据、非法控制计算机信息系统等犯罪案件。这种研究思路也符合当前“大侦查、大部门制”公安改革的方向。

综上所述，本研究意义上的“网络经济犯罪”是指以获取经济利益为目的，以国家经济管理秩序或他人经济利益为首要犯罪客体，完全依赖互联网或者基于互联网实现犯罪模式重构，开放性与风险性凸显的各种犯罪活动之总称。

三、网络经济犯罪的基本类型

我们根据网络因素的介入程度将网络经济犯罪划分为网络依赖型、网络实现型以及网络辅助型三种类型。

（一）网络依赖型经济犯罪

顾名思义，网络依赖型犯罪是一种与网络相伴生的全新犯罪类型。它完全依附于互联网，并与之同步进化。网络依赖型经济犯罪离不开网络信息技术，是一种“纯粹的”“真正意义上的”网络犯罪。简言之，没有互联网，就没有网络依赖型经济犯罪。较常见的网络依赖型犯罪包括但不限于恶意软件（Malware）、间谍软件（Spyware）、拒绝服务攻击（Denial of service attack）、拒绝服务攻击勒索（Denial of service attack extortion）、黑客（Hacking）以及黑客勒索（Hacking extortion）等。

按照是否存在与之对应的线下犯罪类型，网络依赖型犯罪又可以细分为两类：一类是没有与之对应的线下犯罪，例如导致网站崩溃或减损其功能的恶意软件和分布式拒绝服务网络攻击；另一类则是在线下可以找到与之对应的传统犯罪类型，例如勒索软件（Ransomware）本质上就是一种敲诈勒索。2017 年 5 月，全球突发的“比特币敲诈者”（CTB-Locker）病毒通过远程加密用户电脑文件的方式勒索赎金。英国各地超过 40 家医院遭到大范围网络黑客攻击，国家医疗服务系统陷入一片混乱。中国多个高校校园网也受到攻击，当时正处在高校毕业季，很多学子精心制作的毕业文论惨遭被锁，影响极其严重。[①]

（二）网络实现型经济犯罪

与网络依赖型犯罪不同，网络实现型犯罪是在互联网基础之上，对传统犯罪组织模式、行为模式、交互模式等方面的重新塑造，是“互联网 + 传统犯罪”的结果与产物。就其本质而言，网络实现型犯罪虽然仍属于“传统型”犯罪，但在互联网的“加持”下，犯罪空间被无限扩展，犯罪价值链被进一步拉长，犯罪分工被深度细化，犯罪要素被解构重组。换言之，在互联网出现之前，此类犯罪就业已存在。如果网络通讯技术被移除，此类犯罪仍能以传统方式继续存在，但不再是“网络实现型”犯罪。因此，网络实现型犯罪可以在线上、线下两个维度中同时存在，或者在线上、线下两个维度中同时发生（常态），再或者只是某个犯罪环节或阶段发生在线上。对于网络实现型犯罪，互联网不只是单纯发挥辅助作用的通讯工具或信息媒介，而是已经成为独立或相对独立的犯罪场域，即犯罪活动的第二空间。网络实现型犯罪将犯罪场域从线下转移至线上，并主要使用网络技术手段，进而在相当大的程度上突破了传统型犯罪在时间、地域

① 参见《比特币病毒遭遇尴尬对手》，载搜狐网，http://www.sohu.com/a/142026107_637398。

以及社交上的制约与限制。

网络实现型犯罪明显具有不受制于线下行为的独立属性，具体表现为两种模式：第一种，线上独立完成，无须线下辅助。例如，犯罪分子使用窃取或网上购买的信用卡账号及密码，在网络银行冒充持卡人进行资金转账或者支付。第二种，线上为主，线下为辅。具体细分为以下三种情形：一是起步于线下，而一旦转移至线上，便获得独立性。例如，"e租宝"非法集资案就是利用遍布全国的所谓各地"分公司"，通过发放传单、店面咨询以及街头宣传等线下方式，诱骗、辅助受害人（或投资人）注册、登录其网络平台进行投资的。二是线上实施，线下完成犯罪成果的最终转化。例如，网络诈骗犯罪分子通常会雇佣或网罗一批所谓的"马仔"，将骗取且分散在各地银行卡上的资金提现。三是前两者的结合，即"线下（铺垫）—线上（实施）—线下（补充）"。典型或常见的网络实现型经济犯罪包括：

1. 通过正规或仿冒的网络平台或电商网站进行欺诈销售

受害人一旦付款购买，要么根本收不到所谓的货物或服务，要么就是购买到假冒伪劣产品。与此类似的还有网络售票欺诈等。

2. 网络预付款骗局、遗产继承或彩票中奖骗局等

2018年11月22日，重庆警方公众号"重庆网警"通报一起"早起打卡"网络诈骗案，涉案公众号以"早起打卡"之名要求参与者支付押金，而后突然关闭平台卷款跑路。尼日利亚"419欺诈"也属于这种类型。

3. 网上约会欺诈

通过约会网站维持一段时间交往之后诱骗其个人信息或金钱。例如，在网络酒托欺诈案中，线上人员通过网络聊天"勾引"受害人，线下酒托根据网络聊天记录等背景信息将其约至酒吧等特定消费场所进行高额消费。

4. 电子商务欺诈

猎网平台《2016年网络诈骗趋势研究报告》披露了一起新型的网络购

物退款诈骗案：骗子在二手交易平台上发布一则低价转让二手手机广告，信以为真的受害人进行购买并等待对方发货。骗子随即以缺少耳机为由提出退还 100 元电话充值卡，并诱骗受害人在“充值页面”（实为钓鱼网站链接）输入账号、密码及支付密码等信息。得到这些信息后，骗子立即以受害人身份登录交易平台并点击“确认收货”，从而将货款骗到手。

5. 网络银行或网络信用卡诈骗

犯罪分子会通过黑客、木马病毒、钓鱼网站、假冒正规银行网站、发送“您的银行卡被盗用”等诈骗短信或邮件、建设假冒商务网站等手段，窃取或骗取被害人的银行卡账号、密码等敏感信息，进而以受害人身份登录其网上银行账户窃取资金。

6. 网络非法集资

近几年来，犯罪分子频频打着各种所谓“互联网 + 金融”“互联网 + 大宗商品投资”“互联网 + 文化艺术品”等旗号，利用自设或第三方网络平台实施非法吸收公众存款和集资诈骗活动，其中以“e 租宝”以及“昆明泛亚”最为典型，给投资者造成巨大经济损失，社会影响非常恶劣。

7. 网络传销

网络传销比线下传销发展速度更快、收益更高效，且网络传销往往利用新发概念实施传销行为，具有更强的利诱性与欺骗性。例如，2023 年安徽宣城侦办的“元宇宙农场”App 涉嫌组织、领导传销活动案，就是利用近两年新兴的“元宇宙”概念，通过网络手段，吸引群众参与传销，从犯罪嫌疑人开始发展下线至案发仅利用半年时间便吸引注册会员达 1.6 万余人。

（三）网络辅助型经济犯罪

与网络依赖型和网络实现型不同，网络辅助型经济犯罪主要发生在线下，网络技术手段只发挥辅助作用。虽然借助网络能给线下活动带来诸多便捷，甚至非常显著地提高线下活动的效率，但其犯罪性质和规模并未因此发生实质性改变，故本质上仍然是一种线下犯罪。一般而言，在网络辅助型经济犯罪中，线上行为依附于线下关系或线下活动，本身并无独立性，即先有线下再有线上；前者的范围与规模决定了后者的范围与规模；前者消失，后者也就不存在了；后者消失，前者仍然可以存在。例如，某商场销售假冒产品，即使购买者使用了微信扫码的网络支付方式，也不能就此将其列为网络经济犯罪。同理，我们也不能单纯以某犯罪组织的内部成员使用微信（群）进行交流，或者传销组织成员通过微信、QQ或者网络电话等方式鼓动和诱骗其亲属、朋友或同学加入就将其视为网络经济犯罪。

还有一类网络辅助型犯罪，虽然先有线上再有线下，或者只发生在线上，但是对象具有相对特定性。例如，2020年，犯罪嫌疑人黄某通过交友聊天软件Soul结识受害人陈某，经过一段时间的实名线上交往后，黄某以代购iPhone11为名通过微信转账方式骗取陈某4500元，用于挥霍。2020年5月，上海市长宁区公安分局以实施电信网络诈骗将黄某移送起诉至上海市长宁区人民检察院。鉴于4500元的涉案金额，本案存在一个先决问题，即黄某的行为是否构成最高人民法院、最高人民检察院《关于办理诈骗刑事案件具体应用法律若干问题的解释》（以下简称《两高解释》）意义上的“电信网络诈骗”，因为根据上海市的规定，普通诈骗犯罪立案追诉标准为人民币5000元，而《两高解释》第2条规定的通过发送短信、拨打电话或者利用互联网等发布虚假信息实施诈骗的立案追诉标准为人民币3000元。由此，是否构成电信网络诈骗直接决定了黄某是否承担刑事责任。最终，长宁区人民检察院以黄某的行为不构成电信网络诈骗为由作出不予起诉的决定，理由如下：（1）电信网络诈骗行为具有面向不特定对象的显著特征，因此《两高解释》以发送信息达到多少条、页面被浏览多少次，或者利用“钓鱼网站”链接、“木马”程序链接、网络渗透等隐蔽技术手段作为认定“电信网络诈骗”的标准；（2）黄某注册Soul软件账号并与被害人结识、聊天，主要目的是交友，其对象是特定的人，诈骗仅是交友中临时起意而为。由此可见，“电信网络诈骗”与利用电信网络技术作为辅助手段的普通诈骗之间，存在着质的差异；不能单纯以嫌疑人使用了某种社交软件或应用程序，就将其视为“电信网络诈骗”。尽管在电信网络技术的辅助下犯罪效率得到很大提升，但网络辅助型经济犯罪并未超越传统的经济犯罪打防范围。换言之，传统的打防策略与手段对于网络辅助型经济犯罪而言并未失灵。有鉴于此，本文未将网络辅助型经济犯罪列入研究范围。

四、网络经济犯罪成本构成分析

根据贝克尔（Becker）的犯罪经济学理论，犯罪成本 = 犯罪的心理成本 + 犯罪的机会成本 × 被逮捕概率 × 被定罪概率。下面，本文就从心理成本、机会成本、逮捕 / 定罪率三个方面简要分析一下网络经济犯罪的成本构成问题。

（一）犯罪心理成本

所谓犯罪心理成本，是指在实施网络经济犯罪过程中所付出的心力与精力，源自对于惩罚、罪恶等的恐惧与意识。我们所关心的问题是，网络经济犯罪分子在线窃取他人信用卡信息资料后是否会产生或产生多少罪恶感和悔恨？有些学者认为，那些违背伦理道德滥用计算机网络的人可以说事实上并未感受到其行为的伦理后果。更为细致的犯罪分工、明显拉长的犯罪价值链条、相对模糊的法律规范与法律程序，以及相对抽象的受害人与犯罪过程，势必导致网络犯罪所导致的内疚或负罪感明显弱于传统犯罪。

（二）犯罪机会成本

决定犯罪机会成本的因素有两个：一是刑事处罚的轻重，二是正常可取得的合法收入。近几年，一些国家针对网络经济犯罪制定了更加严格的法律，提高了此类犯罪的机会成本。例如，2019 年 4 月 17 日，欧洲议会（European Parliament）和欧盟理事会（European Council）通过一项新指令［Directive（EU）2019/713］，旨在更加严厉地打击通过非现金支付方式进行的欺诈和伪造犯罪，以取代 2001 年欧盟理事会的 413 号框架决定（Council Framework Decision 2001/413/JHA）。该指令第 8 条规定：为了有效打击以非现金支付方式的欺诈和伪造行为，所有成员国的相关处罚必须具有威慑性。各国法律所规定的最高处罚不得低于 3 年监禁，特殊情况下也不能低于 2 年。对于那些有组织犯罪集团所实施或者大规模实施并造成严重后果的犯罪，规定了更为严厉的处罚，即至少 5 年监禁。① 但是，目前仍然有一些国家尚未制定相关法律来应对网络经济犯罪。联合国贸易与发展大会（UNCTAD）网站所公布的最新数据显示，已经有 138 个国家（其中包括 95 个发展中国家）制定并实施了网络犯罪的相关法律，但仍然有超过 30 个国家尚未制定网络犯罪相关法律。② 另外，如果某国 IT 岗位就业率或者收入回报率低，也同样意味着较低的犯罪机会成本。相关研究表明，严重的网络犯罪分子通常来自那些特别重视物理、数学以及计算机科学教育，但合法 IT 岗位又无法给予较高回报的国家及地区。③ 当前，世界各国之间存在严重的发展不平衡，加之互联网的开放与全球属性，这势必导致某些落后国家或地区低廉甚至可以忽略不计的犯罪机会成本，经由互联网迅速拉低全球网络经济犯罪的机会成本，即出现所谓的“木桶效应”。

（三）犯罪逮捕率和定罪率

相对于传统犯罪，网络经济犯罪的逮捕率、定罪率显著偏低。例如，

---

① European Parliament and European Council，Directive（EU）2019/884 of the European Parliament and of the Council ，https：//db.eurocrim.org/db/en/doc/3307.pdf.

② UNCTAD，Cybercrime Legislation Worldwidee，https：//unctad.org/en/Pages/DTL/STI_and_ICTs/ICT4DLegislation/eCom-Cybercrime-Laws.aspx.

③ Sullivan，B.，Who's Behind Criminal Bot Networks?，https：//www.unl.edu/eskridge/cyberbot3.html.

对于一些金额较小的假冒伪劣商品网络销售行为，由于购买者自知是占小便宜的机会主义心理所致，因此常常会抱着花钱买教训，或者担心被指责或被嘲笑，再或者害怕被报复等心态而保持沉默。一项评估显示，即使是那些已经被调查的身份盗用案件（大多数是利用互联网），逮捕率也不超过 700 分之一。[①] 哈佛大学商学院的 Benjamin Edelman 指出："通过避免伤害本国人的方式，网络犯罪分子阻却了执法机关对他们的追诉。" 网络经济犯罪的创新性与新颖性也给执法机关和司法机关提出了严峻挑战。

五、网络经济犯罪的基本特征

（一）犯罪体量可达空前的工业级

正如 2011 年《英国网络安全战略》（*UK Cyber Security Strategy*）所指出的那样，网络空间也为欺诈等犯罪活动提供了平台，并且是工业级的规模。"任何人都可能受到影响，甚至很多人可能会不经意地成为犯罪的帮助者或推动者，无论是没有任何经验的，还是最老练、最专业的个人、企业、第三方机构或政府机构。"[②] 诚然，在互联网出现之前大规模且具有极强破坏力的经济犯罪就已经长期存在了，但网络技术与网络空间正在大大降低涉众型经济犯罪的门槛，使其无论在一国范围内还是在全球范围内实施都变得更加容易，无论是体量还是速度。联通全球的信息平台、第三方或第四方支付平台，以及快捷高效的物流平台，为网络经济犯罪分子实现全球诈骗提供了基础和条件。例如，2016 年 6 月公安部统一指挥广东、辽宁等 12 个省份公安机关联合侦办的一起特大新型制售假发票案，共捣毁假发票

---

① Nir. Kshetri, *The Global Cybercrime Industry*, Springer-Verlag Berlin Heidelberg, 2010.

② City of London Corporation, *The Implications of Economic Cybercrime for Policing*, https://www.cityoflondon.gov.uk/business/economic research-and-information/research-publications/Documents/Research-2015/Economic-Cybercrime-FullReport.pdf.

制售窝点148个，主要犯罪嫌疑人无一漏网。该案中，毕业于某大学软件学院的犯罪嫌疑人张某专门研发了侵入税务机关信息系统的“帝龙软件”，批量调取税务内部系统真实发票数据信息，并打印在假发票上，疯狂实施发票犯罪，不仅造成巨额税款流失，更严重危及国家税务信息系统安全。①

（二）犯罪分工外部化与生态圈化

网络经济犯罪作为网络技术与网络空间的伴生物，专业化程度越来越高，分工越来越细，价值链也越拉越长。犯罪分子或犯罪组织没有能力更没有必要掌握所有犯罪资源或亲自完成所有工作，因此会在一些技术性、专业性或风险性较强的环节上寻求外部合作、外购或外包，并逐步形成一条完整的网络经济犯罪价值链或生态圈。例如，2018年河北省公安厅经侦总队、贵州贵安新区经侦大队分别查处的多起虚开增值税专用发票犯罪案件就呈现出前所未有的“价值链”特征，办案人员形象地将其称为犯罪链条的“弱关联”。不同的犯罪团伙沿着犯罪价值链“松散地”连接在一起，其中包括：团伙A通过利诱或欺骗等手段骗取他人身份资料，团伙B利用这些身份资料注册多家空壳公司，团伙C通过互联网或者微信群等媒介购买这些空壳公司并对外虚开增值税专用发票，团伙D提供公司注册服务，团伙E对外发布虚开信息并寻找用票企业，团伙F为虚开增值税发票提供匹配资金。

互联网的全球性、开放性与迅捷性为犯罪分子在全球范围内寻找犯罪资源或外部合作提供了广阔空间与多变选择。在开放、扁平化的网络空间中，过去那种以集团为中心且相对封闭的犯罪组织形态正在逐步弱化。换言之，网络犯罪分子正越来越多地以一种所谓“商业生态圈”的模式开展活动。例如，有越来越多的犯罪组织开始雇佣财务专家在那些金融管理相

---

① 参见杨书文：《试议经济犯罪的风险性与经济刑法的扩张化——兼及晚近刑事立法中的经济犯罪》，载《江西警察学院学报》2017年第5期。

对安全的国家或地区开展洗钱活动。例如，2020年9月，安徽省铜陵市公安局经侦支队成功打掉一个以吴某平、翁某芳为首的，采用“分仓软件方式”非法经营场外配资业务的犯罪团伙。[①]此类犯罪紧密围绕非法场外配资业务，线上、线下交织联动，逐步建立起一个分工精细、具备完整利益链的犯罪生态圈。

（三）开放性、传播性与风险性凸显

网络经济犯罪依托互联网，能够克服时间、地域和社交圈的种种限制，轻松实现“多对多”“一对多”之间的即时、开放和去中心化交互，进而突破传统经济犯罪模式的相对封闭性，呈现出鲜明的开放属性。而面向不特定人员且来者不拒的“开放属性”也势必伴随着强大的传播性与风险性。换言之，网络经济犯罪的危害及影响会通过低成本、高效率的网络传播与交互能力获得“核裂变式”的放大，涉及地域特别广、涉及金额特别高、涉及人数特别多，极易激化社会矛盾并引发群体性事件，甚至成为系统性、区域性经济风险集中爆发的导火线、催化剂。例如，2015年震惊全国的“e租宝”互联网非法集资案的主要犯罪嫌疑人就是以转让虚假的融资租赁项目债权并支付高息为诱饵，通过“线上平台，线下加盟”的运营管理模式非法集资，累计诱骗90余万人投资580余亿元，截至案发未兑付金额近370亿元。“钰诚系”组织和操控的“e租宝”非法集资网络遍布全国，形成了一种线上线下交织互动、运营主体与加盟机构密切协同的复合型犯罪组织形态。[②]

（四）犯罪要素配置高效化、全球化

互联网联通全球，且日新月异。一方面，汇集全球资源并面向全球提

---

① （2021）皖0705刑初48号安徽省铜陵市铜官区人民法院刑事判决书。

② 参见王全、陈祥民、李盛楠：《互联网非法集资犯罪“加盟型”共犯的认定与证据规格——以“e租宝”互联网非法集资案为研究视角》，载《中国刑警学院学报》2016年第2期。

供各种服务与产品；另一方面，也为全球性的要素融合与创新提供各种平台。这势必进一步扩大潜在犯罪者和受害者的范围。与此同时，随着越来越多缺乏网络安全意识的互联网用户入网，会进一步增强网络安全的不确定性，因为这些互联网用户极易成为网络犯罪攻击的目标，甚至会被网络犯罪分子利用，不经意地沦为犯罪的“帮凶”。例如，很多互联网用户因为不了解网络安全常识，导致其电脑被“僵尸网络”控制，成为实施网络犯罪或发动网络攻击的“僵尸电脑”。“风暴蠕虫”僵尸网络就是一个由100万至500万台被感染计算机组成的全球网络，主要被用于发送垃圾邮件和进行分布式拒绝服务攻击。互联网上的产品与服务包罗万象、五花八门，且创新不断。既包括合法网络服务提供商提供的各类合法服务，也包括非法网络服务提供商提供的各类非法服务。网络经济犯罪分子不必为自己不掌握计算机或网络知识而担忧，因为全球的“在线专家”能向其提供实施犯罪所需的各种手段与服务，例如恶意软件、网络基础设施或者窃取的个人及财务数据等。[①]

通过互联网，犯罪分了可以在全球范围内寻找合作伙伴、构建价值链，并在全球范围内实现犯罪成果的转移和转化。例如，犯罪分子必须通过各种方式去使用所窃取或非法获得的个人信息（如身份信息、银行卡信息和网络银行信息等），才能将其转化为经济利益。这些信息通常会被用于制作假卡并从ATM机上取现，或者冒充合法持卡人登录网银进行转账或线上购物。为将假卡犯罪成果最终变现并降低被捕风险，网络犯罪分子通常会与“马仔”网络开展合作，利用其遍布全国乃至全球的“马仔”进行分布式的提现或收货，同时支付一定比例的佣金。“提现”或“收货”恰恰是网

① City of London Corporation, *The Implications of Economic Cybercrime for Policing*, https: //www.cityoflondon.gov.uk/business/economic research-and-information/research-publications/Documents/Research-2015/Economic-Cybercrime-FullReport.pdf.

络经济犯罪价值链中风险最高的环节，但技术含量低，因此能够被一些犯罪团伙和赚钱心切的个人所接受。

六、结语

并非所有使用网络技术的犯罪都是网络犯罪，否则在网络时代，大多犯罪将成为网络犯罪，因为它们或多或少都会使用或涉及某种网络技术手段。换言之，不加以区分地开展所谓的“网络经济犯罪”研究将变得毫无意义。根据网络介入程度，本文将网络经济犯罪划分为网络依赖型、网络实现型以及网络辅助型三种类型。鉴于网络辅助型只是单纯使用某些网络技术手段，其犯罪模式、犯罪体量或犯罪规模并未因此发生质的改变，故不属于“网络经济犯罪”主要范畴。此外，“网络经济犯罪”也不应局限于公安机关经侦部门管辖的“经济犯罪”，还应包括刑侦部门管辖的网络/电信诈骗、网络敲诈勒索以及网安部门管辖的非法入侵计算机系统等犯罪。总之，经济犯罪是否因网络因素的介入而发生实质性改变，进而导致传统经济犯罪防控手段失灵，应当是我们开展网络经济犯罪研究、制定打防对策的基本逻辑起点。

《关于办理信息网络犯罪案件适用刑事诉讼程序若干问题的意见》的理解与适用

程　雷　侯若英　赵　玮*

2022年8月，最高人民法院、最高人民检察院、公安部联合出台《关于办理信息网络犯罪案件适用刑事诉讼程序若干问题的意见》（以下简称《意见》）。《意见》共23条，主要包括信息网络犯罪案件的范围、管辖、调查核实、取证、其他问题等五部分内容。《意见》是对“两高一部”2014年发布的《关于办理网络犯罪案件适用刑事诉讼程序若干问题的意见》（公通字〔2014〕10号，以下简称《2014年意见》）的修订。之所以修订，主要出于两方面考虑：一方面，近年来，犯罪活动向网络空间滋生蔓延，犯罪手段快速翻新，网络犯罪数量大幅上升。信息网络犯罪愈发呈现出跨地域实施、分工精细、产业化紧密配合，以及向不特定多数人实施并通过网络迅速扩大触及面等特点。网络犯罪形态愈加复杂，犯罪分子逃避侦查能力不断增强，司法办案难度进一步加大，出现不少新情况新问题，亟须研究解决。另一方面，《2014年意见》发布后，公安司法机关先后联合或单独制定出台了《关于办理刑事案件收集提取和审查判断电子数据若干问题的规定》（以下简称《刑事案件电子数据规定》）、《公安机关办理刑事案件

* 程雷，中国人民大学法学院副院长、教授、博士生导师；侯若英，最高人民检察院第四检察厅三级高级检察官；赵玮，最高人民检察院第四检察厅主办检察官、三级高级检察官。

电子数据取证规则》、《人民检察院办理网络犯罪案件规定》等，结合网络犯罪新形势和司法办案新要求，完善规范了办案程序规定，与《2014年意见》共同形成了相对完备的办理网络犯罪案件刑事程序规则体系。因此，有必要在总结司法实践新经验、吸收采纳各部门规定成果的基础上，修订完善办理网络犯罪案件刑事程序规则。为此，最高人民法院、最高人民检察院、公安部在《2014年意见》基础上，深入调查研究，广泛征求意见，反复研究论证，修订出台《意见》，自2022年9月1日起施行，《2014年意见》同时废止。

《意见》以习近平法治思想和习近平总书记关于网络强国的重要思想为根本遵循；坚持问题导向，回应基层需求；总结实践经验与规范成果，提炼确立司法规则。[①]《意见》的出台，对于进一步规范公安司法机关办理信息网络犯罪案件办案程序，依法严惩网络犯罪，维护国家安全、网络安全，保障人民群众合法权益具有重要意义。为便于理解和掌握《意见》的基本精神和主要内容，现就其中七个重点问题解读如下。

一、关于信息网络犯罪案件的范围

《意见》第1条规定了信息网络犯罪案件的范围。近年来，信息网络犯罪案件多发高发，犯罪形态不断变化，《2014年意见》出台时间较早，当时信息网络犯罪种类较少，以此为样本所界定的信息网络犯罪范围相对较窄，无法涵盖当前信息网络犯罪及其黑灰产关联犯罪的全貌。根据2014年以来刑法关于信息网络犯罪罪名的增加调整，综合考虑传统网络犯罪向网络空间迁移、网络黑灰产业生态演变发展等特点，参照《人民检察院

---

① 《依法惩治信息网络犯罪 有效维护清朗网络空间——最高人民法院研究室、最高人民检察院第四检察厅、公安部十一局负责人就〈关于办理信息网络犯罪案件适用刑事诉讼程序若干问题的意见〉答记者问》，载微信公众号“最高人民检察院”，2022年8月30日。

办理网络犯罪案件规定》等界定，对信息网络犯罪案件范围作相应调整。即在第1条中规定案件范围为：（1）危害计算机信息系统安全犯罪案件；（2）拒不履行信息网络安全管理义务、非法利用信息网络、帮助信息网络犯罪活动的犯罪案件；（3）主要行为通过信息网络实施的诈骗、赌博、侵犯公民个人信息等其他犯罪案件。其中，前两项对应《刑法》第285条至287条之二规定的七类犯罪，第3项将主要行为通过信息网络实施的且当前呈高发态势的犯罪以列举的方式纳入案件范围。

需要注意的是，因信息网络技术应用广泛，传统犯罪案件具有涉网因素较为常见，如利用即时通讯软件一对一联络，传统诈骗中被害人利用网络支付平台转账付款等。对此，《意见》第1条第3项规定主要行为通过信息网络实施，旨在将具有少量涉网因素的一般案件排除在外，其中“主要行为”可以结合涉众性、针对不特定多数人实施、主要通过网络非接触实施等因素判断。《意见》在列举诈骗等犯罪的同时规定了“等其他案件”，此处的“等”应理解为“等外”，整体上持开放式、动态化的立场。其他犯罪案件符合第3项规定，且与当前常见多发的电信网络诈骗、网络赌博、侵犯公民个人信息等犯罪在规律特点上具有相当性的，可纳入本项规定的情形。该条界定既符合当前对网络犯罪态势的总体判断，也回应惩治网络犯罪的实践需要。

起草过程中，有意见提出当前网络黑产犯罪为诈骗、赌博等犯罪“输血供粮”，成为网络犯罪高发的重要原因，为加大打击黑产犯罪力度，建议将为信息网络犯罪案件提供帮助的上下游关联犯罪案件纳入《意见》适用范围。经研究认为，当前为网络犯罪提供软件工具、公民个人信息资料、资金通道等的犯罪行为，常见罪名包括帮助信息网络犯罪活动罪、非法利用信息网络罪、侵犯公民个人信息罪等，已在第2、3项中规定，而掩饰、隐瞒犯罪所得和洗钱等上下游关联犯罪情形较复杂，是否主要通过信息网络实施难以一概而论，如符合第3项规定的亦可纳入该项情形。因此，《意见》未将其他上下游关联犯罪案件单独规定为一类信息网络犯罪案件，实践中，符合第 3 项情形的可适用《意见》规定。

二、关于信息网络犯罪案件的管辖

网络犯罪链条化运作、非接触远程实施、跨地区分散作案等特点，对于传统的案件管辖模式带来不少新的挑战，如何科学确立管辖连接点、合理解决管辖权争议也是司法实践中的难点问题。《意见》针对新情况新问题，对案件管辖规定进行修改完善，主要有以下几方面。

（一）适应网络犯罪发展和办案需要，适当增加案件管辖连接点

为便于侦查取证，减少指定管辖，提升查办效率，根据刑事诉讼法和有关司法解释关于刑事案件的管辖规定，《意见》第 2 条第 2 款对于信息网络犯罪案件的犯罪地规定了多个连接点，包括：（1）用于实施犯罪行为的网络服务使用的服务器所在地；（2）网络服务提供者所在地；（3）被侵害的信息网络系统及其管理者所在地；（4）犯罪过程中犯罪嫌疑人、被害人或者其他涉案人员使用的信息网络系统所在地；（5）被害人被侵害时所在地以及被害人财产遭受损失地等。

需要指出的是，该款主要根据最高人民法院《关于适用〈中华人民共和国刑事诉讼法〉的解释》有关条款，对原有的表述作了规范调整。同时，增加了管辖连接点，即将“其他涉案人员使用的信息网络所在地”明确为犯罪地，旨在解决部分没有被害人的跨境网络犯罪案件，境内司法机关管辖依据不明的问题。较为典型的如跨境赌博案件，开设赌场的犯罪分子在境外，境内赌客不是犯罪行为人，也不存在被害人，导致对这类案件在境内容易出现“管辖真空”。考虑到境内参赌人员等涉案人员往往是侦查相关犯罪的重要线索来源，相关案件往往最先由赌客所在地公安机关发现和查办，将其使用的信息网络系统所在地作为犯罪地，更有利于案件办理。

同时，实践中，信息网络犯罪的实行行为、帮助行为往往多环节分散实施，犯罪地常相分离，上游犯罪的办案机关对帮助犯罪是否有管辖权常有争议。例如，检察机关在办理帮助信息网络犯罪活动犯罪（以下简称帮信犯罪）案件中，犯罪嫌疑人往往是由于上游诈骗罪被害人报案而被关联抓获。在诈骗犯罪嫌疑人未到案的情况下，由于帮信犯罪并不存在直接被害人，且帮助行为和实行行为的犯罪地多不相同，导致查办诈骗罪的公安机关能否管辖该帮信犯罪存在争议。办案机关无论移送管辖还是指定管辖，均不利于案件的高效办理。针对这一问题，《意见》第2条第3款规定“涉及多个环节的信息网络犯罪案件，犯罪嫌疑人为信息网络犯罪提供帮助的，其犯罪地、居住地或者被帮助对象的犯罪地公安机关可以立案侦查”，将“被帮助对象的犯罪地”新增为管辖连接点。

（二）明确分案并案处理及其管辖权规则

信息网络犯罪呈现明显的链条化、生态化特点，分工日益精细，各环节独立运行，模块化组织配合，犯罪活动多重交织。上下游犯罪案件相互关联、涉案人员众多、先后到案等情况较为常见。为便于全面查清案件事实、提高办案质效，《意见》第4条至第6条对分并案处理及管辖权规则作出完善规定。

《意见》第4条第1款援引最高人民法院、最高人民检察院、公安部、国家安全部、司法部、全国人大常委会法制工作委员会《关于实施刑事诉讼法若干问题的规定》第3条，规定了公检法机关可以在职责范围内并案处理的4种情形：（1）一人犯数罪的；（2）共同犯罪的；（3）共同犯罪的犯罪嫌疑人、被告人还实施其他犯罪的；（4）多个犯罪嫌疑人、被告人实施的犯罪行为存在关联，并案处理有利于查明全部案件事实的。对于何为“存在关联”往往不好把握，针对实践中多重关联、反复关联的问题，在起草过程中，有意见认为应在本《意见》中明确关联的层级和范围，对关联并案作出规范，尽量减少过度关联。经研究认为，由于案件情况错综复杂，用一个具体标准确定案件关联范围，难以完全适应办案实践，也不利于对犯罪链条的全面惩治。为此，《意见》第 4 条第 2 款作了总体性规定，即对为信息网络犯罪提供程序开发、互联网接入、服务器托管、网络存储、通讯传输等技术支持，或者广告推广、支付结算等帮助，涉嫌犯罪的，可以依照第 1 款的规定并案侦查。需要注意的是，在实践把握中，我们要从有利于查清犯罪事实、有利于诉讼的角度考虑，坚持追挖上游、打击源头犯罪，在一个案件办理中，会同公安机关合理商定关联犯罪范围，注重打击的整体效果。对于办案中发现的关联程度较远的案件，从办案质量和办案效果出发，移送其他有管辖权的地方办理为宜。

此外，多地检察机关反映，原本具有管辖权的案件，特别是已经指定管辖的案件，因涉案人数众多分案起诉，出现部分分案后的案件失去管辖连接点。对这些案件有无管辖权，实践中各地意见不完全一致。为统一标准，经研究认为，信息网络犯罪案件涉案人数众多、先后到案问题较为常见，分并案处理，包括先分后并、先并后分等情形符合办案需要。对于案件管辖，应立足于全案进行审查。为此，《意见》第 6 条明确："依照前条规定分案处理，公安机关、人民检察院、人民法院在分案前有管辖权的，分案后对相关案件的管辖权不受影响。"需要说明的是，针对这一条的适用，检察机关应当结合《意见》第 4 条、第 5 条的规定，审查是否符合分并案处理的情形。特别是结合第 5 条"分案移送审查起诉的，应当对并案侦查的依据、分案移送审查起诉的理由作出说明"的规定，对公安机关移送审查起诉时是否附有说明分并案的依据、理由、过程的文书，以及相关说明是否合理进行审查。

（三）新增跨域（境）信息网络犯罪案件的指定管辖规则

信息网络犯罪案件跨域（境）性特征明显，多地、境外实施情形较多。实践中，对于查办难度大、跨境实施、涉案人数遍布多地的重大信息网络犯罪案件，为加大惩治力度，确保查办质效，公安机关往往采用统一指挥的方式，指定下级公安机关办理。考虑到上述案件多系重大疑难复杂，检察机关面临统筹办案资源、充实办案力量、介入引导侦查等现实工作任务，同级法院也需要结合办案实际提前作好相应开庭审判准备。为保证后续刑事诉讼程序依法、有序、顺利衔接推进，《意见》第8条明确，对上述案件"公安部可以商最高人民检察院和最高人民法院指定侦查管辖"。根据之前实践做法，可以参考把握涉案人数超过80人、在境外实施的信息网络犯罪及其关联犯罪案件等标准，对于公安部根据工作需要指定管辖的，指定管辖前一般先行协商最高人民检察院和最高人民法院。

此外，管辖部分还援引刑事诉讼法及相关司法解释，对管辖争议处理、多地立案协商并案、先后到案先行追诉等作出了规定。需要注意的是，《意见》第3条规定："需要提请批准逮捕、移送审查起诉、提起公诉的，由立案侦查的公安机关所在地的人民检察院、人民法院受理。"第4条第3款规定："有关公安机关依照前两款规定并案侦查的案件，需要提请批准逮捕、移送审查起诉、提起公诉的，由该公安机关所在地的人民检察院、人民法院受理。"对于上述条款的理解，应当注意不能与所在条款割裂开来单独理解。二者适用的前提，均是公安机关对案件具有法定管辖权。在此前提下，上级公安机关指定管辖或有关公安机关依职权并案处理后，相关人民检察院、人民法院作为犯罪地司法机关因本身就具有法定管辖权，无须办理指定管辖。反之，对于办案公安机关本身无法定管辖权的案件，仍然需要按照程序在不同诉讼环节，由相应办案部门向上级院报请指定管辖。

三、关于信息网络犯罪案件的调查核实

信息网络犯罪案件技术性强，且证据分散、易灭失，为保证案件的顺利侦办，公安机关往往在初查阶段就开展调查核实和收集取证工作。为此，《意见》第三部分专门对信息网络犯罪案件的调查核实程序作出规定，

共 3 条。其中，第 11 条、第 12 条分别规定了调查核实的条件和措施。检察机关在审查公安机关移送的证据材料时，应当注意判断是调查核实阶段取得的证据，还是立案后侦查阶段取得的证据。对于调查核实阶段取得的证据，如作为刑事诉讼证据使用，要结合上述规定，重点审查是否有开展调查核实的批准文件，调查核实的方法措施是否符合规定，有无对被调查对象采取强制措施，有无查封、扣押、冻结被调查对象的财产等情况。

《意见》第 13 条规定了调查核实收集的证据材料的使用。关于这类证据能否作为刑事诉讼证据使用，起草过程中存在两方面意见。一种意见认为，《刑事诉讼法》第 54 条规定，行政机关在行政执法和查办案件过程中收集的物证、书证、视听资料、电子证据等证据材料，在刑事诉讼中可以作为证据使用。《刑事案件电子数据规定》第 6 条规定，初查过程中收集、提取的电子数据，以及通过网络在线提取的电子数据，可以作为证据使用。考虑到调查核实与行政执法没有本质不同，调查核实阶段取得的物证、书证、视听资料要遵循刑事程序取证要求；同时，物证、书证、视听资料与电子数据都属于客观证据，与电子数据易篡改、易灭失相比，物证、书证、视听资料相对稳定、更易保管、易保证真实性，按照“举重以明轻”的原则，如果法律规定赋予了调查核实阶段所取得的电子数据的证据资格，则也可相应赋予这一过程中所取得物证、书证、视听资料的证据资格。同时，从办案实践看，网络犯罪具有技术性、跨域性、涉众性等特点，证据收集、提取本身就比较困难。对于调查核实过程中依法收集的上述客观证据，经审查后作为证据使用，确有必要，可通过同步规定随案移送材料以及审查可作为证据使用的标准要求，规范调查核实证据的使用。另一种意见认为，公安机关调查核实活动与行政机关的行政执法和查办案件对调查对象权利的影响是不同的。行政机关的行政执法和查办案件遵循行政诉讼法、行政处罚法，这两部法律对于行政执法工作进行了全面的规范。而公安机关的调查核实活动，虽有《公安机关办理刑事案件程序规定》作出规范，但该规定相较于上述法律，位阶相对较低，规定得也较为原则，不宜将调查核实与行政执法收集证据等同。在现阶段缺乏相应规范的情况下，对于公安机关调查核实过程中收集的证据材料能否在刑事诉讼中使用，仍应在探索中逐步规范完善。综合考虑上述意见，《意见》第13条第1款在《刑事案件电子数据规定》第6条规定的基础上，增加“等材料”的表述，给予调查核实证据今后探索使用留有空间。但适用中仍要以“根据有关规定作为证据使用”为前提，待条件成熟后，可参照《刑事案件电子数据规定》第6条，先制定或者修改有关规定予以明确，以此作为使用的依据。在此基础上，第13条第2款、第3款对相关证据的随案移送和审查运用作了进一步规定，调查核实过程中收集的材料作为证据使用的，检察机关应当注重审查随案移送的证据以及批准调查核实的相关材料，重点审查相关证据能否查证属实，收集程序是否符合有关要求。综合各方意见，经研究，我们认为，在现行法律授权框架下，后一种意见更为妥当，即原则上参照《刑事案件电子数据规定》的授权，调查核实阶段获取的电子数据经审查可以作为证据使用，其他类型的证据可逐案探索研究。

四、关于信息网络犯罪案件的取证

《2014年意见》分两部分规定了跨地域取证、电子数据的取证与审查两部分内容。在起草修订过程中，这两部分内容在后续出台的《刑事案件电子数据规定》中已作了细化完善，本意见没有必要再作重复规定，实践中可直接依照《刑事案件电子数据规定》适用。

同时，近年来信息网络犯罪案件的取证又面临新问题，最突出的是异地办案、协作办案以及跨区域取证等，各地多数仍采取派员到相关金融机构、互联网企业经营地实地取证的方式，取证效率低、内容范围窄，明显不适应办案需要。为此，近年来，公安部针对异地调取电子数据成本高、安全性差的问题，建立异地调证信息化系统，为兼顾异地调取电子数据的便利性和安全性创造了条件。为此，《意见》第 14 条规范了向网络服务提供者调取电子数据和跨地域调取电子数据的规则，明确了可以采用数据电文形式，且可以通过公安机关信息化系统传输，同时要求采用数据电文形式的，应当保证电子数据的完整性。检察机关在审查时，应当依据第 17 条的规定："核验电子签名、数字水印、电子数据完整性校验值及调证法律文书编号是否与证明文件相一致等方式，对电子数据进行审查判断。对调取的电子数据有疑问的，由公安机关、提供电子数据的网络服务提供者作出说明，或者由原调取机关补充收集相关证据。"

《意见》第 15 条规定了异地询（讯）问的程序规则。对此，检察机关办案中应当围绕证据合法性，重点审查被询（讯）问人签名、捺印、协作地公安机关协作人员签名或者盖章，以及是否随案移送同步录音录像，笔录内容与同录内容是否一致等。

需要提及的是，《意见》第 16 条规定："人民检察院依法自行侦查、补充侦查，或者人民法院调查核实相关证据的，适用本意见第 14 条、第 15 条的有关规定。"随着网络犯罪案件的发展和检察办案技术融合程度的增强，检察机关开展自行侦查、补充侦查的情况越来越多。特别是近期通过的反电信网络诈骗法明确了互联网服务提供者配合调证的义务。在今后办案中，检察机关也要注重积极适用上述取证方式，夯实在案证据，推动案件办理。

五、关于海量证据的取证规则

从检察办案看，近年来，网络犯罪案件普遍存在被害人众多、海量银行交易记录、海量通话聊天记录等特点，犯罪分子将获取公民个人信息、实施犯罪行为、转移犯罪资金等进行"碎片化"操作，分配至众多行为人实施、细化为众多犯罪环节、分散为海量"资金流水"，而这些海量被害人和银行流水、信息通讯、计算机操作日志等证据难以逐人逐笔逐条对应查证。

鉴于此，在起草《意见》过程中，不少一线办案人员建议，总结各地实践经验，将海量证据的取证规则在文件中予以明确。我们研究认为，证据海量性是信息网络犯罪案件的突出特征。在具体办案中，要求侦查机关对海量证据全面收集、逐一查证，既成本过高，也不符合客观实际。近年来，各地积极探索，采取海量证据部分选取，结合在案其他证据相互印证，形成相对完整的证据链。在一些案件的办理中，经控辩双方相互质证，得到法院裁判的认可，积累了较为丰富的实践样本。

为此，《意见》第20条对海量证据取证的规则作了专门规定。具体实践中需要重点把握以下四点：

（一）适用条件

需要符合“对于数量特别众多且具有同类性质、特征或者功能的物证、书证、证人证言、被害人陈述、视听资料、电子数据等证据材料，确因客观条件限制无法逐一收集”的条件。这里需要把握证据材料同质性和确因客观条件限制无法逐一收集两个标准，避免在一般性信息网络犯罪案件中适用。关于“同类性质、特征、功能”，我们认为，应当注意与毒品犯罪案件中的批量毒品、知识产权案件中的批量侵权复制品、侵犯公民个人信息案件中的批量公民个人信息相区别，不能简单将同类、同质证据等同于上述的具有相同的外观形态、物理化学特性、刊载内容等同种事物，而应当主要从能够证明相同犯罪行为、相同犯罪方法手段、同类犯罪结果的角度，准确把握同类性质、特征和功能的本质要求。例如，在电信网络诈骗案件中，犯罪分子采用同一套话术、通过同一网络平台对海量被害人实施诈骗，这些被害人陈述能够证明相同的犯罪行为和手段，系具有同类性质、特征、功能的证据材料。又如，在DDOS攻击案件中，黑客远程控制数万台“肉鸡”，对目标网站实施DDOS攻击，这其中被同一犯罪团伙批量远程控制、被种植同种木马程序的电脑，以及相关电脑被远程控制期间的操作日志、远程访问记录等，可以证明黑客实施远程控制的方法手段，也系具有同类性质、特征、功能的证据材料。再如，在网络赌博案件中，通过同一赌博平台、同一支付通道交付赌资的批量资金流水或银行转账记录，可以证明行为人开设赌场获取赌资的犯罪结果，同样系具有同类性质、特征、功能的证据材料。

（二）证据选取规则

即“应当按照一定比例或者数量选取证据，并对选取情况作出说明和论证”。这里需要注意两个方面问题。一方面，要注意区分案件具体情况，合理确定比例和数量。案件情况千差万别，不同类型不同事实证据的信息网络犯罪案件，选取证据的比例和数量难以一概而论。选取证据时，应当从全面反映案件事实的角度，综合具有同类性质、特征、功能的证据总量，被选取证据对犯罪事实的证明情况，被选取的证据证明方向等，合理确定比例和数量。比如，在办理电信网络诈骗犯罪案件中，针对数以万计的被害人，应当根据不同诈骗团伙、不同欺骗话术、不同支付手段等将海量被害人区分为不同性质、特征、功能的组别，在每个类别中综合考虑被害人数量、受害时间、受骗数额等情况，选取一定比例或数量被害人取证，并结合在案其他证据互相印证，达到事实清楚，证据确实、充分的程度。另一方面，要注意与抽样取证相区别。起草《意见》过程中，有意见认为本条规定了“抽样取证”，并主张在条文中作出表述。综合研究认为，抽样是基于概率理论和数据统计理论的非全面检验方法，抽样的基本要求是随机性，尤其是保证抽取样本的随机性。尽管已有部分司法解释对抽样取证作了规定，如“两高一部”《办理毒品犯罪案件毒品提取、扣押、称量、取样和送检程序若干问题的规定》第 25 条、“两高一部”《关于办理侵犯知识产权刑事案件适用法律若干问题的意见》第 3 条等，但网络犯罪案件中，从海量证据中选取证据，是建立在其他在案证据已能够证明大部分犯罪事实、需要选取部分证据予以相互印证、进而对事实认定作出综合判断的前提之下。证据选取和综合认定是办案人员运用生活经验、司法经验进行内心判断，按照经验法则和逻辑法则形成内心确信的司法判断过程，采取的是事实清楚，证据确实、充分的证明标准，本质上是从科学性出发，确立新型证明方式，减轻取证和证明负担、减少讼累。因此，起草该条时，没有采用抽样取证的概念，也未对随机性作出规定。因此，对该条规定的取证科学性，应当结合前文所述方法正确把握。

（三）证据审查规则

人民检察院、人民法院应当重点审查取证方法、过程是否科学。经审查认为取证不科学的，应当由原取证机关作出补充说明或者重新取证。审查取证科学性，要结合公安机关的说明和论证，综合上述适用条件和取证规则作出判断。这里需要强调的是，取证是否科学因案而异，总的看，选取的比例大、数量多更能体现科学性，但不也不宜一味求多求全，应当结合其他在案证据、海量同质性证据指向的待证明事实、被选取的证据证明情况等综合考虑。有关证据材料经一次选取后，达不到事实清楚，证据确实、充分的标准，难以形成内心确信的，应当重新选取、补充选取。

（四）证据采信规则

人民检察院、人民法院应当结合其他证据材料，以及犯罪嫌疑人、被告人及其辩护人所提辩解、辩护意见，审查认定取得的证据。经审查，对相关事实不能排除合理怀疑的，应当作出有利于犯罪嫌疑人、被告人的认定。

六、关于涉众型信息网络犯罪案件的账户资金推定规则

网络犯罪被害人、涉案人员往往遍布全国各地，对于涉案资金数额的认定，经常面临难以逐人核查资金流向的困难。如电信网络诈骗犯罪案件中，被害人动辄数万、数十万，有的被害人分布各地难以派员逐一询问取

证；有的被害人没有报案，无法查实具体身份取证，逐一取证认定难度极大。针对这类问题，《意见》第 21 条对涉众型信息网络犯罪案件的账户资金推定规则作出规定，对于涉案人数特别众多的信息网络犯罪案件，确因客观条件限制无法收集证据逐一证明、逐人核实涉案账户的资金来源，但根据银行账户、非银行支付账户等交易记录和其他证据材料，足以认定有关账户主要用于接收、流转涉案资金的，可以按照该账户接收的资金数额认定犯罪数额，但犯罪嫌疑人、被告人能够作出合理说明的除外。案外人提出异议的，应当依法审查。我们认为，针对财产的程序与针对被追诉人的刑事责任程序相比，证明规则上可以适度宽松，更多的适用推定不违反无罪推定原则及其统摄的举证责任分配规则。

对于这条的具体适用，应当注意把握以下三点：（1）在适用范围上，部分信息网络犯罪案件虽然具有证据海量性，但只有涉案人数特别众多导致无法逐人核实的案件，才能适用该推定规则；（2）在证据材料上，应当有银行账户、非银行支付账户等交易记录和其他证据材料，即证明基本犯罪事实、账户性质、涉案资金数额已有客观性证据；同时，应当注重按照第 20 条确定的规则和前文所述方式，对海量涉案人员进行取证，并与在案其他证据材料相互印证，达到事实清楚，证据确实、充分程度，形成内心确信；（3）在数额认定上，在足以认定有关账户主要用于接收、流转涉案资金的情况下，可以按照该账户接收的资金数额认定犯罪数额，但犯罪嫌疑人、被告人能够作出合理说明的除外，也即允许作出辩解。例如，犯罪嫌疑人提出涉嫌诈骗的账户里有合法财产并提供相应证据，经查证属实或者不能排除合理怀疑的，不能认定该笔犯罪数额。此外，对于案外人就涉案账户资金的认定提出异议的，应当依法审查，以维护他人合法财产权益。

需要注意的是，这条款是一个兜底条款，在适用时必须符合上述三个条件。实践中，仍然首先应当积极、全面核实犯罪数额，收集证明账户信息的证据材料，并充分听取犯罪嫌疑人、被告人以及相关案外人的辩解、说明。不可单纯以人数众多、证据海量为由，直接适用本条款，防止适用范围不当扩大。

七、关于涉案财物处置的程序规则

近年来，电信网络诈骗、网络赌博等犯罪高发多发，犯罪分子攫取巨额经济利益，严重侵害人民群众财产权益，社会反映强烈。这些犯罪因有网络“洗钱”参与配合，导致资金来源非常分散，资金流向十分复杂，加之不少案件在境外操作，涉案资产有不少转移到境外，如何依法查扣、甄别、认定、处置涉案财产成为实践中的突出问题。追赃挽损工作直接关系人民群众根本利益，《意见》和反电信网络诈骗法都作出专门规定。起草《意见》过程中，各方高度重视追赃挽损工作，将规范涉案财产处置程序规则作为修订的重要内容之一。《意见》第22条第1款规定“办理信息网络犯罪案件，应当依法及时查封、扣押、冻结涉案财物，督促涉案人员退赃退赔，及时追赃挽损”，对涉案财物处置提出原则性要求。

从实践看，对于信息网络犯罪案件，仅依靠证明犯罪事实、量刑情节的证据材料，难以对涉案财物权属情况进行审查甄别、提出处理意见，必须有针对性地、全流程收集证明涉案财物性质、权属情况，依法应予追缴、没收或者责令退赔的证据材料。为保证追赃挽损的实效，公检法各部门需要加强协作配合，依法、全过程、及时对财产甄别处置。为此，《意见》第22条第2款坚持涉案财物处置与定罪量刑并重，从公安机关收集证据、检察机关提出处理意见、人民法院裁判处理等方面分别提出要求，强调公检法机关各司其职、分工配合、强化制约，提高财产认定和处置的效果。具体来说，按照公检法机关职能分工不同，分阶段、分层次规定，压实侦查取证、审查起诉、法院审判各环节责任。即公安环节要全面收集证明涉案财物权属情况、应予追缴或者没收等的证据材料；在移送起诉时随案移送并作出说明。其中，涉案财物需要返还被害人的，应当尽可能查明被害人损失情况。检察环节要根据在案证据情况审查涉案财物权属情况，在提起公诉时提出处理意见。审判环节要依法作出判决，对涉案财物作出处理。

需要注意的是，检察机关作为法律监督机关，对于涉案财产处置要依法加强法律监督。一方面，侦查环节全面收集涉案财物的证据材料是检察机关审查甄别、提出公诉时提出意见的重要基础。因此，应当在介入侦查、引导取证、退回补充侦查等各环节加强监督，对于公安机关收集证据材料不全面、涉案财产处置不规范的，应当依法引导公安机关收集完善相关证据材料，或退回公安机关补充侦查，督促规范财产处置。另一方面，针对法院对涉案财产处置的判决及后续执行，检察机关也要加强同步监督。对于涉案财产处置确有错误的判决，必要时，检察机关应当依法提出抗诉，确保涉案财产依法公正处置。

扫描二维码

查看《意见》全文

协同推进电信网络诈骗及关联犯罪诉源治理
——检察机关打击治理电信网络诈骗及关联犯罪典型案例解读

赵　玮　纪敬玲*

为深入贯彻习近平总书记重要指示精神，认真落实2022年中共中央办公厅、国务院办公厅《关于加强打击治理电信网络诈骗违法犯罪工作的意见》（以下简称《意见》），持续向社会传递依法从严惩治电信网络诈骗及关联犯罪的信号，切实增强社会公众防范意识，2022年4月，最高人民检察院发布10件检察机关打击治理电信网络诈骗及关联犯罪典型案例。为更好地发挥典型案例指引和规范作用，现作如下解读。

一、发布该批典型案例的背景和意义

近年来，电信网络诈骗及关联犯罪呈多发态势，严重影响人民群众安全感，污蚀网络环境。2021年，检察机关起诉电信网络诈骗犯罪近4万人，起诉帮助信息网络犯罪活动罪12.9万人。① 以习近平同志为核心的党中央对此高度重视，2021年4月，习近平总书记作出重要批示，要求坚持以人

* 赵玮，最高人民检察院第四检察厅主办检察官，三级高级检察官；纪敬玲，最高人民检察院第四检察厅四级高级检察官助理。

① 参见孙风娟：《全链条打击一体化治理　营造清朗网络空间》，载《检察日报》2022年4月22日，第1版。

民为中心，全面落实打防管控措施，坚决遏制电信网络诈骗犯罪多发高发态势。[①]2022年4月，中共中央办公厅、国务院办公厅印发《意见》，加强顶层设计，为今后一段时期打击治理电信网络诈骗工作提供了重要遵循。检察机关认真贯彻落实，把打击治理工作列为“我为群众办实事”的重点任务之一，依法严厉惩治电信网络诈骗及关联犯罪，协同推进网络综合治理，全力维护人民群众合法权益，共同营造清朗网络空间。

本次发布的10件典型案例，就是检察机关深入贯彻落实习近平总书记重要指示精神和《意见》相关内容，全链条惩治、一体化治理、精准化预防电信网络诈骗及关联犯罪的真实体现。从案件类型来看，包括电信网络诈骗犯罪（案例一至案例五）和与之关联的网络黑产犯罪（案例六至案例十），较为全面地反映了电信网络诈骗犯罪整体样态，较为深入地揭示了该类犯罪的社会危害性。从检察履职来看，突出依法能动履职，不仅介绍检察机关加强司法办案、依法打击犯罪的成效，还介绍了检察机关主动作为，协同推进社会治理的实践，从不同角度展现检察机关“惩治为要、预防为先、治理为本”的理念和作为。从典型意义来看，既有对司法办案的指导意义，对社会公众的教育和对犯罪分子的警示意义，还有对加强行业监管和平台治理的规范意义。

当前，电信网络诈骗犯罪呈现出领域广、手段新、危害深的特点。一是领域广。主要指诈骗行为涉及日常生活诸多领域。一方面，传统领域诈骗有新变化。如投资理财类诈骗，欺骗投资项目已经从传统实体产业扩展至虚拟产业，欺骗投资金融理财产品既涉国内又涉国外，既有传统金融产品也有虚拟货币、交易指数等新型产品。另一方面，新领域诈骗不断出现。较为突出的如网络游戏领域诈骗，主要涉及游戏装备、皮肤买卖，还出现

① 《习近平对打击治理电信网络诈骗犯罪工作作出重要指示强调　坚持以人民为中心　全面落实打防管控措施　坚决遏制电信网络诈骗犯罪多发高发态势》，载《人民日报》2021年4月10日，第1版。

了游戏空间交友诈骗，如案例四反映的就是新型的“游戏托”诈骗。

二是手段新。其一，新在诈骗话术上，犯罪分子往往蹭前沿业态的热点，以新技术、新概念包装项目并吸引社会公众参与其中，比较典型的就是以投资虚拟货币为名实施诈骗。其二，新在诈骗技术上，不少网络技术、网络设备被用于违法犯罪，不仅提升了犯罪效率、降低了犯罪成本，也为犯罪分子逃避监管或规避调查提供了支持帮助。其三，新在诈骗空间上，犯罪行为在传统跨地域（疆域）基础上，出现了跨平台的趋势。行为人将整个诈骗行为分割成多个子行为（如收集信息、引流、虚假投资、洗钱等），在多个平台上实施，从单个平台看，每个行为都是符合规则的，但串联起来看就是一个相互配合、相互衔接的犯罪行为。

三是危害深。主要体现为电信网络诈骗犯罪危害程度叠加升级，影响扩大蔓延。该类案件尤其是跨境案件，往往被骗群众多、涉案金额大，有的高达上亿元，不少是老百姓的养老钱、看病钱、求学钱。一些犯罪分子将网络技术用于犯罪，背离技术向善的宗旨，阻碍互联网数字经济发展。网络黑灰产滋生蔓延，导致犯罪门槛降低，一些法律意识淡薄的普通民众参与其中。尤其在“断卡”行动中发现，不少年轻人沉溺于出售“两卡”（电话卡、银行卡）、帮助转移资金后带来的物质回报，甚至将此作为职业坐等收益，不仅深陷犯罪泥潭，而且导致思想滑坡、观念扭曲。

二、穿透话术技术表象，依法认定行为的诈骗本质

电信网络诈骗的手段花样翻新，较之前具有更强的隐蔽性和欺骗性，不仅对于广大民众来说防不胜防，而且也给司法办案提出了许多新的挑战。检察机关在办理该类案件时，应穿透行为表象，通过对话术、手段技术、资金流向等因素的综合分析，依法准确认定诈骗犯罪。

目前，电信网络诈骗犯罪主要有三种具体行为方式：一是“空手套白狼”。这是最为常见的诈骗方式，在投资理财类诈骗中尤为突出。诈骗集团往往以投资虚假项目产品为幌子，通过搭建虚假的交易平台实施诈骗，隐蔽性强、受害人众多、涉案金额往往特别巨大。如案例一中，犯罪分子就是以投资区块链、欧洲平均工业指数为幌子，搭建虚假的交易平台，冒充专业指导老师诱使被害人在平台上开设账户并充值，所充值钱款流入该团伙实际控制的对公账户中。二是“以小套大”。在行骗初期，犯罪分子往往通过小额返利、履行价值不高的合同获取被害人的信任，使其放松警惕，进而投入更多资金最终被骗。这种方式在“刷单”返利型诈骗和“杀猪盘”诈骗中较为常见。三是“温水煮青蛙”。与传统诈骗方式相比，该类诈骗方式欺骗性迷惑性隐蔽性更强，多用于投资理财类诈骗。犯罪分子的目的不是被害人的本金，而是由交易产生的手续费。犯罪分子往往通过后台操作，制造交易相对平稳、具有盈利可能性的假象，并保证平台中资金的正常支取，诱导被害人频繁交易，从中赚取高额手续费以达到骗取钱款的目的。

电信网络诈骗犯罪涉及生产生活诸多领域，打着投资理财、情感交友、网络购物等“幌子”实施的诈骗占近一半比例。此次发布的 5 件诈骗犯罪案件涉及 4 种类型：一是投资理财类。据统计，这一领域诈骗犯罪案件数量占 1/4，位居首位。此次发布的案例一、案例二均为该类犯罪。实践中，犯罪分子往往会通过搭建交易平台来实施。对检察官来说，在审查案件时，应从引流入群、交易入资、资金入账等方面，全面把握投资平台操作模式，重点围绕“交易操控方式、平台盈利来源、被害人资金流向”等关键事实，准确认定平台运作的虚假性和投资钱款的非法占有性，全面认定整个平台和参与成员的犯罪事实，依法予以追诉。二是明星打赏类。该类案件伴随“饭圈”文化发展滋生出现，犯罪分子诈骗手段并不隐蔽，司法认定难度也不是很大。但由于犯罪分子利用被害人追星的盲从心理，加之不少年轻人特别是一些未成年人防范意识较弱，往往轻松达到诈骗目的，给被害人心理造成较大伤害。三是网络游戏类。这一领域犯罪分子多通过线上游戏充值的方式实施诈骗，隐蔽性强，罪与非罪认定标准不是很明晰。如案例四中，犯罪分子在网络游戏中扮演异性角色，以“奔现交友”（系网络用语，指由线上虚拟转为线下真实交友恋爱）等话术骗取被害人信任，以给付见面诚意金、报销飞机票等各种线下理由，诱骗被害人短期内多次支付，并支付明显超出正常使用范围的游戏费用，以达到诈骗目的。在办理该类案件时，检察官应透过犯罪行为表象，通过对交友话术欺骗性、充值次数及数额异常性、获利手段非法性等因素进行综合分析，认定诈骗犯罪本质。四是网络购物类。如案例五中，犯罪分子利用年轻人急于增高的意愿，以基因检测为幌子，谎称被害人基因存在缺陷，通过网络引诱被害人购买不具有增高效果的产品骗取钱款。在网络购物类诈骗中，行为人为达到骗取钱款的目的，需要对其出售的商品进行虚假宣传，这其中存在着与民事欺诈、虚假广告罪之间的界分问题。在办理该类案件时，检察官应从商品价格、功能、后续行为等角度综合考虑。对于行为人出售商品价格与成本价差距过于悬殊、对所售商品功效以及对购买者产生的影响“漠不关心”、采用固定销售“话术”“剧本”套路被害人反复购买、被害人购买商品所希望达到的目的根本无法实现的，结合行为人供述等证据，可认定其具有非法占有目的，依法以诈骗罪论处。行为人为拓宽销路、提高销量，对所售商品作夸大、虚假宣传的，可按民事欺诈处理；情节严重，符合虚假广告罪的，依法可以虚假广告罪论处。

三、坚持系统思维，准确把握关联犯罪的认定标准

伴随网络黑灰产业链发展，与电信网络诈骗相关联犯罪依附在网络黑灰产业上不断滋生蔓延，呈现犯罪链条长、行为方式交织、所涉及罪名多等特点，对于依法认定相关犯罪行为、准确区分此罪与彼罪界限产生不少新挑战。此次发布的典型案例坚持问题导向、实践导向，回应了实践中存在的部分疑难问题。

（一）掩饰、隐瞒犯罪所得、犯罪所得收益罪与诈骗罪共犯之间的区分

随着电信网络诈骗犯罪分工逐步专业细化，对涉诈骗资金进行清洗并协助转移已经成为一类相对固定的工作。由于电信网络诈骗犯罪链条长，犯罪分子之间犯意联络相对松散，加之资金高度混同导致犯罪行为相互交织。因此，对于该类行为，实践中是认定为掩饰、隐瞒犯罪所得、犯罪所得收益罪还是诈骗罪共同犯罪，争议较大。2016 年最高法、最高检、公安部《关于办理电信网络诈骗等刑事案件适用法律若干问题的意见》对此作出规定予以区分。但总的来看，上述规定相对原则，操作性不强。实践中，上述两个罪名的准确区分应根据不同情况，结合在案证据综合认定。

一是对于行为人与上游诈骗犯罪分子事前通谋或事中勾连的，且有相应主客观证据予以证明的，依法应以诈骗罪共同犯罪论处。前者如在成立诈骗犯罪集团或从事具体诈骗行为之前，双方就共同预谋、策划、分工的；后者如行为人中途参与到诈骗犯罪集团中，根据分工安排，专门从事资金转账、套现、取现工作的。在这类情形中，行为人对犯罪分子及其实施的诈骗犯罪有明确认知，且这种认知往往在其与上游诈骗犯罪分子联络时就已产生。

二是对于行为人既非诈骗团伙成员，也未与上游诈骗分子有直接的事前或事中联系，但长期帮助诈骗团伙转账、套现、取现，或提供专门资金转移通道，形成较为稳定协作关系的，已经成为诈骗链条上的固定环节。在这种情况下，行为人对上游诈骗犯罪行为心知肚明，在没有其他相反证据的情况下，应综合全案证据，依法认定其明知他人实施电信网络诈骗犯罪，以诈骗罪共犯论处。当然在这种情形下，应坚持主客观相统一原则，全面收集行为人与上游犯罪分子间接联系，协助转移资金数额、次数、频率、持续时间以及违法所得来源、数额等方面的证据，综合予以认定。如案例六中，犯罪分子罗某杰通过联系境外地下钱庄和虚拟币商，为上游电

信网络诈骗犯罪提供固定资金通道，形成了长期稳定的协作关系。在这种情形下，即使没有事前通谋证据，也可结合在案其他证据认定其明知他人实施电信网络诈骗犯罪，依法以诈骗罪共犯论处。

三是排除上述两种情形，在诈骗犯罪既遂后，如果行为人明知其转移资金系犯罪所得及其收益，仍进行转账、套现、取现等操作的，可依法认定构成掩饰、隐瞒犯罪所得、犯罪所得收益罪。实践中，行为人往往为不同的人提供资金转移支持，对资金的来源持放任态度，且未与上游诈骗犯罪分子形成固定协作关系。在判断行为人是否明知是犯罪所得及其收益时，应结合行为人的认知能力、既往经历、行为次数和手段、资金流转的频率、与相对方的关系、获利情况、是否受过刑罚和行政处罚、是否故意规避调查等方面综合分析认定。如案例三中，戴某等人应他人介绍，利用本人的收款二维码帮助转移赃款收取佣金，在其收款二维码被封控，并提示可能用于违法犯罪、不能再进账后，又相继利用家人的收款二维码继续协助转账。综合上述证据，可依法认定其明知所帮助转移资金系犯罪所得，应以掩饰、隐瞒犯罪所得罪认定。

（二）帮助信息网络犯罪活动罪主观明知的认定

帮助信息网络犯罪活动罪主观明知的认定是司法实践中的难题。一方面，该罪的明知程度是一种高度可能，这种可能性程度如何掌握缺乏具体标准；另一方面，该犯罪行为与其实际所帮助的上游犯罪行为之间链条较长，多无直接联系，试图通过上游犯罪行为去认定帮助信息网络犯罪行为的主观明知，难度较大。因此，2019 年最高法、最高检《关于办理非法利用信息网络、帮助信息网络犯罪活动等刑事案件适用法律若干问题的解释》第 11 条规定了可以认定明知的 7 种情形。2021 年最高法、最高检、公安部《关于办理电信网络诈骗等刑事案件适用法律若干问题的意见（二）》第 8 条第 2 款又增加规定了两种情形，同时规定认定明知的总体要求，主要包括坚持主客观综合认定、允许反证、防止片面倚重言词证据和避免简单客观归罪等。但由于电信网络犯罪迭代升级发展，实践中情况也是复杂多样，需要按照总体认定要求，结合具体问题具体分析判断。本次发布的典型案例提供了两种认定帮助信息网络犯罪活动罪主观明知的具体实践样本，以供办案参考。

一是通过行为人提供的技术工具的属性来认定主观明知。如案例九中，行为人非法买卖 GOIP 设备并提供后续维护支持，为电信网络诈骗犯罪提供技术帮助。尽管 GOIP 设备在实践中具有一定的合法用途范围，但不可否认的是，该设备在电信网络诈骗犯罪中被广泛使用，尤其是一些诈骗团伙在境外远程控制在境内安置的设备，加大反制拦截和信号溯源的难度。该案中的行为人之一方某作为专门经营 GOIP 设备的人员，结合其从业经历、对设备工具性能了解程度等因素，应当明知这一客观情况，其对销售对象及购买用途不加审核，仍然长期向外出售，导致所出售的设备被用于电信网络诈骗犯罪，依法可认定其主观上明知他人利用所出售的信息网络设备实施犯罪。

二是通过行为人所从事职业的特点要求认定主观明知。如案例十中，周某平、施某青作为电信公司从业人员，明知宽带账号实名制是互联网管理的一项基本要求，且不能私下买卖，买卖后极有可能被用于电信网络诈骗等犯罪，仍利用办理业务的学生所存留的个人信息私下办理宽带账号，并出售给上游买家。作为行业从业人员，其对这一行为产生的风险是知悉的，并且具有更高的注意义务，但仍实施上述行为，可依法认定其主观上明知。

四、注重宽严相济，准确把握办理电信网络诈骗案件的政策导向

电信网络诈骗犯罪往往涉案人数众多，各自在诈骗集团中的地位作用不同，因此，检察人员在办案中应准确把握宽严相济刑事政策，依法分层处理，确保取得良好效果。

（一）坚持依法从严

这是党中央打击治理电信网络诈骗犯罪的基本立场，必须始终坚持。首先，在惩治对象上应突出惩治电信网络诈骗犯罪集团的组织者、策划者、骨干分子和幕后“金主”，以及为之提供各类支持帮助的犯罪团伙的头目和骨干、行业“内鬼”。既要从严适用自由刑，又要加大罚金刑适用力度。

其次，在惩治范围上应突出全面惩治，对于犯罪集团各部门、各环节的犯罪分子尤其是幕后组织者、“金主”，深挖案件线索，实现全链条打击。如案例二中，检察人员围绕投资平台整体运作模式和不同层级犯罪分子之间的行为关联，准确区分集团内部犯罪分子的职能分工。既严厉打击在平台上组织开展诈骗活动的指挥者，又依法惩治在平台上具体实施诈骗行为的操作者，还深挖诈骗平台背后的实际控制者，实现对整个诈骗犯罪集团的全面打击。

再次，在检察履职上应充分发挥法律监督职能，依法追捕追诉、提出抗诉。电信网络诈骗犯罪关联案件较多，涉案人员随着办案深入不断发生变化，公安机关最初提请批准逮捕、移送起诉人员有时也不尽完整。对此，检察机关应加强与公安机关的协作，深挖细查案件线索，对于公安机关应提请批准逮捕而未提请的、应移送起诉而未移送的，依法及时追捕追诉；对于法院判决确有错误的，依法提出抗诉。前者如案例一中，检察机关经认真审查，分别向公安机关发出应当逮捕犯罪嫌疑人建议书、补充移送起诉通知书，追捕追诉共计32名电信网络诈骗犯罪团伙成员。后者如案例二中，检察机关认为法院以非法经营罪判决确有错误，依法提出抗诉，最终法院支持抗诉，对犯罪分子以刑罚更重的诈骗罪进行判决，体现了罪责刑相适应原则。

最后，应切实加大追赃挽损力度，不给犯罪分子在经济上以可乘之机，保护受骗群众的财产利益。当前，涉诈资金发现难、追缴难、处置难是困扰司法办案的一个突出问题，也是影响人民群众获得感的重要因素。为此，《意见》突出强调健全涉诈资金查处机制，最大限度追赃挽损。检察人员应把追赃挽损作为司法办案的重要内容，会同公安机关、法院及时提取、梳理、分析涉诈资金证据尤其是电子数据，从平台资金账户、犯罪分子个人账户入手，倒查资金流向，依法及时冻结相关出入金账户；通过资金流向发现处置线索，依法及时扣押涉案相关财物，阻断诈骗资金的转移和处置，最大限度挽回被害人的财产损失。尤其在介入案件初期，检察机关应重视加强对涉案资金线索的梳理排查，引导公安机关依法及时扣押、冻结涉案资金财物，为后期追赃挽损创造条件。

（二）坚持宽以济严

这既是分化瓦解犯罪分子的有效方式，也是给予情节较轻人员悔过自新机会，减少社会对立面，促进社会和谐的重要举措。尤其在当前，相当一部分年轻人包括一些在校、刚毕业的学生涉罪，办案中检察人员应做到当严则严、当宽则宽、宽严相济，以此更加强化严的效果，更好发挥刑罚的综合效应。

做到宽以济严，准确把握逮捕的社会危险性条件，综合考虑起诉的必要性，防止“构罪皆捕”“构罪即诉”，确保社会效果良好。对于初犯、偶犯、未成年人、在校学生、老年人等，特别是被胁迫或蒙骗参与犯罪活动，违法所得、涉案数额较少且认罪认罚的，以教育、挽救为主，可依法从宽处理。同时，对于涉案人数众多的犯罪集团、团伙案件，根据行为人在集团、团伙中的地位、作用，退赃退赔、认罪认罚等情况，依法分层分类处理，综合发挥行政处罚、信用惩戒、刑罚的规制效应，坚决防止一刀切、一律重。尤其对于经应聘入职仅领取少量工作报酬，按照工作指令仅从事辅助性、事务性工作，参与时间较短、参与诈骗数额较少、发挥作用较小的人员，可依法从轻、减轻处罚。

五、依法能动履职，协同推动诉源治理

电信网络诈骗犯罪多发高发，其背后折射出网络治理、社会治理还有一些亟待改进完善的地方。《意见》突出强调，切实强化金融、电信、互联网等行业监管，强化源头治理，让电信网络诈骗无处生根。在与不断升级的电信网络诈骗犯罪斗争中，司法机关应做到“魔高一尺、道高一丈”，坚持惩治结合，以惩促治。因此，在该批典型案例编写中，我们注重突出检察机关能动履职，推动网络诉源治理的有益实践。如案例三聚焦不良“饭圈”文化，案例四聚焦网络游戏行业规范运营，案例七聚焦电信、劳务公司个人信息保护，案例八聚焦物流行业经营风险，案例十聚焦通信宽带业务推广和校园周边治安管理等，检察机关延伸法律监督职能，综合采用不同方式，会同有关部门共同推动源头治理，取得良好效果。

网络虚拟空间，依法治理要实。如何将这项工作谋深做实？这就要求检察人员，一是有融入参与的能动自觉，主动延伸监督。加强案件反向审视，推动制度机制建设，为社会治理、网络监管发出“检察预警”、提供“检察方案”。二是更加重视全面履行刑事、民事、行政和公益诉讼检察四大职能，尤其应加强刑事检察和公益诉讼检察之间信息互通、资源共享、线索移送、人员协作和办案联动，形成工作合力。三是更加重视数据赋能，强化大数据思维。积极借鉴浙江等地数字化改革探索，推动建立数据互通共享，强化数据集成分析研判，实现由个案办理式监督向类案治理式监督转变，及时发现网络治理的“死角”“盲点”。四是更加重视涉案企业合规建设。利用涉案企业合规改革在全国全面开展的契机，结合网络黑灰产治理和数据信息安全保护的突出问题，督促涉案企业加强合规建设特别是数据信息合规，强化源头治理。检察机关可通过制发检察建议书、开展专业第三方监督评估、召开不起诉案件公开听证会等，督促涉案企业构建数据合规管理体系、提高风险识别应对能力、营造企业合规文化。五是更加重

视发挥典型案例的指引作用。加强以案释法，警示犯罪分子迷途知返，教育广大公众提升防范意识，推动行业部门强化综合治理，共同营造清朗网络空间。

扫描二维码

查看典型案例

• 规范性文件 •

关于加强新时代检察机关网络法治工作的意见 *

加强新时代网络法治工作是全面依法治国的必然要求，是网络强国建设的重要任务。为认真学习贯彻党的二十大精神，依法能动履行法律监督职责，以检察工作现代化融入和助力网络法治工作现代化，更好维护政治安全、社会安定、人民安宁，更好服务保障网络强国、数字中国建设，结合检察工作实际，现提出以下工作意见。

一、深入贯彻习近平总书记关于网络强国的重要思想，不断增强做好网络法治工作的政治自觉、法治自觉和检察自觉

（一）*充分认识加强新时代网络法治工作的重要意义，为网络法治建设提供有力司法保障。*网络既是重要的基础设施，又是政治、经济、国防、科技、教育等领域开展工作的重要载体，日益成为国家核心竞争力的关键因素。党的十八大以来，习近平总书记高度重视网络强国建设，统筹发展和安全，提出了一系列新理念新思想新战略，形成了习近平总书记关于网络强国的重要思想。党的二十大报告强调，加快建设网络强国、数字中国；健全网络综合治理体系，推动形成良好网络生态；强化网络安全保障体系建设，对新时代网络强国建设、网络法治工作提出新任务新要求。各级检察机关要立足于全面建设社会主义现代化国家、全面推进中华民族伟大复兴新的历史起点，以习近平新时代中国特色社会主义思想为指引，深入贯彻习近平法治思想，全面贯彻党的二十大精神，深刻领悟“两个确立”的决定性意义，增强“四个意识”、坚定“四个自信”、做到“两个维护”，坚持在全面依法治国、建设社会主义法治国家总进程中，在

---

* 2023 年 4 月最高人民检察院印发。

网络强国、数字中国建设总规划中，在全面加强新时代检察机关法律监督工作总部署中谋划和推进网络法治工作，以更高质量的检察履职为健全网络综合治理体系建设提供有力法治保障，助推提升网络综合实力，促进经济社会高质量发展。

（二）认真落实党的二十大关于健全网络综合治理体系的部署要求，在更高起点上谋划和推进检察机关网络法治工作。党的二十大对加强检察机关法律监督工作提出新的更高要求，检察机关在推进新时代网络法治工作中肩负着更重责任。要对照党的二十大关于健全网络综合治理体系的部署要求，坚持党对网络法治工作的全面领导，贯彻总体国家安全观和新发展理念，强化底线思维和风险意识，确保检察机关网络法治工作的正确政治方向。坚持以人民为中心，积极回应人民群众的新要求新期待，依法严厉打击人民群众反映强烈的网络犯罪，运用法治思维和法治方式维护网络时代人民群众的合法权益，以典型案例引领网络文明建设，营造良好网络生态，让人民群众在网络法治建设中有更多获得感幸福感安全感。坚持系统推进，统筹把握发展与安全、国内与国际、打击与保障、惩治、预防与治理等关系，依法全面能动履行刑事、民事、行政、公益诉讼检察职能，提升法律监督质量和效果，发挥好“惩治网络犯罪、维护网络安全”研究指导组作用，汇集内外部力量，推动工作整体协同发展。坚持开拓创新，注重将司法改革、检察改革的成果运用到网络法治工作中，注重发挥新技术对检察履职赋能作用。积极推动网络司法规则制定，探索具有中国特色的网络检察工作模式和路径，不断推进网络时代检察理论创新、实践创新和制度创新。

二、充分发挥司法办案职能，维护网络空间安全，服务数字经济健康发展

（三）聚焦捍卫国家政权安全、制度安全和意识形态安全，依法严厉打击利用网络实施的危害国家安全犯罪。以高度的政治责任感，依法严厉打击利用网络实施的分裂国家、煽动叛乱、颠覆政权、间谍窃密等犯罪活动，依法严惩利用网络实施的暴力恐怖、邪教破坏等犯罪，坚决捍卫国家安全。

（四）聚焦维护网络系统安全、数据安全，依法加大对危害计算机信息系统安全犯罪的惩治力度。深入贯彻落实《中华人民共和国网络安全法》《中华人

民共和国数据安全法》等法律，加大对关键信息基础设施的司法保护力度，依法严惩网络黑客非法侵入、非法控制、破坏计算机信息系统特别是涉及国家安全、民生重要领域计算机信息系统等犯罪。依法严惩针对我国重要信息系统、窃取关键数据，以及其他泄露、非法获取、非法利用数据的相关犯罪。推动压实网络运营者、数据处理者、关键信息基础设施运营者的信息网络安全管理、数据安全保护义务，依法惩治拒不履行网络安全管理义务犯罪，筑牢网络数据安全屏障。

（五）聚焦人民群众获得感、幸福感、安全感，全链条惩治人民群众反映强烈的网络犯罪。始终保持对网络贩卖枪爆、网络贩毒、网络淫秽色情、网络赌博等犯罪活动的严打态势。按照打击惩治涉网黑恶犯罪专项行动工作方案，会同有关部门严厉打击利用信息网络实施“裸聊”敲诈、“套路贷”、软暴力催收、恶意索赔等犯罪活动的黑恶势力组织。依法全链条打击电信网络诈骗及关联犯罪，积极参与“断卡”“断流”“拔钉”等专项行动；依法追诉前端非法收集、提供、买卖公民个人信息，后端利用“跑分平台”、虚拟货币、直播打赏进行“洗钱”等犯罪。认真落实《中华人民共和国反电信网络诈骗法》，加强与公安、法院及有关部门协同联动，推动构建“全链条反诈、全行业阻诈、全社会防诈”打防管控体系。依法严惩“网络暴力”等侵犯公民人身权利相关犯罪，深挖背后的产业链利益链，严厉打击“网络水军”造谣引流、舆情敲诈、刷量控评、有偿删帖等行为涉嫌的相关犯罪，协同整治“自媒体”造谣传谣、假冒仿冒、违规营利等突出问题，加强典型案例发布曝光，净化网络舆论环境。认真落实《中华人民共和国个人信息保护法》，加大公民个人信息司法保护力度，依法严惩“数据黑企”“行业内鬼”以及批量泄露、买卖、“暗网”交易公民个人信息、非法收集在校学生和老年人等群体公民个人信息、利用“爬虫”“撞库”等技术手段非法收集公民个人信息等犯罪。准确把握公民个人信息处理的原则和边界，统筹数据信息开发利用、隐私保护和公共安全，加大涉公民个人信息、隐私权案件的民事检察监督力度。围绕敏感个人信息、特定群体、重点领域的公民个人信息等，持续加大公益诉讼办案力度，积极探索建立民事公益诉讼惩罚性赔偿制度。

（六）聚焦数字经济健康发展，依法保护和规范数字技术、数字产业和数字市场。发挥知识产权检察办公室综合履职的优势，突出加大对集成电路、人工智能、大数据、云计算等重点领域核心技术的司法保护力度，依法加强对计算机软件、数据库、网络域名、数字版权、数字内容作品等网络知识产权的司法保护，依法惩治滥用知识产权排除市场竞争、阻碍创新的行为，推动数字技术成果的创新发展和转化。加强对“元宇宙”、人工智能、区块链、云计算等新技术新业态相关法律问题的前瞻研究，强化安全风险综合研判，准确把握创新发展与违法犯罪的界限，及时发现、精准惩治以新技术新业态为幌子实施的各类犯罪活动，既保护创新发展，又有效防范各类风险叠加演变。大力加强对企业数据产权的司法保护，依法惩治非法获取企业数据、侵犯企业商业秘密等犯罪活动，保障数字产业创新发展。依法平等保护数字经济各类市场主体的合法权益，加大对利用网络发布不实信息诋毁企业商业信誉、实施敲诈勒索等犯罪的惩治力度。综合运用多种方式，加大对电商消费者、新就业形态劳动者等主体权益的司法保护力度。深入研究数据交易、数据服务等新类型案件涉及的数据权属问题，切实保护权利人在数据收集、使用、交易等过程中的合法权益，推动完善数据权利司法保护规则，促进数据要素市场依法有序发展。立足检察职能，依法稳妥探索推进反垄断公益诉讼，防止经营者滥用市场支配地位和数据算法优势实施垄断行为，损害社会公共利益。依法打击治理刷单炒信、直播售假、流量劫持、勒索维权、虚假广告和恶意抢注商标、域名、深度链接等不正当竞争活动，维护数字市场公平竞争的良好秩序。

（七）聚焦网络空间未成年人权益，大力加强未成年人综合司法保护。以“零容忍”的态度，依法严厉惩治侵害未成年人权益的网络犯罪。突出惩治成年人胁迫、教唆、引诱、欺骗未成年人参与电信网络诈骗、帮助信息网络犯罪等犯罪活动。持续惩治利用平台隔空猥亵未成年人、搭建运营涉未成年人色情网站、利用即时通讯工具传播涉未成年人淫秽物品等犯罪活动。对涉嫌网络犯罪的未成年人，坚持依法惩戒和精准帮教，及时教育感化挽救；对受到犯罪侵害的未成年人，及时开展综合救助保护。严格落实《中华人民共和国未成年人保护法》关于网络保护的要求，协同加强涉未成年人网络治理，针对未成年人沉迷网络、受到不良信息侵蚀侵害以及网络新业态危害未成年人健康成长等突出问题，通过公益诉讼、支持起诉、检察建议等多种形式推动家庭、学校、社会、网络平台、政府等多方协同、齐抓共管，合力筑牢未成年人网络安全“防火墙”。

三、统筹运用刑事、民事、行政、公益诉讼检察监督，强化一体履职数据赋能，协同推进网络空间综合治理

（八）全面履行对网络犯罪案件的刑事检察监督职能。会同行政主管部门加强网络行政执法与刑事司法双向衔接，加快推进信息共享机制化、案件移送标准化和程序规范化。对于行政执法机关应当依法移送涉嫌网络犯罪案件而不移送的，提出检察意见要求行政执法机关移送公安机关处理；对决定不起诉的犯罪嫌疑人，依法需要给予行政处罚的，提出检察意见移送有关行政执法机关处理。充分发挥侦查监督与协作配合办公室的作用，强化刑事立案监督，加强与公安机关沟通，规范案件管辖；强化侦查活动监督，会同公安机关规范强制措施和侦查手段适用；加强重大疑难网络犯罪案件办理的协作配合，会同公安机关深挖关联案件证据线索，加强对电子数据专业化审查，依法及时有效追诉犯罪。认真落实宽严相济刑事政策，对于涉案人数多、涉及面广的网络犯罪案件，坚持分类分层处理，做到该严则严、当宽则宽。强化刑事审判监督，综合运用抗诉、纠正意见、检察建议等监督手段，及时纠正定罪量刑明显不当、审判程序严重违法等问题。高度重视涉案财物处置，加强对公安机关移送的涉案财物的证据材料审查，会同公安机关、人民法院积极推动对涉案财物依法、及时查封、扣押、冻结和有效处置，最大限度追赃挽损。

（九）积极开展网络治理领域检察公益诉讼。坚持把网络治理作为公益诉讼服务国家治理的重要切入点，充分发挥公益诉讼检察维护网络领域国家利益和社会公共利益的职能作用。聚焦危害网络安全、数据安全、个人信息安全、侵害网络用户权益、电子商务消费者权益、利用网络侵害英雄烈士名誉、荣誉等突出公益损害问题，充分履行个人信息保护、反电信网络诈骗、英雄烈士保护等法定领域公益诉讼检察职能，积极稳妥探索网络治理新领域公益诉讼检察实践，统筹运用民事、行政公益诉讼方式，推动网络违法犯罪诉源治理、公益损害风险预防与企业合规建设。健全行政执法与公益诉讼检察衔接协作机制，发挥公益诉讼在促进依法行政、维护国家利益和社会公共利益方面的职能作用。对于承担一定公共管理职能和重要社会责任的网络运营者、电子商务平台经营者，积极探索民事公益诉讼监督方式，夯实平台社会责任，督促和支持企业规范有序平稳发展。建立健全公益诉讼检察与刑事检察衔接协作机制，利用大数

据赋能，打破业务条线之间的信息壁垒，实现对网络违法犯罪全链条打击、一体化治理。

（十）精准开展网络治理领域民事行政检察监督。深入贯彻实施《中华人民共和国民法典》，深刻认识互联网、大数据、平台经济等对社会生产、组织形式、交易方式以及法律关系产生的重大影响，不断更新民事检察监督理念。针对在线办理民商事案件的特点，加强与互联网法院、互联网科技企业、行业协会等沟通，主动融入互联网司法保护大格局，共同构建互联网领域纠纷多元解决机制，防范和化解互联网空间风险和矛盾。积极探索研究对在线诉讼、诉前纠纷化解以及互联网纠纷案件量化裁判等开展检察监督的模式和规则，依托网络平台，利用信息技术，创新监督方式方法，提高监督质效。大力开展网络司法拍卖民事执行监督，助推网络司法拍卖规范化、高效化。依法办理涉企业数据产权民事监督案件，推进完善数据要素合规高效流通交易。加强涉电商平台、直播平台纠纷民事案件监督，维护公平竞争市场秩序。积极履行行政检察监督职责，加大对涉互联网行政诉讼案件的监督力度，常态化开展涉互联网行政诉讼案件的行政争议实质性化解，推动构建行政检察与行政监管相衔接制度。围绕司法办案发现的网络执法、行政监管突出问题，积极发挥检察建议作用，持续推进“六号检察建议”落实，协同有关部门推动健全网络治理体系。

（十一）积极稳妥开展涉案互联网企业合规工作。积极探索在网络数字领域适用涉案企业合规改革和第三方监督评估机制，推动涉案互联网企业积极主动开展合规建设，通过制定合规管理规范，弥补监督管理漏洞，建立健全合规管理的制度机制，有效预防网络违法犯罪。探索以事后合规整改促进企业事前合规建设，结合办理的典型案例，推动网络监管部门、第三方组织、互联网企业研究制定数据合规规范指引，推动建立健全公共数据、企业数据、个人数据分类分级管理机制，保障数字经济健康发展。

（十二）建立上下一体、内部协同的监督办案模式。针对网络犯罪案件跨域性、涉众型、链条化等特征，探索网络犯罪重点罪名的集中统一办理，发挥检察一体化优势，加强统筹指挥，建立案卷远程调阅、证据远程调取、诉讼当事人远程讯（询）问等制度。全面协调充分履行“四大检察”职能，推动在网络治理领域各检察部门之间的线索移送、人员协作、信息共享、会商研判，形成对网络空间的保护合力。

（十三）以大数据赋能推进法律监督提质增效。深入贯彻落实数字检察战略，统筹网络检察和数字检察工作，充分运用大数据推进法律监督全面深化，促进网络诉源治理，加强检务科学管理。推进国家检察大数据中心建设，指导并支持有条件的地区开展分中心建设，强化对检察业务数据的深度挖掘、智能分析、系统利用。持续推动政法跨部门办案平台建设，实现执法司法数据共享、跨部门大数据协同办案。深化对涉网络类案监督，加强办案数据集成分析，加大对监督模型设计研发，加大对各业务条线重点监督类案培育指导，实现个案办理式监督与类案治理式监督并重，推动新时代法律监督提质增效。

四、积极参与网络立法，促进网络法律体系建设

（十四）积极参与网络立法制定修订工作。配合立法机关和行业主管部门，推动制定修订网络安全法、网络犯罪防治法、反不正当竞争法、未成年人网络保护条例等法律法规，提供司法实践样本，提出立法意见建议。积极适应网络违法犯罪迭代升级、网络行为多元发展的形势，围绕网络立法重点领域，注重通过类案监督提出相关立法建议，推动网络法律制度和司法规则的创新和生成。

（十五）加快制定修订司法解释及规范性文件。会同有关部门加强网络犯罪法律适用问题研究，及时制定完善符合打击治理网络犯罪规律特点的追诉标准、证据调取规范、证据审查要求和证明规则、涉案资产处置办法等。研究制定网络治理领域办理检察公益诉讼案件的工作意见，完善相关案件管辖、起诉标准、举证责任、诉讼请求、诉讼监督等程序规定。加强对公民个人信息类型和刑事处罚标准的研究，推进完善对公民个人信息的法律保护体系。积极推动制定完善涉互联网民商事案件司法规则，依法规范网络民事主体和网络民事行为。细化完善网络侵权责任的具体规定，更好地平衡网络用户和网络服务提供者之间的利益关系。推进完善网络仲裁、网络公证活动的制度办法，探索规范检察监督的路径和方法。

（十六）积极参与网络空间国际治理。积极参与《联合国打击网络犯罪公约》的谈判，提出和阐释我国推进网络空间法治化的理念和做法。利用金砖国家、上海合作组织成员国、中国—东盟成员国总检察长会议机制、国际检察官联合会等平台，与相关国家进行磋商，签订多边、双边协议，强化打击网络犯罪领域的刑事司法协助，推动网络安全跨境执法司法合作不断深化。加强对网络治理涉外领域立法和国内法域外适用问题的研究，组织翻译相关域外材料，

加大培训交流。

五、加强网络法治研究，推进网络检察队伍专业化建设，不断提升依法治网能力水平

（十七）加强网络法治研究，促进检产学研相结合。适应网络法治研究交叉性、综合性、前沿性特点，加强检校合作，探索在高校、科研院所建立网络法治研究基地，通过研究人才、资料、平台的共享互通，加强对网络法治重大、前沿问题的研究，加强检察机关网络法治人才的培养锻炼。注重加强与网络科技企业的交流合作，了解互联网前沿发展态势，研商网络治理的对策路径。加强网络法治智库建设，聚焦重大网络法治问题，提供政策建议。加强类案分析，及时向党委政府报送网络数字领域社会治理专项调研报告。

（十八）大力加强专业化队伍建设。建立网络法治特殊人才引进机制，加大涉外网络法治人才选拔培养，加大财政、科技、信息等投入保障，整合配强工作力量。优化充实全国网络检察人才库，加强检察办案和检察技术人才内部交流协作，加强与网络执法部门的互派交流挂职，提升办案能力和合力。推动建立技术调查官、特邀检察官助理辅助办案机制，针对技术性较强的案件，发挥技术辅助办案作用。因地制宜在条件成熟的地方检察机关成立网络检察办案基地，依托基地建设，加强跨区域网络案件指挥协调、网络法治研究和专业人才培养。

六、加强网络法治宣传，加大对外传播力度，推动共建清朗网络空间

（十九）持续深入开展党的二十大精神和习近平法治思想的网络宣传。把深入宣传贯彻党的二十大精神、习近平法治思想作为网络法治宣传的首要任务，把检察网络平台作为党的二十大精神宣传的重要阵地。深入解读党的二十大精神、习近平法治思想、习近平总书记关于网络强国的重要思想的精髓要义，展示新时代网络法治工作的突出成就，讲好能动履职推动诉源治理的网络检察好故事，引领网络舆论，形成良好氛围，在网络宣传上展现法治新面貌、检察新作为，推动形成网上正面舆论强势。

（二十）积极落实“谁执法谁普法”普法责任制。深入落实“八五”普法规划，结合检察办案，宣传解读宪法、民法典和重要互联网法律法规。加强以

案释法，聚焦易受害群体、案件高发行业和重点地区，定期发布网络检察白皮书、通报检察办案情况、制发指导性案例及典型案例，结合检察听证同步开展普法工作，提升全社会网络法治意识。深入推动网络普法“进企业、进学校、进社区、进农村”，将青少年网络法治宣传教育作为重点，加强互联网行业从业人员法治教育，增强普法教育的针对性和实效性。强化分众化、差异化、精准化网络普法宣传，打造检察网络普法品牌，持续巩固壮大检察网络主流舆论，最大限度凝聚全社会法治共识。

（二十一）加大对外网络法治传播力度。加强网络空间治理法治化国际交流，以国际交流合作为契机，深入阐释党的二十大精神、习近平法治思想和习近平总书记关于构建网络空间命运共同体的理念主张，大力宣传中国检察机关能动履职、依法治网的生动实践，不断提升国际影响力和感召力。